疯狂阅读®

最 美 文 特

杜志建 / 主编

最情时

山野氤氲，

你是山里忽明忽暗。

桃树下，

心事落了一瓣。

汕頭大學出版社

图书在版编目（CIP）数据

最美文特辑. 1 / 杜志建主编 . -- 汕头 : 汕头大学出版社 , 2023.7
ISBN 978-7-5658-5051-6

Ⅰ . ①最… Ⅱ . ①杜… Ⅲ . ①阅读课 - 中学 - 教学参考资料 Ⅳ . ① G634.303

中国国家版本馆 CIP 数据核字 (2023) 第 121694 号

最美文特辑. 1　　ZUIMEIWEN TEJI. 1

主　　编：杜志建
责任编辑：闵国妹
责任技编：黄东生
封面设计：马俊洁
出版发行：汕头大学出版社
　　　　　广东省汕头市大学路243号汕头大学校园内　邮政编码：515063
电　　话：0754-82904613
印　　刷：河南瑞之光印刷股份有限公司
开　　本：787mm × 1092mm　1/16
印　　张：14
字　　数：400千字
版　　次：2023年7月第1版
印　　次：2023年7月第1次印刷
定　　价：29.80元
ISBN 978-7-5658-5051-6

声明

基于对知识和创作的尊重，本书向所选文章、图片的作者给予补贴。因条件所限未能及时联系的作者，我们在此深表歉意，当您看到本书时，请与我们联系，以便我们向您支付补贴和赠送样书。因篇幅有限，部分文章有删节，敬请谅解。

联系方式：0371-68698015

目录
CONTENTS

旧居
灯光亮着时，没有人回来过

002 红纱灯 / 琦 君
006 白雪的墓园 / 迟子建
010 爱情故事 / 张佳玮
015 若你曾见过沈薇龙 / 陈若鱼
018 盯梢 / 张 洁
021 陈仲南有信 / 陈麒凌
025 我们唯一的一次旅行 / 陈思呈
029 爱是一根皮鞭 / 吴惠子
032 四个买菜的男人 / 故园风雨前
036 做大哥的人 / 巴 金
039 世间的糖 / 闫 红
042 我和她，隔着金陵十二钗 / 何日君回来
045 姥爷的秘密花园 / 闫 晗
047 小叔 / 路 明
051 带你去买糖 / 邓安庆
055 那时的古典爱情 / 闫 红
058 祖母的季节 / 苏 童
061 擅于到来的人和擅于离别的人 / 李 娟

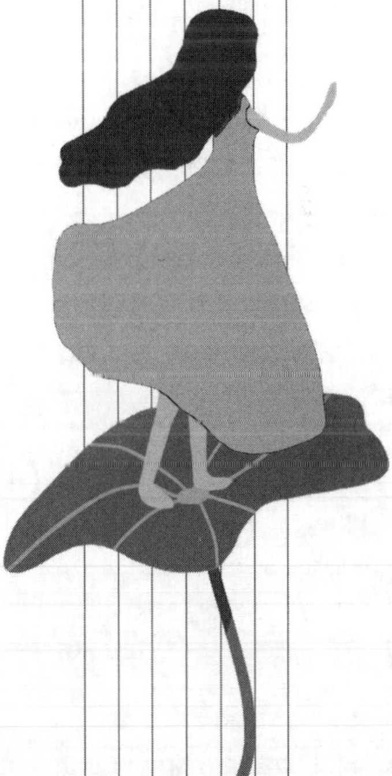

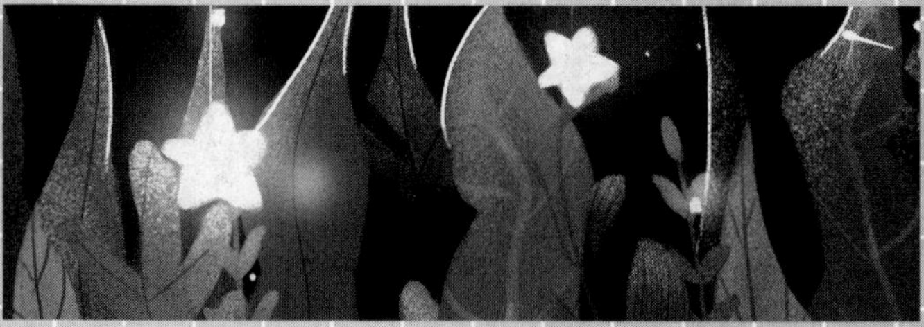

CONTENTS

月白

斜影照花故人来

064 三月雨 / 萧郎有酒

069 槿娘 / 苏枕书

074 再见 / 凌叔华

077 她不知道我的存在 / 章衣萍

081 一轮旧时的纸月亮 / 杨 典

084 繁星 / 郁 德

087 惊梦 / 岑 桑

091 远山有灯 / 刘墨闻

095 一个少女 / 程树榛

098 逃走 / 郁达夫

101 你侧着宜春髻子恰凭栏 / 奚无声

邮风

寄往思念尽头

108 长干行 / 张曼娟

114 来生 / 亦 舒

116 大雨后 / 沈书枝

119 上岸 / 陈麒凌

123 纸背 / 张秋寒

126 被雨打湿的杜甫 / 肖复兴

128 停弦渡风雪归人 / 陆小寒

132 像追逐太阳那样，我们追逐过爱情 / 申赋渔

135 扬州在你抱我的时候下雪了 / 缪晓俊

139 清平调 / 林稚子

145 曾经奋力爱过 / 冷 莹

微云

想起一个遥远的朋友

150 我要走了，要不要带信 / 毕淑敏

152 豆腐一声天下白 / 林海音

154 哑奴 / 三　毛

161 清水塘 / 尤里·纳吉宾

165 阿小和阿小 / 蔡崇达

170 喀布尔人 / 泰戈尔

173 好人总会有人疼 / 简　媜

174 剃头师傅 / 徐春林

177 扇面 / 张充和

179 文珍 / 林徽因

183 哪里去了，放风筝的姑娘 / 张　洁

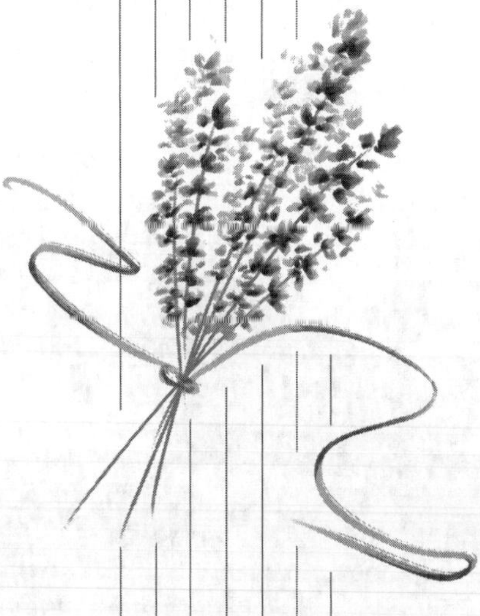

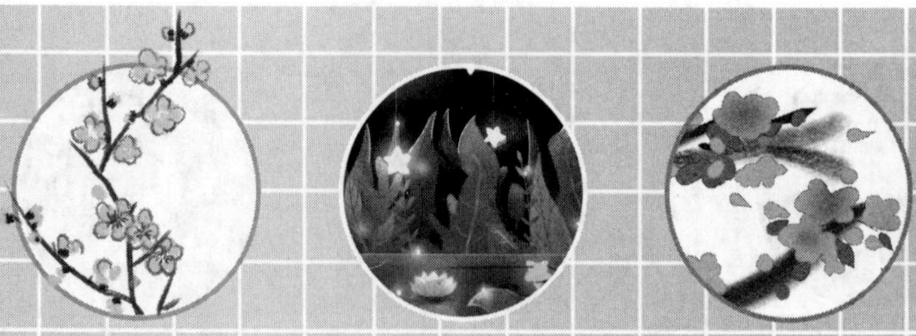

小小

它们都是世间的旅人

186 李家宝 / 朱天心

189 杏树下的狗 / 连　谏

191 渔船上的红狐 / 金曾豪

196 在什么地方活着 / 小川未明

198 鹦鹉大葱 / 和菜头

200 微笑老妞 / 甘耀明

203 大狗丑丑 / 李　娟

205 野兔的路 / 刘亮程

206 红冠家族 / 朱天衣

208 与白马在一起的夏天 / 威廉·萨洛扬

210 胖獾瘦了 / 新鲜旧情人

212 那些鸟会认人 / 刘亮程

214 蜜蜂 / 李　娟

216 鼠的灵气 / 贾平凹

旧居

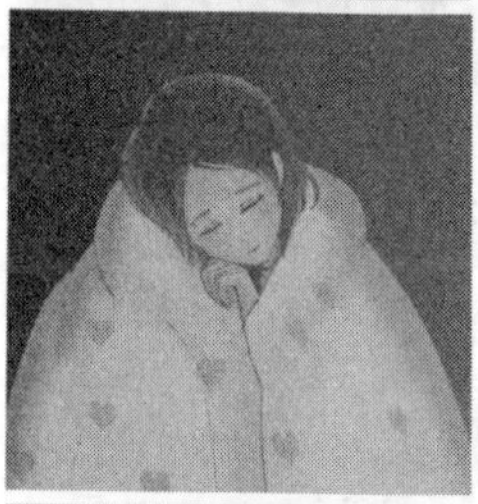

物是人非的故事中，夹杂着生活的浪漫。

两盏红纱灯并排挂在屋檐下面，照着天井里东一堆西一堆的积雪，和台阶下一枝开得非常茂盛的蜡梅花，在静悄悄中散发出清香。

红纱灯

✽琦　君

小时候，我每年过新年都有一盏红灯笼，那是外公亲手给我糊的。一盏圆圆直直的大红鼓子灯，两头边沿镶上两道闪闪发光的金纸。提着它，我就浑身暖和起来，另一只手捏在外公暖烘烘的手掌心里，由他牵着我，去看庙戏或赶热闹的提灯会。

八岁那年，他却特别高兴地做了两盏漂亮精致的红纱灯：一盏给我，一盏给比我大六岁的五叔。这两盏灯，一直照亮着我们。现在，灯光好像还亮在我眼前，亮在我心中。

每年腊月送灶神的前一天，外公一定会准时来的。从那一天起，我的家庭教师也开始给我放寒假了。寒假一直放到正月初七迎神提灯会以后，足足半个月，我又蹦跳又唱歌又吃。妈妈说我胖得像一只长足了的蛤蟆：鼓着肚子，浑身的肉都紧绷绷的。几十里的山路，外公要从大清早走起，走到下午才到。我吃了午饭，就搬张小竹椅子坐在后门口等，下雨天就撑把大伞。外公是从山脚边那条弯弯曲曲的田埂路上，一脚高一脚低地走来的。一看见他，我就跑上前去，抱住他的青布大围裙喊：“外公，你来啦，给我带的什么？”

“红枣糖糕，再加一只金元宝，外公自己做的。”

外公总说什么都是他自己做的，其实红枣糖糕是舅妈做的，外公拿它来捏成各色各样的玩意儿，麻雀、兔子、猪头、金元宝。每年加一样新花样。

“今年给我糊什么灯？”

“莲花灯、关刀灯、兔子灯、轮船灯，你要哪一样？”

外公说了那么多花样，实际上他总给我糊一盏圆筒似的鼓子灯。外公说他年轻时样样都会，现在老了，手不大灵活，还是糊鼓子灯方便些。我也只要鼓子灯，不小心烧掉了马上再糊上一层红纸，不要我等得发急。

外公的雪白胡须好长好长，有一次给我糊灯的时候，胡须尖掉进糨糊碗里，我说：“外公，小心晚上睡觉的时候，老鼠来咬你的胡须啊。”

“把我下巴啃掉了都不要紧，天一亮就会长出一个新的来。”

“你又不是土地爷爷。”我咯咯地笑起来。

“小春，你知道土地爷爷是什么人变的吗？”

“不知道。”

“是地方上顶好的人变的。”

“怎么样的人才是顶好的人呢？”

外公眯起眼睛，用满是糨糊的手摸着长胡子说：“小时候不偷懒，不贪吃，不撒谎，用功读书，勤快做事。长大了人家有困难就不顾一切地去帮助人家。”

“你想当土地爷爷吗，外公？”

“想是想不到的，不过不管怎么样，一个人总应当时时刻刻存心做好人。”

好人与坏人，八岁的我是极力想把他们分个清楚的。不过我还没见过什么坏人，只有五叔，有时趁我妈妈不在厨房的时候，偷偷在碗橱里倒一大碗酒喝，拿个鸭肫干啃啃，或是悄悄地去爸爸书房里偷几根加利克香烟，躲到谷仓后边去抽。我问过外公，外公说：“他不是坏人，只是习惯学坏了，让我来慢慢劝他，他会学好的。”

外公对五叔总是笑眯眯的，不像爸爸老沉着一张脸，连正眼都不看他一下。所以外公来了，五叔也非常高兴。有时帮外公劈做灯笼用的竹子。那一天，我们三个人在后院暖洋洋的太阳里，外公拿剪子剪灯上用的纸花，五叔用细麻绳扎篾签子，我把甜甜的花生炒米糖，轮流塞进外公和五叔的嘴里。外公嚼起来咔吧咔吧响，五叔说：“您老人家的牙真好。”

“吃番薯的人，样样都好！”外公得意地说。

“看您要活一百岁呢。”五叔说。

“管他活多大呢。我从来不记自己的年纪的。”

“我知道，妈妈说外公今年六十八岁。”

“算算看，外公比你大几岁？”五叔问我。

“大六岁。”我很快地说。

“糊涂虫，怎么只大六岁呢？”五叔大笑。

“大十岁。”我又说。其实我是故意逗外公乐的，我怎么算不出来？外公比我整整大六十岁。

“大六岁也好，十岁也好，反正外公提灯的时候跟你就是一样年纪。”外公俯身拾起一粒木炭，在洋灰地上画了一只长长的大象鼻子。

“你画得一点也不像。”我抢过木炭，在右边再加个“8”字。说：“这是外公的年纪。”

五叔把木炭拿去，再在左边加了一竖说：“您老就活这么大，一百六十八岁，好吗？”

“那不成老人精了？”外公哈哈大笑起来，放下剪刀，又吸起旱烟斗来了。五叔连忙在身边摸出一包洋火，给他点上。外公笑嘻嘻地问：“老五，你怎么身边总带着洋火呢？”

“给小春点灯笼用的。”五叔很流利地说。

“才不是呢，你从妈妈经堂偷来，给自己抽香烟用的。你口袋里一定还有香烟。”我不由分说，伸手在他口袋里一摸，果真掏出两根弯弯扁扁的加利克香烟，还有两个烟蒂头，五叔的脸马上红了。

“这是大哥不要了的。”五叔结结巴巴地说。

外公半晌没说话，喷了几口烟，他忽然说：“小春，把香烟剥开来塞在旱烟斗里，给外公抽。”又回头对五叔说：“你手很巧，我教你扎个关刀灯给小春，后天是初七,我们一起提灯去。"

"我不去,我妈骂我没出息,书不念,只会赶热闹,村里的人也都瞧不起我。"

"那么,你究竟念了书没有?"

"念不进去,倒是喜欢写毛笔字。"

"那好,你就替我拿毛笔抄本书。"

"抄什么书?"

"《三国演义》。"

"那么长的书,您要抄?"

"字太小,我老花眼看不清楚。你肯帮我抄吗?抄一张字一毛钱,你不想多挣几块钱吗?"

"好,我替您抄。"

五叔与外公这笔生意就这样成交了。外公摸出一块亮晃晃的银圆,给五叔去买纸笔。他还买回好多种颜色的玻璃纸给我糊灯。外公教他扎关刀灯,自己一口气又糊了五盏鼓子灯:红的、绿的、黄的、蓝的……一盏盏都挂在廊前。五叔拿着糊好的关刀灯在我面前摆一个姿势,眼睛闭上,把眉心一皱,做出关公的神气样儿。在五彩瑰丽的灯光里,我看见五叔扬扬得意地笑。

提灯会那天下午,天飘起大雪来。大朵的雪花在空中飞舞,本来是我最喜欢的,可是灯将会被雪花打熄,这使我非常懊丧。外公说:"不要紧,我撑把大伞,你躲在我伞下面只管提,老五就拿火把,火把不怕雪打的。"

外公套上大钉鞋,五叔给我在蚌壳棉鞋外面绑上草鞋,三个人悄悄地从后门出去,到街上追上了提灯队伍。妈妈并不知道,她知道了是绝对不许外公与我在这寒冷的大雪夜晚在外面跑的。

雪愈下愈大,风就像刀刺一样。我依偎在外公身边,一只手插在他的羊皮口袋里,提鼓子灯的手虽然套着手套,仍快冻僵了。五叔在我前面握着火把,眼前一长列的灯笼、火把,照得明晃的雪夜都成了红色。大家的草鞋在雪地上踩得咯吱咯吱响。外公的钉鞋插进雪里又提起来,却发出清脆的沙沙声。我吸着冷气,抬头看外公,他的脸和眼睛都发着亮光。

"外公,你冷不冷?"我问他。

"越走越暖和,怎么会冷,你呢?"

"外公不冷,我就不冷。"

"说得对,外公六十八岁都不冷,你还冷?"他把我提灯的手牵过去,我冻僵的手背顿时感到一阵温暖。我快乐地说:"外公,我真喜欢你。"

"我也真喜欢你,可是你长大了要出门读书,别忘了过新年的时候回来陪外公提灯啊。"

"一定的。等我大学毕业挣了大钱,就请四个人抬着你提灯。"

"那我不真成了土地公公啦?"他呵呵地笑了。

提灯队伍穿过热闹的街心,两旁的商店都噼噼啪啪放起鞭炮来。队伍的最前面敲着锣鼓,也有吹箫与拉胡琴的声音;闹哄哄地穿出街道,又向河边走去,火把与红红绿绿的灯光,照在静止的深蓝河水中,岸上与河里两排灯火,弯弯曲曲,摇摇晃晃地向前蠕动着。天空仍飘着朵朵雪花,夜是一片银白色,我幻想着仿佛走进海龙王的水晶宫里去了。忽然前面一阵骚动,有人大声喊:"不得了,有人掉进河里去了。"

我吃了一惊,一时眼花缭乱。仔细一看,一直走在前面的五叔不知什么时候已经不见了,我拉着外公着急地说:"怎么办呢?一定是五叔掉进河里去了。"

外公却镇静地说:"不会的,他这么大的人怎么会掉进河里去呢?"

长龙缩短了,火把和灯笼都聚集在一起。在乱糟糟的喊声中,却听见扑通一声,有人跳进河里去。我不由得赶上前面,挤进人群,看见一个人拖着一个孩子湿淋淋地爬上岸来,仔细一看,原来是五叔。他抱着一个比他小不了多少的男孩子,把他交给来人;我抢上一步,捏着五叔冰冷彻骨的双手说:"五叔,你真了不起,你跳得好快啊。"

五叔咧着嘴笑,提灯队的人个个都向他道谢,说他勇敢,肯跳进快结冰的水里去救人。外公拈着胡须连连点头说:"好,你真好,快回去换衣服吧。"

五叔先回去了。外公仍牵我跟着队伍,一直到把菩萨送进了庙里才散。那时将近午夜,雪已经停止了,空气却越来越冷。外公把伞背上沉甸甸的雪抖落了,合上伞,在我的鼓子灯里换上一支长蜡烛。

灯光又明亮了起来，照着雪地上我们俩一高一矮的影子，前前后后地摇晃着。提灯的人散去以后，我忽然感到一阵冷清，心里想着最热闹的年快过完了，随便怎样开心的事儿，总归都要过去的。我没精打采地说："外公，我们快回家吧，妈要惦记了。"

回到家里，看见五叔坐在厨房里的长凳上，叔婆在给他烤湿漉漉的棉袄，妈正端了一碗热气腾腾的酒给他喝，说是给他去寒气的，这回他可以大模大样地喝酒了。

我连忙问他："五叔，你怎么有胆子一下就跳进这寒冷的水里呢，你本来会泅水吗？"

"只会一点儿。那时我听见喊有人掉下水去了。我呆了半天，忽然觉得前面的火把烧得这么旺，灯笼点得这么亮，这样热闹快乐的时候，怎么可以有人淹死在水里呢？我来不及多想，就扑通一下跳进水去。在水里起初我也很心慌，衣服湿了人就往下沉。可是我想到那个不会泅水的人快淹死了，他一定比我更心慌，我仰起头，看见岸上有那么多灯火，地上又是雪白的一片，我就极力往上看，往亮的地方看，那许多火把和灯光，好像给了我不少力气，我还是把那个人找到，拖上来了。"

"你知道村子里每个人都在夸奖你吗？"外公问他。

"我知道，从他们的脸上，我看得出来。"

"那么，把这碗酒慢慢地喝掉，喝得浑身暖暖的，以后别再喝酒了。"外公又端一碗酒给他说。

"我以后不再偷喝酒了，我要做个好人。"

"你本来就是好人嘛，外公说的，肯帮助人的人就是好人。"我得意地说。

我的大红鼓子灯还提在手里，妈妈把它接去插在柱子上，又点起一支大红蜡烛，放在桌子正中，照得整个厨房都亮亮的。五叔望着跳跃的烛光，一对细长眼睛睁得大大的，他转脸对外公说："我捧着火把跟大家跑的时候，忽然觉得灯真好，亮光真好，它照着人向前跑，照得我心里发出一股暖气。大家都在笑，都那么快乐，所以我也跑，跟着大家一起呐喊。我才知道以前不该躲躲藏藏地做旁人不高兴的事。我以后再也不这样了。"

外公笑起来满脸的皱纹，外公好高兴，他的眯缝眼里发出了光辉。他摸着胡须说："好，你说得真好，我要好好给你扎一盏灯，赶着十五提灯去。"

"我也要。"我喊。

"还少得了你的？"

外公叫妈妈找来两块大红薄纺绸，又叫五叔帮他劈竹子，整整忙了两天，他真的扎出两盏玲珑的六角形红纱灯。每个角都有绿丝线缠了垂下来，飘啊飘的，下面还有四只脚，可以提，又可以摆在桌上。原来外公的手艺这么高，他的手没有一点不灵活，以前只是为了赶工，懒得扎就是了。

两盏红纱灯并排挂在屋檐下面，照着天井里东一堆西一堆的积雪，和台阶下一枝开得非常茂盛的蜡梅花，在静悄悄中散发出清香。五叔注视着那灯光说："明天起，我给您抄《三国演义》。"

"别给我抄《三国演义》了，请老师教你读书吧，读一篇，你就抄一篇，你大哥书房里那么多的书。"

"老师教我读什么书呢？"

"《论语》，那里面道理多极了。"

"《论语》，老师都教我背过了，只是觉得没什么意思。"

"我一句句打比方解说给你听，你就有兴趣了。"五叔点点头。

正月初七已过，我的假期满了，必须回到书房里。外公叫五叔也陪我一同读书。我们每人一张小书桌，晚上把两盏红纱灯摆在正中长桌上。我虽眼睛望着书本，心里却一直惦记十五的提灯会。五叔经外公一夸奖，书念得比我快，字写得比我好。外公告诉我爸爸，爸爸还不相信呢。

十五提灯会，不用说又是最快乐的一晚。那个被五叔救起的男孩子特地跑来约他一同去。我呢，仍旧牵着外公的手，把美丽的红纱灯提得高高的，向众人炫耀。

提灯会以后，快乐的新年过完了，可是我觉得这一年比往年更快乐，什么原因我却说不出来。是因为外公给我与五叔每人做了一盏漂亮的红纱灯吗？还是因为看五叔在灯下用心抄书，不再抽烟喝酒，不再偷叔婆的钱了呢？

白雪的墓园

✽迟子建

父亲去世的日子离除夕仅有一月之差。父亲没能过年，可我们必须要过这个年。要排解对一个人的哀思，尤其是父亲，三十天的日子未免太短太短了。我们办完丧事后连话都很少说，除非到了非说不可的时候。谁还有心情去忙年呢？然而年就像盘在人身上的毒蛇一样怎么也摆脱不掉，打又打不得，拂又拂不去，只能硬挨着。

天非常寒冷，我站在火炉旁不停地往里面添柴。我不愿意离开火炉，我非常恐惧到外面去，那些在苍白的寒气中晃来晃去的人影大都是紧张忙年的人们，碰上他们的满面喜气该怎么办呢？

母亲躺在她的屋子里，炕很暖和，但我知道她没有睡着。她还不到五十岁，头发仍是乌色的，看见她的头发我就心酸。全家人中最痛苦的莫过于她了，可她并不像其他失去丈夫的女人一样大放悲声。她很少哭，有时哭也是无声的，这

种沉重的不愿外露的哀思让我们感到害怕。在我年幼的时候，年前的这段时光，母亲常常是踏着缝纫机为我们做新衣裳，那种好听的“嗒嗒嗒”的声音就像割麦子一样。那时候厨房里总是热气腾腾，一会儿蒸年糕了，一会儿又用大锅烧水洗衣裳了，乳白的水汽云雾般地涌动，晃得人眼神恍惚。往往是父亲撞上了我们，或者我们撞上了母亲，无论谁撞了谁都要乐一阵子。

姐姐从靠近火炉的房间出来咳了几声，从她的咳声中我知道她刚才哭过。她是我们家老大，父亲的去世使她的担子更重了一些。她哑着嗓子问我："你老是站在炉子这儿干吗？""烧火。"我说。"烧火用不着看着，让它自己着。"姐姐说完就回屋了。

我站在火炉前茫然若失。我的心很空，眼前总是闪现出山上墓园的情景。父亲睡在墓园里，现在那里是白雪的墓园。父亲现在睡着的地方是我小时候进山最害怕的地方，那时候我去采都柿和越橘总是绕过那片地方，因为那里使我有一种莫名的忧伤。现在那里终于成为父亲的墓园，我才明白悬了多少年的心只是因为那里会成为收留我亲人的地方。现在它成了父亲的墓园，我才不害怕经过那里，我才心平气和地第一次认真观察那里的景色：那里地势较高，背后有一个平缓的山坡，山坡上长着稀疏的樟子松。而坡下，也就是墓园四周却是一大片清一色的落叶松，它们全都直直地站在丰盈的白雪之上，是一片十分年轻的树林。再过百年，这些树木蔚为壮观的时候可能会使墓园看上去十分古老，它们的环绕将使灵魂越来越宁静。

炉火越来越旺了，我仿佛看见父亲正推开走廊尽头的门，微笑着朝我走来。从他去世的那时起，这种幻觉就一直存在。他走到我面前了，他伸出手抚了抚我的肩膀，我握着炉钩子的手抖了一下。我知道父亲根本不在这间房子里，可我又像是每时每刻都见到他似的。

弟弟从火炉西侧最小的一间房子里走出来，走到我身旁。他黑着脸，一声不吭地抢我手中的炉钩子，他也想来烧火。我把炉钩子让给他，他站在火炉那儿，用炉钩子轻轻地敲着炉盖。他对我说："你进屋吧，我来烧火。""烧火用不着看着。"我重复姐姐对我说过的话。他抬头看看我，我知道他也不愿意待在屋子里，他也要找一种活儿来排遣哀思，我就再也没有多说什么。

我走进姐姐的房间。从这个房间的窗口可以望见后菜园。天色仍然灰白，有几只鸟在菜园边缘的障子上跳来跳去。"咱妈还没起来？"姐姐恹恹地问我。"没有。"我说。"这个年怎么过呢？"姐姐叹息了一声。"是啊。"我一筹莫展。"你说咱妈过年那天会不会哭呢？"她很担忧地问。"不会吧，她是知书达礼的。"我虽然这样说，但心里还是没底。"我们单位的李洪玲，她爸爸和咱爸得了同样的病，比咱爸早死五天。她妈妈现在天天在家哭，动不动就冲李洪玲喊：'快去车站接你爸爸回家，你爸爸回来了！'弄得全家人都神经紧张。"姐姐说。"咱妈不会的。"我说，"她是个明白人。""可她今天连话都不愿意说。""过几天就会好的。"我站在窗前，朝菜园望着。园子中的雪因为一个冬天都无人涉足，所以显得格外宁静。雪地之外用障子间隔而成的小路上，偶尔可见一两个人影晃来晃去。路后面的几幢房屋的门前已经有挂灯笼的人家了，忙年的气氛越来越浓了。

我转回身，朝厨房走去。这时我突然听见母亲的房门有响动的声音，接着我听见弟弟扔炉钩子的声音，他似乎是追着母亲出去了。他怕她出去想不开，我们都怕这样，所以母亲一出门总得有人装作无意地出去跟踪。我的心绞了一下。我站在弟弟刚才站过的地方，捡起炉钩子，掀开炉盖，看看炉子里全是一块块火红的木炭，就又添了几块柴火，炉膛里便迅速地响起一串噼里啪啦燃烧的声音。

不一会儿，弟弟先开门回来了，他手里提着一只竹筐，里面装满了碗和盘子。他神色有些喜悦，把竹筐放在墙角后神秘地走过来对我说："咱妈想过年了，她去仓房里收拾过年用的东西。"我如释重负。果然，母亲很快从门外进来了，她的一只手里提着袋面粉，另一只手里拿着一捆被冻得又白又直的生葱，她把它们放在锅台前，一副要大大地忙年的姿态。

我赶紧把水壶添满水，掀开炉圈，将水壶坐上去。我知道忙年最不可缺少的就是温水，这种懂事的做法会使母亲欣慰的。

母亲把我们姐弟几个叫到一起，向我们布置忙年的工作。弟弟因为腿勤，大多是搞“采买”，酱油、醋、筷子、香、鸡蛋、猪肉等一律归他来买；而姐姐要搞“内务”，拆洗被褥、扫尘、抹玻璃、蒸年糕、炒花生瓜子等；我虽说是个女孩，但干细活儿大多不精，所以就只能做挑水、倒脏水、打扫院子、劈柈子、归置仓房中的杂物这一类粗活儿。母亲一旦活起来，我们也就跟着活起来了。母亲吩咐活儿的时候她的左眼里仍然嵌着圆圆的一点红色，就像一颗红豆似的。那是父亲咽气的时候她的眼睛里突然生长出来的东西。我总觉得那是父亲的灵魂，父亲真会找地方。

布置完活儿，母亲又对弟弟说：“往年当买的鞭炮、挂钱、对联和纸灯笼今年一律不买了。”“我知道。”弟弟低下头沉沉地说。

死了主人的人家要在三年之内忌讳招摇这些喜庆色彩太浓的东西，我们从小的时候就知道这种不同寻常的风俗。看来有父亲和没父亲就是不一样，我的心陡地凄凉了一下，鼻子竟又酸了，又不好在母亲面前落泪，只能干憋着。一定是我的神色引起母亲的注意了，她唤了一声我的乳名，然后对我们说：“从现在起谁也不许再掉一滴眼泪。我和你父亲生活了二十几年，感情一直很好，比别人家打着闹着在一起一辈子都值得，我知足了。伤心虽是伤心，可人死了，怎么也招不回来，就随他去吧。你们都大了，可以不需要父亲了，将来的路都得自己走。你们父亲活着时待你们都不薄，又不是没受过父爱，也该知足了。”母亲说完话，就转身进厨房干活去了。我们姐弟三人互相看了一眼，就赶紧行动起来。

再有两天就是年三十，我们要依照风俗去山上请父亲回家过年。一大早，母亲就起来忙着煎鱼、炒鸡丝和摊鸡蛋，她做这些都是上坟用的，而我们姐弟三人则在屋里为父亲打纸钱。为了让父亲在那边最富有，所以我们总是用面值一百元的钱币来打纸钱。心细的姐姐说票子都是大的怕父亲买东西找不开，所以我们才又打了一些角角分分的零钱。等一切都准备停当，我们将要出发的时候，母亲突然说：“让我也去吧。”母亲垂下手，很自然地征求我们的意见。我和弟弟同时看了看姐姐，因为她最具有发言权。姐姐说：“你别去了，我们去就行了。”“可我还一次也没去过呢。”母亲有些委屈地说，好像我们剥夺了她探望丈夫的权利似的。“可你一去又得哭了。”姐姐直率地说。“我保证不哭。”母亲几乎是有些流露出女孩子气了，她飞快地摘掉围裙，冲进里屋去找围巾和手套。姐姐仍然心有余悸地问我：“你猜她去了会哭吗？”“我想会的。”我说。“肯定要哭。”弟弟补充说。“那就不让她去了。”姐姐说完，我们姐弟三人趁她还没出来就先溜出家门。我们像小偷一样飞速地沿着障子边东拐西拐地蹿上公路，很快就把母亲甩掉了。她不知道父亲墓园的确切位置，而且她发现我们是故意摆脱她之后，绝对不会再追赶我们的。

天气极其寒冷，连空中乱响的爆竹声也是寒冷的。进山之后，我们的目光不停地朝父亲居住的地方眺望，好像久别归家似的那么望眼欲穿。有几只大鸟在墓地上面的树梢盘桓，像墓园守望者一样。我们到达父亲身边时一齐跪下，做着最古老的祭奠。纸钱焚化时的氤氲烟雾使我仿佛看见了父亲的双手，他的确隔绝了我们，这双手我们再也牵不到了。这时我忍不住又想起了母亲，她若站在这里会怎样呢？

告别墓园走回家时已近晌午。厨房里很温暖，炉火很旺。母亲头也不抬地守着一只盆子刮鱼，看来她是生了气了，她很少这样对我们生气。我们洗过手后赶紧各就各位忙自己分内的活儿，这时母亲突然直直地问：“你们招呼你们父亲回家过年了吗？”“招呼了。”弟弟心惊胆战地说。“怎么招呼的？”母亲抬起头，我望见她的眼圈是红的，她一定哭过。“我们说：‘家里什么东西都准备好了，爸爸你回家过年吧。’”弟弟说这话时声音微妙极了。“再没说别的？”“我说了让他保佑弟弟今年考上大学。”我惴惴地补充。“你还想让他这么操心？”

母亲不留情面地挤对我，只能说明刚才不让她去墓园她不痛快。“我不是故意的。”我说着，眼泪似乎又要流出来了，我赶紧走到火炉那儿去捅火。“没事了，你们都该干啥就干啥去吧。”母亲叹息了一声，不再追究了。

年三十，按照母亲的吩咐，姐姐必须回婆家过年，她不愿意因为失去丈夫而滞留女儿在家陪着自己，那么只有我和弟弟同她共度除夕之夜了。为了不惹她伤心，我们在那一天都表现得很勤快，而且都装出很高兴的样子。午夜之时，外面的爆竹声连成一片，像地震似的。我们家虽然没放爆竹却也仿佛放了似的，从院子四周不停地传来噼噼啪啪的声音。母亲像往年一样以家庭主妇的身份站在灶前煮饺子，而我和弟弟则马不停蹄地往桌子上摆菜、筷子、酒杯和食碟。这是一个最难熬的时刻，只要过了除夕，年也就算过去了，生活又会平稳起来。

我们坐在桌前举起酒杯为新年做着陈旧的祝福。母亲神情极其镇静。自始至终，她没有落一滴泪。这是一个温暖的略带忧伤气息的除夕，我大大地松了口气。那天夜晚，炉火十分温暖，室内优柔的气氛使我们觉得春天什么时候偷偷溜进屋里来了。

初一的时候天忽然下起漫无边际的大雪。窗外十分宁静，菜园之外的道路上没有忙年的人影，年已经过去了，大家似乎都在沉沉地休息，整个小镇像瘫痪了似的。我披好衣裳，下地，走进厨房。先看了看炉膛中的火，添了些柴，然后就穿过黄昏似的走廊去母亲的房间。可我突然发现母亲不在房间里，她的房间收拾得十分干净。我的心沉了一下，慌慌地去弟弟的房间把他从床上摇醒，问他：“妈妈去哪儿了？”“不知道。”他睡眼惺忪地回答。“她不见了。”我说。“不会走远吧。”弟弟很自信地穿衣起来跑到屋外的院子里去找母亲。他先去了厕所，然后又进了仓房，但怎么也没能找到。“会不会去挑水了呢？”弟弟问。“不会，水桶都在家里。”我们急得几乎要放声哭了。

正在这时，姐姐和姐夫来了，姐姐一进来就感觉到气氛不正常，她焦急地问我：“咱妈怎么了？”“昨晚她还在，早晨醒来时她不见了，她是生了炉子后走的。”我说。“你们怎么不好好看着她？”姐姐埋怨着我们，眼里噙满泪花。

母亲会不会因为一时思念成疾而真的抛下我们呢？我的眼前突然闪现出山上墓园的情景。现在那里是白雪的墓园，母亲会不会去那里了呢？没等我来得及把这个可怕的想法告诉姐姐，母亲突然推门而入了。她一定是走了很远的路，她的身上落着许多雪，她围着一条黑色的头巾，脸色比较鲜润，目光又充满了活力。

“你去哪儿了？急死我们了。”姐姐说。母亲摘下围巾，上上下下地拍打着她身上的雪花，有些不好意思地笑笑，好像她到别人家的园子偷花去了。她轻轻地告诉我们：“我看你们爸爸去了。”“你找到地方了吗？”我们问她。“我一上山就找到了。”她垂下眼睑低声地说，“我见到他的坟时心里跳得跟见到其他的坟不一样，我就知道那是你们爸爸。”我们全都垂下头来，真后悔那天没有带她去墓园。“他那里真好。”母亲有些迷醉地说，“有那么多树环绕着，他可真会找地方。春天时，那里不知怎么好看呢。”她说完走进里屋把围巾手套放置好，又重新走回厨房，戴上围裙。

我见她发丝乌亮，她看上去精神多了，而我的眼前再一次出现墓园的情景。现在那里是白雪的墓园，雪稠得像一片白雾，父亲被罩在这清芬的白雾中。

母亲掀开炉圈去看炉膛的火，这时我才吃惊地发现她的眼睛如此清澈逼人是因为那颗红豆已经消失了！看来父亲从他咽气的时候起就不肯一个人去山上的墓园睡觉，所以他才藏在母亲的眼睛里，直到母亲亲自把他送到住处，他才安心留在那里。他留在那里了，那是母亲给予他的勇气，那是母亲给予他的安息的好天气。窗外的大雪无声而疯狂地漫卷着，我忽然明白母亲是那般富有，她的感情积蓄将使回忆在她的余生中像炉火一样经久不息。这时母亲温和地转过身来问我们：“早饭你们想吃点什么？”

爱情故事

✽张佳玮

小伙子说，他是从乡下来的。姑娘上下打量，不太相信。他个子不算高，和她差不多，容貌清秀，有点儿抬头纹，看着很机灵，穿件蓝衬衣，一条黑裤子。旁边一辆旧金狮牌自行车，也干干净净，就是左边的车把掉了。小伙子抬腕看了看手表，说要上班了。上车，一串铃声断了线，在阳光下满地滚动，滑过烟酒商店门前、修自行车的脚边，卖油馓子的、扫地的阿姨、坐着抽烟的电影院放映员都抬起头看他，看他到桥边，拐个弯，再眨一次眼，就没影了。铃声还在阳光下，圆溜溜，明亮亮的，溜达。

姑娘骑着旧凤凰自行车，总想着怎么按一下车铃才好。大拇指悬着，一直没按下去。见着家门前的桃树了，车轮踩得井盖响，隔窗闻见妈烙面饼的香味。她下车，跟晒太阳用半导体听《珍珠塔》的邻居阿公打了个招呼，就进了家门。

她问妈："乡下人好不好？"

妈说："有的好，有的不好。"

吃饭时，后爸边皱着眉头扒饭，边说："不好。"

姑娘的亲爸在遗像框里看着他24岁的女儿，他在那儿待了有20年了。妈会吵架、会打牌、会缝褂子、会编蒲扇子、会种花、会养鸡鸭鹅猫狗，但是一个寡妇，养不活姑娘和她弟弟。媒婆嘴里画出个男人，"在局里有工作，离了婚"，后来就当了姑娘的后爸。后爸有一个女儿，又笨又懒，中午才起床，日落就躺下，一年洗不了十次澡。后爸觉得，亲生女儿是公主命，得有女用人伺候，有个男用人更好。姑娘和她弟弟虽然手脚笨点，毕竟吃家里的喝家里的，那就当用人使唤吧。炖鸡汤，公主女儿吃鸡腿，姑娘和弟弟吃鸡脖子和鸡爪子；熬鱼汤，公主女儿吃鱼肉，姑娘和弟弟啃鱼头鱼尾；蒸馒头，公主女儿吃肉包子，姑娘和弟弟吃白面花卷，蘸点儿豆腐乳。妈看了，抹抹眼角。

弟弟本来脾气很好。后来有一天，走路撞了桃树，妈妈才发现他眼睛近视，给配了眼镜。看清楚世界后，弟弟脾气变暴。被后爸欺负了，张口就吵。后爸吼："我不养你，你能长这么大？"弟弟吼："你养我吗？吃鸡脖子，吃鱼头，啃肉骨头，你就是养了条狗！"吵完架，弟弟就把眼镜布塞眼镜盒里，拿几本书塞进书包，气哼哼地出门，在门口还会吼一声："我这就出国！再也不回来了！"

每到这时，妈妈就叹一口气，走进厨房。打两个鸡蛋，坠在碗里的面粉上，加水，拌，加点盐，加点糖。直到面、鸡蛋、盐、糖匀兑好了，像鸡蛋那样能流、能坠、能在碗里滑了，就撒一把葱。倒油在锅里，转一圈，起火。看着葱都沉到面里头了，再把面粉碗绕着圈倒进锅里，铺满锅底。一会儿，一面煎得微黄、有滋滋声、面香了，她就把面翻个个儿。两面都煎黄略黑、泛甜焦香时，她把饼起锅，再撒一点儿白糖。这时候，弟弟准靠着门边儿站着，右手食指挠嘴角。妈说："吃吧。"弟弟就溜进来，捧着一碗面饼，拿双筷子，吃去了。

姑娘上完高中，工作了，顶的是亲爸的班，去做了纺织工人。后爸觉得公主女儿少了个女用人，很不高兴。发现姑娘开始有钱买东西了，居然还买了辆二手的凤凰自行车，更是不快乐。回头发现公主女儿找不到工作——朋友都一脸抱歉地说，请你吃螺蛳，喝黄酒，可以；送你盒越剧磁带，也行；工作啊，没法安排。于是，就打起了算盘。他对姑娘说："你该回家来，做做针线，让你姐姐顶你的班。"姑娘机敏地说："我顶我爸当年的班，这是厂里给的福利，我要不干了，这岗位也没了，没法让。"说完她就和厂里领导通了气。领导都喜欢她，于是对摸到厂里的后爸摆出正经八百的表情："这是厂里的规定，不是我们能定的。"

所以后爸不一定真的讨厌乡下人。他就是想让姑娘生气，所以：乡下人，不好！

姑娘想去看看那个乡下小伙子。她上班时就在想：过了桥，绕个弯，到桥下运河边那条马路。左手边是运河岸，河上有许多船，船上人家就在甲板上摆桌凳，吃红烧鱼肉拌米饭；要吃水果和蔬菜，就跟岸边卖水果的喊一声，他们扔钱，水果贩子扔水果，溜达的闲人看着喝彩。右手路边是电影院，电影放映员闲时就在电影院旁的烟酒铺，和卖烟的人聊天、蹭烟抽。烟酒铺柜台上老是拆开着一两包烟，谁过去都能点一根抽，再往耳朵上顺一根。烟酒铺过去是馄饨包子店，那里一片雾腾腾的，常有人站在门口，擦眼镜上的水汽。再过去是浴室，姑娘没去过，但知道里面经常有人掀起大被子一样厚的门帘，跑到烟酒铺买烟，去馄饨店要碗馄饨。再过去是五金店，老板总是坐在门口和人下象棋，边下边拍膝盖："我来一个（方言），当头炮（普通话）！"再过去，是卖油馓子的摊子，摊主也卖麻花。小孩子午饭时喜欢吃油馓子，咔嚓咔嚓，吃得满地碎金，扫地的阿姨回头看见，摇头叹气。再过去是个修自行车的，旁边是个两层小楼，一楼是书店，也能租书看，主人平时在二楼浇花，看客人来了，就楼上楼下吆喝："要什么书？报纸？钱放柜台上吧！"再过去，就是进出口公司的仓库了，那里有许多大卡车，卡车后面是栋灰色的楼，小伙子就在楼上办公。他在几楼办公呢？

姑娘一个办公室一个办公室地扫过去——办公

室大多是空的——在二楼一个靠街的办公室看到了小伙子。他右手翻书，左手拿玻璃杯喝茶。姑娘敲窗户，小伙子抬头见是她，就把她请进了办公室。姑娘说："你新调来这里的吧？"小伙子说："对啊。"

小伙子说他是乡下人——这是姑娘第二次听见他这么开场了。他原先在进出口公司上班，据说要做科长了，可是别人看不惯他，说他坏话，他就被调来看仓库了。看仓库也不坏，人少，安静，可以看看书，吹吹笛子，闲了找人打牌。姑娘想：他会打牌，还会吹笛子啊！又问："你会开卡车吗？"小伙子愣了愣，说："不会。"

到午饭饭点了，小伙子说："吃午饭去吧。"姑娘还没来得及脸红，小伙子就补了句："我有朋友在馄饨店等呢。"他们俩沿路走时，扫地阿姨停下，压住烟尘看他们；修自行车的大叔笑眯眯地脑袋转了小半圈，又继续低头擦内胎、哼歌。阳光在头顶一路护着他们到了馄饨店。有一桌坐两个青年，见了小伙子，举手招呼。

接着就听见了吵架声。

拿票排队端汤包那儿，两人在争最后一屉汤包。下一屉蒸出来，还得好一会儿。一个矮个少年说："明明我先，你怎么插队？"另一个大个子说："我是帮单位里买的，我着急！你靠后一点！"小伙子看了看那两人，又看了看他那桌朋友，大步走到大个子面前，拍拍他的肩："你怎么在这里？单位里有事，快出来！"大个子一愣，回头看看，小伙子催了句："会计要找你，粮票的事。"大个子一听着了急，跟了出去。姑娘站在原地，不知道该怎么办，她看着矮个少年端走了最后一屉包子，端到了小伙子朋友那桌上。她想了想，还是跟出了店门。

恰好看见大个子在门口出去七八步远，叉腿站着："你搞什么？"小伙子轻松地微笑着："我说我哄你呢，我不认识你，也不知道你是什么单位的。"说完，他就把大个子扔下，进店，顺手拉了一把姑娘的袖子，落座。几个青年已经把屉里包子吃空了，一边烫得嘴里嚯嚯连声，一边乐滋滋地看着跟进来的大个子，笑眯眯的。等大个子气走了，他们又变戏法似的，从桌边摸出一屉藏好的包子来，连一碟带姜末的醋，递给小伙子："阿哥吃！"然后一起看看姑娘，"阿姐吃！"

"阿姐"第二次去看"阿哥"时，掏出一副针织手套。第三次去看"阿哥"时，掏出一副塑料油瓶改装的自行车车把。"阿哥"请"阿姐"去爬山，摔了一跤，裤子膝盖破了，"阿姐"就踩着缝纫机给补好。妈过来，提起裤子看了看裤腿："小伙子不高啊？"姑娘脸有点红，说："可是人长得挺好的！"

小伙子握着塑料油瓶做的自行车车把，和姑娘一路铃声，踩响了井盖儿。弟弟放下高中课本，出门看了眼，立刻回身喊："妈，来客人了！"妈在里屋"哎"了一声。后爸听见了，走到门前看了看，眉皱得像干树枝。

看到妈妈做了一桌煮花生、炖鸡汤、熬鱼汤、摊面饼、红烧鳝鱼，后爸的眉头皱进肉里了。看到小伙子吃着鸡腿肉而非鸡脖子、鳝鱼肉而非鱼头鱼尾，后爸觉得自己胸口的气在呼噜呼噜响。小伙子跟姑娘、弟弟和妈说："其实鸡爪子很好吃，广东那儿就拿鸡爪子下酒、配粥喝；鱼头也很好，熬汤尤其好，天目湖的鱼头汤就很有名，我出差时就吃过。"后爸听着，鼻子边上的肉开始抽了。等小伙子走了，他一边把小伙子送来的云片糕递给公主女儿吃，一边说："乡下人，不好！"

几天后，纺织厂的书记找姑娘，说有人写匿名信，控诉姑娘有作风问题，要厂里把她的岗位给撤了。书记说："这种谣言，我们当然不信。但你最好看看这笔迹，看是谁想害你。"姑娘看了看笔迹，冷笑一声。书记叹了口气说："你这个后爸，其实也有个好处。人比较憨，要做坏事，也做不顺利。"

小伙子第二次上门，离第一次一个星期，第三次上门离第二次五天，第四次上门离第三次三天。后爸发现自己吃到的鸡腿、鱼肉越来越少，哪怕吃到，也不再有羡慕的目光盯着他。姑娘、弟弟和妈妈都盯着小伙子，听他说书里的事，出差时见过的事，喝过的酒，看过的电视节目，在湖里游泳的乐趣，他看过的南方的山和北方的山如何不一样，他如何一个人骑车跨过整个南京长江大桥。后爸生气了，后果很严重。他抄起门后的竹棍，朝小伙子额头就是两下，边打边说："叫你不要来了！叫你不要来了！！你还来！！！"

竹棍用的时间长了，由绿变黄，硬且韧，外面泛光，挥起来呼呼带风。听《珍珠塔》的阿公听见呼呼声，急忙从藤椅里起身过来，正看见小伙子的发际那往下淌血，吓坏了，一跑一颠地去烟酒店叫人。烟酒店的人急忙找隔壁的联防队。联防队的人听说见了血，不敢怠慢，急忙跑去派出所，又叫上居委会卫生站的人。派出所来了两个骑自行车的，姑娘认出其中一个给她递过包子，叫过她阿姐——现在他穿着警服，严肃地问："阿哥，怎么样？"

那时小伙子的头已经用纱布包好，血也擦干净了，七八个邻居挤在屋子里，还有十几个伸长脖子看热闹的邻居在门外站着。公主女儿吓得躲进里屋，隔一会儿伸出脑袋看看。小伙子用右手托着额，看了看面如土色的后爸，冷静地说："没事。我不小心摔了一跤，撞了门。"

等人都走了，门关上了，小伙子从后爸手里拿过竹棍，看着后爸，用手一拗，啪的一声，竹棍脆生生地折了。小伙子说："这样吧。今天你打我，算过去了。但这是最后一回。我游泳，跑步，也会打架，打你这样的，十个不在话下。以后你再欺负他们，我就揍你。你欺负一次，我揍一次。"

后爸对弟弟说："吃鸡腿，吃鸡腿。"

后爸对妈妈说："吃鳝丝，吃鳝丝。这个鳝丝切得好！"

妈妈瞧了他一眼："这是我自己切的！"

后爸对姑娘说："那个谁，好几天不来了。他什么时候再来啊？"

姑娘说："他在单位忙。他说要回家，跟他爸妈说这个事情。"

阿公边摇头晃脑地听《珍珠塔》，边对妈妈说："小伙子，人很好啊。"

修自行车的大叔笑眯眯地对姑娘说："你男朋友今天又回家去了，没来上班？"

扫地的阿姨喝道："你们的'阿姐'在书店里！你们不要在这里嗑瓜子！"

书店老板在二楼挥挥手："没有零钱就算了，拿一份吧，我明天问你男朋友要！哈哈！"

妈妈看着小伙子编好的竹篾栅门，看着里面一筹莫展、瞪圆两眼的老母鸡，满意地点头："热了吧？来吃酒酿圆子！"

后爸听着小伙子喊"一、二、三"，和弟弟、小伙子合力把最后一根木梁托上了葡萄架。后爸喘着粗气，满意地抬头，看阳光从绿叶里透下来，点了点头："好啊，好啊，来歇歇，吃个苹果！"

姑娘对妈说："妈，我睡不着。你说他真的是乡下人吗？"

妈说："不像。斯斯文文的，又干净，又读书，口音也像是城里人。"

姑娘说："哎，乡下人以后住在城里，也就是城里人了吧。"

妈说："其实我们家以前也是乡下人，现在的城里人以前都是乡下人。"

姑娘说："我知道他家的地址，就是没去过。"

妈翻个身："要不然我们去乡下，探探？"

姑娘说："探探？偷偷摸摸的！"

妈说："我们又不是特务，我这是看女婿！"

坐了很久的公共汽车，坐到妈心生疑惑。路边的楼房越坐越矮，车里的乘客越坐越少。妈问司机："师傅，没开错地方吧？"

下车，又走了很久的路，妈的疑惑像卡车驰过的尘烟一样升高。妈妈问姑娘："这地址没错？"姑娘挽起了袖子，拿手背擦汗："没错啊！"

走过了一面工厂的围墙，前面是一条碎鱼鳞闪亮、半边蓝半边绿的河，河上有灰点和白点。细看来，蓝是天，绿是樟树，灰是鸭子，白是鹅。河旁边的石头那儿，有阿姨们在蹲着洗衣服。再往前，是一片油绿泛黄的菜田，大片的狗尾巴草和喇叭花。妈妈和姑娘沿河走，远远看见一片平房木屋，这儿一排，那儿一排。墙是红砖砌的，门是木框拦着，叉竿顶着窗。家门前晒着青豆，门框上挂着鱼。那时刚过了午，烟囱里青烟一缕一缕。妈问姑娘："是哪家？"姑娘正在想，耳朵被刺了一声："阿姐！"

一个矮小的身影从河旁树丛里蹿出，在阳光下撒腿飞跑，一路踩着花和草，往木屋那儿去了。妈妈和姑娘正愣着，猛听见木屋前一声尖叫："妈，哥的女朋友来啦！"说时迟那时快，木屋里飞出一条青色人影，一道烟急速奔来。妈猛然觉得不对，拉住姑娘，一捂脸，转身就跑。耳边听见背后呼呼风响，一道新生姜似的脆辣辣的声音叫道："哎呀，阿姨你来啦！来得好！来得好啊！"

很多年后，姑娘认为那段羞臊的路程，跑了准有几百里。耳边呼呼风响，时间无比漫长。但饶是如此，她和她妈还是被一双大手揪住了。后来，她问小伙子，你妈，一个青对襟衣服、黑布裤、黑布鞋、貌不惊人的妇女，怎么奔走如风、硬把她俩追上的，而且怀里还揣着五个煮鸡蛋？抓住她们，立刻把煮鸡蛋硬塞到她们手里："他去他姐夫家里了，一会儿就回来。你们快来家坐坐！"

乡下吃饭很早，黄昏没到，各家就在场院晒的青豆旁排开了饭桌，就像运河那些船家。河塘里的鸭和鹅往家走，妇女们扯起嗓子，叫菜田、沙堆、井旁边乱跑乱叫、挖笋挖萝卜的孩子"吃饭"。小伙子的妈红着眼睛从灶间里出来，一再地道歉："家里还是烧柴草的大炉灶，连煤球炉都没有，不好意思啊，让你们看笑话了……你们去看会儿电视机吧！黑白电视，声音倒是好的！"

小伙子说："妈，你别管了！"

小伙子的爸，那年刚过60岁，耳朵已经听不大清了。他笑眯眯地把热好的黄酒斟给客人，笑眯眯地把炒好的花生放上饭桌，哑着嗓子笑两声，自己先喝了一口酒。头顶的樟树发出簌簌声。邻居纷纷大叫："好漂亮的女朋友啊！城里的女朋友啊！"有邻居就捧着饭碗拿着筷子，边扒拉青豆和鱼肉，边走过来跟姑娘问好，然后用脚轻踢小伙子的腿，挤挤眼睛。

吃完饭，两个年轻人的妈聊着天，两个年轻人牵着手出去溜达。很多年后，他们对那天的细节把握已不甚清楚，有时是这一种说法，有时是另一种说法。也许是他们都忘记了，也许是他们不想让我知道那天他们究竟说了什么。我从30年后的现在，看那个一切尘埃落定的黄昏，他们的身影已融化在黄昏的光芒里，两个人都披着红灿灿的光，就像那个报信的矮个子身影嚷嚷的——"新郎和新娘！"

我听到的一种说法是：小伙子坐在河边，指点给姑娘看，说他小时候在这桥边捉癞蛤蟆，如何一口气捉了五六只；小时候在这河里淘米，如何掉进河里，被父母训了顿；小时候在这石头上坐着钓虾，钓完又是如何从机床厂墙洞里钻进去，偷了起火的材料烤虾吃；小时候他怎么挖萝卜、挖菜根，如何用火烤花生。他说他要买一台日立电视机，一个五斗橱，再买一个沙发，上面放一张绣着孔雀的毯子；他说他要买一个茶几放在沙发旁，茶几上面放盆景。最后他认真地说：

"将来有了孩子，可以叫张佳玮——玮这个字，是玉的意思。男的女的，都可以叫这个名字。"

我听到的一种说法是：听了这番话，姑娘感到整整24年以来，从未有过的害羞，从未有过的幸福。她觉得未来的生活被这么一描绘，烂漫如眼前所见的云锦夕阳。她被这种突如其来的幸福感吓了一跳，都来不及思考儿子或女儿叫张佳玮有什么不妥，只是说：

"啐，真是脸皮厚！"

若你曾见过沈薇龙

✽陈若鱼

1

我第一次见到沈薇龙，是在1998年母亲丧礼的前夜。

那时候镇上还没有路灯，我趴在邻居家门口，透过生锈的铁门缝隙，看小燕子往皇后旗头里塞花瓣，笑得花枝乱颤。她拍了拍我的肩膀，我回头借着邻居家院子的灯光，第一次看见她的脸，满脸皱纹，双眼泛红，头发稀松凌乱。

“幺儿，回家切（去）。”是跟母亲一样的重庆口音，那瞬间我才想起来，我的母亲在三天前去世了。沈薇龙从重庆巫溪翻山越岭再乘火车赶来，参加她女儿的丧礼。

沈薇龙，是我的外祖母，重庆话叫“姥姥”。其实在1998年之前，她就已经患了精神病，原因是我英俊潇洒的外祖父公然在家里与另一个女人同住，以及她后来的一切悲惨遭遇。

因为母亲的意外去世，父亲一蹶不振，患有精神病的沈薇龙留在了湖北，“照顾”我们姐妹，直到半年后父亲走出伤痛才回到重庆。那半年里，我们姐妹年纪尚小，每天都是忙着解决沈薇龙惹来的麻烦，很快就忘记了母亲去世的事实。有一天我放学回来，邻居在我家院子指着沈薇龙破口大骂，而她只是披散着头发坐在院子的竹凳上，双手抱胸看着天上飘浮的云充耳不闻，脸上还带着浅浅的笑，那时候我多想知道她出了问题的脑子到底神游到了哪里，邻居骂了一阵子实在没办法就走了。后来我才知道，原来是沈薇龙又犯病了，趁邻居出门做工，她翻过两米高的围墙，用一把竹梯爬上邻居家的青瓦屋顶，揭了几片瓦，朝里面扔煮熟的红苕和鸡蛋，她一本正经地跟我们说，我的母亲被邻居抓走关在屋里，再不给她送点吃的她就要饿死了。

其实，这已经不下五次了，难怪一向和善的邻居也板起了脸。

2

沈薇龙也有正常的时候，那就是收到她小女儿的照片之后。

我的小姨有重庆人特有的白皙皮肤，娇小的身材，凭着一头妖娆的长卷发和俊俏的脸蛋，成了巫溪县城里一家商场的模特，她总是拍很多照片寄给我们，其中有一张是小姨装扮红极一时的还珠格格造型，沈薇龙把照片反复地看，反复地念。

“幺女子长得最像我。”

她总是把照片摆在家里最显眼的位置，只要一进门总能看到，那时候我一度怀疑小姨的照片有跟门神一样的辟邪作用，还是我见过的最美的门神。

沈薇龙那时候已经是个老人了，但还是很爱美，早上起来把头发梳得一丝不苟，还绾成一个银白的发髻，插一根银发簪。她很少超过一天不犯病，一犯病头发就散乱了，簪子也不见踪影。有很长一段时间，我就负责在草丛里、在猪圈里，甚至在汤锅里帮她找簪子。有一回，她难得正常，把我和姐姐叫到她跟前，然后掏出几粒鲜绿的花椒跟一根针，那一刻我遭遇了人生八年来最惨的疼痛。她用两粒花椒给我们揉耳垂，在我们毫无防备的时候，像一个剑客般利落地一针穿过，于是我跟姐姐在十岁以前就有了耳洞，还戴上了她用豌豆做成的临时耳环。我当时一度认为自己是学校里最时髦的姑娘，逢人就撩起头发给别人看我的耳朵。但是，在沈薇龙离开我们以后，这个耳洞不知道在什么时候悄悄愈合了。

我是很喜欢沈薇龙的，尤其是她背着我偷西瓜被抓的时候，她清瘦的身躯像风一般狂奔在田野间，我甚至以为我飞了起来，那感觉特别美好，以至于后来我总怂恿她去偷西瓜，而我在她枯瘦的背上笑得如早春杜鹃般灿烂。

当时八岁的我，并没有因此心生罪恶，也未曾顾忌她年老的身体。

也许是因为无知而无畏，沈薇龙很胆大。七月半的中元节，按照家乡的习俗，要点着火把围绕田埂走三圈，意为“赶鬼”，直到火把烧尽。那天晚上，沈薇龙举着火把跟在人群后面，欢快而雀跃。当我们回家后，才发现她不知什么时候“失踪”了，我以为她被“鬼”捉了去，立刻大哭起来。大姐找来邻居帮我们一起找，找了一晚上，才找到睡在河边草丛里的她，跟平时睡在家里一样自然。

在中元节的晚上，睡在山野间一整晚，若不是因为沈薇龙是精神病患者，她一定能成为我们镇的一代英侠。

3

有一天早上我起床后，发现沈薇龙不见了。

我们找遍了山林，找遍了西瓜地，找遍了邻居家，也没能找到她，对于统共也就见过两次面的外省丈母娘，父亲并不上心，但也跟我们一起找了许久。直到十天后，远在重庆的舅舅寄来一封信，说她已经回家了。据沈薇龙说，那天清晨，她突然想起自己临走之前，山羊还拴在半山腰的树上，于是就急匆匆地跑回重庆，打算解救那只她脑海里已经被她拴了半年的山羊。

我坐在院子的竹凳上，双手抱胸，看着沈薇龙平时看的方向，发现天边的火烧云竟然渐渐形成了母亲的模样，我登时心里一惊，难道沈薇龙的心里是清楚的？她清楚自己的大女儿已经去世，所以才会一直望着天上吗？我想应该是的，因为我也是在沈薇龙离开以后，才意识到母亲已经去世的事实。

对于沈薇龙的不告而别，我很伤心，不说饯行，是否至少应该说一句后会有期？

从沈薇龙的不告而别之后，我再也没见过她，我一度害怕听到她去世的消息。

我在逐渐接受母亲去世的过程中，越长大越悲伤，自怜自悯，长到十三四岁的青春期时，我的悲伤已经逆流成河了。在许多个夜晚想起面容模糊的母亲，在许多个夜晚写出我八岁丧母的忧伤，看许多所谓疼痛小说，在厕所里哭着说我对此感同身受。

那个时候，我并没有意识到，其实我真正怀念的，是母亲的母亲，沈薇龙。

在我二十二岁那年，小姨来到湖北，带着我跟姐姐一起回重庆。那是我第一次踏足母亲的故乡，一路欢喜，一路悲愁。欢喜我能见到沈薇龙，悲愁的是竟然时隔了十四年，我仿佛突然回到了青春期时的忧伤，再一次怜悯我自己，也怜悯我的良心。

我们从宜昌乘了一夜的船，过三峡大坝到巴山，汽车绕了三个小时的山路，我才第一次看见在深山脚下的巫溪县城。湖北到巫溪，只有这一条路，那一刻我无法想象年老患病的沈薇龙是怎样在十四年前独自返回巫溪的。

沈薇龙跟外祖父一同住在离县城几座山的半山腰上，我们租了车，又爬了一座山才上去，他们居住在舅舅翻新加盖的二层小楼中，四周全是空房子，人们都搬去了山脚下。我进屋之后，第一次见到了外祖父，他穿着深灰色的毛呢大褂，白发梳成大背头。他不对我说话，只是不停地忙碌。我穿过厅堂，在屋后简陋的厨房里，见到了沈薇龙。她动作缓慢地煮饭，一堆柴火上放着一本破旧的1983年的《地理知识》杂志。

我上前与她搭话，却经历了比之前沈薇龙给我穿耳洞还痛苦的事情——她不记得我了。

事实上，她几乎不记得除了外祖父以外的任何人。她依旧身材娇小，只是皱纹比之前更多更深，头发比之前更白更乱。她在这栋简陋的二层小楼里缓缓地干着家务，我那时候一直不明白，一个连亲人都不记得的人，甚至因为精神病而不懂得活着的意义的人，为什么还能活下去？

4

那天晚上，我从舅舅口中，知道了关于沈薇龙更多的故事，年轻时的故事。

沈薇龙患精神病之前是念过书的，在当时当地算是有学问的女人。她读张爱玲的小说，因为喜欢《沉香屑·第一炉香》里的葛薇龙，而把自己的名字沈华英，改成了沈薇龙。嫁给外祖父后，她一共生了三女两男，但孩子们都还未成年，外祖父就公然与隔壁女人同进同出。

年轻气盛的沈薇龙无法忍受外祖父的不忠，索性一走了之。她独自穿山越岭，用了半个月的时间到了北京。那时候北京还有些混乱，而毫无医学经验的沈薇龙，通过阅读医学书籍成为一名护士，一个人在北京安定下来，一待就是四年。我想，她不是不想念自己的孩子，只是自尊心无法使她原谅外祖父。但四年后，她还是回到了重庆。这恐怕就是一个女人最大的气度了。

沈薇龙回到重庆，外祖父已经将隔壁女人养在了家里。沈薇龙用埋藏在心底四年的愤怒，赶走了那个女人，却被外祖父一顿暴打。她关在房间几天不出门，出来的时候消瘦得不成样子，精神就在那几天几夜里不正常了。

精神崩溃的沈薇龙依旧爱看书，无论何时何地都在看书。她没有忘记从前学过的字，只是忘记了我们这些亲人。问她的孩子，她掰着手指头一个个说出他们的名字，但是却分不清谁是谁，也一直以为我母亲仍然在世。

因为对沈薇龙的怜悯，也因为我的爱憎分明，在重庆的一个星期，我一次也没有跟外祖父讲过话。

离开重庆以前，小姨在县城租了房子，把两位老人接了过去。我一直跟沈薇龙说十四年前在湖北的事，尽管都是答非所问，但我还是试图让她记起我，记起那个曾在她背上飞舞的小女孩。后来她终于眼神一亮，看着我说：

“你是我大女子的女子。”她一说完，我就忍不住笑了，眼里蓄满了泪水。

可是两分钟之后再问，她又忘了我是谁。

5

离开重庆后，我独自去了许多地方，但再也没有回过重庆，因为沈薇龙去世了。那天，我正骑着大象穿梭在西双版纳的森林里，小姨在电话那头问我要不要回去，我觉得一时鼻酸，迅速仰起头看着天空。

我不仅没回重庆参加沈薇龙的葬礼，还不肯相信她去世的消息。我以为只要我不回重庆，不看到那座坟冢，她就永远活在重重深山之中。或者她已经离开重庆，像年轻时候一样，独自走南闯北，一个人活得像一支舰队。我曾想过，若她在北京一直待下去，再也不回重庆，凭她的美貌与聪慧，必定能拥有另一种人生。

你还记得她的形象吗？

满头银发，一直絮絮叨叨，从她满是皱纹的脸上，依稀可以看出年轻时的倔强与美貌，枯瘦如柴，但走起路来却健步如飞。

如果你在路上曾遇见这样一位老太太，请一定记得告诉我。

盯梢

✽张　洁

童年,是一棵在人生四季都会结果子的树。如果你饿了,或者渴了,只要你愿意,你就可以乘着回忆的小船,从时间的小河里荡回去,采撷它们。

人人都这么说,二姐姐是村子里顶漂亮的美人。是不是这么回事儿?我可说不清楚。

比方,我很爱看戏。引动我的,并不是那公子落难、小姐赠金、山盟海誓、悲欢离合的戏文。我更多的兴趣倒是去欣赏戏里的佳人。她们一个个拂着长袖,摇着莲步,双目流盼,长眉入鬓,实在够美的了。可是回到家里,一看二姐姐,便觉得她们全不是那么回事儿。

没事儿的时候,我老爱看着二姐姐傻笑。那时,她就会用手指头弹一下我的脑门儿。我呢,就像中了头彩,高兴得不知道该怎样才好,如果凑巧跟前有棵槐树,我准会像猴子一样麻利地爬上去,摘好些串槐花扔给她。

要是我的眼睛里掉进了沙粒,她就会用那长长的手指,轻轻地翻开我的眼皮,嘴巴噘得圆圆的,往我的眼睛里细细地吹气。那时,我就巴着我眼睛里的那粒沙子总也吹不出来才好呢!

我整天跟在她后头转悠,总是黏黏糊糊地缠着她。她上哪儿,我就上哪儿。她干啥,我就干啥。娘就会吼我:“那点事用得着两个人?还不喂你的猪去!”

我火急火燎地喂下猪,赶紧又跑回二姐姐身边。娘又该叫了:“你慌的个啥!赶死去吗!看把猪食洒了一地。”这时,二姐姐又会用手指头弹一下我的脑门儿。我很愿意她弹我的脑门儿,因为那并不很疼。

我爱听她笑。她笑起来的样子真是爱死人了:歪着脑袋,垂着眼睛,用手背挡着嘴角。那浅浅的笑声让人想起小溪里的流水,想起山谷里回响着的鸟鸣……逢到这时,我便像受了她的传染,咧开我的大嘴巴,莫名其妙地哈哈大笑起来,吓得鸡飞狗叫。一听见我那放纵的大笑,娘和二姨就会申斥地吼我:“快闭上你那大嘴,哪个女子像你那样笑,真像个大叫驴!”

二姨是顶忙的人。村里哪一户人家发生了婚丧嫁娶这样的大事,几乎都离不开二姨。比方村里要是有谁谁死了,顶多人们叨念上十天半个月,也就渐渐地忘了。可要是二姨串亲戚走开一两天,就会有人问“咋不见你二姨了嘛”;要是哪家聘姑娘、相女婿不是二姨经的手,她就像丢了多大的面子,三天见人没有好气儿。

不用说,二姐姐的婚事当然得由二姨经办。提了几家的小伙,二姐姐就是不应。别看二姨是个能人,对着二姐姐也没法施展。那会儿,正是宣传婚姻自主的当口,二姨也不敢太过张狂。可是,干了一辈子说媒拉纤的营生,要是不让她过问这件事,可不就跟杀了她一样难耐!尤其二姐姐还是她的外甥女儿,这就让她脸上更没颜色。

初一那天,二姐姐说是带我赶集去。临走前,二姨偷偷地把我扯到一边,趴在我耳朵上说:“大雁,赶集的时候留个心眼,看看你二姐姐都和谁个搭话来!”唾沫星子从她那厚厚的嘴唇里不断地喷射出来,弄了我一耳朵。潮乎乎、热烘烘的。我什么也没有听清,大声地反问她:“你说的啥?!”

她赶忙捂住我的嘴,把她的要求重又说了一遍。

还叮咛我不许露出马脚。她那鬼鬼祟祟的样子，给她布置的那个任务增加了很大的神秘感。那时候，凡是神秘的事情都让我觉得好玩儿。我答应了她，记住了她说的一切要点。

出了我们这个沟底，翻上了邻村的崖畔。我看见了人家矗在打麦场边上的秋千。

二姐姐说："歇歇脚吧！"

秋千架下的气氛十分红火。小女子们闪在一旁，想偷偷看看正在蹬秋千的小伙的风采，又扭扭捏捏地不敢看。小伙们推推搡搡，摩拳擦掌，有意地想在那些标致的小女子们面前显露一手，一个个比着看谁蹬得高，恨不得把脚下踩着的那块木板蹬飞了。

我一看，红了眼："咋咱村就没人想着给安个秋千！"

二姐姐抢白我："还不够你疯的嘛！"

我没顾得上回她的嘴。打秋千那热烈而惊险的游戏占有了我全部的注意力。我张着大嘴巴，看得眼睛直发呆。

二姐姐用手捂上我的大嘴巴："快闭上你那嘴，看人家的羊肚子手巾飞进去哩！"她不乐意人家看见自己妹子那副呆头呆脑的样子。

朝我们走过来一个小伙儿。我见过他，知道他。他是乡里的识字模范。人家都叫他三哥哥。他问我："大雁，你想打秋千吗？"

我双脚一跳老高地说："打！"

二姐姐狠狠地瞪了我一眼，说："没羞！你见谁家女子打秋千呢！"

我看出她并没有真正地反对我，因为她那双使劲儿瞪着我的眼睛里，全是关不住的笑意。

我把脖子一拧："我打，我就是要打嘛！"

"人家笑话你，我可不管！"

"谁要你管呢！"我怕她揪住我不放，赶紧跟着三哥哥就要走，却又忽然想起："咦，你咋知道我叫大雁呢？"

二姐姐撇着嘴笑了："你是有名的馋丫头，谁个不知道嘛！"

对，二姐姐说的话有点道理。

三哥哥才一把我领到秋千架跟前，小伙们立刻围上了我，都说："你莫怕，先坐在脚蹬板上，我们先带带你！"

怕？！

我才不怕呢！

我往脚蹬板上一坐说："来吧！"

先是三哥哥蹬着秋千带我。哎呀，我可真有点怕呢！秋千荡过来，摆过去，我的心忽悠忽悠地。我闭着眼睛，缩着脖子，不敢朝下看。两只手死死地攥着秋千索，担心着它会不会断掉。或是因为我抓得不牢，"啪"一下掉下去，摔成个肉饼子。

没有，一切都好好的。我的胆子渐渐地大了起来。我从脚蹬板上站了起来，学着三哥哥的样子，腿往前一蜷荡了过去，往后一蹴又摆了过来。哎呀，我简直变成了神仙，在天空中飘来飘去。我看见平原上平时总被山崖和大树遮挡着的那条河啦，我也看见平原上那条细得像带子一样的铁路啦，还有火车站上那像小盒子一样的房子啦……再往秋千底下一看，二姐姐啦、小女子们啦、小伙们的笑脸全都连成了一片，分不清谁是谁了。我快乐得晕乎了。在晕晕乎乎之中，好像听见二姐姐叫我下来，不过我已经顾不上那许多了。

接着，又是张家哥哥、李家哥哥，一个接着一个地陪着我打下去。我张着大嘴巴，一边笑着，一边叫着。没错儿，准像个大叫驴。直到我笑得、叫得、玩得一点力气也没有了，我才从秋千上下来。脚底下轻飘飘的，人好像还在秋千架上。走起路来软绵绵的，活像村里那些个醉汉、二流子。

二姐姐使劲地弹着我的脑门儿，拽着我的胳膊，好像是生了气："看看你这样子，哪里也不去了，回家吧！"

二姐姐一句话也不说，只顾在前头低着头走路。她真生我的气了？我偷偷地用眼睛瞄了瞄她，她眯着眼睛不知在想啥，嘴角上还挂着甜甜的笑哩。

我忽然想起二姨交给我的任务，立刻收住了脚，着急地说："哎呀呀，净顾着耍了，还有大事没办呢！咱还是上集上转一转吧！"

二姐姐悠悠地问我："你有啥事？"那神情仿佛刚从梦中醒来。

"二姨让我到集上看看你都和谁搭话来哩。"一着急,我忘记了二姨不让我露出马脚的叮咛。

二姐姐绯红着脸儿笑了,像三月里绽开的一朵桃花:"你就说,我和谁也没有搭话!"

对嘛!我相信她,我们连集上都没去,她能和谁搭话。我很高兴,觉得这一天耍得好痛快,二姨交给我的差事也没花我多大力气。于是,我尖着嗓子,唱起了小山调。

回到家里,二姨自然盘根问底。我也没说出个子丑寅卯。她有点失望,这事儿就算过去了。过了两天,二姨又揪住我:"你说她没和谁搭过话?"

"对呀!"

"不像,她那神气不对嘛!"

哼,她还是个相面的先生呢!"咋不对嘛?!"我替自己,也替二姐姐抱屈了。

"你懂个屁!"她从头到尾,重又把我审了一番,连细枝末节也没有放过。

她恍然大悟地追问了一句:"你打秋千去了?"

"啊,打了!"

"你耍了多久?"

"好大一晌呢!"

二姨把那双胖手一拍:"这就对咧!"

"咋对了?"

"你这傻女子,啥也办不成!白费了我好些唾沫星子!"

这话不假。我立刻想起她交代任务那天,喷射在我耳朵上的唾沫星子,的确不少。那种潮乎乎、热烘烘的感觉,再一次地袭击了我,我不由得用手掌又去擦了擦我那干干净净的耳朵。

收罢秋,二姐姐出嫁了。新郎就是邻村的三哥哥。我真爱二姐姐,也喜欢三哥哥,如果不是他,而是别人娶走了二姐姐,我一定会张开嘴巴大哭一场的。相反,我当时心里只有高兴的份儿,好像把一件心爱的礼物,送给了一个心爱的人。

二姨也没有丢面子,新娘子是她送到婆家去的。当然,还有我。起先娘死活不肯让我去,说我不算个啥。我豁出来了,当着来贺喜的亲戚乡邻,大闹了一场,吓得他们谁也不敢再拦我,生怕我会胡来,败了大家的兴。

一到婆家,我便认出了好些个陪我打过秋千的哥哥。他们特别欢迎我。一个个向我伸出大拇指,说我立了大功。是不是他们知道我动身前在家里大闹了天宫?把核桃、枣子塞了我一兜兜。

大家让二姐姐唱个歌。二姐姐噘着嘴,把身子一扭,就是不唱。她好像生气了。我真舍不得让她生气,我也不忍心让那些陪我打过秋千的哥哥失望,自告奋勇地替二姐姐唱了个歌。我唱得很认真,很卖劲儿。唱的不是小山调,而是新式秧歌。

我有点扫兴,因为谁也没有认真地在听。

然后他们又请二姐姐吃枣子和花生。二姐姐死活不肯吃。这怎么行,人家是诚心诚意的呀,总得吃点嘛!我拿个花生塞进二姐姐的嘴里,她一扭头,立刻吐了出来,还偷偷地掐了我一下,好疼!别看我平时很冒失,这回我可没敢吭气儿,我怕人家知道了会不高兴。我从他们手里抓过枣子、花生,替二姐姐吃了。不知道为什么大家全都哄笑起来。

二姨朝我后脑勺上使劲拍了一巴掌:"你这捣蛋鬼!"说着,就把我往炕下扯。

我恨死她了,当着众人这样对待我,这多丢我的面子啊!眼泪来到了我的眼睛里,我要哭了。但我知道这是二姐姐大喜的日子,我是不能哭的。我使劲儿地撇着嘴,竭力地抑制着就要冲出喉咙的呜咽。

三哥哥搂住我说:"谁也不能欺侮大雁,大雁是我们最尊贵的客哩!"三哥哥多么体贴人哪!二姐姐羞答答地笑着瞟了瞟我。我得意了,意识到自己在三哥哥和二姐姐的家里有一种特殊的地位,但我并不知道这是为了什么,我又是凭什么得到这个地位的。

那一夜,我在洞房里大显身手。在新人铺着新席、摞着新被褥的炕上,又是扭秧歌,又是翻跟头……最后,我都不知道客人是怎么散的,我又是怎么睡着的。只记得我先是靠在三哥哥宽宽厚厚的胸膛上,后来好像他抱起我,把我送到什么地方去了。

那一夜,我睡得可真香甜。

那是一个人的一生中,只有在那个时代,才能寻找得到的最香甜的睡眠。

陈仲南有信

陈麒凌

一

陈仲南是他爷爷，生于1930年，是个老裁缝。

后来在电视剧里看到手拿剪刀、脖子上绕着软尺的裁缝，他会分外留意些，换张面孔就是爷爷站立的样子吧，直起腰的时候个子挺高，背部也是有线条的，清清爽爽的。

记忆中很少有爷爷站立的画面，那种要人两边搀扶、挟持似的站立不算。老头儿的表情有种忍耐的苦楚，一直忍到在粗藤摇椅上躺靠下来，前后摇几下，才轻轻吁口气，舒坦了。家人说爷爷一辈子裁衣服落下了职业病，脊椎、视力都不好。爷爷的听力也不好，总要别人大声说话他才能听到，这倒和裁衣服没什么关系，据说是8岁的时候“跑鬼子”，炮弹把耳朵震坏了。

“跑鬼子”这段大概是爷爷此生最传奇的经历了。鬼子坐着大船来，炮弹从波罗蜜树上掉下来，一百多斤的石磨都炸飞了，大人在地里收甘蔗，孩子们哭叫着往后山跑。爷爷跑不快，因为背着邻家的弟弟李国民，炮弹在身后炸响，他紧紧盘住李国民的小胖腿，从始至终没松手。那年，爷爷8岁，李国民3岁。

李国民很聪明，考上省城的大学，把书读成了。爷爷亲手给他做了一套墨水蓝的中山装，毛料，花了两个月的工资。那年爷爷23岁，李国民18岁。他们的通信也是从那时开始的，一个月一封。李国民大学毕业后在省城广州做技术员，后来到武汉做工程师，支援边疆后做了更高级的工程师，退休后定居北京，享受国务院政府特殊津贴；爷爷在家乡裁衣服，但信没断过。两个朋友各自成家，生孩子，带孙子，变得很老，走不动道时，信还写着。

小时候，喜欢跟着走街串巷的小贩学舌，“收瓶充气啰”“绿豆糖水芝麻糊哦”，当然还有这句，“嘿，陈仲南有信”。浑身墨绿色的邮递员老刘，摩托车在门外嘀嘀两下，好像要起头唱歌似的喊这一声，白信封已经飞进了青石门槛，像片落地的大羽毛。

二

有段时间，堂兄弟们最爱抢爷爷的信，谁先抢到邮票就归谁。就是普通的80分邮票，很常见的传统民居那种，大家却跟抢金子般兴奋。爷爷躺靠在粗藤椅里，淡淡的阳光从天井洒下来，他侧了身子，目光跟着他们满屋走，粗声呵斥几句，却不是真的生气。孩子们谁也不怕，接着跑接着抢，直到有个小的摔了一跤，大哭起来才算停。

后来分了家，各自搬出去住，堂兄弟们不在一起玩，没人抢的邮票也就不那么稀罕了。想不到爷爷还记着这事儿，大年初三家庭聚会的时候，神神秘秘地把阿斌哥叫到跟前，抖着手从月饼盒子里拿出个信封给他。大家都说里面是个存折，没想到一张张全是旧邮票，从信封上仔细揭落，盖过半圆邮戳的。阿斌哥在外地工作不常回来，都快结婚了，爷爷还把人家当小孩。

阿斌哥和阿军哥在天井抽烟，嘻嘻哈哈地说话。春节大聚会总能拆成这样的小团伙：爸爸和伯伯们在客厅谈论经国大业；妈妈和伯母们在饭厅拉扯家长里短；读大学的不大看得起读中学的，姐姐们不是自拍就是咬耳朵。他最小，哪伙儿都嫌弃，便自己低头玩手机。

阿斌哥招手叫他过去，问："是不是轮到你了？"

他没明白："什么？"

阿军哥用手肘碰碰他，笑着说："陈仲南请饮茶啊。"

他木木地"哦"了一声。

他们便笑，阿斌哥把信封塞到他的衣袋里，拍了拍，说："陈家的传家宝，好好保管。"他有些无奈，他们乐得要命。

三

曾经，"陈仲南请饮茶"是他们眼馋的事。

自爷爷写信困难后，给李国民的信只能找人代写。不过这差事并不简单，爷爷说李国民是大知识分子，给他写信，字得漂亮，文采也不能差，于是被选中的那个多少有些荣耀，阿斌哥最早享受了这样的荣耀。

爷爷请阿斌哥帮他写信。小茶几收拾得很干净，红条双行信纸洁白舒展，吸饱墨水的钢笔尖微微闪着亮光，旁边沏了壶滚烫的温泉红茶，杯口水汽缭绕。印着鱼戏莲叶的小搪瓷碟里，精巧地盛着两块鹅油夹肉粉酥，有时是椰鱼饼、小酥角、仁面糖，有时是时令的马水橘、白糖罂荔枝、切块的上洋西瓜。小孩子们团团地围着看，看字看纸，更多的是看吃的。其实这些零食平时也不是没得吃，但这样的摆放，这样的气氛，不知为何，显得格外可口，馋得人心醉。而阿斌哥坐在竹椅上，皱着眉头记录爷爷的话，小搪瓷碟离他的手那么近，随便拈起粉酥咬一口，嚼的表情也是严肃的，虽然嘴角沾着碎渣子。

笔录一遍，整理重抄一遍，大喊大叫地给爷爷读一遍，爷爷还要戴着老花镜再看一遍，这有些冗长的过程在当时却充满了趣味。小的也会寻来纸笔，蹭了桌子边趴着写，尽管涂写的是怪兽金刚；也有探过来看的脑袋，越探越近，底下不知谁的手却偷偷往搪瓷碟里去了；攀着摇椅背的两只小手，会不自觉地忽然用了点儿劲儿，爷爷便惊慌失措地前后颠簸起来。阿斌哥读信的时候笑声最多，他能把好好的问候读得凶巴巴的，小的跟着大的笑，总是慢了一拍，全笑完了还剩孤零零的一声"哈哈"。

春日融融，每个人都浸在天井的阳光里。

大人们都鼓励孩子多看些书，练好字，争取饮爷爷的这杯茶。

他们一度暗暗较过劲儿，还专门买了庞中华的字帖。后来，他们开始怀疑这是大人们的"阴谋"——总得有个人去帮爷爷写信，字好不好，文采如何，都不重要，重要的是总得有个人去。阿斌哥功课忙，阿静姐替上，然后是阿军哥、阿莹姐、阿峰哥，不管乐不乐意，总会轮到你饮那杯茶。

可是，这个时代还有谁在写信呢？耗费时间、人力、物力来传递那点儿无关紧要的消息。

阿峰哥带着全套装备去，笔记本、打印机，半个小时搞定一张A4纸，四号字，仿宋体。爷爷不喜欢，说不是人的字，给朋友写信不能用这种字，没活气。

"什么叫见字如面？我的字就是我的人，坐上车到广州，过长江，过黄河，到他李国民跟前，就等于是人到了。你让个机器写的到李国民跟前算什么？我还有命呢。"

阿峰哥只挨了两个月，那么，只有他了。

四

他最小，爷爷的这杯茶数他喝得最久，从中考后的暑假开始，足足两年七个月。

搬离老屋之后，只有过年他才会和父母回来一次，那匆忙又喧闹的一次。如今他自己坐着公交车来，穿过长长的巷子，木门半掩，一路都不见人，寂静得近乎荒芜。照顾爷爷的周叔是从乡下请来的远亲，50多岁，沉默且能干，只会说三句话：来了，走了，好。

显然爷爷在等他，从藤椅上最大限度地欠起身，微笑着，如迎接贵宾。

小茶几上的信纸、钢笔、茶和点心也俨然地等着，爷爷让他喝茶、吃粉酥，好几遍地劝说，他也坚定地摇好几遍头："不喝，不想吃。"他知道自己的耐心余额不足，这宝贵的假日在路上已耗费了一半，他什么也不要，只想快些完成任务，马上开始吧——"国民弟来信收到，一切都好，勿念。"

这封信写得真累，他满心都是对前辈的同情和羡慕。老头儿脑子乱了，唠唠叨叨的，说着说着就跑题："城南要修高铁，以后一个钟头就能到广州了；昨晚老三喝完喜酒来看我，打包了梅菜扣肉，我吃了两块肉血压有点儿高，又吃了依那普利，觉得头晕恶心；今年夏天雨水多，茶叶不好，荔枝也不好……"

爷爷的声音粗浊含糊，让人真想睡，摇椅却咿呀着，时而碰到小茶几，杯碟微微晃响，电风扇摇来摆去，把绿萝吹得哗哗的。单调的书写让手很酸，天井里微醺的日光让头很沉。他想着朋友们在玩《地下城与勇士》，在看公牛队对火箭队的比赛，在游泳馆蛙泳1000米，在捧着爆米花排队进电影院，就觉得自己失去了整个青春。

第三个月他没去，临时想了个小花招，说肚子疼，再下个周末又说头疼。扯这些小谎其实很没意思，逃脱得了一时半会儿，心里却总不安定，不还是得去吗？爷爷什么都没问，备着茶水点心，摇着椅子唠唠叨叨，一切如常，却在他临走前，抖着手从贴身的口袋里摸出100元，笑眯眯地塞给他。

"不用这么多，邮票才一块二！"

"拿去，买喜欢的东西。"

"不用不用，您留着自己花吧！"

"爷爷老了，没处花了。"

忽然多了100元零花钱，他那天的心情特别好，寄了信也不急着回家，在肯德基吃了个套餐，买了30元游戏券，收了两本全彩NBA画册，又买了冰激凌，还剩下三块八毛。

夜色初降，购物广场亮起璀璨的灯火，小屁孩们在旋转木马上欢呼，专卖店的音响放出节奏生猛的歌，穿着裙子走过的姑娘们莫名其妙笑成那样，马路上塞着的车响着喇叭，一辆一辆看不到头——他忽然心里难过起来，这些，无论好看的还是不好看的，爷爷都没看过。他跑到这热闹的世界，爷爷往哪儿去呢？他逃出那寂寞的屋子，爷爷却一直在那儿。

他想对爷爷好点儿，平生第一次认真思考这样的问题：老头儿喜欢吃什么呢？想来想去还是冰激凌，甜、软、凉爽，没牙也能吃。于是下次去的时候买了，爷爷两手举着冰激凌慢慢地舔着，吃得很幸福，吃完了嘴巴还在吧唧着，回味不尽的样子。然后，当晚就拉了肚子。

爷爷说李国民是大知识分子，他看信不觉得。信里说的都是鸡毛蒜皮的小事：收养了一只流浪猫起名叫曹操啊，早上去公园跟什么小师傅学太极啊，还有什么乌发再生、百年宫廷秘方啊。说真的，他觉得老头儿们的友情有些无聊。

不过，他有点儿相信字如其人。譬如说他前面那个叫雪映的女生，亲切温柔，她的字看起来也那么舒服，小小的，秀气又干净。课堂笔记他自己也记，却总喜欢借她的来复习，奇怪，学起来特别轻松。那么，李国民应该是个和气的胖老头儿，信上的字圆乎乎的，很多肉的感觉。不过，爷爷却能看出更多的东西——

"这两个字洇了，李国民喝水时滴的。

"这个信纸肯定是小儿子给的，印着公司的名字呢。

"李国民手疼，信纸有膏药味，笔画没力气。"

老头儿就这么自得其乐地玩味着，一个话头起来，好像燃着了火柴头，总能火光熊熊地烧个半天，又是"跑鬼子"、做中山装那些，你不打断他，他会说到天黑。

可是，写给李国民的信总是不长，最多一页多两行，老头儿的逻辑很奇怪，说肚子里统共就这些话，细水长流，得省着说，一下子说完就没话说了。

“没话说就不用写信了呗！”他大声调侃着。

“情谊，”老头儿嘴唇微微地翕动着，“不能断的！”

五

高三的功课越来越紧，游戏戒了、手机缴了、电视也不续费了，“陈仲南请饮茶”反而成了唯一轻松的事。每月的这个周六，起床的时候特别爽利。他有时坐公交车，有时愿意步行，就这么慢慢地走回老屋。转进巷子，还会遇见墨绿色的老刘，只是老了一点儿，问：“陈仲南有信吗？”老刘表情认真，声音还是像唱歌似的答：“今天没有哟——”

日光炽烈，从天井洒下来却宁和了。握笔写字也是宁和的，他的行楷越写越好，爷爷说写得漂亮，他看着也自恋不已，有行云流水的风度，话说字如其人，呵呵。

他写了封信给雪映。她的户口在广西藤县，要高考了，这学期转学回去，那天下午收拾了东西，匆匆跟大家告别。

雪映，这名字真美，尤其是用行楷写在洁白的纸上。他没有打草稿，也没有构思太久，只花了课间的10分钟。他要在自修后马上寄走，这样就能赶上明早10点邮局开箱，赶在她到新学校上课时准时到达。信也不长，只有一页纸，还是从笔记本上撕下来的，字也有点儿潦草，涂抹了几处。都不重要，重要的是字就是他，每写一个都心跳得厉害，他觉得把自己寄出去了。

不知她收到了没有。他有些走神，嘴里咬着粉酥，碎渣子掉在信纸上。

“粉酥寄去北京，李国民会流口水的。”爷爷吧唧着嘴。其实流口水的是他自己吧，没牙咬不动，只能羡慕地看人家吃。

又抖着三根指头，豪气万丈的样子：“考上大学我奖励你——3000块！”

“等我考上大学，就没人帮你写信啰。”他故意装出很牛的样子，想让老头儿着急一下，失落一会儿，或者露出可怜的表情。然后再说，他已经认真想过了，大学就报省内的，一个月回一次家是可以的——总得有个人帮陈仲南写信啊，谁让他最小呢。

可老头儿只是呵呵傻笑。

春节过后，正月二十一，爷爷平静离世，一觉睡了再没醒来。他走得很清爽，身体无异样，没留一句话，也不给谁添麻烦，让大家好好过了个年。

据说大限将临，老人会有预感，但爷爷没有。正月十六给李国民的信里还说元宵节的海味圆子特别鲜，国民弟的那个秘方好，吃后左鬓已长出两根黑头发，又说等高铁开通小孙子会陪他去北京——这句话信里写过很多次，近似习惯性吹牛，就好像小朋友说自己长大会变成奥特曼——永远也不会实现了。陈仲南啊陈仲南，这么爱吹牛真的好吗？说好的得胜饼呢？说好的奖励3000块呢？

雪映回信了，有暗花的淡蓝色信纸，小小的、秀气的字。

“人地生疏，最忐忑的时候收到信，好像你在身边，真的是见字如面。”

他找了个装饼干的方铁盒，小心地把信放进去。盒子有点儿大，这是第一封信。

红条双行信纸，厚厚的一沓，才用了几页，年初新给爷爷买的，原本打算用到明年。他在小茶几前坐了一上午，天气阴冷，给李国民的这封信，一个字也写不出。

最先是绿萝叶子，忽然绿得很新，然后是小茶几上的纸笔，瞬间亮了起来。他抬头望向天井，看到春天的太阳刚从云朵里出来，好像甩掉一切负担似的跑出来。他忍不住伸出手指，示意你看般摇了下藤椅。那老藤椅便在这光亮里摇晃起来，咿呀有声，时而碰到小茶几，杯碟微微晃响，一切都在，和平常一样。

他低下头，慢慢在信纸上写：“国民弟来信收到，一切都好，勿念。”

日光微醺，摇椅咿呀，绿萝叶子哗哗，只要不回头，陈仲南就一直在那儿。

他忍住不回头。

我们唯一的一次旅行

✽陈思呈

1

1981年的那个冬天发生了一件小事。五岁的我在那个冬天拥有了一件新毛衣。这是一件属于春节的装备。那个年代，很多小孩都只有新年才有新衣。从此之后我就开始盼望时光加速，春节早点到来。

有必要描述一下这件重要的毛衣。粉红色的，符合一个五岁小姑娘最正常和欠缺想象力的审美；开襟，两边各用当时流行的针法编出一道麻花纽。与平时常见的童装毛衣略为不同的是，它有个外翻的方形领子，可以使这件毛衣的主人拥有一种超出年龄的庄重感。毛衣是妈妈买的，有好几个晚上，妈妈打开衣柜拿别的衣服时，我央求妈妈把这毛衣也拿出来看一看。它柔软地停在我手上，像一朵粉红色的云，周围的空气都变得温馨起来，都变成一种淡淡的粉红色。我看了看又摸了摸，满心欢喜地把它放回原处。

大年初一那个早晨，我穿着新毛衣在家里巡演了一圈，由于想象中赋予自己的光彩，难免有几分轻骨头。我在台阶上跳上跳下，在天井里蹿来蹿去，终于，早餐还没有开始，已经弄脏了手。然后又去开水龙头洗手，最后，就不可避免地把新衣服的袖口打湿了一截。冬天，打湿了的毛衣穿着无疑非常难受。这一天还没开始，我还没来得及走出家门，让这件又新潮又高档的毛衣为我赢回些羡慕的眼光，难道就要把它脱下来？我小时候很没眼色，完全不知道当时大人在忙什么，也不管大年初一最忌哭闹。我被自己这件小事打垮，哭哭啼啼地纠缠着我爸，一定要他帮我把衣服袖子变干。

我爸正忙得一头烟，大年初一的上午，在我们老家，除了要煮一种极为复杂的早餐之外，还要祭拜各路祖先神灵，同时还要准备招呼前来拜年的亲戚客人。说不定除上面所说的这些,他还有别的烦恼事。总之,在这个最不应该哭闹的早上,我大哭大闹;在这个最不应该打小孩的早上,我爸痛打了我一顿。那件毛衣在回忆里已经完成了它的使命,我不再记得它的命运,只记得我妈和我爸大吵一架。一直以来,我妈维护起孩子来有一种母兽般的凶悍,那不是她第一次因为我而跟我爸吵架,也不是最后一次,但这一场架格外猛烈。

2

在这个本该歌舞升平的大年初一上午,我爸妈的战争迅速升级,妈妈收拾了简单的行李,带着我出了门。我们先是去了外婆家。我呆头呆脑地坐在外婆的床上吃东西,完全不知道我妈和我外婆在谈什么。没等我手里的东西吃完,我妈和我外婆也吵起来了。一边吵,妈妈一边把刚刚摊开的行李又收拾了起来。然后,她又一手拉着我,气呼呼地走出了外婆家。

即使我当时那么蠢傻,也能明白我们的处境——我妈没处去了。她能去的地方,除了自己家就是外婆家。那个年代不兴投奔闺密,再说即使有闺密,大过年的,我妈又拖着一个五岁的我,去谁家显然都不合适。我妈带我徘徊了一会儿。最后,她带着我来到一个招待所前,我们办了入住手续。

那个白天怎么过的我完全空白,理论上,作为新年的第一天,那天街上应该很热闹,鞭炮声此起彼伏,街上充满了暖色调。人们来来往往,嘴里说着吉利话。大喇叭响着,播放各种正能量的歌曲。整个世界应该是活色生香的,但我的回忆里,那个白天没有任何痕迹。只记得晚上。很晚的时候,妈妈还拉着我走在街上,商铺都关门过年了,路上没什么摊子。走了很久,才看到前面有一处灯光,是一个水果摊。几个年轻人坐在灯光下,一边抽烟,一边打牌,一边说笑。我说我想吃雪梨。

我妈满脸堆笑地走向水果摊,用她略带讨好的热情搭讪和问价。那几个年轻人吊儿郎当,不知是节日的原因,还是我们母女在这个节日之夜流落街头的情形,令他们格外起劲。其中的一个突然对我妈说了句什么,另外几个人爆发出一阵大笑。以我当年的智商,自然不能理解他们说的是什么,只知道那是一句戏弄。我妈对他们的不友善感到很错愕,她愣了一下,赶紧拉着我走了。

我知道她是落荒而逃,感觉到这些令我很难过。但我不懂得如何向我妈传达我心里的感受。不要说那个五岁的小孩,就是现在的我,都难以描述。我跟着我妈走在夜晚的大街上,她把我背在背上。她因为买不成雪梨而惋惜,半是向我解释,半是安慰自己说:“那几个人是神经病,我们也不稀罕买他们的东西。”我伏在妈妈背上,闻得到她头发的香气,一种熟悉的、妈妈常用的洗发水的气味。后来,我就睡着了。

3

回忆在这里有点跳跃,不知道妈妈用了什么办法,总之后来,我和妈妈在招待所的房间里,两个人,吃着一大搪瓷缸的粿条。粿条是我家乡特有的一种小吃,类似于广州的河粉。我妈对食物似乎一直有很高的热情,不管在什么情况下,她最重视的,是我的肚子,而当我回忆妈妈,也是记得很多与吃有关的事情。在冬夜,那是一碗配置最高的粿条,它配置了肉丸、鱼丸、猪杂、香菜、油渣、蒜泥和芫荽,以及最为适当的温度,令这个本来颇感凄楚的夜晚,以及在这个搪瓷缸腾腾热气上凑在一起的两个脑袋,都增添了一份奇异的温暖。多年以后想起这件事,我感到费解的一点是,是我惹出来的祸,但我记忆中妈妈为何对我没有一句责怪?甚至于,那几天的回忆尽是一种“现在只剩下我们了,我们要相依为命”的温馨感。在平时,妈妈并不是什么深明儿童心理的人,情商也不高,脾气也不好。现如今我自然也无法考证她当时的心理了。夜里,江边的招待所很安静。招待所的窗是一块小小的方形,路灯的光线就是从那一小块方形中漏下来的,让这个万家团圆的夜晚显得特别宁静。还听得到江上传来的轮船的低鸣,十分悠长低远,这一切都在加重这个夜晚的宁静。

我已经忘记最后我们是如何回到家里的。事实上,我爸和我妈之间类似的吵架,后来也发生过。但是一年后，我妹就出世了，我妹的出现，使我妈在这个家庭中夯得更实，就像一块桩，在地里扎得更深。直到她去世后，有一次姨妈闲聊说起来某年过年，我爸和我妈吵架，我妈带我离家出走。我爷爷奶奶很生气，埋怨我妈在这个万众团圆的日子里有意破坏了团圆，但为表示高风亮节，他们在饭桌上还是摆上了一副我妈的碗筷。我们都很为我爷爷奶奶的想象力折服，一边听一边笑，这件事，终于被描述成了闹剧。

4

事实上，我怀念那个夜晚。我对那个夜晚的感情复杂。也许我潜意识深处，是希望我妈与我能把离家出走持续下去：相依为命，尘埃落定。现在，我才看清楚她的愿望，她一生的努力，就是为了可以与我，以及我妹，而不是我爸，幸福地生活在一起。我和我妹工作之后，她把全部的积蓄拿出来给我们买房子，那一套更换了几遍的房子寄托了她全部的人生希望。回想起来，她的一生确实没有过过什么好的日子。之前的生活不必再提，2006年，我儿子出生，妈妈把一生剩余的全部的爱，都爆发出来，她如痴如狂地爱这个婴儿。那本来可以是幸福的几年，但是妈妈的焦虑同时也平方性地扩大。

妈妈身体不好，我婆婆年老，也无法帮我们带孩子，我们雇请保姆。在小宝的婴儿时期，妈妈最担心两件事：一、保姆在喂给小宝的奶粉里掺杂安眠药；二、保姆把小宝拐卖走。每一天，小宝睡着了，妈妈担心；小宝睡不着，妈妈也担心。小宝兴奋时，妈妈担心；小宝安静时，妈妈也担心。但凡保姆带着小宝走出妈妈的视线，哪怕只有几分钟，她都可能崩溃。有时候，小宝不明原因地哭个不停，我满头大汗，无法止住他的哭声。如果我爸在场，他必责问我，你是他妈妈，你怎么能说没办法？那时候我想得最多的一件事就是，我本来就是无能的人，真不应该贸然生孩子。

其实我希望妈妈不要与我住在一起，我希望她轻松、快乐，只有她轻松，我才能轻松。但是妈妈从我这里离开后，还是偷偷打电话给我的保姆，询问我们母子的一切生活细节。她牵肠挂肚，无法放心。我无法处理我妈的焦虑，更无法处理她的焦虑带给我的焦虑。我和她一样，我们是任由着各自的无力感蹂躏，并彼此担心互相怨怼的两个人。

很多年来，我经常做的一个噩梦是我和我妈吵架。因为一些很小的事，不管我怎么说，怒吼着说，哭泣着说，挣扎着说，自残地说，从我口中说出的话，就像雨水滴落于荷叶，荷叶丝毫不为之所湿。我为这种沟通的阻塞而绝望，而我妈当然也在发怒。

我们在激烈的对峙中，也在对彼此的爱中，互相耗尽了能量。后来，我阅读到相关的心理学资料，有很多的心理医生告诉我，这不是爱，这是控制。或者说，这不是健康的爱。他们甚至鼓励我，要对这样的爱说不，要承认，我受到了伤害。这些说法在一定程度上拯救了我。但是，这些类似的表述也令我感到不适。我知道，按心理医生所说，令我痛苦的爱，是错的。爱应是快乐的。但我正是在这痛苦中，看到了更深的激荡，我知道，这就是我在人世间，所能获得、所能付出的最深的感情。我知道它就是我所能体会的，人类的情感中最深的那个底部。相比于这人类的胸腔里能产生的痛苦的深情，心理医生的说法，有一种照本宣科的隔岸观火。也许是我悟性不足，或是力量不够，总之，直到妈妈去世，她仍然无法摆脱焦虑对她以及对我的控制。有一次我告诉妈妈，你再活几年就好了，我也许可以赚到很多钱。其实我是骗她的，哪有什么赚钱之说。成长的原因，使我无法直接说出感情；我希望她能多活几年的原因仅仅是，我觉得，再给我几年时光，我会强大起来，我需要时间来与我以前所形成的心理痼疾作战。我希望在她的有生之年，我能强大到可以自救并且救她。我希望能罩住她。

5

妈妈得了癌症之后，一直有个愿望，就是到一个以山清水秀空气优良而闻名世界的村庄——巴马去住一段时间。我知道她有这样的愿望。但是每当提及成行的可能性，妈妈就提到了现实上的不便利，比如说，要带的药很多，她晕车，而我们也不便请假，等等。于是这个愿望便一直被搁浅。其实妈妈拖着没有成行，是因为不想给我们添麻烦，她一生都没有理直气壮地提出一个“为自己”的愿望。直到妈妈病疴愈重，几乎连走路都非常艰难的时候，她反而强烈地提出，想到巴马去。那个时候肯定来不及了。她已经病得连走路都喘，下楼都需要坐轮椅了。我后来猜测，去空气清新的巴马，也许是我妈能想得出来的、求生的最后一招。可是，这太晚了。其实她一生都想走到更远的地方去，但前些年，我们总觉得，总会有一天，也许有一天，将来有一天，必然有一天……到了那时候，再说。那一场我妈在健康的时候应该进行的旅行，从没有实现过。

我知道，唯有来自脐带两端的母女二人，唯有这么一份充满了互相折磨、争吵的情感，是我能在人世上感知和付出的最深的感情。但是就算如此，我对她，也只能这样。人们常说，人类的爱都是向下的，没有人会爱自己的母亲像爱自己的孩子。这是不是人性中悲哀的真相？妈妈化疗的时候为了增强免疫力而开了一些补药，她总是问那个医生，这样的药，她那个“血气不足”的女儿是否适用，令医生啼笑皆非。最后病重时，妹妹给她买了台吸氧机，那台吸氧机令她有了两夜良好的睡眠，第三天她见到我，竟然提出让我也戴着这台吸氧机去睡觉。

我上大学时，有次妈妈来学校看我，我和她住在学校的旅馆里，挤在一张床上睡。那晚我突然患上急性肠胃炎，手脚冰凉，上吐下泻。我妈雷厉风行地冲出去，给我买回来一堆药，当她发现我手脚冰冷，便毫不犹豫地把我的双脚抱在她怀里。当时我已经是一个大学生了，有点不好意思，便缩了缩脚，她怒吼我一句，我就不敢动了。然后，我就那样被她抱着睡着了。我想到这件往事是因为我从来没有这样抱过我妈，即使她病得那么重，而我则只是肠胃炎。

6

是的，我没有带我妈去旅游过一次。但她去了更远的地方，她离开地球了。我们在一起的回忆，失去了时间的维度，小时候的事和后来的事搅成一团，不分先后，混淆界线，在脑海中陆陆续续地时浮时沉。于是，我就想到了五岁那一年的那次出走。阴差阳错，那就是我妈这辈子与我一起的，属于我们两个人的唯一的一次旅行。我猜测那个新年我妈妈是什么心情，她知不知道这么一次旅行是一种隐喻，会在三十几年后，越发清晰地被我放大了它的细节——怀着一种难以言喻的心情。

那个很小很小的招待所，必定早已不知所终。它有限的几间客房，大概很少接待过离家出走的少妇，还带着一个懵懵懂懂的幼儿。她们在这座邮票大的城市里流浪了几个小时，然后她们把这场流浪偷偷修改了性质，变成一种犒赏。我记得江边的夜晚是多么安静。风从走廊吹过，带来了江面上轮船的汽笛声，那么低回辽远，像一声呜咽。天地间充满了巨大的宁静，我心里被不明所以的情感撑满，仿佛轻轻一挤就汁液淋漓。

在那个时候，我们是彻底的相依为命。相依为命的意思是，其中的一个人死后，另一个人，也有一部分是死的。在目睹、想象了我妈的苦痛之后，我曾经不确定，我的独活是否可以理直气壮，是否可以顺理成章。在那么多的缺失、负疚、误会之后，我是否还有幸福的资格。夜深人静的时候，我多么希望能与妈妈单独地相处一下，多么想和她真正地到远方去一次，远离争吵，远离我们命运里的人际纷扰，以及俗规中的热闹。也许，在一种被世界抛弃的冷清中，我便可以拿出我的心来向她描述，而她也不再像荷叶对待水珠那样，不，我们会像一盆水接纳另一盆水那样，我们能互相照见。

我现在常想象，我死了之后，是不是可以重新找到她，重新在一起。甚至我会想象到那个情景，她的样子和健康时一样，在天上居住，看到我风尘仆仆地来了。妈妈！我这么大叫。

她看到我，脸上那种惊喜但又好像觉得我很傻那样的表情，我都可以想象。人不可能再死一次，所以我们就不会再担心分离了。我对这场相逢有一定的信心，原因也在于人死了之后，就不可能再死一次。死去的人赢得了无穷。时间终于失去了它的威力。

时间是一片茂密的森林，怨憎会，爱离别，都是生命里的洪水猛兽，爱，是我们唯一可以驯服它的皮鞭。

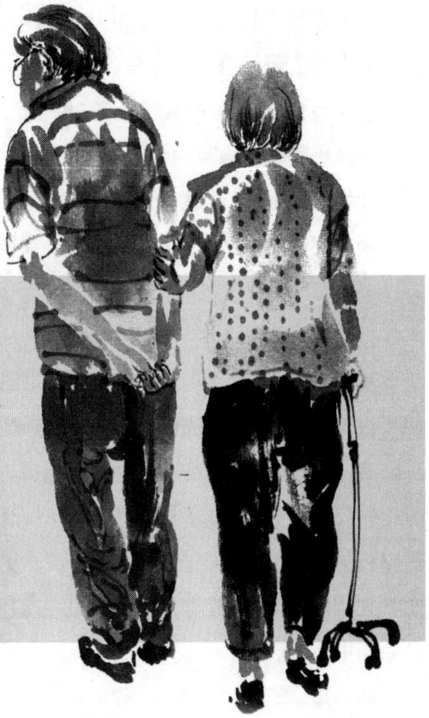

爱是一根皮鞭

吴惠子

1

外婆养的猪，前几天让洪水冲走了。

事发突然，逢人她就讲。夏末的正午，天突然黑了，狂风暴雨说来就来，外婆从茶馆冲回家收衣服，刚进门就听见一声巨响，院子里的围墙轰然倒塌。

外婆蒙了，小舅不知道从哪里冒出来，拉着她往二楼冲。幸亏跑得快，院子很快就被淹没了，洪水来势凶猛，湍急的水流拍烂了猪圈的围栏，两头猪哼哼唧唧扑腾了几下，就被卷走了。洪水无情人有情，外婆眼睁睁看着猪消失在断壁残垣之间，眼圈 红，拍手一跺脚说，完了完了完了……

事情还没完。

外婆家住在县城郊区，独门独院两层楼，院子里有片四四方方的空地，周围盖了一圈平房，猪圈正好紧邻围墙的一个直角。围墙外有条小河渠，平日里流水缓慢，绿藻悠悠，臭气熏天，十多年来，河里的水位不断下降，有的地方甚至露出了河床。谁能信一场突如其来的暴雨，小河渠不仅起死回生，还卷走了外婆家的猪。艳阳从乌云背后爬出来，半座城市都泡在水里，烂沙发，烂水桶，烂萝卜，漂漂浮浮随处可见。

外婆说，猪浮三江，狗爬四海，猪打小就会游泳，要不再找找？

万一能找到呢。

可立秋后还有一伏，俗称秋老虎，奇热无比，一家人大汗淋漓沿着河渠下游找到天黑，连根猪毛都没看见，周围的邻居听说了这事儿多半都捂嘴笑，有人劝外婆别找了，说猪没淹死，也早让人捡去了。

外婆一连好几天都站在院子里唉声叹气，趁大家不注意，总骑着三轮车四下转悠，好多热心的邻居都跑来跟我小舅说：

你妈又在附近晃，这么热的天也不怕中暑。

不就两头猪吗，至于吗？

你赶紧去看看，你妈杵在老陈家的猪圈门口不肯走，非说猪是她的。

大兵啊，你妈是不是得了老年痴呆了啊，怎么感觉说话有一搭没一搭的？

还没等我小舅还嘴，我妈就从厨房冲出来：你妈脑子才有病！最后差点打起来。

晚上我妈和小舅在饭桌上都劝外婆：妈你别找了。外婆端着碗没吭声。

我妈又说，没了就是没了。

外婆突然就哭了，比外公死的时候哭得还凶。

2

我们都以为，她哭一次就算了，没想到外婆一连哭了好几天，直到我妈给她买了一张全自动的豪华洗牌桌，她才渐渐走出暴风雨过后的阴霾。

外公活着的时候，不让外婆打麻将，他觉得麻将是腐朽的资本主义，要坚决抵制，所以外婆手痒的时候就去找隔壁老陈，让老陈喊外公出去钓鱼，她就能偷偷摸摸地打。

神不知，鬼不觉。

外公烧头七那天夜里，她大张旗鼓地张罗了一桌，兴致勃勃搓了一整夜。

麻将桌正正好好对着外公的遗像，外婆说：搓嘛搓嘛，头七还魂，搓给他看。

据说那天一向逢赌必赢的老陈自从上桌就开始手抖，状态不佳输得很惨，后半夜还搬来了自己的儿子当救兵，继续陪外婆搓。最后外婆以一敌三，独大。天亮散场，大家合账，外婆从抽屉里掏出一把零钱，说你们输了多少，我退给你们啊。

大家摆摆手，说，输就是输，不能退。

其实外婆他们打牌，一把只玩一块钱，做庄和杠牌另外加一块，也不轮庄。

搓搓麻将通经活络，治疗老年痴呆。人年纪大了，也不在乎输赢。

3

外婆有个塑料袋子，里面装的都是打麻将的钱。

外公活着的时候，外婆处心积虑，把钱袋子藏在家里的各个角落，床单底下，电视柜里，鞋子里。他们一个藏一个捉，外公经常在家翻箱倒柜，总能翻出外婆的钱袋子。直到有一回她把钱袋子埋进米缸，外公才再也没找到过。

外公不进厨房，因为不会做饭。

但他有洁癖，爱做家务，每天下班都把门前门后的院子扫得干干净净，家里敞亮整洁，一尘不染。外公人长得帅，还有文化，他在局里当领导，每天穿着笔挺的中山装，夹着公文包，总是一副很严厉的样子。我们都很服他，外公有一套固定的生活模式，下班第一件事情一定是脱下皮鞋打油，第二件事情就是喂猪。

外公虽然不会做饭，但他负责喂猪。外婆总嘲笑他：

你做的饭，只有猪才吃。

4

建猪圈是外公一手操办的。其实就是砌一堵矮墙，加一扇木门。

家里每年开春都要从市场抓回两头小猪崽，圈起来悉心照料。外公在院子里点起煤炉子，烧一大锅水，野菜剁碎加点糠，慢慢熬，闻着特别香。我小时候经常被发配到院子里搅猪食，外公说手不能停，不然糠粘锅，糊了不好吃。

外公喂猪，爱站在猪圈门口看着猪吃，猪吭哧吭哧吃得香，他就开心。外公经常边看边说：多吃啊，多吃多长肉啊。

外公说，猪和人一样，立秋天气凉，胃口会变好，人贴秋膘，猪也是。等到腊月，猪长得结实，一头拉出去卖，一头挂起来宰。

外婆年年请人来家里杀猪，屠夫戴着红袖套，大刀一挥，光是猪血就能接一大盆。外婆把猪肉剁成馅儿，裹上盐和辣椒面，撒点干橘子皮去腥味儿，灌成一串又一串的香肠，挂在院子里的晾衣竿上，下边点一堆松木，烟熏小火燎。

外公津津有味地看着香肠，说自己养的猪，肥瘦有讲究，看着就好吃。

饱满的香肠，水分在傻晴傻晴的太阳下蒸发，变得皱巴巴的，蒸炒皆宜，确实美味。外公每回都说，市场里买来的猪肉，吃起来可不如自己养的香。

他喂出来的猪，下酒也下饭。

今年的香肠，外公没吃上。他突然死了。

5

外公在钓完鱼回家的路上，骑着小踏板，撞上了一辆逆行的农用车。白花花的肥鲫鱼撒得到处都是。开车的小伙子，还不到17岁，吓傻了。

出事那天也是蹊跷，外婆上午出去了中午没赶回来，就留我和外公在家，到了中午我说肚子饿，外公说，来，我给你露一手。

除了喂猪，我没见过外公做饭。

他焖了一锅米饭，用豆瓣酱炒了一碗黄豆，炒了盘鸡蛋，给自己倒了一小杯白酒。我坐在院子里的小板凳上，看外公吃着黄豆频频点头，一副我炒得还不错的样子。米饭夹生，并不好吃。吃完饭，外公收拾渔具准备出门，在门口正好碰见外婆回来。

吃了吗?

吃了，我炒的菜，你问她。外公指着我。

眼看着快下雨，不然你别出去了。

这种天气好钓鱼，你懂个啥。

那你晚上回来吃饭吗?

回来。外公说这句话的时候我听见了。

外公没回来。

傍晚下着小雨，外婆和小舅他们都赶去了医院，前一秒热乎乎的外公，突然凉了，他变得很远，远得很，远到上天入地、四面八方，无论我们朝哪个方向追，都追不到。

那天晚上家里没人做饭，猪也没人喂。

6

小舅叫大兵，当过兵，胆子却很小，个子不高，小时候总是被人欺负，我妈经常帮他打架。外公死后，他去别人家里索赔，要回来三万块钱。小舅说那天推门进去，看见开车的小伙子家里穷得只剩锅了，他们全家人都跪下来求他。小舅心软，拿着钱就回来了。

出殡前，要去太平柜里认领外公的遗体。小舅站在门口死活不敢进，推了一把我妈:

姐，我不敢，你去。

我妈白了小舅一眼:你自己亲爹你怕啥!

我妈跟着工作人员，一连拉了好几个抽屉才找到我外公。她后来跟我说，前面抽出来的太平柜里，还有一个是小孩。

外公变成了一缕烟，从火葬场高高的烟囱里飘出来，风把他吹走了。空气里弥漫着香肠烤焦的味道，好久都散不开。外公下葬后，小舅带着人又去了一趟别人家，总算打了一架，他带着好几个朋友，四个打一个，开农用车的小伙子没有还手没有吭声，被打得鼻青脸肿，周围看热闹的一群人，没人敢帮忙。

外婆后来指着小舅说:你们这么多人打一个人，本事大了啊。

本事这么大，你怎么没打死他。

就这样吧，以后别去了。

7

外公一走，家里明显没以前那么干净了，门前的空地，地上都是烂叶子，后院的杂物也越来越多。喂猪的事情，也让外婆包圆了。

她也学外公那一套，在院子里点起煤炉子，烧一大锅水，野菜剁碎加点糠，慢慢熬，熬好了晾凉，看着猪吭哧吭哧地吃，边看边说:

乖乖啊多吃啊多吃多长肉啊。

立秋了天气凉，人的胃口好，猪也是，正是猛长肉的时候。洪水把猪冲走了，外婆很心疼。好在还有麻将可以搓，能转移她的注意力。她把新买的自动洗牌桌摆客厅的正中央，正对着外公的遗像，每天下午打个盹，醒来呼朋唤友搓几把，偶尔也还是絮絮叨叨:搓嘛搓嘛，搓给他看。旁人瘆得慌。

今天早晨外婆把钱袋子递给小舅，说你再去买两头猪，离过年还有好几个月，多喂喂兴许还来得及。

8

时间是一片茂密的森林，怨憎会，爱离别，都是生命里的洪水猛兽，爱，是我们唯一可以驯服它的皮鞭。

今年的香肠，外公是吃不到了。

今年的香肠，我们活着的人，还是要吃的。

四个买菜的男人

✽故园风雨前

我原先一直有个印象，居家过日子，男人是不要去买菜的，他不是不肯做事情，他只是不耐烦与人打交道。这一点印象全从我爸得来。

我爸买菜常常使我妈惊怒交加。他们一道去市场，看见农民模样的小伙兜售他的洋芋，自行车驮了两大竹筐。我妈问价钱，小伙羞愧地说了一个数，但又强硬声明："我们自己屋头种的，吃不完才拿出来卖，婆婆你懂行你挑嘛。"我妈笑笑，表示既不愿承情更不肯上当，轻蔑道："前头那个摊比你还相因（这里是方言，便宜的意思）些。"实际上我妈停在这里半晌不走，就已经表明了购买意向，说什么并不重要，这是买菜的和卖菜的之间的默契，小伙也聪慧地拎起了他的土秤。可我爸看不惯，愤愤道："前面便宜你去买前面的好了！你说人家做什么？"

我爸我太了解了，他对那种唯唯诺诺做低伏小的农民模样的人怀有泛泛的怜悯，为了防止自己流露出什么，他甚至不朝他们看。所以我妈这种口气在他看来简直是欺凌，他必须发出义勇的声音。

我妈恼道："你是哪边儿的啊？"她拔脚就走，甩掉叛徒，挑好的洋芋又滚回筐里。我爸愣住，旋即厚着脸皮尾随而去。我后来问他，农民小伙气不气，有没有抱怨，我爸说没有。"他惊呆了，大概没见过这么复杂的家庭纠纷。"可又说，"我要是他，我就不卖给你妈！没想到他这样自甘堕落。"

我妈不愿和他一起去买菜，我爸赌气自己去。他从事美术，买菜在他是享受色彩：朱红的海椒，酱紫的茄子，莹如羊脂的萝卜和湖绿的西兰花。然而这些在我妈看来是：带疤的海椒，蔫儿茄子，糠心儿萝卜和花期已过的西兰花。

"他们不卖给你卖给谁？卖给谁？卖给谁？"我妈控诉道。

我爸买菜买得坏，他的亲哥哥却堪称大师。我大伯是研究元史的，但买菜的专精使他更负盛名。"挑不出第二个"，他的老友们说的，故意不给出范围状语，全办公室？全单位？全国？不说，意思是不拘哪个范围都"挑不出第二个"。

我妈认为我爸有天分可以把普通菜贩改造成为奸商，而我从大伯身上看到一种力量，他能激励一个奸商走上正道。

有次大伯带我去菜市场，为晚饭的鱼头汤买鱼头。一路他就讲那个鱼贩怎么好，别人卖鱼头使劲带脖子肉切，好多占一点分量，而他不。大伯一边说一边在自己下巴上抹了一下，意思是那鱼贩与众不同，切一个一点脖子不带的净鱼头。我赞这鱼贩厚道。大伯却说："一开始也一样，他还耍小聪明斜着切，后来我跟他讲

道理，把道理讲给他听，道理讲明了就好了，他听的。”

本来那天我们就去晚了，菜市场眼看要闭市，偏偏大伯自己不争气，内急起来。找到厕所急蹿而入，嘱咐我独自去买鱼头，“第三个摊啊！”从围墙里传来他的喊叫。我临危受命，十分忧惧。

鱼摊只剩一摊，摊上只剩一人一鱼头。然而那鱼贩竟然不肯卖我，说等个人。

“等个老先生，我给他留的。”

“哪个老先生啊？是不是姓杨？”

“姓啥我不知道，老先生特好，特能讲道理，我们这儿都怕他讲道理。”

“啊？对对！我就是老先生……派来的！”

他只是笑，并不松口。幸好大伯及时赶来，两人激动地相认一番，方交割完毕。我拎鱼头细看，果然到腮边切的，不带一丝脖子肉，再问价钱，果然讲道理。

我爸要买整个菜市场最烂的，而我姨父，我姨妈恨道：“要买整个菜市场。”

姨妈所言不虚，她家从不缺菜，缺一个堆栈。

我姨父对蔬菜，不仅有对食物的爱，他还怀有敬意，看着阳台上成捆的红油菜白油菜，论打的大头菜，扎成垛的莴笋，三十个青番茄，他常常要唱赞美诗。

“蔬菜多么伟大你知道吗？它们把无机转化为有机，满足所有动物生存所需，它们是这个星球的恩人……”

“你吃得完啊？吃得完啊？最会乱整！”姨妈吼他。

没用。姨父才不听，他像一堵棉花墙。他惧内是装的，反正姨妈也装没识破。什么也干扰不了他对蔬菜的敬爱。大年初三，我们全家去磨盘山给外公扫墓，起了大早，却在山脚下耽误了半天，因为姨父在路边发现一溜长摊，堆满了这个星球的恩人。他扑上去，谁也拦不住。二十几分钟后大家急了打发我去催。那时他正对着豌豆尖和冬苋菜掏心掏肺。

“姨父，走吧，今天我们是来给外公扫墓的啊！”

“还早。”他说，又仰头看看公墓方向，低声道：“你外公又不会不等我们。”

姨父甚至对菜贩菜农也一往情深，这大概跟他年轻时有过短暂务农的经历有关，而且我们四川人就算生在城里，根系也都是在附近乡坝头铺开的。他对他们不是怜悯，而是依恋。一般买菜顶多弯腰挑拣，他不，他会蹲下，因为他能聊起来。“你的茼蒿几点摘的？”“五点啊？天还没亮？”“哦。你的青菜安逸，我一坛只泡得下它一棵。”“你从哪边过来的？”“籍田？我咋不晓得？早先我们表舅在那边，但早就死了……”

姨妈本来最不耐烦他跟他们套瓷，总觉得他们敷衍他就是为了赚他的钱，可后来出了“报恩红苕”那件事，她就没法再给他脸色看了。

那是20世纪80年代末，姨父买了一辆带斗的三轮车，常得意扬扬蹬着去菜市场转。在那个人们羡慕永久飞鸽的年代，一个哲学系教师快乐地蹬着三轮，车斗里有泥巴、稻草和烂菜叶子，一个系的同事碰见了都不敢相认。有次他居然很阔气地邀请我坐在斗沿儿上“去耍”，吓得我严词拒绝。那时我已上高中，懂得要脸了。

一天他在菜市场，听见某人怯生生地叫“哥子”，原来是个熟脸的菜农，想借三轮车运东西。三轮车虽然丑陋，但毕竟是一项财产，又是姨父心爱的坐骑，我料姨父不肯。然而他马上就跳下来，说了家里地址，好教菜农知道往哪里还。菜农话也少，点头，“要得要得”，就蹬走了。过了一会儿我想起来问：“那人叫什么名字啊？”

姨父突然愣住：“啊！不不不不记得——不晓得！”

哈哈哈，我去向姨妈报了信儿。姨父在懊恼和姨妈的数落中度过了两天，人家果然没还他。然而第二天，楼下传来嘶哑的叫喊：“哥子——那个哥子——”不仅车还回来了，千恩万谢地，车斗里还装了大堆的红苕，他们根本吃不完。我们家也分了好多，有多少呢？这么说吧，我就是从那以后不再吃红苕了。

另外这个菜农叫李毛娃，我们全家都不得不知道了。

“当然当然……不过你自己不觉得稍微贵了一些吗？”这句话是丹叔叔对菜贩子说的，很多很多年前了，他听见菜贩子报价以后发的一个问。现在白口这么一说，好像也没啥，但逢年过节家里人吃饭我就要讲这个段子，还是笑得不行，笑了多少年还没笑够。因为大家都了解丹叔叔，都觉得即使他站在那里，什么也不说什么也不做，顶着一头卷发，瞪着相隔遥远的大眼睛，脸上是那种天然的惊骇、骇呆，就已经让人前仰后合。

28年前的那天是这样的：他去培根路的菜市场买菜，带着我。菜贩子说的价格我不记得了，光记得丹叔叔的惊骇：“当然当然……不过你自己不觉得稍微贵了一些吗？”

我和菜贩子一时间都愣了，还快速对视了一眼，这叫什么话？这种句型在菜市场上千百年来都没有出现过。像电影里的台词，译制片的台词。菜市场有菜市场的规矩，嫌贵你可以上来就骂脏话：×××！相因点儿！也可以挖苦讽刺：耶，菜叶子金子打的吗？也可以巧妙地激发对方怜悯：大哥，我今天买了明天就只好吃白饭了！也可以自来熟套近乎：今天你一个人来的啊？婆娘在屋头带娃儿？……相因点儿嘛！——但你不可以拷问人家的灵魂。

“当然当然……不过你自己不觉得稍微贵了一些吗？”——不可以不可以。什么叫“不过”？什么叫“你自己”？什么叫“稍微？”什么叫“吗”？意思是我不说，你们心自问，夜深人静的时候你对着镜子、看着自己的眼睛问，用莎翁的语气问。

丹叔叔常常因为在日常生活里使用异常词句而被误认为是外语系或者哲学系的老师，但他实际上是数学系毕业的物理系老师，跟我姨父姨母做了十年邻居，交情极深。我们子侄辈也沾光，大都被他辅导过数学物理，都喜欢他尊敬他，但背地里也都笑他。我们跟他有一种默契，我们知道他的学问很大很大，大到我们不知道的程度，就干脆忽略不计了；我们也知道我们在他眼里是很蠢的，再努力或者再躲藏也没用，所以也干脆忽略不计了，那么剩下的就是看他的笑话，就像世人津津乐道于陈景润的笑话。而丹叔叔并不以为忤，他连整个世界都能宽恕。

丹叔叔的身世是惨痛荒诞的，俗话说“一个时代的缩影”，用来概括他合适极了。他是大学教授的小儿子，自幼受西式教育，吃饭不能说笑，洗很多澡，送去学田径，弹琴弹的是斯坦威，冬天穿镶毛毛领的西装袄子，常常被牵到“耀华”吃西餐等。烦恼的就是裤子上没有补丁怎么见同学。然而后来这一切戛然而止，生活的巨变几乎就在一天之内。没钱了，食物不够了，父母生病了，他17岁时父母都去世了。丹叔叔靠做送水工勉强养活了自己，天天吃厚皮菜就稀饭，直到几年后考上大学，进了学生食堂。

他很少谈起往事，顶多提起一两句：“你们知道吃不饱是什么感觉吗？”但他知道我们不喜欢这个话题，又偶尔说：“你们万一将来没饭吃，就来找我。”我们那时都笑道：“没饭吃？那就下碗面嘛！包子也行。”他对我们的轻浮愚蠢只是耸耸肩。

我前几年央他看《三体》，他看了。我问：“你为什么没有像叶文洁那样？”他很认真地看了我一下，我在他眼睛里看到一种感慨，大约是感慨我们这帮没心没肺的蠢孩子中终于有人问出了一个像样的问题。他说：“我理解她，但我不会——但我理解她。”

我清楚地记得他这句话里有两个“但”字，和他两手十指交叉挡住自己半张脸的小动作。这使我意识到，我们在他身上发现的种种呆气，滑稽，不合时宜，大概都是一种创伤的反应，他永远没法子跟这世界讲和，因为他跟叶文洁是一边儿的。他只是选择不像她那样做，他努力，或者说努力看起来像是，宽恕了这个世界。

咦，我本来是要说他买菜的。

假如看丹叔叔是少爷出身，做派又像陈景润，就误以为他在生活上很低能就错了。生活其实是他的强项，因为他用他可怕的专业知识和专业精神生活。

“你说今天这边的红油菜比那边贵一块钱？这个表述非常不严谨啊，首先红油菜本身的质量你没有描述。其次同一质量的红油菜在上午、下午和傍晚是不同价格的。而且贵这个字不够中性，已经带有批评的色彩，在条件不具备的情况下怎么可以下这样的结论？还有，贵一块钱这个说法很含糊，我建议你采用百分比，相对准确一些。”

这是上周我在菜市场见到他，他临时为我开辟的一个论坛。我一直用微笑憋着大笑，像小时候上他的课一样不懂装懂频频点头。

“您来买什么菜啊？”我问。

“芹菜啊！”他很热切，我记起来他一直就很喜欢片菜。“我太喜欢芹菜了，简直莫法。”他承认。

“芹菜也喜欢你。”我嬉皮笑脸打趣他。

“当然当然，这么多年它应该看出来了，我是它狂热的追求者。”

丹叔叔的私生活很隐秘，只听说似乎是独身者，但他那么优秀，长辈们岂肯放过他。导师的女儿想留给他，姨妈的干妹子想说给他，邻居的外甥女忘不了他，还有些学生的家长也惦记着他。

然而也听说他只是笑而不允。

看着他一根一根挑选芹菜时的专注，和努力克制也克制不住的狂热，我真心希望芹菜能为其精诚所感，转世成人嫁给他。

做大哥的人

巴金

我的大哥生来相貌清秀，自小就很聪慧，在家里得到父母的宠爱，在书房里又得到教书先生的称赞。看见他的人都说他日后会有很大的成就。母亲也很满意这样一个"宁馨儿"。

他在爱的环境里逐渐长成。我们回到成都以后，他过着一位被宠爱的少爷的生活。辛亥革命的前夕。三叔带着两个人回到成都，大哥便跟这两个人学习武艺。父亲对他抱着很大的希望，想使他做一个"文武全才"的人。

每天早晨天还没有大亮，大哥便起来，穿一身短打，在大厅上或者天井里练习打拳使刀。他从两个人那里学到了他们的全套本领。我常常看见他在春天的黄昏舞动两把短刀。两道白光连接成了一根柔软的丝带，蛛网一般地掩盖住他的身子，像一颗大的白珠子在地上滚动。他那灵活的舞刀的姿态甚至博得了严厉的祖父的赞美，更不说那些胞姐、堂姐和表姐们。

他后来进了中学。在学校里他是一个成绩优良的学生，四年课程修满毕业的时候他又名列第一。他得到毕业文凭归来的那一天，姐姐们聚在他的房里，为他的光辉的前程庆祝。他们有一个欢乐的聚会。大哥当时对化学很感兴趣，希望毕业以后再到上海或者北京的有名的大学里去念书，将来还想到德国去留学。他的脑子里装满了美丽的幻想。

然而不到几天，他的幻想就被父亲打破了，非常残酷地打破了。因为父亲给他订了婚，叫他娶妻。

这件事情他也许早猜到一点点，但是他料不到父亲就这么快地给他安排好了一切。在婚姻问题上父亲并不体贴他，新来的继母更不会知道他的心事。

他本来有一个中意的姑娘，他和她中间似乎发生了一种旧式的若有若无的爱情。那个姑娘是我的一个表姐，我们都喜欢她，都希望他能够同她结婚。然而父亲却给他另外选了一个张家姑娘。

父亲选择的方法也很奇怪。当时给大哥做媒的人有好几个，父亲认为可以考虑的有两家。父亲不能够决定这两个姑娘中间究竟哪一个更适宜做他的媳妇，因为两家的门第相等，请来做媒的人的情面又是同样大。

后来父亲就把两家的姓写在两方小红纸块上面，揉成了两个纸团，捏在手里，到祖宗的神主面前诚心祷告了一番，然后随意拈起了一个纸团。父亲拈了一个“张”字，而另外一个毛家的姑娘就这样地被淘汰了。据说母亲在时曾经向表姐的母亲提过亲事，而姑母却以“自己已经受够了亲上加亲的苦，不愿意让女儿再来受一次”的理由拒绝了，这是三哥后来告诉我的。拈阄的结果我却亲眼看见。

大哥对这门亲事并没有反抗，其实他也不懂得反抗。我不知道他向父亲提过他的升学的志愿没有，但是我可以断定他不会向父亲说起他那若有若无的爱情。

于是嫂嫂进门来了。祖父和父亲因为大哥的结婚在家里演戏庆祝。结婚的仪式自然不简单。大哥自己也在演戏，他一连演了三天的戏。在这些日子里他被人宝爱着像一个宝贝，被人玩弄着像一个傀儡。他似乎有一点点快乐，又有一点点兴奋。他结了婚，祖父有了孙媳，父亲有了媳妇，我们有了嫂嫂，别的许多人也有了短时间的笑乐。

但是他自己也并非一无所得。他得了一个体贴他的温柔的姑娘。她年轻，她读过书，她会作诗，她会画画。他满意了，在短时期中他享受了以前所不曾梦想到的种种乐趣。在短时期中他忘记了他的前程，忘记了升学的志愿。他陶醉在这个少女的温柔的抚爱里。他的脸上常带笑容，他整天躲在房里陪伴他的新娘。

他这样幸福地过了两三个月。一个晚上父亲把他唤到面前吩咐道：“你现在接了亲，房里添出许多用钱的地方；可是我这两年来入不敷出，又没有多余的钱给你们用，我只好替你找个事情混混时间，你们的零用钱也可以多一点。”

父亲含着眼泪温和地说下去。他唯唯地应着，没有说一句不同意的话。可是回到房里他却倒在床上伤心地哭了一场。他知道一切都完结了，一个还没有满二十岁的青年就这样地走进了社会。

他没有一点处世的经验，好像划了一只独木舟驶进了大海，不用说狂风大浪在等着他。

在这些时候他忍受着一切，他没有反抗，他也不知道反抗。

月薪是二十四元。为了这二十四个银元的月薪他就断送了自己的前程。然而灾祸还不曾到止境。一年以后父亲突然死去，把我们这一房的生活的担子放到他的肩上。他上面有一位继母，下面有几个弟弟妹妹。他埋葬了父亲以后就平静地挑起这个担子来。

他勉强学着上了年纪的人那样来处理一切。其他各房的仇视、攻击、陷害和暗斗却使他难以应付。他永远平静地忍受了一切，不管这仇视、攻击、陷害和暗斗愈来愈厉害。他只有一个办法：处处让步来换取暂时的平静生活。

后来他的第一个儿子出世了。祖父第一次看见了重孙，自然非常高兴。大哥也感到了莫大的快乐。儿子是他的亲骨血，他可以好好地教养他，在他的儿子的身上实现他那被断送了的前程。

他的儿子一天一天长大起来，是一个非常聪明可爱的孩子，得到了我们大家的喜爱。

接着五四运动发生了。他买了好些新书报回家。我们贪婪地读着一切新的书报，接受新的思想。他一方面信服新的理论，一方面依旧顺应旧的环境生活下去。

他逐渐变成了一个有两重人格的人。在旧社会，旧家庭里他是一位暮气十足的少爷；在同我们一块儿谈话的时候，他又是一个新青年了。这种生活方式是我和三哥所不能够了解的，我们因此常常责备他。我们不但责备他，而且时常在家里做一些带反抗性的举动，给他招来祖父的更多的责备和各房的更多的攻击与陷害。

有一次我得罪了一个婶娘，她诬我打肿了她的独子的脸颊。我亲眼看见她自己在盛怒中把我那个堂弟的脸颊打肿了，她却牵着堂弟去找我的继母讲理。大哥要我向她赔礼认错，我不肯。他又要我到二叔那里去求二叔断公道。但是我并不相信二叔会主张公道。结果他自己代我赔了礼认错，还受到了二叔的申斥。他后来到我的房里，含着眼泪讲了一两个钟头，惹得我也淌了泪。但是我并没有答应以后改变态度。

像这样的事情是很多的。他一个人平静地代我们受了好些过，我们却不能够谅解他的苦心。我们说他的牺牲是不必要的。我们的话也并不错，因为即使没有他代我们承受这一切，叔父和婶娘也无法加害到我们的身上来。不过麻烦总是免不了的。

然而另一个更大的打击又来了。他那个聪明可爱的儿子还不到四岁，就害脑膜炎死掉了。他的希望完全破灭了。他的悲哀是很大的。

他的内心的痛苦已经深到使他不能够再过平静的生活了。在他的身上偶尔出现了神经错乱的现象，他称这种现象为"痰病"。幸而他发病的时间不多。后来他居然帮助我和三哥离开成都，以后又让我单独离开中国。

他盼望我们几年以后学到一种专长就回到成都去"兴家立业"。但是我和三哥两个都违背了他的期望。我们一出川就没有回去过。尤其是我，更走了与他的期望相反的道路。

我从法国回来的第二年他也到了上海。那时三哥在北平，没有能够来上海看他。我们分别了六年如今又有机会在一起谈笑了，两个人都很高兴。我们谈了别后的许多事情，谈到三姐的惨死，谈到二叔的死，谈到家庭间的种种怪现象。我们弟兄的友爱并没有减少，但是思想的差异却更加显著了。他完全变成了旧社会中一位诚实的绅士了。

他在上海只住了一个月。我们的分别是相当痛苦的。我把他送到了船上。他已经是泪痕满面了。我和他握了手说一句："一路上好好保重。"正要走下去，他却叫住了我。他进了舱去打开箱子，拿出一张唱片给我，一面抽咽地说："你拿去听。"

他知道我喜欢听歌，所以想起了把唱片拿出来送给我。然而我知道他也同样地爱听它。这时候我很不愿意把他喜欢的东西从他的手里夺去。但是我又一想我已经有许多次违抗过他的劝告了，这一次我不愿意在分别的时候使他难过，表弟们在下面催促我。我默默地接过了唱片。

我和表弟们坐上了划子，让黄浦江的风浪颠簸着我们。我望着外滩一带的灯光，我记起我是怎样地送别了一个我所爱的人，我的心开始痛起来，我的不常哭泣的眼睛里竟然淌下了泪水。

他回到成都写了几封信给我。后来他还写过一封诉苦的信。他说他会自杀，倘使我不相信，到了那一天我就会明白一切。但是他始终未说出原因来。所以我并不曾重视他的话。

然而在1931年春天的一个早晨，他果然就用毒药断送了他的年轻的生命。两个月以后我才接到了他的二十页的遗书。在那上面我读着这样的话：

"卖田以后……我即另谋出路。无如我求速之心太切，以为投机事业虽险，却很容易成功。前次我之所以失败，全是因为本钱是借贷来的，要受时间和大利的影响。现在我们自己的钱放在外边一样收利，我何不借自己的钱来做，一则利息也轻些，二则不受时间影响。用自己的钱来做，果然得了小利。所以陆续把存放的款子提回来，作贴现之用，每月可收百数十元。做了几个月，很顺利。于是我就放心大胆地做去了。哪晓得年底一病就把我毁了，等我病好出外一看，才知道我们的养命根源已经化成了水。

"好，好！既是这样，有什么话说！所以我生日那天，请大家看戏后，就想自杀。但是我实在舍不得家里的人。多看一天算一天，混一天。现在混不下去了。我也不想向别人骗钱来用。算了吧。如果活下去，那才是骗人呢。我死之后不用什么埋葬，随便分尸也可，或者听野兽吃也可。因我应得之罪累及家人受此痛苦，望从重对我的尸体加以处罚……"

这就是大哥自杀的动机了。他究竟是为了顾全绅士的面子而死，还是因为不能够忍受未来的更痛苦的生活，我虽然熟读了他的遗书，被里面一些极凄惨的话刺痛了心，但是我依旧不能够了解。我只知道他不愿意死，而且他也没有死的必要。

世间的糖

闫红

她是最早出现在我记忆里的人，但我并不记得她的模样，只记得她两只手，轮番挤压着一块裹在纱布里的褐色物质。那是糖，土法制造的糖。

我们家乡并不产甘蔗甜菜之类，看那色泽，原料许是本地盛产的红薯，这不重要，重要的是，在她双手轮番地搓摁挤压中，那褐色物质，越来越柔韧，像一颗琥珀，被时间与力量赋予光泽，我甚至感到，它越来越甜，在我嘴里泛出它可能的味道。

那双手停了下来，它的主人笑看着我，问我可想进屋吃糖。她洗了手，把我领进屋，给了我一把糖，我记不大清是芝麻的还是花生的，她又给我沏了一碗糖水，让我坐下来，慢慢喝。在这全过程中，和我同来的几个孩子就站在门口眼巴巴地看着，她再三挥手，他们依旧不肯散去，有的干脆在门槛上坐下来。

她问我几岁了，问我父亲叫什么名字，问我家住哪里，问我奶奶可跟我们住在一起。我逐一回答，每回答一句，她就会笑起来，这让我暗暗不爽，那时我已有了自尊，却不知道，大人的笑其实是一种赞赏。我喝完那碗糖水，就跑掉了。

那是过年的时候，孩子们满村子串，跨过一个个门槛讨糖吃。每家都会准备些“小糖”——一种硬糖，是当地代销点出售的唯一的零食，包装与味道都很简陋。一大跑下来，我们能讨到满口袋的“小糖”，私人做的花生糖或芝麻糖倒是很少见。

那天晚上，吹灯之前，我告诉我姥姥：“小波的奶奶叫我进屋吃糖呢。”我姥姥严肃起来，说：“她还说啥啦？”我说：“没。”我姥姥说：“以后不许吃她给的东西，她家东西有毒。”

我被姥姥的话吓住了，仔细回忆小波奶奶的样子，想从她的笑容里，搜寻狼外婆式的阴险，但毫无所获，倒是我姥姥在煤油灯下晃动的面容，更加可怕一点儿。

我怀疑这件事给我留下了后遗症，后来的许多年里，我都无法完全相信什么人，有段时间我住在姨姥姥家，她每天给我煮绿豆汤，不知是不是品种原因，那绿豆汤老泛着点苦味儿，我就怀疑姨姥姥是不是下毒了，每天都很戏剧性地等毒性发作，担心自己来不及说出真相。

那毒最终也没有发作，我因此有机会在很多年之后，了解我姥姥为什么要那么说。小波的奶奶不是别人，正是我妈妈的奶奶，按吾乡习惯，我应该称之为老太。只是自从我姥姥和我姥爷离了婚，她们多年不复来往。

清官难断家务事，其间是非，外人很难知晓。我只知道，我姥姥固然不好惹，她这个婆婆，也是个厉害角色，我们恢复走动时，她已经90岁高龄，儿孙都已去世了好几个，她仍然耳不聋眼不花，武能种麦子点蚕豆，文能看得懂《三国演义》这样的电视剧。

智商是生产力，也是战斗力，可想而知，在我18岁的姥姥嫁过来之后，她们这婆媳之间，必有几番恶斗。我只听说过一个细节，有次，老太认为我姥姥对自己丈夫太无礼，就把她叫过来，语重心长地说："男人是秤砣，虽小压千斤呢。"我姥姥当时没说话，晚上跟我姥爷几句话说得不对脾气，一脚把他踹下床。老太太在隔壁听见"咣当"一声，问怎么了，我姥姥高声答："没啥，秤砣掉地上了。"

我姥姥不到20岁时做了单亲妈妈，我妈5个月。我爸说那时《婚姻法》刚刚颁布，政府不但鼓励自由结婚也鼓励自由离婚，离婚这种事儿，哪经得起鼓励啊，机关里顿时掀起离婚潮，我姥姥姥爷也是赶时髦。

在我姥姥那里则是另一种版本，矛头直指这位前婆婆，离婚前的例子她没有举出太多，离婚之后，由于我姥姥离婚不离家，在隔壁得了两间小房，她们的婆媳大战又轰轰烈烈地延续了十几年，甚至祸及下一代。

我妈这大半生吃了很多苦，但她从不自怜，只是偶尔会说起，小时候，在乡村打麦的"场地"里，她落了单，被几个叔叔围着骂。她蹲在中间，不敢说话，也不敢哭。她爹来了，把兄弟们骂走，叹口气，把她领回家。许多年之后，我妈有点儿心疼那时的自己。

我姥爷是老大，这几个叔叔，并不比我妈大多少，他们对我妈的敌意，来自于他们自己的母亲。按照我爸的说法，我妈是被我姥姥的坏脾气连累的。但不管怎样，这位老太，着实对自己的亲孙女不够意思。

更不够意思的事，发生在我妈20岁那年。大队好不容易来了几个招工指标，城市里的纺织厂，极苦极累，但能跳出农门，乡村女孩儿趋之若鹜。我姥姥早早跟负责招工的人打了招呼，要给我妈留个指标。这事儿眼看就成了，不承想，半路杀出个程咬金，有人跑去找公社书记施压，说那招工名额给谁，也不能给我妈，这个人，是我妈她奶奶。

我姥爷当时在隔壁公社当书记，我妈他们家所在公社的这位书记就犯了难，不知道是听同僚前妻的话，照顾同僚的女儿呢，还是听同僚他妈的话，压制同僚的女儿。最后，他找人给我姥姥带了个话，让我姥姥去公社闹，用凤姐的话，"闹得大家没脸"，他装作为难，也就把指标给我妈了。

这个办法起了作用，我妈离开家乡，来到城市，我也因此获得来到这世上的可能。

不用说，我对这位老太，是没有好感的。即使她给我吃了糖，那糖里没有毒，我也不觉得其中就有什么善心。我姥姥说得一针见血："那是因为她看你妈嫁了个军官，不知道你爸将来有多大前程呢。"嗯，我也觉得，一定是这样。

偶尔在我姥爷家见到她，我淡淡地问好，她客气地回应，没有意外的话，她应该永远是我人生的局外人了。

但意外还是发生了，在我读书归来的某个寒假，我吃惊地发现，这位老太，居然要在我们家过年。把她接来的，不是别人，正是和她宿怨笃深的姥姥。

这……是几时，孟光接了梁鸿案？好吧，这样问太轻薄，换个说法，您二位，竟也能相逢一笑泯恩仇？

这种创意，只有我姥姥才能想得出来。

我稍大一点时，我姥姥也离开了那个村庄，一去十几年。有一天，忽有当地干部打电话来，说是可以分给我姥姥一块宅基地，有三分呢，要她回去办手续。我姥姥也很多年没见过去的老邻居老伙伴了，对这趟返乡之旅十分期待。

她坐长途车到县城，又坐一种吾乡称作“小蹦蹦”的机动三轮车来到镇上，之后，她徒步五公里来到了村口。在村口的窄路上，她遇到了我的老太，她的前婆婆，隔着暮色，她们对望了一眼，擦肩而过。

我姥姥来到当年的一位好友家坐下来，一碗茶还没喝掉，老太的孙子，奉了他奶奶的命，请我姥姥到他奶奶家去。

我姥姥就去了。接下来的情形，倒不需要着重描述，上了年纪的人，一个对视，就能消解掉几十年的芥蒂，我姥姥说，在老太那间低矮昏暗的小屋里，她们像两个老鬼一样，聊了一整夜。

我姥姥这人没什么文化，但她有些用词很精妙。比如，她说她们像“老鬼”，一下子就勾画出她们相对时那气氛。是啊，她们都那么老了，老得就快要变成鬼，迫在眉睫的死亡，将她们变成同盟，相形之下，经年恩怨，就像外墙上的风雨留痕，虽然总在那里，却可以忽略不计了。

我姥姥在她的前婆婆那里住了一个星期，办完了事儿，又邀她去我们家过年。我妈对她奶奶很恭敬，这位老太，也像一个慈祥的长辈那样，话不多，总是微笑，偶尔说几句话，有老人家的一种威仪，我们彼此都是有距离感的，除了我姥姥。

我没法对你说我姥姥那个春节有多高兴，活到她这份儿上，所有的久别重逢，都是失而复得。她废寝忘食地跟老太说话，她们之间，有一大段过去可以聊，又有一大堆空缺的光阴需要彼此补充，相似的背景，相近的年纪，最主要的是，相同的处境，使得她俩如若知己，倾心吐胆，应该是有苦意的，但苦里又有丝丝的甜，由纠缠不清的恩怨酿成。

时间真是有牙齿的，同时，它还有一个非常强大的胃，怎样的恩怨情仇，它都能一口吞下，嚼碎成渣，然后，完完全全地消化。

一晃又是20年过去了。老太在97岁那年去世，我们原本以为她能活100岁，还说到时候大家一道给她庆祝，她的子孙、重孙加起来有100多口人呢，大多我都没见过。我姥姥还活着，这中间，我姥爷、姥爷后面两任妻子相继去世，没有了故人，也没有了仇人的我姥姥，不免有些寂寞。她坐在正午的阳光下打瞌睡，有时会突然间发出一串咒骂，睁开眼，看见她不熟悉的光天化日，脸上，是孩童般的愣怔与无助。

她像一只老狮子，被她的同类抛弃了，现实世界依旧人声鼎沸，可是，她插不进去嘴。

所以这个春节，我还是准备回家去，路上车很多，没有暖气的小城很冷，我姥姥年事已高，有时都分不太清谁是谁，世界在她眼里，大概只是一团模糊影像。但我回去，带着我的儿子，她会觉得，那模糊影像还是挺热闹的，那一点点热闹，或者，能稍稍搅乱她心中岁不我与的清冷，成为苦涩之外的一点甜意。

我和她，隔着金陵十二钗

✿ 何日君回来

最近一段时间，因为白天工作繁忙，常常深夜写稿件，写剧本，日夜紊乱，胃病又犯。我妈在老家急得直蹦，非得过来照顾我，在她的一再坚持下，我终于松口让她过来住一段时间。她变着花样做吃的，白米粥，小电饭锅炖的；又做饺子，香菇鲜肉馅，又问我吃不吃香菇，不吃香菇便改成韭菜鲜肉馅。她从楼下搬了捆甘蔗上来，站在楼梯口直喘气，又大腿一拍："坏了，你胃不好，不能吃生冷的，这甘蔗白买了。"

我上班写稿，她就闲得无聊看看电视剧。最有兴致的是，跟着我出去跟朋友们吃饭。最初我不习惯带她出门，怕她酒席上插不上话，结果她用家乡普通话聊得如鱼得水。有朋友聊某个男人出轨了，原因是家里老婆太厉害。我妈立刻表态："这是不行的，你看《红楼梦》中王熙凤这么厉害，最后呢，贾琏不喜欢她呀。"然后又有点怯怯地望向我，"我没说错吧，贾琏是王熙凤的老公，没错吧？”

这样三五次后，我不少朋友都特别羡慕我有个这样的妈妈，她来自贫穷的乡下，没念过多少书，但是还懂点《红楼梦》，还不认生，活学活用，也不催我结婚，还跟着我出来聚会。

有天她跟我说，她绣了幅十字绣《金陵十二钗》，她把图拍给我看，问我这画上几个人分别是谁。她只认得最右边的，应该是林黛玉。我不知道她真切的意思，只是告诉她，从最左边往右看，醉卧芍药的是史湘云；扑蝴蝶的是薛宝钗；画画的是惜春；穿紫色衣服看她画画的是迎春；道姑打扮的是妙玉；穿素色衣服的是李纨，贾宝玉哥哥的妻子；小孩子是巧姐，王熙凤的女儿；穿黄色衣服的是元春，贵妃；红色张扬的是王熙凤；坐着的是秦可卿；绿色衣服的是探春；拿锄头的是黛玉。

我回答过了，也就忘了这茬子事了，直到回去过春节。我妈把那幅十字绣放在客厅里，非常醒目。但凡来了客人，她就把人带到这幅画前，推推她的老花镜，很骄傲的样子：“这个黄衣服的是元春，贾宝玉的大姐，当贵妃的，你看她穿得这样好。”乡下的人哪里知道这是什么元春长春的，只是堆起笑容恭维她：“嫂子，你竟然是这样厉害的，我们就分不出来这些人的。”她装模作样地说：“我不熟，我女儿熟，她是作家。”但是“作家”大概也没什么用处。春节吃酒席的时候，酒席上有的人谈外孙，有的人谈孩子单位，有的人谈女婿多有钱，她最终还是没插进去嘴。强势好胜如她，还是被排在酒席的主流之外。

她开始时不时跑过来找我探讨《红楼梦》，关于这本书，她根本只知道王熙凤是个坏人，使用调包计破坏了林黛玉与贾宝玉的爱情。

她问我秦可卿跟贾宝玉是什么关系，我只能从书房里拿出一张纸开始画人物关系图给她看。她比我开窍得多，立刻说：“我明白了，他们的关系就是你跟某某某的关系。”

对于《红楼梦》的人物关系，曾经有个玩笑话，说很多人看不懂这本书，是因为无法搞清楚贾府的亲戚关系，但是不得不说，对我妈来说，这个毫无难度。她用我们家族的关系很快找到了《红楼梦》人物关系的对应。她有她的一套逻辑，能够飞快地用自己的方式来理解《红楼梦》。

我跟她说秦可卿死，贾珍哭，我还没提到尤氏，我妈就问了，那贾珍没有老婆吗？我说有啊，刚好那个时候她生病了。我妈说，那就来鬼了，她没得病。她就是气，故意装病不料理后事，所以那边才让王熙凤过来帮忙。

我说：“我也觉得应该是这样吧。”

她说：“书里没说吗？”

我说：“没明写。”

她说：“那曹雪芹是个很狡猾的人，他就是不写，等别人去猜。”

看到黛玉葬花，她说，葬花葬的其实是人，任何人死了都这样，皇帝死了也这样。

她有时候还跟我聊别的，比如苏东坡和李白写的东西有什么区别。

我说：“李白写的是诗，苏东坡写的是词。”

她说：“诗和词有什么区别？”

我应付她，说：“诗是五个字对五个字，床前明月光，疑是地上霜；词不是，比如，无言独上西楼，月如钩，不用对准。”

她说：“噢。”然后去煮饭了，隔了会儿跑过来，“不对啊，蜀道之难，难于上青天。就不是五个字对五个字，我记得也是李白写的。”

在我妈身上，我常常看到文学的灵光。我妈1963年出生，那个年代，湖南乡下穷得要死，家里子女多。

有次矮个子的她从外面挑一大担水倒进水缸里，结果脚下一滑，一大担水泼了，我外婆正好看到，一板凳朝着她扔过来，擦脸而过，撞到后墙上，登时墙穿了个大洞。她从小牙疼，彻夜彻夜地疼，但不敢喊疼，喊了外公外婆就死命地打她，于是，她每天晚上不睡觉，一夜夜地在水缸里舀凉水，含一口冰凉的水再吐掉，再含一口，这样来止痛。她十几岁就想，她以后有了孩子一定好好对他。

她以前从不跟我说这些，在我的视角里，我妈是逞强好胜的，是务实节省至极的。

知道我要写文章，她常常回顾自己的幼时经历，也常常把她在菜场听到的八卦都如数家珍地说给我听，说是想给我提供素材。每次转达了一些很稀奇的事情后，她会叹一口气，说："小县城跟广州深圳终究是不一样的。"

的确是不一样的，去年过年回家吃酒席，酒席上东家谈论她的有钱的女婿，西家抱着她眉清目秀的外孙，南家谈论孩子的好单位，北家谈论儿子儿媳一年挣百来万。我妈埋头飞快地扒着碗里的饭，整个酒席过程中，她说话很少。

踏着月色回家的时候，地上的落叶，踩上去"吱吱吱"地响，在这静默中，我说："妈妈，对不起，我最终没有成为你想象中的女儿。"她似乎吃了一惊，只是把我的手抓得牢牢的，没有说话。我任凭她把我抓得紧紧的，犹如做小孩的时候，她抱着我挤车，带着我到医院打针，她也是这样把我抓得牢牢的，女儿30岁了，还是女儿，妈妈到了60岁了，还是妈妈。她一生没有很好的运气，就如同我们很多人的父母一样，少年贫寒，很早成家，儿女负担，转眼人老了，孩子还没有成家立业，心急如焚。孩子再没出息，她也兑现了她当年的诺言：我要有了孩子，一定对他好。

我当然知道，作为一个在小县城酒店打工的连高中都没念过的中年妇女，我妈对《红楼梦》、李白、苏东坡都没什么兴趣，只是她以为我有兴趣谈这些而已。为了跟我有话说，她不得不主动去聊，说得好不好，不重要，都只为跟孩子有几句话说而已。

逐渐老去的父母跟成年的孩子，指望说上几句贴心的话，本来就非常困难，养儿方知父母恩，而任性如我，短期内没有结婚成家的打算，于是，这最可寄托的沟通之路也被截断了。

不过我妈到底是强势的，开天辟地开了另一条路。

在老家的时候，有个冬天的早上，她带我去买菜，一路上问过去，羊肉火锅下银杏菜好不好？我说好。排骨爆炒好不好？我说好。冬天吃萝卜好，买点萝卜回去好不好？我说好。

说着说着，遇到个阿姨，红色羽绒服，灰色袖套，一张做重农活的脸孔，我妈跟她寒暄几句，说："儿子怎么样？"

阿姨说："能怎么样呢，反正是要搞画画，又没有几个学生来学，这个乡下地方有几个学画画哩！一年多了，没挣一分钱，没出息。"

我妈说："不要紧，一年多也不要紧，你看我这个，非要写书呢！谁说孩子要发大财呢！孩子过得开心就是好的！"

阿姨说："哎哎哎，这边有个卖豌豆米的，儿子喜欢吃，我先不说了啊。"又跟卖豌豆米的还价，"20一斤啊，过年涨一倍啊，以前都只10块一斤，15块卖不咯？"

跟我妈提着菜走在回去的路上，我妈忽然说："等下，你说《红楼梦》里那个画画的叫什么？我又忘记了。"

"贾惜春。"

"噢，贾惜春，几个老是分不清楚。"

"很好记，元春是做了贵妃的，迎春最没用，探春是小老婆生的，惜春最小是学画画的，原应叹息，值得叹息，这个意思。"

"噢噢噢噢。"

姥爷的秘密花园

闫晗

小时候，爸妈嫌我脾气古怪，故意问我："你像谁呀？"我说："像姥爷呗。"

姥爷确实是个挺特别的人。他多年来每天早上五点钟起床跑步，从我们村跑到邻村，一直坚持到腿脚不灵便了为止。那之后就终年躺在炕上，需要别人伸手拉一把才能起来。他一直穿着绸质的衬裤，裤脚处打着绑腿，无论冬夏，都是如此。姥爷爱好很多，抽旱烟、听京剧、喝茶、吃肉、泡澡、养花儿。听起来像京城的八旗子弟，可他只是山东沿海的一个普通农民，也从没怎么富裕过。姥爷的妈妈早年丧夫，勤俭持家，一分一厘从嘴里省出钱来买了几亩地，全让姥爷年轻时赌钱输光了。好处是，土改时只被划为中农。

姥爷肠胃不同于常人，顿顿吃猪头肉而不嫌腻。还要喝烧酒，有一个三角量杯专门用来装白酒，在盛着半杯热水的搪瓷水杯里烫温热了再一盅一盅地倒来喝。其他人吃饭时口渴了，姥姥便给我们喝那温酒的水。长大后，我和表哥回忆起这个场景，觉得很古怪，沉默了一会儿后又忍不住大笑——家里众多孩子都是喝那水长大的。

姥爷做什么事情都有自己的方式，说一不二。妈妈给他理发不小心刮破头皮，他一声不吭。叫一声就能不疼吗？不能还干吗要叫？村里交电费与有线电视费他头一个去，因为觉得晚交也不能

免了，还惹人讨厌。他很少过问别人的事，除了帮他做事之外，他从不对人指手画脚。碰到孩子对饭菜不满意，他总淡淡地说：不吃就是不饿。伙食不合他心意时却跟个孩子似的赌气，不动筷子，这一招总能让姥姥害怕，赶紧去做他想吃的。食器也讲究，吃饺子一定要装在浅盘里，吃面条则要用陡边的深碗，否则就罢吃。

我有点儿抵触去姥爷家，因为每次去都要给他浇花儿。他的花儿实在太多了，桌子上、窗台上、东厢房里、花窖里面的三层格子、花窖顶上、兔笼子上、厕所墙头、东边石条上……都是各种各样的花儿，有仙人掌、仙人球、仙人指头，有蟹爪兰、虎皮兰、君子兰，泥地里还种着木本的丁香和紫薇……虽然大多数我叫不上名字，但我见过昙花开花，吃过仙人掌的粉红色果实，这是其他小伙伴没有的经历。井边的菇茑和无花果树是我喜欢的。院子没有大门，终日敞开，像是欢迎每个人的到来。院门口零落栽种着紫苏和扫帚菜，并没拿来做什么，一年年自己长出来，也就任由它长着。

姥爷常由我妈搀扶出来，坐在门口太阳下的椅子上，抽着旱烟，指点江山，指挥我从花窖底下的水池和院子的大缸里提出水来，再拿着长把儿的水瓢，按他说的水量逐盆浇去。这往往要花费一上午的时间，完事就要吃午饭了。姥姥会把红薯切成两半，切面贴在大锅的壁上，蒸熟后就会有一种烤地瓜的焦香。我们家只有在蒸馒头和包子时才会捎带着蒸点儿红薯，姥姥家却顿顿可以有，这让我很向往。

虽然大家习惯了姥爷的独断专行，却也常为他的霸道感到不可思议。比如，一屋子人都在看电视剧，姥爷突然觉得很烦，就“啪”地切断电源。他只看戏曲和古装片，不接受任何现代电视剧。早年他唱过戏，是真正听得懂那些西皮流水的。他也爱看介绍神奇产品的电视购物，买了“哈慈五行针”，还有各种拔罐儿、刮痧的器具，摇晃腿部的摇摆机，所有关于中医理疗的器材他都觉得“你值得拥有”，还要求买一个室内桑拿盆，用来在炕前泡澡，被大家一致否决了。

姥爷搬到我家住之前，曾嘱咐舅舅和表哥，帮他照看着院子里的花儿，他回来时，还要指望着它们寻开心。然而一去就没有回来，身子越来越不灵便，也只有闺女能不离不弃地伺候他。姥爷离开老屋住到我家，直到他和姥姥去世的这段时间，我再也没去过他的院子。从亲戚的只言片语中得知，那些花儿，值点钱的被卖掉，另一些就那么死了。没了疼惜它们的主人，还能怎样呢？姥爷在家的时候，可是多少钱都不肯卖的呀。后来我想，那可能是他精神世界的安全气囊，他心中也有一个隐秘的花园，孤独地享受着自己的乐趣，周围似乎并没有一个知音。

姥爷去世的时候，我还在上大学。待我生出惦念之心，想要去老屋瞅瞅的时候，才知那房子已经被表哥卖掉了。新的主人重修了院墙，建上了阔气的大门，把院子里的一切都深深藏了起来，房子据说也重新翻修了。

我过年回家探亲，经过那条街，总要朝里瞄一下，那里已不再是恒久敞开的姥爷的花园。我虽然记得那么确切，却终究无法理直气壮地再看一眼那些属于童年的记忆。

小叔

路明

所谓人生若梦，大概是说，一切都已经发生过，只是我们想不起结局。

1

我至今记得小叔的模样。

花衬衫，喇叭裤，长长的鬓角像钩子一样紧贴面颊，有时斜背一把吉他，在小镇的青石板路上招摇而过，一不留神溅一脚泥——小叔是出了名的时髦青年，二十世纪八十年代流行的东西，没有他不玩的。有一阵他迷上了霹雳舞，在爷爷的菜园子里日夜苦练，踩坏了数棵矮脚青菜后，江湖有传言：龙王庙出了个“霹雳舞王子”。王子在小镇独孤求败，备感寂寞，跑去县城跟人家“斩舞”，结果灰溜溜地回来。

后来我问起这件事，小叔有点脸红：“县城算什么……上海也不算什么……”他摁下烟头，眼神闪烁，“现在都时兴去南边……算了，跟你讲了你也不懂。”

常有些漂亮阿姨来找小叔。她们穿得花枝招展，活像《西游记》里一伙刚出浴的妖精。妖精们三五成群，隔着菜园大声叫小叔的名字：“路建国，出来一道嘛！”接着嘻嘻哈哈笑作一团。爷爷就恨恨地骂：“不三不四。”

“大儿锄豆溪东，中儿正织鸡笼。最喜小儿无赖，溪头卧剥莲蓬”。幺儿从来都是最受宠爱的吧。爷爷常埋怨奶奶，把小叔宠成了废材。他对这个到处惹是生非的“小畜生”头疼不已，可除了打，好像也没有太多的办法。

我喜欢和小叔一起玩。他大我十多岁，不太像长辈，倒像个大哥哥。春天捉蚂蚱，夏天钓龙虾，秋天摸柿子，冬天偷塘鱼，很少有空手回家的时候。小叔告诉我，龙虾喜欢拌了猪血的蚯蚓，甲鱼最爱吃新鲜的猪肝。他咬着一根狗尾巴草，得意扬扬地走在田埂上。我拎着一铅桶的战利品，屁颠屁颠地跟在他身后，像只快乐的跟屁虫。

龙王庙路家的老幺，我奶奶的心头肉，小镇第一批浪荡子弟，我的小叔。

2

我爸是镇上另一个异类。作为家中长子，又是南方饥饿年代出生的罕见的大个子，二十出头就长成一副四十岁的模样。我爸擅长打架，干完一架，就着缴获的烟酒，盘腿在行军床上看书。无论是《金光大道》《赤脚医生手册》，还是《拖拉机修理技术》、高中几何课本，他都读得有滋有味。恢复高考第一年，我爸考取了师范，是镇上唯一"考上学的"。小叔不像话的时候，我爷爷揍完，我爸接着揍，说不清谁下手更狠一些。我奶奶不敢拉。所以小叔见到我爸有点怕，说长兄若父，大概就是这意思。有几次小叔在我爸那里挨了揍，低眉臊眼的，看见我有点不好意思。过了一会儿，他悄悄用手肘捅我："去钓龙虾？"我点点头，像一对难兄难弟。

我爷爷的打算是，让初中毕业的小叔先晃荡两年，等他退休了，小叔顶替他进"国二厂"。我爷爷是八级钳工，老党员，凭一双手做到工人阶级的塔尖。据说要不是脾气臭，酒后爱打人，早当厂长了。新任厂长是他徒弟，应该会卖他这个面子。

小叔一边往嘴里扒饭，一边嘟囔："我才不去国二厂……我要做生意。"

我爷爷放下筷子："做什么生意？"

"跟阿福、塌扁头他们去深圳批点牛仔裤、电子表，不要太好卖！"小叔眉飞色舞，"他们去过好几趟了，说一次能挣几百块。"

"你哪来的本钱？"

"本钱嘛……你借我一点……"

啪！一记清脆的耳光。咣当一声，饭碗落地，像一个斩钉截铁的句号。

我爷爷有充分的理由揍小叔一顿。

国二厂的全称是县国营第二碾米厂，响当当的大厂，进厂就发两套工作服、一双翻毛皮大头皮鞋。逢年过节，整箱整箱的国光苹果、整条整条的大青鱼停在仓库里，等职工搬回家。在我爷爷看来，那些做生意的，跑单帮的，不过是暂时钻了政策的空子，国家早晚会回过头来收拾这帮投机倒把的。我爷爷坚信，个体户再有钱，不过是一时风光，国营大厂才是千秋万代的。

那个下午，小叔给我钓了好多好多龙虾，一个铅桶装不下，我跑去同学家又借了一个。我喜笑颜开，说够了够了，吃到明天都吃不完了。小叔也笑，露出一口好看的白牙，说再钓几个。

第二天小叔没回家。我奶奶翻床头柜，发现少了一百八十五块钱。

这不是小叔第一次离家出走了。

《少林寺》风靡全国的那一年，小叔卷走了家里所有的粮票，登上北去的列车，去嵩山少林寺学武。小叔哪吃得了练武的苦，没几天就跑了。等他一路玩回家，奶奶都快急疯了。

免不了被爷爷一顿痛打，几天都下不了床。

这一回，小叔是跟阿福、塌扁头他们一起走的，先从镇北的长途汽车站坐车去上海，再乘绿皮火车去广州。还没出广州火车站，小叔的钱和证件全被偷了。他大概觉得回家太丢脸，硬着头皮留下来，在工地打黑工。

小叔年轻气盛，又仗着学过"武术"，三天两头跟人打架。最后一次，被打断了几根肋骨。工友背着他去医院，发现他口袋里连挂号的钱都没有。

肇事者跑了。工友们凑了点钱给他治病。等能下地走路了，小叔偷偷溜出医院，扒上回程的火车，一路逃票回到小镇。

他躲在阿福家里，白天睡觉，晚上偷偷摸到家门口，徘徊良久，不敢推门。

彼时腊月，天寒地冻。

大年三十晚上，大家正围着桌子吃年夜饭，家里的狗突然狂吠。奶奶神色大变，扔下饭碗冲了出去，逮住了瑟瑟发抖的小叔。

我几乎认不出他。眼前的这个人，套一件油腻腻的棉袄，腰间扎着草绳，蓬头垢面，分明是个乞丐。

过完正月十五，爷爷提着木棍，把小叔赶进屋子。爷爷锁上房门，吩咐："没我的话，谁都不许进来。"

屋子里传出鬼哭狼号："爹爹，我错了，我再也不敢了！"

奶奶坐在院子里，一句话不说。

"姆妈，姆妈救我呀！"

我咚咚咚敲门，门不开。我又跑去拉奶奶，让她求爷爷手下留情。我怕爷爷把小叔打死了。

奶奶坐着，纹丝不动。突然间，暴起一嗓子——"打得好！"

回头一看，她满脸的泪水。

"打你个年少轻狂，打你个游手好闲，打你个不辞而别，打你个没心没肺。"

3

我爷爷拎一瓶酒、一条烟去了厂长家，一路上反复练习谦卑的表情。用爷爷的话，"老子一辈子没这么低三下四过"。小叔提前进了国二厂，成了电工班的一名学徒工。每天一身黄灰色电工制服，骑着自行车，蔫头巴脑地跟着爷爷去上班，一路上不敢超过爷爷。小叔的主要工作是：换灯泡，给师傅递烟泡茶，帮师傅扶梯子，听师傅吹牛皮。在此期间，他跟同厂一个叫淑珍的女工谈起了恋爱，去县里看过三四场电影。就这样安分了一年多，小叔又一次消失了。

传言满天飞。有人说他在上海城隍庙摆地摊，有人说他在珠海给老板拎包，更离谱的，说他加入了海南的黑帮，成了一名厉害角色。

每次得到消息，爷爷奶奶都匆忙赶去，然后一无所获地回来。最远一次去了新疆哈密，只因为电视新闻里的一个侧影像小叔。淑珍来过爷爷家几次，哭着来，哭着走。不知折腾了多少回，花了多少钱，十几家报纸登了寻人启事，就是找不回这个任性的儿子。

有一天我去爷爷家。爷爷出门买煤球去了，奶奶一个人在家，桌上摆了一块鲜奶蛋糕。那时候在小镇，蛋糕还是个稀罕事物。

我欢呼一声，扑了过去。我大快朵颐，抹着嘴巴问奶奶："怎么知道我今天会来？"

奶奶笑了："今天是建国生日……便宜了你个小鬼。"

4

十年过去了。

国二厂的日子一天不如一天，工资发不出来，工人只上半天班；老街上，显赫一时的供销社拆了，原址建起一座"温州皮鞋城"；电影院关门，新华书店开始卖各种人体写真集；塌扁头入了狱，阿福承包一家校办工厂，成了大老板；当年找小叔的"妖精"们，一个接一个嫁了人。我常看见淑珍骑着助动车，驶过尘土飞扬的街头，送她儿子上小学。

关于小叔，有了些不好的传言。有说他在煤矿出了事，几十个人全部闷在井下；有说他死于黑帮械斗，尸体趁黑沉入海底。

奶奶怎么都不信。她拉着我的手，絮絮叨叨，小叔六岁时掉进河里，差点送了命。那天奶奶在纺织厂上着班，突然一阵心口疼。她说母子连着心，真要出事了，做娘的一定感觉得到。

爷爷想起这个儿子就暴跳如雷，不是骂他没出息，有家不敢回，就是骂他没良心，赚了钱忘了爹娘。骂完瘫坐在躺椅上，大口大口地喘气。

渐渐地我才明白，爷爷的痛骂何尝不是一种自我安慰：情愿他是个孬种，情愿他忘恩负义，而不愿去相信更残酷的结局——小叔已经不在人世了。

或许爷爷觉得，自己已经和命运之神做了笔交易。他妥协了，那么更坏的事情就不会发生。

他不过是假装抱怨这笔交易不公平罢了。

那天爷爷把我叫到跟前，很严肃地问我，偷渡的人是不是很难回来？我支支吾吾地说是，国外管得严。我不敢看爷爷的眼睛，我怕毁了他的救命稻草。

第二天，墙上贴了一张世界地图。

渐渐地，大家开始回避小叔的名字。在一次大装修后，小叔的房间成了厨房，锅碗瓢盆替代了昔日的吉他。床拆了，墙上谭咏麟的海报被撕下，旧衣服塞在樟木箱里，搁在大衣柜顶上，书和磁带大多被我带回家。

往年的年夜饭，桌上都会多放一副碗筷。从这一年开始，这副碗筷撤下了。

有一次，奶奶招招手叫我过去，我以为是什么好吃的，屁颠屁颠跑去一看，是一张我和小叔的合影。奶奶笑着说："他们怕我多想，把你小叔的照片都收掉了。这张是我偷偷留下来的，你看看，那时你几岁？"

一张小小的黑白照片，我嬉皮笑脸地站在小叔身边，个子刚过他的腰。小叔穿一件皮夹克，歪着头，左手放我的肩上，像个好莱坞明星一样神气。大概是被抚摩过太多次，照片有点漫漶不清，像隔着无声的风雪。

爷爷老了。他不再大声说话，不再发脾气，不再昂首挺胸地巡视他的菜园子，不再像个土匪头子一样用力地吐痰。他的躺椅放在那张世界地图前，他在躺椅上一坐就是一下午。

不知从哪本书上看到，人死的时候，最先丧失视觉，然后是味觉和触觉，最后是听觉。爷爷去世前，用力睁大了眼睛，直勾勾地望着门口，瞳孔慢慢地散开。我知道，他已经看不见了。我多想在他耳边说：建国回来了。用一个弥天大谎，换他最后的安心。

可是我没有。

突然间，哭声四起。我也跟着哭了起来。

泪眼婆娑中，我朝门外望去。我总觉得小叔会突然冲进来，像电视里演的那样，跪倒在爷爷的灵床前，哭喊着"我来晚了"。

奶奶的手颤抖着，合上了爷爷的眼睛。从此绝口不提小叔。一场葬礼，宣告了两个男人的死亡。

5

两个姑妈不放心奶奶一个人，都想接她过去住。奶奶不肯，说自己一个人过挺好的，别的地方住不惯。她甚至不愿去子女家过年，宁可一个人守着老屋。

爸爸想带奶奶出去旅游，被拒绝——老胳膊老腿了，不想折腾。

有个地产老板看中了这院子，跑去跟奶奶商量，被轰了出来——多少钱也不卖。

奶奶的生活很规律，这多少让子女放心。每天五点起床，在院子里做一套自己发明的健身操，早饭是咸菜热粥，吃完出门散步，去附近的公园坐一坐。钟点工阿姨过来做午饭，吃剩下的晚上热一热再吃。下午打个盹，看看电视，偶尔有老相识过来聊些闲话。晚饭后早早锁了院门，躺在被窝里听收音机。

墙上挂着新拍的全家福，一大家子人簇拥着奶奶，祖孙四代，前后三排，站得密不透风，不觉得少了一个人。奶奶眯着眼睛，笑得很开心。

前年除夕，我和爸妈回老家陪奶奶守岁。奶奶在爷爷的照片前点上三炷香，放上一碗他最爱吃的红烧鳜鱼。暮色昏黄，屋外的鞭炮声开始此起彼伏。

夜里，我睡在老屋里，点着火盆，盖着厚厚的棉被，沉重而安心。

半夜，不知为什么醒了。我走出房间，看见院子的大门开着，零星的烟火，照着一个苍老的背影。

是奶奶。她一动不动地站在那里，像在等一个人。

伫立良久，奶奶轻轻地合上了大门，没有插门闩。然后转过身，慢慢地，拖着那条痛风的左腿，走回房间。

我知道自己该怎么做了，我熟悉那些温情小说的路数。我应该蹑手蹑脚地跑出去，拉开大门，在门外弄几个模糊不清的脚印，或者在门闩上放一个红包。第二天早上，奶奶会以为小叔回来过。

可是我没有。

带你去买糖

✽ 邓安庆

1

那时候父母在长江对岸的江西种地，我因为要上学，所以留在了老家。每逢放假，父母都会回来带我渡江去江西。又是一年暑假到，我跟父母再次来之前，准备了纸和笔，想着如果实在无聊了，我可以画幻想中的地图来打发时间。一到屋子门口，一个四五岁的女孩儿手中拿着狗尾巴草，呆呆地看着我们。她的脸圆润如月，眼睛乌亮，剪着齐刘海，眉头尖点了一粒红，粉红色碎花泡泡袖，玫红色的小裙子上印着一枚枚草莓的图案。父亲低头捏捏她的脸："金兰，有人来跟你玩儿了。"说着指指我，"庆哥带你。"她抬眼看我，撒腿往屋里跑，片刻后又躲在一个丰润的女人身后跟出来。父亲让我叫那个女人表婶，她是我表叔的媳妇儿，而金兰是我表叔的女儿。这位表叔是我爷爷的妹妹的儿子，大我十八岁。在家里种地是养不活一家子的，他也跟着我父亲渡江过来种地了。

父亲把房子分为两半，我们一家住在屋子靠里的一侧，表叔带着表婶住在靠门的一侧。表叔一家的灶台用红砖砌起，就在大门口进去一脚远的地方。吃饭我们也是分开吃，两张桌子分别放在屋前的水泥地上，表婶常端菜过来让我吃，而母亲也常招呼着金兰过来吃我做的饭。金兰开始不肯，她赖在小板凳上不走，表婶碰碰她的胳膊："去尝尝吧。你庆哥做得蛮好吃的。"她不得已起身，端着碗往我们家这桌走，走走又回头看，表婶挥手："去吧去吧。"走到离我们桌子两步远的地方，她停下来不走了。母亲忍着笑，把煎好的鸡蛋夹到她碗里。她飞也似的奔回去。我们都笑了起来。表叔拿筷子敲了一下金兰的头："你庆哥又不是鬼，你怕什么呀！"我放下碗，冲着金兰那边做了个鬼脸，大家又是一阵笑，金兰也跟着咧嘴笑。

2

父母、表叔表婶都去地里后，屋子里只剩下我和金兰两个人。我在竹床上摊开白纸，准备好铅笔、圆珠笔，开始画我幻想中的地图——海岛、山脉、河流、矿产、城市、铁路、公路……金兰开始蹲在门口看蚂蚁搬米粒，静静地不说话。我画一会儿，转头看她，像是心有灵犀似的，她也转头看我。我又低头画起来，而她继续看她的蚂蚁。有时候屋前的水泥地上响起跺脚的声音，探头看去，她正在驱赶前来偷食麦子的麻雀。她的小手扬起又落下。麻雀跳到一棵毛白杨上，她仰头做着追打的姿势。不知道她从哪里找了一截粉笔，可能是以前幼儿园老师留下来的吧，她在水泥地面上画好了跳房子的方格，找来一片碎瓦，自己扔到格子里，自己跳，跳了几下蹲下，捡起瓦片又继续跳下去。

有一次她主动过来叫我，站在离我一米远的地方，两只肉肉的小手交叉着："庆……哥……"我扭头看她，她看起来快要哭了。

我问她："怎么了？"

她低头看自己的裤子："我想尿……"

我"哦"一声，说："那你去外面尿啊。"她不言语了。我以为她已经出去尿了，又低头画我的地图，感觉身后怪怪的，转身看，她的裤子已经尿湿了。我跳了起来，问她："你为什么不去尿啊？"

她两滴饱满的眼泪从眼眶涌出："我解不开裤子。"说着嘴瘪下去，哭声响亮。

她的哭简直是个法宝，我真是奈何不了她。我们的厕所十分简易，就在屋子后面蓄水池边上挖了个洞，洞口搁上两块杉木板，为防止走光，在洞口的四周围上了草棚。我去哪儿，金兰就跟到哪儿。我上厕所，让她别跟着，她瘪嘴要哭。

我说："好好好，你不嫌臭就在外面等着。"我在里面蹲着，她在外面蹲着。

过一会儿，她细声细气地问："庆哥，你好了没？"

我说："没。"

又过一会儿，她说："你放屁了，好臭。"

我没好气地说："嫌臭你回去！"她不言语了。

再过一会儿，她又问："庆哥，好了没？"我不理她。她连叫了几声，我都不理会。我耳边响起她响亮到刺耳的哭叫："庆哥你掉粪缸里了！"

我气愤地提起裤子，打开草棚的门："你才掉进去了呢！"她眼泪淌了一脸，看见我后抽了一下鼻子，随即又欢快地笑出来。

3

我的画地图大业也被她打乱了。我伸手去拿铅笔，准备把铁路线给画出来，还有几处需要添加山脉的标志，谁知找不着铅笔。起身左看看右瞅瞅，转到门口，她正抱着我的《三国演义》用铅笔在乱画。我一把把笔夺过来："你在干什么？我说怎么找不到。"她仰头瞪着眼睛看我，嘴又开始瘪起来。我故意扭头不去理会。为了怕她再捣乱，我把小桌子连带纸笔都搬到了水房的平顶上。为了抗旱，水泥管道从山顶通往山谷，水房就建在管道上面，要上到那水房顶上，需要足够高的个子。她在水房下面哭，我在水房顶上画地图。山风柔和，梯田上有零零星星的人在活动，山下的湖泊闪着金光，湖边马路上的大卡车轰隆开过。芒草在脚底下浩浩荡荡，天空飘浮着大朵大朵白云，我觉得自己轻盈得快要飞起来。哭声却听不见了，往下看金兰也不见了。喊她的名字，也没有人回应。我心想糟了，赶紧从水房顶上下来，一边叫她一边搜看。进门看，我松了一口气，她躺在我的竹床上睡着了，眼泪在脸上都被吹干了，小肉手里还捏着我的圆珠笔。

她也会帮忙的。我做饭，灶膛里烧着火。油在锅里热着，我让她躲开，免得被溅到了。她退后了一点儿，眼睛紧瞅着灶膛，火一有减弱的势头，她就立马往里塞柴火。菜炒好了，她又赶紧去拿盘子递给我。我拿着母亲攒下来的破布条，红红绿绿的，扎起了布人，她在边上给我递布条。缠上了白布条，用铅笔勾勒出眉眼、鼻子、嘴巴，一个布人就完成了。我连扎了两个，是我想象中的人物。在屋前水泥地上，我拿一个布人，金兰拿另一个。我给她讲这个布人是个大人物，干了很多很多大事情。她认真地点头，把布人护在自己的心口。我带她去山下的小学里玩儿，她把布人放在花坛上，自己爬了上去，摘了一朵野蔷薇，戴在布人的头上。她随时拿着布人，吃饭时拿着，睡觉时也拿着。表婶给她洗澡，让她把布人放一旁，她就是不肯，光着身子跑开。表婶来追，她便躲。见我在水房那边洗碗，她搂着布人躲在我的身后。表婶倒不追了，站在水房门口笑。我也笑得不行。她却瞪着眼睛，脸绷得紧紧的。

有时候我也带着她去山下转。她一手抱着布人，一手牵着我的手。我们沿着马路走，村庄里的狗见到我们就此起彼伏地叫，我能感觉她的小手在冒汗。我问她："怕不怕狗？"她仰头看我，摇摇头。一只好客的小狗奔过来，尾巴摇摆。我说："你去摸摸它，它不咬人的。"她往后躲。我喊了两声，小狗靠过来，我弯腰去抚摸狗身。小狗用舌头舔我的手。"你摸摸看，不咬人的。"她看看我，又看看小狗，牵我的那只手伸了过去，碰了狗头一下又立马缩了回来。我们继续往前走。粮食站、理发店、包子铺、修车铺……一路走我一路说："这是裁缝铺，做衣服的地方。那是油坊，卖棉油的地方。"我说一个，她跟着重复："这是裁——缝——铺。这是油——坊。"重复完，她就笑。那只小狗跟着我们。她也不怕了，小狗要是落后了，她会转头对着小狗说："来呀！来呀！"小狗欢腾地跟上来。我们又继续向前走。

4

促使我们经常下山的原因是《新白娘子传奇》的热播。每天下午到了四点，我就牵着金兰的手，沿着山路下去，再沿着马路走十分钟，到一家的窗口。那家是沿着山坡建的，我跟金兰坐在斜起的山路上就能看到那家房间里的电视。看完 集后， 想到只有明天才能看接下来的一集，我们又沮丧又充满期待。"西湖美景三月天哪！春雨如酒柳如烟哪！"走在路上我总这么哼着。她也跟着哼。她会问我："法海是坏人吗？"我说："是啊。"她又问我："白娘子是蛇变的吗？"我说："是啊。"她低头想了想，又说："我不喜欢蛇，可是我喜欢白娘子。"等到法海把白娘子关到雷峰塔时，金兰放声大哭。她坐在山路上，眼泪流个不停，我怎么哄也不行。那家的小孩儿终于发现我们的存在，"砰"的一下把窗户关上，拉上窗帘。我把金兰抱起，沿着山路走："那是假的啊。白娘子没死呢。"她抽抽噎噎地问："真没死吗？""真的！"我说。过了半晌，她说："哥，星星。"我抬头看，果然有几粒星星闪在微暗的天穹上。等我要告诉她哪颗是北极星时，她已经在我怀里睡着了。

电视剧是看不成了，那家我们再去时窗帘就不曾拉开过。我们去裁缝铺的后头捡他们丢弃不用的布料，好扎新的布人。黑白格子，红绿条纹，白底黑点，都是我们喜欢的。有一次吃晚饭，父亲冲着表叔说："山下村里人说咱们两家的孩子看起来蛮周正的，为什么跟个乞丐似的天天在垃圾堆里翻东西？"我当即面红耳赤，一个人跑过水房，沿着水泥管道来到山顶。山下的村庄淹没在浓浓的夜色中，灯光浮动。向北的远方天气好时能看到长江，此刻只有几颗星星闪烁。我感觉自己快要被这无边无际的黑夜给吞没了。在这个陌生的山中，带着一个小不点儿，在陌生的村庄里走动。我连一个可以说话的同龄朋友都没有，厌倦感袭上心头。下面屋子里传来金兰的声音，"哥——哥——"一声又一声，我不理会。过一会儿，是她的哭声。我嘟囔着："真烦！"沿着水泥管道走到屋子那里去。

我驱赶她，她也不哭，就停在原地不动，手里拿着布人。我一走动，她又紧紧跟着我走。"不要跟着我！"我警告她。真是个跟屁虫。我拿棍子沿着山路一路走一路敲打路边的芒草，突然奔跑起来。我的身后也响起她的脚步声。她嘴巴里那个"哥"还没有发完，我就跑到一个岔路那边，躲在沟里。这下子她肯定找不到我了。狗牙草的叶片上有一只瓢虫，山下另外一个村子飘起了炊烟，我该回家做饭了。慢慢沿着原路返回，我远远地看见金兰还站在路边，没有抱小人的手在她的嘴里嘬着。站在她对面的是一个跟她差不多大的小男孩儿，他正在吃棒棒糖。两人对望，又像是在对峙。小男孩儿像是被施了魔法一般，移不开步，糖块在他的嘴巴里转动。金兰看着吃糖的小男孩儿，专心地吃着自己的手指，连我走过去都不知道。小男孩儿见到我来，像立马恢复了元气似的，噙着糖一路飞奔下山。我摸摸金兰的头，她的头发上满是碎叶子。她细声细气地说："我想吃。"我摸了摸口袋，没有一分钱，便说："下回买给你吃。”她抬头看我：“什么时候能吃到？”我随口说了一句：“等儿童节来了，给你买。”她又问：“儿童节什么时候会来？”我说：“明年的六月一日。”她问：“为什么要那么久？”我说：“因为你过节，大家就会给你买啊。”金兰点点头，一副似懂非懂的样子。

5

表婶渐渐地不能下地干活了，她的肚子越来越大，走起路来也很吃力。母亲碰到金兰就说：“以后可不能再淘气啦，妈妈要生小弟弟，你就是个多余的人啦，没有人爱啦。”金兰低头靠在屋子的墙壁上，嘬着自己的手指不说话。表婶不下地，躺在床上，管金兰也管得多了。不准乱跑！又野到哪里去了，裤子搞这么脏！鼻涕不晓得擦擦啊！而我也不能出门了，大人都嘱咐我，要是有情况就火速叫他们。我坐在屋前水泥地上剥花生，金兰在菜园里捉虫子。几只鸡跑到我们这边来，金兰用力去撵。表婶在屋里嚷：“别这么吵啦！”过了几天到了深夜，表婶哼哼地叫起来。表叔叫醒我父母，说看样子是要生了。我和金兰坐在竹床上看着大人们忙成一团。表叔抱着表婶，父母一个拿衣服，一个拿手电筒，都往山下奔去。母亲走之前跟我说：“你把妹妹看好啊。”我点头，把金兰的手捏住。

有山虫振翅的声音，一粒粒清脆入耳。山下车子的鸣笛声传来，微弱得像是一声声叹息。我们静静地坐在竹床上。“哥。”她轻轻叫了我一声。我摸了摸她的头，“你妈生小弟弟去了。”“哥。”她又叫了一声，“我好饿。”我问她：“你想吃什么？”她的手又一次放在嘴里：“糖。”山下小卖铺倒是有卖糖的，玻璃橱窗里那些方块糖要一毛钱一个，棒棒糖要五毛钱才能买到。每回路过时，她总忍不住隔着玻璃窗看，里面还有辣条、方便面和大大口香糖。我没有钱，拉着她走。她走走，又回头看看，手指又一次塞到嘴里，为此表婶骂过她几次，总也改不掉。“那我给你炒糖米粒吃。行不行？”她说：“行。”那些剩下来馊掉的米饭，平时我都会倒在屋前的水泥地上，米粒一粒粒干爽硬实了，就可以拿来炒米粒了。我找来一小袋晒好的米粒，点上煤油灯，用表叔的灶台炒。锅烧热，放油，米粒入锅，放上两勺白糖翻炒。金兰帮我烧火。“等你妈妈生了弟弟，你就有糖吃啦。”金兰埋头往灶膛里塞茅草，“我要吃大白兔。”她说。我说：“有红糖吃，比大白兔好吃。”她突然抬头笑起来：“我喜欢有弟弟！小弟弟！”米粒她总是吃不够的，嘴巴上吃得全是油，牙齿嚼得特带劲儿。我问：“甜不？”她说：“甜啊。”我说：“这也是糖呀。”她点头又吃，“甜。”吃完，她又问：“儿童节什么时候到？”我说：“你不是吃过糖了？”她不好意思地低下头，说：“我好想吃那种糖。”

马上要开学了，两家大人都收拾好行李回老家，好给我和金兰报名。轮船又一次开动，从码头镇驶离，往武穴那边去。表婶抱着刚出生的小男孩儿，跟我父母、表叔坐在船舱里。我沿着走廊四处乱逛。江风比我来的时候凉了很多，阴云低垂，跟在我身后的金兰连打了几个喷嚏。我忽然有个新的发现，金兰的身高原来只到我的腰间，现在却到我的手肘处了，原来圆圆的脸现在下巴尖了些，头发也长长了好多，母亲给她编了两根小辫子。我们两家在老家隔得比较远，一旦上学，我跟金兰恐怕也很难见面了。船靠岸时，母亲牵着我，我牵着金兰。上了码头，一路并行走在河街上，熙熙攘攘的人流让我半天都适应不了。路过一家店铺，我向母亲要一块钱，父亲问我要钱干什么，我不理他，拿着钱冲到店里去。出来时，我拿着买好的糖果塞到金兰的手中，金兰问：“到儿童节了？”我笑着点头：“是啊。”表叔忙说：“金兰，快把糖还给哥哥。太多了。”金兰一只手还是抱着布人，拿糖的那只手也不肯放。母亲笑了起来：“拿着吧！小孩子喜欢糖的。”走到河街的尽头，是一个岔路，我们要往左边走，表叔一家要往右边走。我蹲下身子从金兰手中拿出一块方糖剥开：“啊，张嘴。”金兰乌亮的眼睛看着我，表叔弯下腰拍拍她的肩头：“甜得很，吃啊。”她才把嘴巴张开，一边吃着一边还在看我。我坐在父亲自行车的后座上，再次回头看，金兰在表叔自行车的前梁上坐着，我看不到她。车铃响起，父亲要带我回家了。

不管过去多么好，我们再也回不去了，只能往前看。

那时的古典爱情

✽闫　红

表叔是个大学生

我有一个亲戚，是个项目经理，那一年他路过合肥，我请他去看我的房子。

是个小复式房，上下面积都不大，楼梯口开得格外小，基本上就是一个洞，每次想到要从这个洞里上下，我的幽闭恐惧症就要发作。我想把这个洞口开得大一点儿，又担心是否可行，之前给这个亲戚打了很多电话，要他经过合肥时一定帮我去看看。

那天傍晚，我们在小区门口见面，他从铜陵过来，风尘仆仆，暮色里望过去，格外地胡子拉碴，与我前两年见到的他，有所不同。

我们走进小区，爬上六楼，房间里没有梯子，他站在楼下，略看了看，便说，洞口可以砸，只要不是梁，都可以砸。他又在楼下转了转，参观了厨房、阳台、卧室等，交房时墙面都没粉刷，看上去十分粗陋，但他说，很好，很好。又微笑着，说："你这几年搞得不错。"

"搞得不错"，在吾乡有着特定的意思，大致是说混得还行。在外人看来，我一个人来到省城，短短几年，有了两套房子，也算符合"搞得不错"的标准，但我听他这么说，却感到不是滋味。当我们离开房间，打车来到市里，在一个川菜馆坐下来，我隔着灯光，看他已然沧桑上面时，那种感觉就来得更分明了。

不该是这样的，这样的他，与这样的我，都太像社会中人了。和记忆里存下的那些影像，完全套不上啊。在我少不更事的当年，这个亲戚给我最深的印象是，他曾被一个女子，痴情而无望地爱过。

我第一次见他，是在马圩子。他是我一个奶奶的远房表姐的儿子，我刚去马圩子时，并没有见到他，他在合肥上大学，虽是大专生，但我们那儿读书的风气不浓，家里出个大学生是个稀罕事儿，在合肥上大学——听上去就更洋气了。

姨爹是老师，对孩子教育抓得紧，他们的女儿，我该喊表姑的，也在镇上读初中。而一般的农村女孩，是读到小学毕业就会辍学的。

第二年过年时，我又来到马圩子，这次，表姑和她哥哥，那位大学生表叔，都回来了。表叔个子高高的，戴着眼镜，有点儿像唱《再回首》的姜育恒，他穿件当时流行的军绿色棉大衣，典型的大学生模样。

表姑和我差不了几岁，我们聊得甚是欢畅，以至于我不愿意再回舅姥爷家，只与表姑形影不离。大姨奶让表姑和表叔一道去舂米做汤圆，我也跟着，一道来到村口那棵歪脖子老树下的石臼边。

表姑手里拎了一小袋糯米，表叔一手拿着瓢，把米舀进臼里，另一只手拿着个枣木槌，把糯米砸成粉。路口风大，呼呼地往脖子里钻，我们都缩起脑袋，表叔便扬着手里的瓢和木槌笑道："北风拿个槌，雪花拿个瓢。"跟《白毛女》里那两句唱词正好对得上，二十来岁的大学生表叔，常有这样一种幽默与机智。

春风沉醉的晚上

是这个原因，使得他很讨女孩子喜欢吗？大姨奶和姨爹背着他常常笑着谈起那些追上门的女孩子。其中一个，在县服装厂上班，不知道她怎么跟表叔认识的，总之是一见倾心，在表叔上学期间，三番五次来看望二老，还给表姑做了不少的衬衫和裙子。

可表叔不喜欢她。姨爹这样告诉我们。这年春节，这女孩已经来过一次，后来是哭着走的，表叔不喜欢她，和她喜欢表叔一样坚决。

这就没有办法了，姨奶和姨爹嘴上都表示了叹惋之意，但我清楚地感到，他们除了有作为父母的骄傲之外，也有类似于普通观众围观一个恋爱事件的乐趣。

过完春节，那女孩再次登门，圆圆的脸，红扑扑的，笑起来很温柔。表叔已经提前回校，她脸上有失望，倒也没被这失望压垮，若无其事地在屋里屋外找活干，跟我和表姑聊天。在吾乡，上门就是客，姨奶和姨爹只当她是个亲戚，吃饭的时候，她自然地坐在桌前，晚上，就安排她跟我和表姑住一屋。

冬夜寒气逼人，我们早早地钻进被窝，我和表姑睡一头，她睡在那头。三个人都睡不着，就聊天，说流行歌曲之类。那年春节晚会上，有个台湾歌手唱了一首《三百六十五里路》，歌很好听，歌词令人费解，她说，她觉得她能懂，只是说不上来。也聊电视剧《红楼梦》，我看过原著，聊到这个话题，格外地有话说，表姑在我长篇大论的间隙，不时打趣几句，她只是静静地听着，听完说，你说得很好。

那年她是和我同时离开姨奶家的。离开时，她特意跟我要了地址，说是将来有机会去找我。

我没太放在心上。

三月底的一天，天气转暖，整整一天阳光都很好，到了傍晚，被烘了一天的空气像棉花糖似的温馨而松软，用书里的话说，那是"一个春风沉醉的夜晚"。

天也黑得晚。她走进我们家院子时，还有些天光浮动着，她微笑地迈过我们家院门，问："闫红是不是住在这里？"我迟疑地走出屋，她笑着握住我的手，好像是个久别重逢的老友。我妈不明就里，但听说是在大姨奶家认识的，看她面相也善，倒也热情地招呼她喝茶，又问她有没有吃饭。她笑盈盈地说吃过了，接过我妈递过来的茶。

她告诉我，她过完年就到阜阳来了，就住在仁里街，帮一个亲戚卖衣服，她一直想来看看我，店里忙，她老是顾不上。

我首先感到她想来看我的荒谬，我们不过是萍水相逢，哪至于特意拜访？其次，我也感到，她来这趟，怕是要积攒很久的勇气吧？也只是个借口。

我们又扯了些闲话，她站起来告辞，我将她送出巷子，从头到尾，她没有一个字提到表叔。可是，要不是因为他，二十来岁的她，如何会想与十三四岁的我交往？又可是，我能帮她些什么呢？我一个小孩，又是个远房亲戚，根本不可能影响到那位表叔啊！

很多年之后，我用匪夷所思的口气说起这件事。一个女孩子问我，那你觉得你现在能够帮到她吗？我说，当然不能。那女孩说，其实她找你，不是想让你帮她，甚至不是想对你倾诉。她找你，只因在那座城市里，你是一个离那男人比较近的人。

斯言诚是！她再没有来找过我，关于她的后来，我都是听表姑说的。表叔大学毕业后，回到许桥镇，她又去找过表叔几回，他一次比一次更坚决地拒绝了她。表姑说，他喜欢的是另外一个女孩，那女孩也喜欢他，还到家里来过，但最后也没成。表叔同样拒绝了那个女孩，因为——他想找个“吃商品粮”的。

“吃商品粮”，是那个时代的心结，它的官方说法叫作“有城镇户口”。说起来好像太现实太势利，但从饥饿的时代走过来的人，有几个没有这份心结的呢？况且，已经吃上“商品粮”的表叔，是有资格要求门当户对的。

他自然是找到了。表姑说，他结婚那晚，那个裁缝姑娘来了，站在他门口哭了，他撇下新娘，到门外劝了她很久，深夜里，那姑娘一个人离去。

只剩我在现场

她很快也结了婚。丈夫是表叔的同事，比她大十几岁，离异，有个男孩。她嫁给这个男人，只是想离表叔近一点。

结婚后才发现，她丈夫有家暴倾向，更要命的是，不久表叔便辞职下海，当上了小包工头，走南闯北，她做了那样的取舍后，还是没有能够离他更近一点。

表叔的生意做得还不错，一度成为镇上的首富。我长大后遇到过他一回，在阜阳街头，他已经有了两个孩子，执意要请我们全家吃饭。饭桌上，表叔意气风发，保持着当年的风趣。他变成这个样子，也挺好的，我是说，我想起了那个裁缝姑娘，若看到她的心上人变成事业有成的小老板，也还说得过去吧。

可是，用个滥俗的说法，生活就是这样，总有不测风云。表叔后来接了个大工程，给镇政府盖学校，房子盖好了，收不回工程款，镇里让他找县教委，县教委让他找镇政府，互相推诿扯皮，钱没要上来，连本钱都搭进去了。

之后他又接了个修公路的活儿，由于没有把礼送到位，修了一半，对方叫停，转给别人，他又搭进去一笔。

两次下来，家底被掏空了，他也意识到做工程是条险途，放下包工头的身份，远走他乡，帮人打工做个项目经理。

他跟我说这几年的这些事，在那个川菜馆里。旁边桌上坐了两对男女，衣着炫目而廉价，递过来的只言片语中能听出他们刚认识不久，互相都有挑逗试探之意。

在这个背景下，我听表叔说他的近况，总体还挺乐观，他说他觉得现在这样挺好，省心。我的心思却一再无法自控地飘到十几年前的那个冬天，那个从省城回来的大学生，披着军大衣，举着手里的瓢，笑道：“北风拿个槌，雪花拿个瓢。”从什么时候起，生活变得这么沉重了呢？

那个女孩，又过着怎样的生活？许多年前的那个夜晚，我站在巷口目送她远去，夜色如河流，载着她渐行渐远，进入她深不可测的命运。也许她已经没有机会回头，只剩我在现场，帮她看她温柔爱过的男人，被生活揉搓、被命运粗暴对待，真不是滋味啊！

吃罢走人，表叔抢着买了单，数目不大，我不好再争。我们下楼，出门，挥别，坐在出租车上，像是在梦境中。只希望表叔的生活能够再次好起来，因为，不管过去多么好，我们再也回不去了，只能往前看。

祖母的季节

✽苏 童

挂在门楣上的粽叶已经发出了灰褐色。风飒飒地吹着那捆粽叶,很像是雨声。真的下雨了,雨丝白茫茫地扫过村弄,在我家门前织起一张网,那捆粽叶又沙沙地响起来,像是风声了。祖母坐在门槛上,注视着檐下的雨水像小瀑布一样跌落下来,汇在石硌路上,匆匆忙忙地流走了。入秋以来不知下了多少场雨,村落水淋淋地蒸腾着雾气。村外五里远的白羊湖从早到晚都在涨潮,潮声越过空旷的黄沙滩和玉米地,在我们村子里回响。祖母一直在倾听那声音。

很早以前祖母就聋了,但是那个秋天她说她什么都听见了。每天早晨她被雨声和潮声惊醒,便对灶边烧火的母亲说:"凤英子,今天我要走了。"

祖母天天坐在门槛上听雨,神态宁静而安详。那捆粽叶在门栏上轻轻摇晃着,被雨濡湿了,不再响了。那是去年秋天的事情。去年秋天是我祖母的弥留之际。我们家的人都记住了那些下雨的日子。

春天的时候我祖母还坐在后门空地上包粽子呢。有一只洗澡的大木盆装满了清水,浸泡着刚从湖边苇地里劈下的青粽叶,我家屋前屋后都是那股凉凉的清香味。我走过去把手伸进木盆,挨祖母骂了,她不让人把码齐的青粽叶搞乱了。我们白羊湖一带的人都包"小脚粽",大概算世界上最好看最好吃的粽子。祖母把雪白的糯米盛在四张粽叶里,窝成一只小脚的形状来,塞紧包好,扎上红红绿绿的花线。有一只粽子挂到我的脖子上了,我低头朝那只粽子左看右看,发现祖母包的粽子一年比一年大,挂着香喷喷、沉甸甸的。祖母挎着竹篮走过横七竖八的村弄,去五里外的白羊湖边采青粽叶。我跟着她。我们站在湖边的黄沙地上望着四处可见的苇丛,然后赤脚涉过一片浅水,走进最南面那丛芦苇里。祖母喜欢这里的粽叶。

"这水里有小青蛇,我看见过。"祖母说。"你不怕吗?"我看见祖母踩在一片暗水中。"小青蛇不咬人。小青蛇游过的水里,长苇子都是甜的。"祖母采着白羊湖的青粽叶,时不时俯视身下的湖水,湖水波动着,把她穿蓝袄的影子搅碎了。有一次她俯视着那个影子,突然手里抓的苇叶掉落了。祖母站在湖水里颤抖着,告诉我她刚才看见了祖父的脸。她说她没有眼花,那确确实实就是我祖父。"老家伙来拉我走了。"祖母对着湖水自言自语。她一笑起来脸上便苍老了许多,那种笑是又凄凉又欣慰的。我记得祖母的头发就是那个春天白的。她常常一个人到湖边去,去很长时间。有一片芦苇的叶子差不多让她劈光了。

家里人猜祖母是看见了游过水下的小青蛇。我祖父属蛇,他跟我这么大的时候,村上人都喊他小蛇儿。他十七岁娶了我祖母,我祖母就成了"小蛇儿家里的"。

去年端午节前后,祖母坐在后门空地上不停地包粽子,几乎堆成了一座粽子山。没有人去劝阻她。祖母年近古稀但并不糊涂,直到去世没干过一件糊涂事。

“小蛇儿从前最能吃粽子，一顿能吃八个。”有一天村西的老寿爷踱过我家门前，看见了门楣上一捆捆的粽叶，这样对我父母亲说。

父母亲一个编竹篓，一个劈柴，他们对老寿爷笑着，没有说什么。我祖父也死于秋天。死于异乡异地一个叫石码头的地方。村里五十岁以下的人都没有见过他，包括我的父母亲。据说他是在新婚的五天后出走的，走了就没再回来。没人能知道其中的缘故，祖母守着他留下的老屋过日子，闭口不谈祖父的事。许多年了村里人还是喊我祖母“小蛇儿家里的”。有一年老寿爷跟着贩米船溯水而上，来到湖北一个码头上，遇见了我祖父。他正在码头的石阶上为一个瞎女人操琴卖唱。在异乡见到村里的熟人，祖父并不激动。他抛下瞎女人和围观的人群，跟着老寿爷上了贩米船。他帮着村里人把船上的米袋卸完，拉着老寿爷进了一家小酒店。就是那次我祖父酒后还吃了八只粽子。“你回去吧，你儿子会满村跑了。”老寿爷说。“不回去。”祖父喝白干喝得满脸通红，摇着头说，“出来了就不回去了。”后来祖父把他的二胡交给贩米船上的人带回家。我们家房梁上挂着祖父留下的二胡。

从我记事起，那把二胡一直高高挂在一家人的头顶上。我不知道祖母为什么要把它挂得那么高，谁也摸不着。有时候仰视房顶看见那把二胡，会觉得祖父就在蛇皮琴筒里审视他从前的家。有一年过年前，我母亲架了把梯子在老屋的房顶四周掸灰尘。她想找块布把那把二胡擦一擦，但是猛听见下面祖母惊恐的喊声：“凤英子，你不要动它。”

“我把它擦擦干净。”母亲回过头来说。

“不要擦。”祖母固执地说，她盯着我母亲的手，眼神里有一种难言的痛苦。母亲低头想了想，下来了。从此再没去碰过房梁上的二胡。那把二胡灰蒙蒙的，凝固在空中。

去年秋天不是好季节，那没完没了的雨就下得不寻常。我祖母坐在门槛上凝视门楣上的旧粽叶，那些粽叶在风雨中摇摇晃晃。祖母仿佛意识到了什么，她向每一个走过家门的村里人微笑，目光里也飘满了连绵的雨丝。从白羊湖的黄沙滩传来了潮声，她在那阵潮声中不安起来，屏息静气，枯黄的脸上泛起了不祥的潮红。

“活不过这个冬天了。”

我听见父亲对母亲说。母亲对串门的亲戚说。串门的亲戚也这么说。那天父母亲去田里收山芋了。雨还在下，门前的石硌路上静静的，半天没有人经过。我看见祖母倚着木板门闭上眼睛，脸上的表情神秘而悠远。我过去轻轻摇了一下她瘦弱的身子，她没动，我紧张地喘着粗气，突然她微笑了，眼睛却仍然紧闭着。“我没死。你这傻孩子。”她说。

就是那个下雨的午后，祖母第一次让我去把房梁上的二胡取下来。就像过去让我到后门菜园拔小葱一样。可是我在梯子上向那把二胡靠近时，心止不住狂跳起来。多年的灰尘拂掉后，祖父留下的二胡被我抱在胸前。二胡在雨天的幽暗里泛出一种少见的红光来。我的手心很热，沁出汗水，总感到二胡的蛇皮筒里也是热的，有个小精灵在作怪。我没见过这种紫檀木二胡。琴筒那么大，蛇皮应该是蟒蛇的。摸摸两根琴柱，琴柱翘翘的，像水塘里结实的水牛角。我神色恍惚，听见祖母沉重的鼻息声围绕在四周。窗外雨还在下。“刚才你看见他的脸了吗？”祖母问我。她的脸上浮起了少女才有的红晕，神情仍然是悠然而神秘的。我摇头。“你这个傻孩子，我死了二胡就是你的了。”祖母说，她闭着眼睛回忆着什么，脸上的红晕越来越深，“那老鬼天天跑到我梦里拉琴，拉得好听呢。”

有一个瞬间我感到紫檀木二胡在怀里躁动，听到了一阵陌生的琴声从蛇皮琴筒里涌出来，越过我和祖母的头顶，在茫茫的雨雾里穿行。我抓住了马尾琴弓。琴弓挺轻的，但是似乎有股力要把我的手弹回来。我的手支持不住了，突然感到从未有过的慌乱。“你这个傻孩子，你怎么不拉呢？”祖母焦灼起来，她猛地睁开眼睛，带着痛苦的神色凝视二胡。我看见祖母苍老的面容映在紫檀木上。雨斜斜地飘过门前。雨声中传来了村里人杂沓的脚步声。他们收山芋回来了。我父母亲满腿泥泞出现在门前。紫檀木二胡泛出的红光晃了他们的眼睛。父亲和母亲一个站在门里，一个扶着门框，奇怪地看着我和祖母。

二胡还倚在我的胸上。我终于没有拉响祖父留下的二胡。那是我祖母逝去前几天的事。后来村里人知道了这事，都说我不懂事。说我那天无论如何要让祖母听听那把二胡的。我很难受。我不会拉二胡。

秋天下最后一场大雨的时候，我母亲从箱子里找出了祖母的老衣，那是我祖母几年前自己缝的，颜色像太阳一样又红又亮。我见过村里几个死去的老人，他们身上最后一件衣服都挑选了鲜亮的颜色，那大概是有道理的。母亲把红色的老衣挂在她房里，光线黯淡的房间便充满了强烈的红光。母亲说是为了镇邪。红颜色能镇邪，后来我母亲打开了祖母常年锁着的一只黑漆木盒，木盒里空空的，我母亲眼里闪过一丝慌乱，急忙走到后门去。

“没有了。”母亲对编竹篓的父亲说。

“什么没有了？”“那块金锁。”母亲说，“我嫁过来的时候她给我看过的。又不想要她的，她干什么藏起来呢？”

我父亲沉默了一阵子，来到祖母身边，轻轻地把她从昏睡中唤醒：“娘，你的金锁呢？”

“没了，早没了。”祖母那会儿依然清醒，她定定地看着父亲的脸。“娘，我们不要，让你老带走的。”母亲说。“我不带走，死了还带金锁干什么？”祖母说完真切地微笑了一下，那是她一辈子最后一次微笑。笑得那样神秘，让人永远难忘。我父母亲凝视着她布满皱纹和老人斑的面容。愣怔了半天，等着她告诉什么。但是祖母闭上眼睛了，不再说话，微笑也渐渐消退。

祖母在连绵不绝的雨声中继续着她的梦境。我祖母清贫了一辈子，没有留给家里任何值钱的物件，连唯一的金锁也莫名其妙地失踪了。只有一捆一捆的旧粽叶还挂在我家的门楣上，沙沙沙地响。

在长长的秋天里，我在祖母留下的旧粽叶下面出出进进，总能闻到白羊湖边芦苇的清香，春天那个祖母的季节就浸润着这股清香。我料定在每年的端午节，祖母还会将温暖的手伸向我，在我的脖颈挂上那只用红线扎紧的“小脚粽”。我挂着这只粽子跨出家门，走过村弄，在白羊湖一带燕子样掠过。走过春天走过秋天，即使在白羊湖外面的世界里，祖母的粽子也会留下永恒的清香。祖母的坟在白羊湖边。坟上长着一株娇黄的迎春。没有青草，青草还没有长出来。

清明去扫墓的时候，母亲带着锡箔和纸钱，我拿着一株迎春，父亲却在臂弯里挟着祖父留下的那把二胡。一开始我就觉出气氛的异样。一路上，我不时用眼光询问父亲，但不敢开口。父亲走在野草及膝的湖边小路上，经常仰起头，望一望四月里晴朗湛蓝的天空，神情肃穆而阴郁。事情发生在祭坟以后。那会儿坟上的纸钱还没燃尽，湖风吹过时纸钱带着火星纷纷扬扬地腾起来，好像凌空飞舞的黑蝴蝶。我看见父亲慢慢地朝祖母的坟头跪下去，把那把紫檀木二胡放在坟头上，坟上的火光猛地黯淡了一下，随之又蹿出一群枫叶般的火苗来。

我祖父的紫檀木二胡被点燃了。

我又茫然又恐惧地注视躺在火焰里的二胡，注视父亲被火光映红的肃穆的脸，他那双眼睛里此刻充满了紫檀木二胡奇怪的影子。我一下子忆起了多年来父亲仰视房梁的目光，那种我无法理解的目光，和祖父留下的二胡纠缠了多少年啊。

但是为什么要烧掉祖父留下的二胡呢？父亲仍然跪在坟前。母亲脸上有一种如释重负的神情，眼里却涌出泪水。我祖母在坟下，她在无底的黑暗里应该看见这枫叶般的火焰了。湖风从芦苇丛中穿出来，在空荡荡的滩地东碰西碰。我们面前的火焰久久不熄。在一片寂静中，我们听见那把二胡在火苗的吞噬下发出一阵沉闷的轰鸣，似乎有什么活物在琴筒里狠狠地撞击着。“是你爹的声音吗？”母亲的声音打着颤。“不，是娘的声音。”父亲庄严地回答。

当蛇皮琴筒发出清脆的开裂声时，我先看见了从琴筒里滚出来的金光闪闪的东西。那东西渡过火堆，渡过父母亲的身边，落在我的脚下。那是我祖母的金锁。直到现在，我还无法解释家里发生的好多事。我告诉你们了，我的老家在白羊湖边的一个村子里，老家还有父亲和母亲，他们住着祖先传下来的两间瓦房。我祖母已经故去，祖父在很早很早以前就不在家了。

擅于到来的人和擅于离别的人

李 娟

人是被时间磨损的吗？不是的。人是被各种各样的离别磨损的。

我妈是擅于到来的人。她出现在我面前的时候，总是伴随着坏天气和无数行李。

她冒雪而来，背后一个大包，左右肩膀各挎一个大包，双手还各拎一个大包——像一个被各种包劫持的人。

一见面，顾不上别的，她先从所有包的绑架中拼命脱身。气儿还没喘匀，就催着我和她去拿剩下的东西。我跟着她走到楼下，看到单元门外还有两倍之多的行李。

我妈为我带来的东西五花八门，其中最值得一提的是两根长棍。

准确地说，应该是两根小松树的树干——笔直细长，粗的一端直径比网球略大，细的一端直径比乒乓球略小，大约三米长……难以想象她是怎么把这两根树干带上班车的。

要知道，在当时，所有的班车都不允许在车顶装货。

放进下面的行李舱？也不可能。放到座椅旁的过道里？更不可能。况且她还倒了三趟车。总之这是“千古之谜”。

她把这两根树干挂在我的阳台上方，让我晾衣服。她骄傲地说：“看！细吧？看！长吧？又长又细又直！我找了好久才找到这么好的木头！真是很少能见到这么好的……”于是就给我带到阿勒泰了。

是的，她扛着这两根三米长的树干及一大堆行李，倒了三趟车。没有候车室，没有火炉。她就在省道线或国道线的路口等着。前不着村，后不着店。她守着她的行李站在茫茫风雪之中。不知车什么时候来，也不知车会不会来。

头一天，她在路口等了半天，又冷又饿，最后却被路过的老乡告知班车坏了，要停运一天……但第二天，她仍站在老地方等待，心怀一线希望。

世界上最强烈的希望就是“一线希望”。

后来车来了。司机在白茫茫天地间顶着无边无际的风雪前行，突然看到前方路口的冰雪间有一大团黑乎乎的东西。根据他的经验，应该有三到五个人在那里等车。可是走到近前，却发现只有一个人和三到五个人的行李。

总之，她不辞辛苦地给我带来两根树干。她觉得这么好的东西完全配得上城里人，却没想到，城里人随便牵根铁丝就能晾衣服。

后来我搬家了。那两根树干实在没法带走,便留给了房东。不知为什么,我当时一点也不觉得可惜。

又过了好几年,搬了好几次家,最后我打算辞职。我妈说:“你要是离开阿勒泰的话,一定记得把我的木头带回来。”那时,我才突然间感到愧疚。

我告诉她早就没了。她伤心地说:“那么好的木头!那么直,那么长,关键还那么细!你怎么舍得扔了?”却丝毫不提她当年把它们带到阿勒泰的艰辛。

那是2003年左右,我在阿勒泰上班,同时照料生活不能自理的外婆。工资600块,200块钱交房租,200块钱存到冬天交暖气费,剩下200块钱是生活费。也就是说,我们的日子过得相当紧巴。

我妈第一次来阿勒泰时,一进到我的出租屋,第一件事就是把所有房间的30瓦灯泡拧下来,统统换成她带来的15瓦的。

第二件事是帮我灭蟑螂。

那时我不敢杀生,后果便是整幢楼的住户都跟着遭殃。

我妈烧了满满一壶开水,往暖气片后面猛浇。黑压压的蟑螂爆炸一般四面逃窜,被沸水冲得满地都是。

接下来的行程内容是逛街。乡下人难得进一次城,她列了长长的清单。然而什么都嫌贵,最后只买了些蔬菜。

菜哪儿没卖的?但是阿勒泰的菜比富蕴县的便宜。

她还买了几株带根的花苗。天寒地冻的,她担心中途倒车的时候花苗被冻坏,便将它们小心地塞进一个暖瓶里,轻轻旋上盖子。

她每次来阿勒泰顶多待一天。一天之内,她能干完十天的事情。每次她走后,家里好像撤走了一支部队。

走之前,她把她买的宝贝花苗慷慨地分了我一枝。我家没有花盆,她捡回一只塑料油桶,剪开桶口,洗得干干净净。又不知从哪儿挖了点土,把花种进去,放在我的窗台上。因为油桶是透明的,她担心阳光直晒下土太烫了,对根不好,特意用我的一本书挡着。

她走后,只有这盆花和花背后的那本书能证明她曾来过。

而我,我最擅长离别。积年累月,我圆满完成过各种各样的离别。

我送我妈离开,在客运站帮她买票,又帮她把行李放进班车的行李厢,并上车帮她找到座位。

最后的时间里,我俩无话可说,一同等待发车时间的到来。那时,我想起很久很久以前的另一场离别,旧时的伤心与无奈突然涌上心头。

我好想开口提起那件事,我强烈渴望知道她当时的感受,却无论如何都说不出一句话来。

此时此刻,彼此间突然无比陌生,甚至感到微微尴尬。

我又想,人是被时间磨损的吗?不是的。人是被各种各样的离别磨损的。

这时,车发动了。我赶紧下车,又绕到车窗下冲她挥手。就这样,又一场离别圆满结束了。最后的仪式是,我目送这辆平凡的大巴车带走她。

然而,车刚驶出客运站就停了下来——高峰期堵车。

最后的仪式迟迟不能结束。我一直看着这辆车,好恨它的平凡。

我看着它停了好久好久。有好几次,我强烈渴望走上前去,走到我妈窗下,踮起脚敲打车窗,让她看到我,然后和她重新离别一次。但我终究没有。

月白

听山河把春风酿成千言万语，
吹过旧人故里。

三月雨

✽萧郎有酒

一

三月，绢城阴雨连绵，淅淅沥沥。幽蓝幽蓝的天，将明未明，像颜色浓重陈旧的画布，铺在这江南城郭之上。狭小的乌篷船在画中缓缓划过，船夫头戴箬笠，身披蓑衣，执桨的手臂苍老而有力，嘎吱嘎吱，桥巷之间，穿梭而去。

昭歌撑伞立在船尾，一身藏青色的旗袍，比那天色还要阴郁。她想起七年前，也是这样一个湿冷的清晨，天还没有亮，整座绢城的街巷滴水成串，挂满屋檐。

世事匆忙，想不到恍然一别七年。

只是那时，尚且还有一个孟司然陪在她身边，不至于茫茫天涯，无处可去。

司然……想到他，心头涌出深深的愧疚与难过，这个世上，只有他曾经那样义无反顾，全心全意，将她护在臂弯。

眼前这久别的城，让她不由得想起最初见面时，他穿着那件月白色的素雅长衫，一手执伞，一手提着药箱，立在门口，温言颔首："千草堂孟司然，来给大小姐请脉。"

千草堂，孟司然。从没见过有人像他那般，只消一句，让人如沐春风。

可是司然已经死了。行医半生，他竟没能治好自己的病，在草木丛生之时，无声无息地死在她的怀里，什么话也没有留下。

昭歌低下头，脑海里浮现出他临去之时，那张俊雅面容瘦得凹陷下去，枯黄憔悴的模样，让她的心顿时裂开一个大口子，那样痛。

清冷的长街，颜家大宅门庭威严依旧。高低错落的马头墙，青瓦森森。大门嘎吱一声，老管家打着一盏灯笼出现，看了昭歌一眼，欠身垂首侧立："大小姐，您回来了。"

她默然走进这深深宅院，一进，二进，三进。粉墙高耸，落下深深的阴影，似要将人吞噬其中。

老管家走路没有声响，黑色长衫让他显得更加枯瘦苍老。起早的丫鬟撞见他们二人，赶紧退避在旁，悄悄低语。

“这是谁啊？瞧那眉目生的，跟咱们二小姐有几分神似呢。”

“莫不是……大小姐回来了吧？前两天老太太不是让咱们把东厢那间屋子收拾出来么……唉，我听说这大小姐自从被老爷赶出家门以后，整整七年都没有回来过了。”

“嘘！快别说了，老爷不都没了么……”

昭歌收起伞，放在前厅檐下，她看见母亲端坐在一张黄花梨木圈椅上，微微合着眼，手里持着一串玉珠子，面色安宁。

老管家先她一步进去：“太太，大小姐回来了。”

昭歌见她拨动念珠的动作顿下，睁开眼朝自己望过来。她低头上前，鞋跟发出单调的声响，一直到了跟前，才看清老太太规整盘起的发丝已有许多银白，从前鹅蛋形的脸也变方了，眼尾松弛，面容僵硬，只有那沉静的眼神，一如昨昔。

她喊了声：“母亲。”

老太太看了她一会儿，手轻轻抬起来，她便将自己的手放上去，温厚陌生的触觉，一时间勾起许多回忆。

“昭歌儿。”老太太念了句她的名字。良久，轻声道，“你先回房休息吧，晚些时候我让人把饭送到你房里。下午……去祠堂给你父亲磕个头。”

昭歌点点头，说：“我想去看看昭萱。”老太太松了她的手，继续拨弄念珠：“她没有那么早起，你也累了，先去休息。”

老管家送她到东厢，路上她说：“我以前不住这儿。”笑了笑，问，“现在谁住那间屋子？”

“明珠小姐。”

“明珠？昭萱的女儿？”她默默品味这两个字，“明珠，掌上明珠……这是谁起的名字？”管家说：“是姑爷。”

昭歌心头一跳，抬手摸摸领子上的盘扣，发现已经到了地方。

屋子布置得干净齐全。她四下打量，这时门外进来一个人，老管家说是太太派过来的丫鬟，叫作连翘。昭歌回身看见一个圆脸的小姑娘站在那里，眼睛黑葡萄似的，一副机灵相。

“沉香呢？”她问。

“早几年嫁人了。”管家说，“已经不在府上。”

她依稀叹了口气，又看看那丫头，“连翘，倒是配得上你这个人儿。”

老管家退出去，连翘给她整理箱子，发现她只带了几件衣裳，一盒首饰，不像是长住的样子。小丫头暗地里偷偷打量，见她身段婀娜，长了一张鹅蛋脸，目光淡淡的，眼波流转之间却有说不出的含蓄韵味，容貌虽不及二小姐美，却让人看着非常舒服，非常留恋。

听说她当年被赶出颜家的时候才二十岁，这么些年了，要不是老爷病逝，说不定太太也不敢写信叫她回来……唉，大户人家的小姐，千金之躯，反倒多灾，一个背井离乡，另一个……

连翘收拾好行李，轻手轻脚地退出去，怕有人路过吵醒昭歌，便静静守在门口。

昭歌躺在床榻上，渐渐睡着了。她梦见小时候和昭萱在后花园玩耍，池塘里开满荷花，香气袭人。她们扎了一个美人风筝，放到天上去，不知怎么的，线突然断了，风筝越飞越远，飞出颜家宅院，消失不见。

昭萱闹了好一阵子脾气，不依不饶地哭起来。父亲一边哄她，一边把昭歌训斥了一顿。昭歌自小性子内向，不如昭萱活泼可爱，会讨长辈欢心。

直到很多年后她长大了，也有了孩子，许多事情才渐渐开始理解和想通。

门外传来的一些动静将她惊醒，她听见连翘在和什么人说话。

“姐姐在里头吗？”

“是……不过，大小姐刚睡下不久，这会儿应该还没有醒呢。”

昭歌支起身，“是昭萱吗？快进来吧。”静了片刻，嘎吱一声，房门打开。昭萱坐在轮椅上，被两个老婆子抬了进来。她脸上带着几分笑意，一双丹凤眼微微上挑，妩媚的模样，却让昭歌看得心惊。

“姐姐，”她抬起胳膊，将两手放入她有些僵硬的掌心，“好些年不见了。”

连翘点上灯，悄悄退了出去。昭歌坐在床沿，居高临下的感觉让她万般不自在，而昭萱，却仿佛已经习惯了仰视。

“你的腿……”她叹了口气，“没有治好吗？”

闻言，紧紧握住的两双手松开来，也不知是谁先松开的。只见昭萱摸向腕上的玉镯，低头抿嘴，“是啊，没有治好，变成残废了。”说着抬起眸子打量一眼，“姐姐可是还在怪我？”

“没有。”她摇头。

昭萱浅笑：“如今你见我这副模样，心里自然好受多了。”

正在这时，连翘的声音在门外响起：“明珠小姐过来了。”

帘子被掀起，一个六岁大的小娃娃揉着眼睛走进来，唤了声：“娘亲。”

昭萱将她揽入怀中，嘴角泛出笑意：“这是我和璞之的女儿，你还没见过吧？来，明珠，问姨母好。”

“姨母好。”小丫头规规矩矩地行了个礼，害羞地瞅了瞅昭歌，然后忙躲回母亲怀里，问：“姨母是谁？怎么我以前从未见过？”

“是我的姐姐。”昭萱说。

明珠点点头，“那，姨母认识我父亲吗？明珠好想念父亲，他什么时候回来？”

昭萱的笑意僵了一下，摸着女儿尚未梳理的长发，“过两天就回来了，前日你没有听见老太太的话吗？”

微凉的语气让明珠低下头去。昭萱抬眸，将昭歌失神的样子看在眼里，缓缓笑道：“姐姐，你看明珠和璞之长得像吗？”

昭歌闻言望向粉雕般的女孩，想起记忆中那人年少时的模样，不由得点头：“像。”昭萱一动不动地看着她：“那你再看，明珠像我吗？”

几丝凉意莫名攀着脊梁骨游上来，昭歌望进昭萱的眼睛里，深不见底，像要将人揉进那无边泥潭。

“也像。”她说。

昭萱温柔一笑：“当然，她是我和璞之的骨血。”话锋一转，“姐姐，你好好休息吧，我先带这丫头回去梳洗，晚些时候再来跟你说话。”

昭歌起身送她，两个老婆子闻声进来。连翘往旁边站开，低着头，有些不敢看这阴郁的二小姐。昭萱坐在轮椅上，被抬起来的时候晃了一晃。不知道为什么，昭歌竟十分害怕看到这场景。

“姐姐有七年没有见过璞之了吧？”昭萱抚平腿上的毯子，仰头浅笑：“他过两日便要回来，到时候你们可以好好叙旧了。只是我想提醒姐姐，璞之和小时候不一样了，他是你妹妹的丈夫，姐姐切莫要忘了。”

二

春雨断断续续下了两日，天色总是阴郁，偌大的宅子在雨停时静得让人心头发慌。

昭歌已经习惯了外面世界的光怪陆离，习惯了洋房汽车，灯红酒绿，这深深宅院，已不是她年少时熟悉的家，所谓物是人非，即这般无奈疏离。

又是一整夜的失眠，天亮时她才入睡。老太太以为她病了，让人来看过一回，知道是没有睡好，便让连翘好好守着，不必唤她起来用餐了。

将近中午的时候昭歌才睡醒。她辗转一宿，头痛欲裂，起身梳洗妥当，准备去给老太太请安，顺便告之自己明日将离开。

走到前厅，见老太太、昭萱、明珠、管家，还有丫鬟伙计们都在。连翘眼尖，突然惊喜地对昭歌笑说：“是姑爷回来了！”

可不是吗，那个抱着明珠的高大男子，不是璞之是谁？

“姐姐。”昭萱出声唤她。

老太太吩咐管家：“人都到齐了，用餐吧。”昭歌对上璞之的目光，微微点头致意。这些年在商海沉浮，璞之已脱离了年少时的青涩。他本是个非常沉默的男子，如今却多了几分老练世故，眉目如墨般深邃，薄唇微抿，透出一丝不易察觉的漠然。

就是这样一个算不上英俊的男人，曾经让颜家的一双姐妹反目成仇。

种种往事迎面扑来，令人窒息。

昭萱由婆子推着，走在后边，忽然开口笑说："姐姐这些年丰腴了些，穿旗袍真好看。"

昭歌微怔，回头对她笑了下："你长得瘦，穿旗袍更好看。"

"我这双残腿，再漂亮的衣裳也是糟蹋。"昭萱的声音轻飘飘的，"好在璞之不离不弃，这些年一直对我非常疼惜。"说着，仰头望向丈夫，并握住了他的手。

璞之没有说话。

昭歌随老太太入座，低头安静吃饭。

昭萱问起司然，笑说当年他敢带昭歌私奔，怎么现在不敢回来了，是不是怕白家的二少爷怀恨在心，找他算账。

昭歌动作僵住，抬眸望进昭萱的眸子里。

当年，当年。

当年她与璞之相恋，这个妹妹却横刀夺爱，多番阻挠，后来更不惜跳下阁楼，污蔑是姐姐害她。父亲盛怒，不顾昭歌的意愿，将她许配给世交白家，昭歌这才随孟司然逃离了绢城。

如今时过境迁，她怎么就能如此云淡风轻，谈笑自若？

"姐姐可知道，当初你与司然私奔，闹得满城风雨，白家几乎与父亲决裂。"

昭萱用手绢点了点唇角，笑靥如花："不过，三年前他们举家迁到了南京，绢城，早已不是从前的绢城了。司然真应该回来看看。"

"司然已经去世了。"昭歌冷言打断，素净的脸上泛出恼怒的绯色，手指微微发抖，声音却依然克制，"在许多年前就去世了，妹妹莫要再提他，我不想听。"

眉尖倏地蹙了下，昭萱握着筷子的纤细手指逐渐收紧，骨节泛白。她转而看向身旁的丈夫，发现他依旧平静地低头喝汤，置若罔闻。

如此，她惊慌失措的心绪才得以缓解，默然给明珠舀了一勺蛋羹，道："原来姐姐这些年是独自在外漂泊，"稍待片刻，"世道艰难，如何生存呢？"

昭歌轻轻放下勺子："我早就不是颜家的大小姐了，有手有脚，总饿不死的。"

"姐姐说的这是气话了，"昭萱微微抬起下巴，"虽然当年父亲已经将你从宗谱除名，但你毕竟姓颜，那些有失体面的工作，还希望姐姐谨慎斟酌。"

昭歌笑起来，没有接她的话，只转向一旁静默的老太太："女儿明早要走，这会儿该回房收拾行李了。""你去吧。"

她起身，听见昭萱冷笑："怎么璞之刚回来，姐姐就要走？难道这么多年了你还不能接受他是你妹夫这件事么？"

昭歌好像没有听见一样，头也不回地离开。倒是跟在身后的连翘，听得心惊胆战。

饭桌上寂静下来，昭萱脸色发白，胸膛起伏不息。

明珠有点害怕，挪到璞之身边："父亲，给明珠讲讲您在上海的事情？"

璞之放下调羹，又给自己盛了半碗汤，轻轻摇头吹凉，眼皮子也没抬，抿了两口，漠然道："食不言，寝不语，先生没有教过你吗？"

三

是夜，骤雨初歇，幽凉的屋子灯光模糊，丫鬟退出房间，轻轻把门带上。璞之将昭萱抱到床铺，吹灭了蜡烛，然后躺到她身旁。

黑暗里她翻身靠近，用微凉的手掌抚摸他的脸，"璞之，你有多久没回来了？"她说，"我好想你。"

璞之没有动，只道歉说："对不起，生意太忙了，我以后会注意。"

昭萱说："你就不能抱着我吗？"

他将被子拉上来，拍拍她的肩："睡吧。"

"你有其他女人了？"

"没有。"

昭萱木然平躺，望着顶上的帐子，"我究竟嫁给你做什么，颜璞之？你除了给我一个女儿，还给过我什么？这些年聚少离多，好不容易回来，你碰也不愿意碰我一下，成心让我守活寡，你在报复我，对吗？"她说着，握紧拳头捶在床面，"我这个残废早就让你厌倦了吧。现在可好，你的昭歌回来了，孟司然也死了,你是不是在想着如何甩掉我去跟她双宿双栖?！"

璞之面无表情:"你想太多了。"

"我没有!"她失控般哭叫起来,"当年是我不对,拆散你们,但我已经得到报应了!我像个活死人一样待在这个宅子里,生不如死,你们还要我怎么样?！啊——"

"冷静一点,"璞之撑起半身,手掌抚上她的脸,"不要这样,安静些。"

昭萱崩溃地将他抱住:"你答应我,不要回到她身边!"

"我答应。"

"你发誓!"

他微微皱眉:"我发誓。"

昭萱哭着在他怀里睡去,璞之暗自叹息,彻夜无眠。

第二天天亮时,淅淅沥沥又下起雨来。他早早起床洗漱,去给老太太请安。

佛堂内檀香袅袅,神明慈悲。老太太跪在蒲团上,默默拨弄念珠。璞之颔首立在一旁,听见屋檐落下滴答声,觉得这宅子更加幽深了几分。

"老爷的丧事,本应该由你回来操办的,"老太太唤他,"璞之,是不是生意出了什么问题?"

他垂下眼帘:"没有,只是家里一时走不开,耽搁了几日,所以回来晚了。"

"这里也是你的家。"老太太说:"这些年要是没有你支撑着,颜府恐怕早就败了。你虽是养子,但我和你父亲一直视你为己出,更何况你还是昭萱的丈夫。"

"璞之明白。"

"其实昭萱想让你带她去上海,"老太太有条不紊地拨动念珠,"但我没有同意。"他低下头,没有说话。

"我知道你在上海已经另外成家。"璞之愣了下,听见老太太平静地问,"有孩子了吗?"

他喉结微动:"是,一儿一女。"

"多大了?"

"儿子三岁,女儿两岁。"

"取的什么名字?"

"司念,惜然。"他想了想,道,"半月前司念出水痘,一直不见好,我在医院守了他许多天,所以才没能回来见父亲最后一面。"老太太动作停住,叹了口气,从怀里拿出两个银锁,正面有"长命百岁"四字,背面錾麒麟图案,寓意吉祥。"我知道现在不兴这些旧玩意儿,但我这个做奶奶的,也没有什么好东西,你且带给孩子吧。"

"谢谢母亲。"璞之接过。

"昭萱那边,你多几分耐心,她毕竟给你生下了明珠,这辈子也没有什么其他的指望了。"老太太说着叹一口气,"别让她知道,骗她一辈子也好。"

璞之面色沉静:"母亲放心,儿子明白。""昭歌一早就要走,"老太太道,"你去送送她。"

"是。"

四

他撑伞走在她身后。

细雨倾城,滴水成串,她今天穿一件浅色旗袍,花团锦簇,腰肢随着步伐扭动,曼妙至极。他一直觉得有肉的女人更适合穿旗袍,那种韵味,很是好看。

船家已经等在岸边,连翘提着行李先上了船。昭歌说:"这丫头求我带她走,母亲答应了。"

回身,见他几乎半个人都淋在细雨里,不禁笑了,"怎么还跟小时候一样?"说着抬手擦去他额上的水珠,"放心吧,我先回去照顾司念,你在这边多住几天也没关系。"

他将那两个长命锁递给她:"老太太给的。"

昭歌有些愕然:"母亲?"

璞之嗯了声:"老太太什么都知道。"她心中酸涩。正在这时,连翘撑伞出来接她:"大小姐,船家说得走了。"

昭歌只觉得银锁在手心发着烫。璞之低头,在她唇边吻了下:"去吧,我过两天就回去。"

她点头,转身上船,看着他的身影逐渐变成画布上的一点墨色。

雨不知何时才停,但愿他归来那日是个晴天,莫要再被雨淋湿。

槿娘

苏枕书

那一年春来得迟。立春赶在正月里，春寒料峭，而城中人家已开始准备春盘。钱夫人卢氏来到女儿的房间，接过小鬟奉来的碧涧茶，约略吃了两口便道："阿槿，我看今年还是准备春笋、萝卜、蒌蒿、水芹、青蓼几种，只是该摆成什么样式？你也想一想。"

槿娘披了一件藕丝色对襟夹袄，露出底下一截白纱挑线镶边裙，独自对着棋盘，手里是半卷棋谱。口里虽已应了母亲的话，却依旧是一副思量沉吟之色。

卢氏望一眼女儿，又道："前番你做的薄荷切很好，不如再制一些，一并盛在春盘里。"

槿娘心思仍在棋谱上，只答："但凭母亲吩咐。"

卢氏一边叹息女儿的痴怔形容，一边又缓缓盘算道："你嫁到孙家的大姐刚差人送来了一篮鲥鱼，你看回些什么好？"

槿娘听了鲥鱼二字忽而抬头："鲥鱼好啊，只去肠别去鳞，入汤锣，将花椒、砂仁、酱擂碎，以水酒、葱拌匀其味，蒸熟后再去鳞，滋味鲜美。"

卢氏到底哭笑不得，搁下茶盏起身夺了槿娘的棋谱，抛在榻上："成天摆弄这黑白子儿也不呆了去？闻说城外梅花山的梅花开得正好，还不如去看花。"

槿娘也回过神，索性引袖朝棋盘上一扫，玛瑙玉石琢成的棋子滴溜溜散了一盘，只见她抱着母亲胳膊撒娇轻笑："娘说得很是，我们准备了春盘就去看花。"

所谓春盘，便是荤素搭配、精整细致的一份时鲜，自做自食之外，并馈赠亲友。上溯东晋至丁时下，早已成为初春风俗，春光尚未泼洒，春意已足了十二分。

卢氏惦着看梅这桩事体，一心想着女儿不能总闷在闺阁里，出去接接地气、感受四时之景的更迭才算不辜负芳春。槿娘已经十五岁，正是女孩儿最好的年龄。自己像她这么大时，成天寻思着如何玩耍，春天要斗草，夏天要观萤，秋天要赏叶，冬天要寻梅，淘气固然归淘气，也没少叫爹娘斥责，却生了一副活泼天然的心肠。槿娘两岁能诵诗，六岁能吟句，长到十岁，对着满庭落花竟要感慨落泪，外人纷纷赞美钱家女公子的早慧聪颖，卢氏却不喜欢，早慧未必多福，况及笄之岁的槿娘也到了谈婚论嫁的年龄，日后家务琐碎绝非沉迷诗书的女孩儿可以想象。所以得了空儿总要拉槿娘到院子里走一走，或趁夜色引颈看漫天星子，或在藤花架下刺绣，或端半碗鱼食到池子边喂锦鲤。

然而槿娘却忽而病了，镇日恹恹无力，见不得风，总是昏眩欲倒，因此错过了梅花山的景色。卢氏好不心疼，延医用药月余也没有大起色。如夫人张氏素与卢氏交好，每日都来探望槿娘。槿娘背身朝里睡着，张氏隔着一道湘竹帘轻声问："五姑娘可是癸水已至？"槿娘排行第五，亲眷间多唤之五姑娘。

卢氏望一眼女儿，点头低答："去岁年末的事，从此身体也多有不便利。"

张氏从袖里取出一柄春扇，说道："这倒是该好好调理，我觑五姑娘的面色，像是心脾稍弱。"

卢氏点头："难为妹妹惦念，大夫也这样说。小小的姑娘家，最该青春曼妙，哪有这么些病症？恐怕是日常思虑太多，损伤了心脉。"

张氏素妆薄鬓，年纪也轻，原是好人家的女儿，只是父亲去世后母亲改嫁，草草把她聘给钱家做妾。卢氏喜欢她的谦逊温默，偶尔相约诗词唱和、焚香煮茗，不失为一段闺中佳话。庭中一树垂丝海棠花颜璀璨，一双雀儿上上下下争逐花枝，簌簌落了一地花瓣。二人俱是沉默，看了一会儿花，张氏告辞。

五月里槿娘总算好了起来，恰赶上端午节，城中家家榴花照眼，蒲葵生香。嫁到孙家的大姐归宁，一家女眷热热闹闹聚着。端午后两日是大姐生日，卢氏就想着为大女儿做生日，家班里有几个清秀出挑的小女娘，装扮停当后演了《紫钗记》里《折柳》《阳关》两折。画堂深处珠围翠绕，歌舞吹弹，推杯换盏。其间渐次有人送来贺礼，盛在漆盒或竹盒里。无非衣翠女鞋、绉纱冠子、簪环珥饰一类物件。姐妹们挨着一样样看了，都很喜欢。槿娘给大姐抄了一卷经，用不显眼的细锦暗纹缎裱边，也颇入眼。戏演得不够，卢氏说："做寿唱什么《折柳》《阳关》，还不快搬演个热闹的来！"

槿娘抿唇哧哧笑道："那么演《天官赐福》？"

卢氏笑眯眯说好，一时间众人笑闹着分配角色，谁是天官，谁是南极老人，谁是天孙织女，谁是送子张仙。卢氏有意要槿娘热闹一番，让她演魁星。孰料槿娘轻轻一撇脸，不大情愿的样子。一旁的张氏噙着樱桃笑道："我们五姑娘要做天孙织女的。"卢氏拍手笑："是我糊涂了。"槿娘虽还是不大乐意，人却已跟着家班教习到后台。不一时锣鼓上场，笙笛起来。槿娘只有一句"织女今献天孙锦一端，愿蚕桑茂盛，丝帛丰盈"，卢氏看她眉目流转，朱唇皓齿，着了粉色云肩，提了流苏羊角宫灯，袖袂盈盈，不由默默笑了。

下场后槿娘换了方才的梅色绸衫，月白披袄，白挑线绢裙子，款步回席。大姐笑道："好个丰神俊秀的织女，怕也到了议亲的年龄吧？"槿娘拿团扇打过去："好哇，方才我为姐姐粉墨登场祝寿，姐姐这会儿倒编排起我来。"

姐妹们闹了一阵也就歇下，场上演到《寻梦》一折。女眷们都爱极了《牡丹亭》，默默吟赏。卢氏掐了阶前一朵半开的芍药，簪到槿娘鬓边。槿娘面容细净，宛然不胜之姿，但映着花面愈发显得温柔秀整。槿娘扶了扶鬓——她平日不大喜欢花花朵朵，惯常素鬓白簪。台上唱到《江儿水》，"偶然间心似缱，梅树边。这般花花草草由人恋，生生死死随人愿"。槿娘听得出神。另一侧张氏以袖遮面，似乎在眼角轻轻按了按。

这年十月城外枫叶红得好，丽景丹林，好似珊瑚灼海。钱氏一家邀了好友结伴出游，已而夕阳在山，纵目远眺，云霞也仿佛被霜林醉染。其间亦有松、栝、杉、榆，疏翠可喜。卢氏吟了一句："烟客淡石林，一山绿尽敛。"槿娘很快接道："回忆春风路，繁华弹指间。"续得不算好，但众客纷纷称赞五姑娘有柳絮因风之思。卢氏想这心思应该看山看水，何苦吟诗呢？学究气这么重，委实讨厌，便不再继续。远望山中溪水潺潺，茅舍俨然。他们在一户农家歇脚吃茶，院子里有个粗服双鬟的小姑娘，一边收拾竹箩里的草药，一边觑眼瞥这些城中来的客人。卢氏看小姑娘和槿娘差不多年纪，却要操持内外家务，浑身也没个像样的簪戴，便解了身上佩的一枚玉蝉要赠给那女孩儿。女孩儿连连摆手不要，那玉蝉虽是寻常物事，但玲珑剔透，形态可爱，在农家人眼里看来则是十分金贵。卢氏也自觉唐突，却见槿娘含笑过来，取了袖中一只香囊道："这里面装的也是药材，给妹妹玩耍用。妹妹家的茶水真好，我很喜欢。"那女孩儿略作迟疑，便欢欢喜喜接过了，垂首道谢。卢氏望一眼女儿，微微一笑，心想阿槿毕竟是长大了，愈发知人心意呢，于是收起玉蝉不提。

冬至节前，吴中顾氏登门提亲。钱、顾两家均为诗礼之族，交情颇深。顾家三公子汝澜长槿娘四岁，文章性情都好，双方可谓门当户对。说起来槿娘应该见过这位哥哥，过去两家同游湖山，小孩子们都是在一起玩耍，并不避嫌。后来大了才断了来往。据顾夫人回忆，那时槿娘还一声声喊"三哥哥"呢。这么一说卢氏便记起了彼时光景。槿娘父亲钱孟章也欣然应允，婚事定在来年四月。

卢氏问槿娘："可还记得顾家三哥哥？"

槿娘认真想了想，答："记得的。"

她对婚嫁一事并无太多意见，几位姐姐如她这般年纪时都已出阁。但似乎也没有太多期盼。只是有一次无意中听母亲念了一首五律，她侧耳听觉得好，便问是谁作的。母亲把诗笺拿给她，笑答："是你顾家三哥哥的诗。"话甫出口便觉得轻佻了，恐怕阿槿要害羞作恼。不想她只是侧头想了一会儿，说："写得这么好，日后我恐怕要被他取笑。"

卢氏一怔，旋即笑道："阿槿净说呆话，休叫旁人听了去。何况阿槿的诗词也温柔清隽。"

槿娘不作声，接了那诗笺静静看，眉头微蹙。卢氏含笑想，日后他们做了少年夫妻，笔底缱绻，纸上风流，闺房里该有无限和睦与清美吧。不由念起往日初嫁，何尝不是怀了诸多细密柔软千回百转的心思？光阴转瞬即逝，自己最小的女儿也要嫁作人妇了呢。

这年春天，槿娘院里的花开得早。正月一过就听小鬟惊喜道："五姑娘快来看绿柳红梅，这柳枝子真好看，梅花苞儿也真可爱！"

槿娘随之到院里走一走，伸手撩过一线儿垂柳，果然见柳芽微绽，青嫩好似春茶。梅枝上花苞悄然破了蕊，三两只鹊嬉戏不去。卢氏过来看，心想真是吉兆。转目见女儿端然静立于花枝下，面色似乎比去岁多了不少光泽，长眉入鬓，颊畔也添了丰润。头发只松松绾了个髻子，鬓边独独一根雕梅玉簪。夹袄还不曾换作春衫，晨光潋滟，形影绰绰，好比这梅树。

槿娘出阁是在立夏后两日，诸事顺遂。归宁时已是新妇的槿娘随同顾汝澜一道，端端正正行礼。看他们双双眉目低垂，举止有度，如同璧人。卢氏心没来由一酸，面上还是带笑。

却说槿娘在顾家颇受翁姑喜爱。而顾汝澜待她则温淡有礼，不似新婚宴尔耳鬓厮磨的夫妻。便道花烛之夜，饮了合卺酒，外人散去，他只微笑："今天累了，好好睡吧。"语罢替她取下凤冠，解了霞帔。槿娘内心惊惶，毕竟是第一次叫男子近了前，有一刻甚至能觉出他温柔鼻息掠过额前的细暖。红烛摇摇，镜影交辉，鎏金小篆炉内焚着一缕沉香。内间床帐屏几，书画琴棋，绡帐银钩，冰簟珊枕，每一样都润着熟糯光泽，叫槿娘不敢抬目细看。她坐在那里梳发，乌泱泱一头青丝缓缓披落，衬得她肤白如雪。他却只是微笑着吩咐她就寝，待她迟迟疑疑躺下，牵着锦被覆于胸前，他便解衣睡下，安安静静躺在她身旁。更漏有声，烛花哔剥，窗外芭蕉低映。她屏住呼吸，过了很久也迷迷糊糊睡去。

她以为这是他的珍重怜惜，而一晃过了月余，闺房光景依旧如斯清明。他每日读书功课，出门会友，回来笑语温言，接过她的茶盏，由她上前换衣，却照常疏离，最多只是牵一牵她的手，问她几句书中的话。

好几次，她近乎羞恼，但不知如何启齿，无论是面对他，还是面对翁姑，又或是面对母亲。但毕竟相处渐长，话也多起来。六月六曝书日，他同她一道在庭中展开书籍图画，以辟蠹去霉蒸。缥缃并列，古色斑斓，书纸香气漫漫，溢了一院。二人往来其间，偶或双目相接，并非没有温情。暑月里珠兰花开正盛，蓓蕾如珠花成穗，香气浓郁。他也会摘来一朵为她簪戴。日光寂寂，槿娘想，这不就是书中所说的人世清欢吗？面前这个人大抵是一块凉玉，需得温久了方能趋近。转念又想，自己何尝不是如此。

有一段时日，顾汝澜随父亲外出。走了好几天，她忽而觉得室中寂寞，窗下鸟雀无端絮烦，竟忍不住拿了盘中梅子去掷。绣了几针蛱蝶，又起身整理书匣。案上有他日常诗稿文章，她细细品读，见“生死即难与，名利不得咸”之句，心里觉得好，也看得出神，一页页继续朝后翻。忽而见“人事既非昔，此意将谁传”一句，便怔怔不语，搁下诗稿不看了。

听婆母说汝澜就要回来，她居然急急吩咐小鬟洒扫轩室。小鬟是她从娘家带来，跟她也没避忌，哧哧笑道：“五姑娘是怎么了？这屋子窗明几净，收拾过几遍啦。”槿娘霎儿低眉，却没言语。

待他真的回来，槿娘倒静了，一切如旧。只是其后有一天，顾汝澜突然问：“那梅瓶呢？”

槿娘一怔，没等作答他便四下寻找。槿娘想他平时并不在意这些，吃穿用度都很随意，况家中梅瓶有好几只，究竟是怎样一只令他这般上心？于是，也觉愕然。

小鬟忽而道：“相公可是在找这个——”所指处是窗畔一只供了荷花的青花缠枝木芙蓉纹样梅瓶。小鬟继续说：“婢子看池子里莲花开得好，折来两枝，想是养在这瓶里好看。”

顾汝澜静了静，含笑道：“这梅瓶插荷花并不合适，你换个瓶子吧。”

小鬟看相公脸上虽有笑意，目色却凛然覆冰，战战兢兢应了，取出荷花，倾去水，把梅瓶抱了回来，小心问：“相公说瓶子放哪里？”

他双手掬过梅瓶，置于案上，仔细拭去瓶身水迹。

“以后不要乱动这些东西了。”他说。这一句也许是他随口之言，而在槿娘听来却是极重的一句。什么是“乱动”，什么是“这些东西”？她是顾家明媒正娶的三少夫人啊。先前积攒的些许暖意这一刻薄了淡了，她只微微翕动唇角，兴味索然。

顾汝澜这时也自悔说了重话，想弥补两句，见她已自顾自对着棋盘打谱，并不理他。一时也就沉默。

之后不冷不热过了三五日，到底是他先开了口，指着书中一句询问她应作何解。她垂头答道：“在相公跟前，哪里敢提诗书。”

其时晚风习习，西窗下虫唱如雨。偏是此刻小鬟蹦蹦跳跳抓了一只精巧的蛐蛐笼子来：“姑娘姑娘，听这虫声——”蓦地发现顾汝澜也在，连忙噤声。顾汝澜却微笑着唤她过去，要了她那笼儿，说是有趣。小鬟冷眼觑这场面，便轻轻退出。倒是槿娘不大自在。竹笼内一只碧莹莹的虫儿，仿佛绿玉雕琢。槿娘脱口道：“这并不是蛐蛐——”

顾汝澜也识得：“是螽斯。”

这一对答叫槿娘低首静默，“螽斯羽，诜诜兮。宜尔子孙，振振兮”。古来以螽斯聚集一方、子孙众多寓意繁衍不绝。就是宫中也有一道螽斯门，祈盼皇室多子多孙，帝祚永延。

二人俱是无声，室中唯余螽斯振羽。槿娘忽地恼了，唤来小鬟：“谁让你弄这个来？”小鬟委屈道：“婢子记得往常姑娘说蛐蛐声儿唧唧可爱，可消永夜……”

槿娘打断：“拿出去！”

这已经是失态。顾汝澜见她转身入帘。幢幢帘影里是她削肩微颤的形容。他不由上前扶住她的肩。过了片时，又把她轻轻拢紧了些。耳听她低低唤了一声：“相公。”他心一紧，合了目。她眼角冰凉。这一夜罗帐缓垂，新婚逾两月，他们才真做了夫妻。

凉秋八月，残暑初消，溪山清爽。城中士女借烧香之名以游衍览胜。满山轻裘缓带，红男绿女。初九日顾汝澜参加秋试。其后顾母提出去虎丘山进香礼佛。一行人步行登山，柏烛檀香，充盈山道。亦有远乡男妇举“朝山进香”之旗而来。山中摩肩接踵，香火极盛。衣香鬓影，谈笑融融。槿娘拈香祷祝，虔诚膜拜，默默祝福阖家安康，祝福夫君秋试高中，明年顺利进京春试。

已而出得寺庙，顾夫人嘱咐顾汝澜：“你们夫妻二人烧了香就尽情在山上游赏一番，我们先回去。”

语音方落，便见迎面一位妆容素淡的妙龄女子。顾夫人微笑道：“陈姑娘也来烧香吗？”

那女子绾堕马髻，戴丁香玉坠，领口一枚琥珀金扣，素绸披袄松松裹着，底下是一截深青色襕裙。槿娘见她眉目微垂，面上淡淡，欠身万福，这便走过去了。倒是一旁的顾汝澜怔忡恍惚。顾夫人眼神一动，含笑牵住槿娘的手道："你们二人好好看山吧。"山中木樨初发，其香滃然。他们四处转了转，就下山去。槿娘一路都在回想方才的女子，只记得她眉眼淡漠，孑然一身。

不久顾夫人还是同槿娘提起她："那是陈家二小姐，闺名叫作拒霜。诗文作得极好，和三儿是从小认识的。"

拒霜。槿娘蓦地想起那梅瓶上的青花芙蓉纹样。

"这孩子说来命苦，生母去得早，庶母待她刻薄，父亲也不大管她。去岁里聘了人家，孰料还未过门夫婿就急病遽亡。那人家说她克夫，闹了好几回，要她守寡。年纪轻轻的女孩儿，又生得这样聪明，好光景还没开始，哪里舍得生生折断。家人的意思是要她做姑子。她自己也不表态，寄居姑母家。前番听说她姑母染病，怕是挨不过今秋。以后没了姑母依傍，恐怕真要守寡或是做姑子了。"顾夫人叹息，"可怜她作得那样好的诗文，字画也佳。"她轻轻抹去顾汝澜与陈拒霜的种种情谊，既然是有情谊，那为何顾家聘的新妇不是陈拒霜呢？个中周折不难推测，无外乎两家交情不厚，又或者顾家认为这样的女子不适合做三少夫人。槿娘似乎明白了许多，其实有些事并不必说透。

"好孩子，这些就不要往心上去。"顾夫人含笑，轻抚她手背道，"你们的岁月还很长。"

槿娘独坐在房中，那梅瓶就落在眼里。她前后思量了许久，想婆母说得极对，他们的岁月还很长。她不必同那梅瓶上的芙蓉纹样过不去。但心头毕竟怅怅，想起他写的那么多好诗文，原来都是为了另一个人。"人事既非昔，此意将谁传"。想来陈拒霜是极聪慧剔透的，能与他心意相通。自己则不同，他大抵在心中也嫌她诗文不好、字画不佳吧。这就想远了。小鬟持了一束烂漫菊花进来："姑娘看开得好不好？"

她回过神，一边理鬓一边笑答："很好的。"

顾汝澜秋试得中，开始准备来年京师春闱。一晃到了岁末，又至元夕。吴中灯市繁盛，顾夫人说不妨赏灯去。

向晚时分，千灯万影，琉璃照眼。顾氏一家包了街衢酒楼一室雅间，隔帘观望。屋外笑语盈盈，火树银花，笙歌绕耳，星流光璨。市声人语纷杂相乱，那边厢红氍毹上还有歌儿乐女执檀板按笙笛清歌曼吟。花灯虽好看，但槿娘只觉外间吵嚷太过，烟幂尘笼，略感昏眩。顾夫人瞧见，便说早些回，府里也有不少琉璃灯。下楼时槿娘步履踉跄，十分站不稳的样子。顾汝澜扶着她小心行走，她微微将身倚住，强忍胸中翻滚，一手默默攥紧他的衣袖。

回去后她早早歇下，顾汝澜陪侍榻旁，问她要不要瞧大夫。她发髻解开，一头青丝披落枕畔，摇头微笑说不碍事。又说："相公去看看琉璃灯吧，听外面好热闹。"

顾汝澜不去，就在帘外看书。她身体很倦，心头融融生暖，很想说些什么，但很快睡熟了。

很快槿娘有孕的消息传到钱家，卢氏欢喜极了，开始准备做婴儿衣裳被褥。张氏也来帮忙——她自己没有儿女，总是很喜欢小孩子的。

顾家人也很高兴。此时顾汝澜就要启程上京，对新妇多有不舍。少年夫妻的分别，在旁人眼里好不温柔缱绻。

"阿槿凡事少操劳，需多静养。"

"嗯，相公安心。"

话不多，彼此只是微笑。顾汝澜离开后槿娘才想起，他方才似乎唤了自己的闺名呢。

听说那陈拒霜后来还是做了姑子。槿娘曾暗示，或许可以接她到顾府来。他不置一词。想来也是，这其中有诸般不妥。又听说陈拒霜不久病逝，葬于城外孤山。槿娘私心里想去祭拜她，也算是为他了却心愿。悄悄差人打听了几次，都是无果。

——他们的岁月果然长久。她顺利诞子，他中贡士、得功名，后来他也纳了几房妾，都一件一件地经历了。她知道他们还有更多的经历，离合悲欢，生老病死，跌宕沉浮。一切都是再自然不过的事，仿佛她抬头看见窗外海棠初发，低头的一瞬，花就谢了。再举目时，新一春又来了。

再见

✽凌叔华

四年后，她在西湖刘庄的花神亭上遇见他了。

一个秋天晴爽的下午，她站在亭上望着淡漠的日光，缓缓地停留在被落叶与蛛网装点着的神位上，心里正感到一种说不出的凉味，忽听背后有人招呼她：“筱秋小姐，想不到在此地才见着你！”

她回头一看：“原来是你，骏仁先生！”

“我们几年不见了！筱秋小姐……这称呼没错吧？”他说时眼望着她的脸。

“自然没错，”她说着觉得脸上有些暖烘烘的，“日子真是过得太快，我们不见，可不是四年了吗？”

“你什么时候来杭州的？”

“我七月底来杭州女子高等小学校教书，你几时来的？”

“我从前年十月来的。”

“呀，那正是我母亲过去的时候……”她说着眼眶有些发潮，立刻转头假装望着后面的山。

“伯母已经不在了吗？”他脸上现出很关心的神色。“她在前年的夏天，又犯那旧病，到十月二十就过去了。”她说着低头看着手里拿的旱伞。

“咳，原来伯母已经不在好久了！我还没知道。”他的声音带着很抱歉的样子，接着问道，“你现在独自住在学校吗，还是同老伯住？”

“我住在学校里。我父亲还在北京。”

“学校的生活怎样？你还过得惯吗？”

“还可以对付。”她说完，望了望他。他的面容比以前丰润，眼边的大学教授式的黑灰圈已经没有了。身上穿着一件青灰哔叽线呢的夹袍，脚上皮鞋擦得闪亮，头发刷得油光，时时透出一种发油的香，这样装束，她觉得以前他没有过。

“你现在做的事，还得意吗？”她问。

“咳，一天天的为人忙，哪说得上得意不得意。”他叹了口气。

“做什么事，听人说你做了官了？”

“在督办公署做秘书长，另外还兼军务顾问，也算是官吧！”他说着手摸着袋里一个烟卷盒，带笑问道：“许吃烟吗？”

“请便。”她随即坐在栏杆上，问：“今天太太没有一同出来么？”“连订婚都没影子，哪来太太？”他看着她微笑，又问道：“你信我已经结婚了吗？怪不得……”他忽然住语。

“……有些人这样说……”她脸慢慢地泛红。

他笑了笑自语道：“怪不得，原来有些人这样说……”这时他们都像很注意园庄的景致，她望着一棵盛开的秋芙，迎风招展；他望着对面的水榭。末了还是他开口：“我们到那水榭里去吃茶好吗？”

“那里好像不让人进去，以前我来过两次，都没有开门。”她说。

“现在开着门呢。”他脸上显出笑容，“今晚我在那边请客。”她提了洋伞和手袋同他下亭。他说：“让我拿？”他接过手袋摸着硬纸壳的长方东西，问：“你到这里写生来吗？给我看看？”

“不是，那是我方才在湖堤照相馆取回的两张相片。今天我为了取相片才能出来走走呢。”

“给我看看？”她点点头，他取出来一边看，一边说：“这个没有本人这样消瘦。”

“这样才好，我就怕干娘看见我瘦的这样，她一定不好过。”

“你打算寄给你干娘的吗？”

“是的，她每回来信，总催我寄她一个相片，从去年我就答应了她。”

“这张给她，这张给我？”

“我们舍监周太太还要一张呢。”

“不——你得先给我一张，好容易遇着你了。”他看着她面红了。

“可是周太太已经知道我照了相。”

"这样，你再印一张给她？"

她点了点头，此时已经来到一所玻璃窗临湖的水榭。迎门靠窗一面大镜子，山色湖光，统统收揽在里头，她望到镜里自己和他的影子，不觉注目，忽听拨动水草声，一只小船摇过窗口，有人叫道："老爷，太太，买莲藕吗？"他带笑向外摇了摇头。一个听差的穿着青洋缎的衣裤进来问："老爷要喝茶吗？"

"来一壶龙井，叫厨子开点心上来。"

听差去了。她坐在临窗的左边笑道："从前我们的小当差称呼你老爷，你就脸红，现在答应得多爽亮！""惯了！在公署里他们还称呼大人呢！"

她望着南屏山说："你来西湖后作过多少诗，一定不少吧？""一首也没有，我哪会作诗？"

"你在北京的时候，不是天天作诗的吗？我不信你没有作。""你不是说过作诗多半是无病呻吟吗？"

"我觉得这样的一个诗人到了西湖，不留些吟咏，未免使湖山减色。"她含笑看他。

"西湖专候今天这位女诗人为它加色呢！我一天瞎忙到晚，哪来工夫作诗？"他也笑着。

"怪不得我在《艺林》《思潮》上头好久不见大作，还只道你不肯拿出来发表呢。"

"那是供给教员和学生们那种闲人消遣文墨的……我哪有什么闲空？"他说完仍旧含笑看她，她的眼望着窗外去了。

此时仆人送上点心来，他看见摆在她面前一个小碟上面有乌手指印，立刻叫住仆人："眼睛瞎了吗？碟子这样脏都看不见，拿去！"仆人把小碟拿去。他又喊道："煮一碗糖桂花栗子来！"

他随即把自己的碟子擦洁净摆在她的面前，仆人进来回道："大师父说今天买不到嫩栗子，问老爷要另做什么点心？"

"胡说，怎会买不着？我老早就吩咐他买，怎会买不着，真是混人！今晚上督办来，他就为着吃那桂花栗子汤。叫他赶快去找去。赶快去，时候不早了。"

听差"是是"答应着走了。他回过头来见她正对着西泠桥出神，他说："随便用点吧，这糖莲子没有什么吃头。"她默默地喝了两口汤，说："也不错。从前你使唤那个老王，现时还在你那里吗？"

"他没跟我出京，可是今年春天我从北京叫了他来，只做了一个月。他那老家人的架子可真大。那天我只说了他一句，他便跟我告长假了！"

她默默望着南屏山一会说："雷峰塔倒的时候，你在杭州吗？"

"在杭州。塔倒的第二天，我去看了，许多花子穷人去那边捡东西，捡出好几百卷经来，这经卷是盖在塔的墙里的，有一千多年了。头一天我们一块钱就买几卷，第二天就有人收买，立刻就涨到一块钱买一卷，第三天便涨到十块。听说现在京城里卖二百块一卷呢。"

"你买了没有？""我只买了二十多卷。"

"你有没有送一卷给云中老先生？这回雷峰塔倒后，他还作了三十首诗追悼它。你总念过的罢？"

"我真应当送他一卷，怎么把他忘了，可惜现在我的都给张督办要去了。将来有机会再买罢。"

点心已经用过，早有下人捡走。他站起来喝茶，她说："这后窗的竹影真真可爱。"

"你这样喜欢竹子，什么时候到云栖看看去。"

"我去过云栖了，竹子真好！——听说西溪的更美。走不完的竹林子，你还记得你说过要领我去逛西溪的话？"

"怎不记得！我还说若是逛西溪，我跟你去挑行李呢。那天我们俩还在天坛的大柏树底下一边走一边谈话，不知不觉走迷了道，后来伯母要回去，好容易才找到我们。云栖的竹林真有些像那柏树林子，什么时候我们去那里走走去。还有一个地方你从前也说要去的。""哪个地方？"

"孤山。你记得那天下大雪，我上你家去，你们房里的梅花开得正好。我们俩坐在窗户口望着雪发愣，你说什么时候你要去孤山画一幅梅花带雪的景送我，我还答应了去收梅花上的香雪跟你沏茶慰劳呢。那时的光阴真是寸寸是黄金……去年我同一些朋友到烟霞洞正遇到下雪，几十棵梅花都开了，他们在房内打牌，我一个人站在梅花底下，足足发了半天愣。他们笑我是林和靖，迷上梅花了，哪知道我是因为想起我们那回的谈话……"

她像不好意思看他的样子，站起来望着窗外说：

“谈起西湖名胜来，十天也说不完。”她低头看看手表，“天不早了，我该走了。”

“才过四点，早呢。好容易才遇到，再多坐会儿。”他赶紧说。

“回到学校也就不早了。”她还是要走的神气。

“早呢。四年不见，见面谈不了几句话就要走，好意思吗？”她不得已又坐下，他说，“坐近窗口，不怕风吗？……你真是太瘦了。”

“岂止瘦了，也老了。”她摇了摇头这样说。

“哪里老得这样快？学校的饭食还好吗？”

“还不错。”

“你的功课怎样，教多少钟点？”

“一礼拜廿八点，功课倒不算难。”

“唉哟，廿八点——太累了罢？薪水还够用吗？”

“也就对付罢。”

他沉思一会说：“我看你实在太累了，但是小学教员都是这样的。我知道你是不肯叫人帮助的，要不然……我看你还是离了学校教馆好些。前几天盐业银行钱经理托我们找一个好先生教他的姨太太，功课很轻，薪金又厚，只是你一定不肯去的。”

“你看我真的那样没落儿了吗？”

“我知道你一定不情愿的。清和坊王家有两个小孩要找一个先生，她们俩倒很可爱的，你推了学校的事去教那边怎样？”

“不行的，我不能半道儿甩下我那班学生就走。况且他们对我都很不错。”

“别太忠厚了，累坏了没有人替得你的。”

“我如果辞职也得等到年假，半途走了也对不住校长。”

他叹了口气说：“你这样子，我就怕你会累出病来！”此时一个仆人送一盒牌来，她笑问：“你现在也会打牌了？”

“不会也得会。现在请客，没有牌，是不成事体的，今晚又得闹到半夜，明天我四点还得起来修改两个电稿，督办说，早上就要发出去。”

“这样的日子，也不见得比我不累！”她轻轻地吁了吁，方才在花神亭上的冷气阵阵都回到心上了，她还想仔细赏观潮堤的晚景。他站起在房内走了两个圈子，一会站定，一会又走，脸上显出有话不知怎样说的神气。末了，他仍旧坐下微笑问：“我想问你一件事，你肯告诉我吗？”

“什么事？”

“你真的相信我已经结婚了吗？”

“有人这样说……”

“怪不得你许久不给我写信。现在你知道传错了吧？”

“现在……”她此时听见风吹来远远的晚钟声，急说，“哎呀！天真不早了。晚经都开坛了，太阳也快下完了。”她站起来拿东西要走，他现出很不安的样子，说：“我还有许多事告诉你，再多坐会儿？”

“太晚了，我们改天再谈吧。”“改天也好，但是你得留下方才你答应给我的东西。”“什么东西？”“那张相片，你得留下。”“那张我已经答应了给周太太了。她过几天要到武昌去。”“你方才答应先把这张给我，再印张给她的，怎样心变得这样快呢？”

她微微笑了笑，眼望着窗外。停了一会，说道：“那个雷峰塔在那里站了一千多年，现在不见了……”

他愣了一会，末了说：“什么时候洗一张给我，我求你。”

“改天洗了再送你吧。”

“咳，又得等到什么时候！”

她拿着东西往外走道：“我真该走了，你的客人也快来了吧？”他送她走到湖边小船上，问：“哪天我可以去见你？”

“请你随时通知我吧。”

“你穿得少不少，不凉吗？”

“不凉，我来的时候，天也一样凉的。”摇船的已经将篙点着临湖的石磴，慢慢地船已离岸了。

“再见！”他摘了帽子望着湖船。

“再见。”她望着西泠桥边的杂树出神。凉秋的晚风散吹着她额前碎发。南北高峰的苍翠，渐渐被紫灰的暮云笼住，夜雾渐渐飞上峰头，倒在湖里的影子，已由模糊的一片灰色，变到鱼白灰色，与别处的湖水不分了。她的船出了西泠桥的洞子。他呆呆地望着湖水，一会儿忽然想起事来，急忙走到厨房那边问：“厨子，买到了桂花栗子没有？一会儿客就到了。”

虽然我们不曾谈过一句话，而且她的心中，到如今，一定还不知道世界上有爱她的我存在！

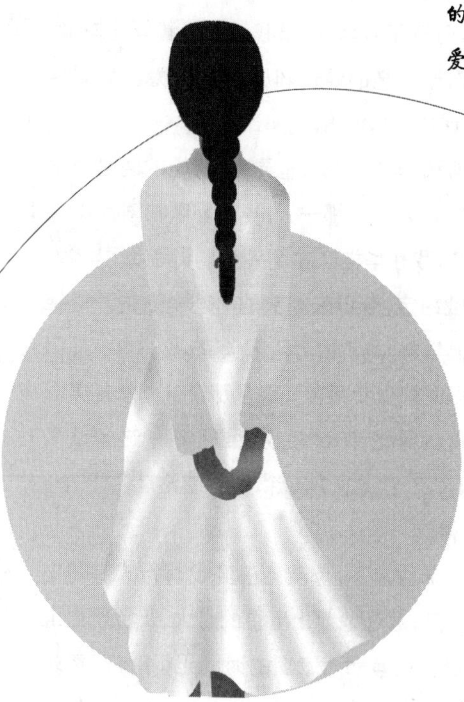

她不知道我的存在

章衣萍

一

那一年，我大约是十六岁罢，因为父亲在古城开药店，我便随着父亲，住在店里。每天到古城后街的一个高小学校里去读书。

高小学校里的功课并不多，每天下午二时便没有功课了。课余后，我回到店中，照例是看看《三国演义》，或者随着店中的伙计们，街前街后地去跑跑。店中一共有十六个伙计，其中有一个和我脾气相合，情感最密的，叫华桂。华桂是一个身材矮小，举动敏捷的小伙计，那时年纪也不过十七八岁罢。面白而红，梳着一根很粗的"流水辫"，整日盘在头上。

我那时好看《三国演义》。华桂不识字，但他少时听他舅舅说过《三国演义》的，有几段记得很熟。像什么"诸葛亮三气周瑜"哪，"八十三万人马下江南"哪，"火烧赤壁"哪，华桂是一开口便滔滔不绝的。只要父亲不在柜台上，我们俩便滔滔地谈起来了。"三国时谁最会打仗？"我问。

"我以为是吕布，你呢？"他决然地说。

"我以为是赵子龙。吕布不如赵子龙，因为他最终给曹操杀了。"

"那不能怪吕布，是貂蝉害了他！呵！貂蝉！迷人精！狐狸精！貂蝉是狐狸精变的。"他愤然了。

"狐狸精！吕布为什么还喜欢她？哼！"

"呵，因为她是女子呵！女子是迷人的。"华桂像疯了一般地跳起来。

华桂和我是常常这样胡扯的。但父亲甚不喜华桂，以为他太滑头了，嘱我不要和他亲近。我那时对于父亲的深奥的意见是不了解的。我相信华桂是我最好的朋友，他老实，活泼，而且比旁的伙计不会躲懒。

古城是一小市镇，镇临小河，可以通船。河的彼岸，有几座小小的土山，虽无古木大树，但山坡秀雅，春来时节，红花青草，丛生满山，倒影入河，风景也十分清丽。河中设小渡二，以渡往来行人，埠头则以石砌成。古城妇女，常常三三五五，在那里洗濯衣服，华桂常携着店中的药材，到埠头上，临流漂洗。我课余的时节，有时也提着钓竿，随着华桂，坐在离埠头数十米的岸上钓鱼。

不知从何时起，华桂忽然认识一个洗濯衣服的妇人了。我去钓鱼，便看见华桂洗完药材，总是不肯就走，同那妇人夹七夹八地闲谈。远远望去，那妇人好像是什么人家的女仆，面圆身健，虽是毫无装饰，却也有几分可爱。

我懂得华桂的心思，只顾低头钓鱼，不忍过去催他。

但华桂后来竟愈弄愈糊涂了，有时他和那妇人竟一谈两点钟不肯走。那一天，我因为钓不着鱼，肚子里又十分饥饿，急于要回店晚餐，于是便生气了：

“华桂！你不回去，我要走了。”

“哦……”华桂很惊慌地抬起头来，望一望我，便匆匆地别了谈话的妇人，拿起药材，伴我走了。

在路上，华桂悄悄地告诉我说：“飞哥儿，你千万不要告诉掌柜的，今天……”

“嗡，”我笑了，“有味哪，谈话！她叫什么名字？”

“月娥，王家的女仆。哈哈，飞哥儿，她今天说起李家少女，才真美丽呢，简直同貂蝉一般美丽。”

“哪有的话，同貂蝉一般？”

“真的，她这么说。不相信，我们可以设法去瞧瞧。”

“我不要瞧……”我有点害羞了，但心里却飘飘然起来，望着天边一抹鲜红的灿烂的晚霞，晚霞中仿佛幻出一个美丽绝伦的少女，亭亭娜娜地望着我微笑。脸上也不自觉地发起烧来。

二

从那天起，我怯弱的心中便起了一层意外的波澜了，无论是吃饭、睡觉，或是入学校的时候。

“我总得瞧一瞧……”

其实为什么要瞧？瞧了又有什么目的？连我自己也十分茫然。纯洁而幼稚的心已陷入恋之烦恼里了。但我对于华桂，却不肯明白地将心事说出来。我只是对华桂比以前更亲密了，而且当华桂下河洗药材的时候，我总是提着钓竿悄悄跟去。父亲似乎很不满意，曾骂了我两次，嘱我不要随着华桂外出。但我那时对于父亲的谴责，似乎毫不在意。仍旧是提着钓竿，课毕便悄悄出门。

我渐渐和华桂的恋人也弄熟了，她的确是一个有说有笑的好妇人。那一天，当晚霞映在对岸的山顶上的时节，我和华桂又在埠头上等着月娥了，因为华桂和月娥约定，今日来埠头的时间稍迟的。华桂似乎等得很着急，时常抬起头来张望；我的心中却仍旧为那没见面的少女所苦。究竟那个少女怎样美丽呢？如何告诉月娥，叫她领我们去瞧瞧？这句话又如何说得出口？我愈想愈糊涂了，但结论是这样——

“我总得瞧一瞧……”

天色渐渐昏黑了，埠头上已经没有行人。河中停泊二三小舟，远远地射出星星的灯火，正似水面上飞着的流萤。在静穆而寂寞的时间里，华桂忽然站起来说：“来了吗？”

“来了，等急了罢。”月娥从黑暗中走近，手中提着篮子。

“等急了，飞哥儿也在这里。”

“呀，对不起，累得飞哥儿也久等。”月娥笑着拍拍我的肩。

“哪有的话，横竖我晚上总是玩。”我谦恭地说。

“飞哥儿想瞧瞧赛貂蝉，哈，哈，哈！”华桂疯起来了，拉着月娥的手。

“呸！瞎说！”我急了，在华桂的背上捶了一下。

“李家的少女吗？哦，真美丽！”

“你带我们瞧瞧！”华桂恳求地说。

“可惜她不容易出门，一年出门不过几次。”

“为什么呢？”华桂问。

“因为她的父亲不在家。她父亲到杭州做什么局长去了，在外面娶了姨太太，所以一连八年不回家。她们母女，苦守在家里，靠着取租，吃用也够了，但心中总不快活。”

我从无聊的幻想里产出空虚的同情了，从同情里又感着悲哀，赤子之心的悲哀。我一言不发地立在黑暗里，望着河水。

“呵，飞哥儿，怎么呆住了？傻子！没有瞧见过，知道将来是不是你的老婆呢？倒先替人家可怜，真是不害羞！”华桂带着讥笑说。

“不许瞎说！仔细我捶你！”我又怒又羞地制止华桂。

月娥和华桂都大笑起来了。

市镇上已经满街灯火。喧哗的声音，响彻了全镇。我缠在无聊和苦痛的幻想里。父亲不在店中，然而我那晚也忘记了晚餐。

三

我一连几天没有跟着华桂到埠头上去，因为我怕月娥和华桂要拿我取笑。天气渐渐炎热，暑假转眼便到了，我准备毕业考试的功课，比从前更忙碌。但有时读书倦了，夜深人静。心中又忽然想起——

“我总得瞧一瞧……”

华桂有时晚上也嬉皮笑脸地到房中来，谈一会儿，但只要听见外面父亲的脚步的声音，便又鼠一般地逃出去了。

那一晚，我有些倦了，抛开书籍，到柜台上去站了一会儿。华桂走近身旁，把我拉到栈房里，笑嘻嘻地说：“明天下午我领你瞧李家的少女去。”

“哪里？”我羞了。

“观音寺的小路上。”

“你怎么知道？”

“月娥告诉我的。她明天下午也到那里去。”我忽然羞得回转身跑了，华桂在后面赶来说：“到底去不去？”

“去，一定的。”

这一天，清早起来便似乎有些飘飘然了，昨晚睡得不很好，做了许多的怪梦。早餐后便到学校去，同学以为考期将至，对于功课都用心静听，教室里也没有从前一般的喧哗声音。我的心里却总是在想些无聊的问题：

今天能够瞧见吗？

瞧不见，怎么样？

总得瞧一瞧……

午餐后，历史课结束后，大家都预备温习，我便夹了书包，跑回店中，我记得途中的脚步，比平常是跑得快些了。

华桂看见我回来，便到栈房里拿了两小捆药材，作为到河里漂洗的模样。我在他后面跟了出去。

观音寺离古城镇约有一里之遥，那里的香火很盛。古城人最迷信观音，他们无论男女，都呼观音为“救苦救难的大士”。那天似乎是什么庙会，途中老少男女，三三五五，结队偕行，大概都是观音寺进香归来的。

“仔细些，不要给赛貂蝉走过了！”华桂东张西望地说，手里还拿着药材。

“又不认识，知道她走过不走过？”我微笑地说，眼睛仍注视着行人。

“哪一个小女子最美丽的，哪一个就是……”华桂说到这里，忽然跑向前去几步。

我抬头看是月娥来了，也十分欢喜。

“等急了罢，飞哥儿。”月娥说。这一天她穿了一身月白色的布衣，头上戴着一朵红花，倒也有几分的美丽。

“李家的少女呢？”华桂不能忍耐地问。

“在后面，快来了。”月娥回头望着。

我们三人的脚步愈走愈迟了，月娥故意同我们离开几步，表示她同我们是没有关系的样子。

夕阳返照在路边林中的树叶上面，树叶上闪着灿烂的金光。暮鸦队队，在天空哑哑地飞去。月娥忽然站住了，同后面走来的一个女人招呼。那女人也不过是四十上下的年纪，脸上却带着苍白的颜色。眉头稍蹙，似是半生悲哀的标志。后面伴着一个梳辫的少女，身材似乎正同我一般高。流动的眼珠，乌黑的头发，玫瑰色的圆长脸庞，衬着粉红色的上衣，浅蓝色的绸裙。亭亭而来，似碧桃在微风中飘荡。

“这真是活貂蝉！”华桂轻轻地说。

我迷失在暮色苍然的路上了，这样美丽的少女，是我从来没有瞧见过的。

然而人生的美满和幸福的时间，终不过是转眼的一刹那罢了。她们在前面走去了，微风吹月娥和少女谈话的断续的声音到我耳际，那清脆而幽越的乐音。我的灵魂是被爱之烈火燃烧着了。

“跟到她们的家！”华桂提议。

“好的。”我说。

走尽那蜿蜒的旷野的小道，到了古城的后街了。黑暗开始张开它的幕。借着市上的灯光，我们还隐约地望见她们三人的后影。再转过一条小巷，前面便是一场空地，古槐三株，直立池边。我们模糊地望见她们穿过古槐，便仿佛听见开门的声音。

“大约她们都到了家罢。”华桂说。

“应该回去了。”我无精打采地说。

四

校中的毕业考试已经开始了。我每日考毕的时节，总要走到那晚上走过的小巷后面的空地去望望，苍然直立的古槐，清澈的池水，水中的几尾小小游鱼，都已经成为我最相熟的朋友。我到那里去的时节，是瞒着一切人的，连华桂也瞒着。

“我总能再瞧见一次罢……”

我的心中常常这样希望着，走过古槐，便是三间并列的大厦。靠左边一间的屋是常常闭着门的，我于是想象这就是我爱的少女所住的家。

这里来往的行人并不很多，所以寂寥之地，能任我徜徉。但是那一天，不幸遇着月娥了，她提着满篮的衣服，正要往河边的埠头去。

“飞哥儿，这里玩得好吗？”

“我欢喜瞧池中的鱼。”

“不是瞧鱼，瞧人吧？”月娥笑了。

“瞧人——替华桂瞧你啊！”我滑头地说。

“瞧我？好说！瞧李家的少女吧！瞧姗姗，是不是？”

我从此才知道姗姗是她的名字。

月娥遇见我以后，华桂也发现秘密了，不时跑来找我。我心里以为姗姗只许我一个人在那里等着瞧的，对于华桂跑来，甚不满意。于是便不走到那古槐小池的空地上来了，心里却终不能忘情，总想——

“我应该再瞧见一次……”

毕业考试完了之后，榜出来了，我幸而还考得好，名列第二。父亲很欢喜，便筹备使我下半年到南京进中学。

同时也常有人来向父亲提起我的婚姻问题来，父亲兴高采烈，评头论足，总不满意。

“李家的女儿，姗姗好吗？”

那一晚，我在柜台上，忽听见同父亲谈天的伙计，说出上面一句话。这是危急万分的时候到了，我便静听父亲的评判。

“美丽极了，可惜身体太弱，怕要短命。”父亲摇头说。

这“身体太弱，怕要短命”八个大字，轻轻地将我心头的梦想完全打消了。我厌恨父亲的评判，曾一个人躲着哭了几次。华桂不知道底细，以为我快要到南京去了，离不开父亲，所以悲伤。

“飞哥儿，好好的吧，到南京去读书，用功几年，做了官，再回家娶亲，娶李家的赛貂蝉。岂不威风吗？”

他不知道我的希望已被父亲迷信的思想抹杀了。我那时只希望在动身往南京以前，能瞧见姗姗一次，或者我们能够谈话，谈一句话。

暑假过去一半了，父亲在南京的朋友有信来催，我于是便乘了一叶扁舟，离开家乡。我对于故乡的水光山色，都没有什么留恋。只是母亲没有到店里来，临别未见，不免神伤。而且姗姗的影子，总时常在心中摇曳。甜美的希望是没有了，但几时再瞧见她一次呢？

到南京之后，因为初入中学，功课匆忙，所以无聊的梦想渐渐忘却了，次年四月，父亲来信说：华桂已辞掉，是为了与人家女仆生出小孩的事。我心中不禁替不幸的月娥悲伤，而且华桂又到哪里去了呢？这有谁知道？我因此又想起姗姗，她将来竟嫁给谁呢？那样美丽而可爱的女郎！她将来的命运是幸福，抑或是悲哀？这也许只有冥冥中的神明知道。

如今，我已经八年不回到故乡。但只要独自在暮色苍然的小路上走着的时节，便不禁如梦如烟地想起姗姗，她是我的第一个恋人！虽然我们不曾谈过一句话，而且她的心中，到如今，一定还不知道世界上有爱她的我存在！

一轮旧时的纸月亮

杨 典

20世纪30年代末，在浙江瑞安中学，有一位校花。据说她是当时瑞安最耀眼的美人，是那片山水中最绚丽的景色。她叫洪卓如。她是大家闺秀，少女时代就很时髦，鬈发齐肩，艳服多变。卓如还善女红，兼修书画，家学渊源深厚，聪颖可人，是全校男生追逐的焦点，是瑞安少年们的一个梦。

当时追求她的人不少，而我舅舅谢秉恺是她的第一个恋人。

卓如出身书香门第，她的祖父是晚清江浙一带颇有名的戏曲家洪炳文。洪家居所叫花信楼。自幼年起，她就在花信楼里生活、玩耍、恋爱、读书。她也渴望走出去，但没有机会。

作为花信楼主人的嫡孙女，她和我舅舅，以及其他同学，经常在学校的抗日流动宣传队里表演“文明戏”。文明戏即他们自己编排，演出于街巷的那种小戏剧。卓如和我舅舅都相貌出众，属于俊男靓女。他们很快都成了台柱子、小角儿。他们陷入初恋。

最初，17岁的舅舅一直认为只有自己才能获得卓如的爱情。因为他们门当户对，都是大家族的后裔。我舅舅是谢家长孙，他每天都要打扮，梳头、刮脸、喷香水，任何时候都保持着谢家阔少的风度，花钱如流水，希望能引起卓如的注意。可正当他和卓如恋爱时，他的父亲却遵照传统家规，给他定了一门亲。于是他决定逃婚。

正巧那一年，日本发动的侵略战争的战况越来越紧张，江南各地都迅速变成前线。我舅舅就和他的发小、最铁的哥们儿之一金某，一起去了西安黄埔军校参军。金某也是卓如的追求者之一。参军是逃婚的最好借口。临行时，我舅舅告诉卓如，等他回来娶她。

黄埔军校的王曲分校建在秦岭山脉的主峰——终南山下，位于湘子河畔。王曲的自然条件是很艰苦的，居住者必须适应那里的诡异天气和阴森荒凉的环境。这也正好是对军人的考验。紧接着，他们开始了一场惊人的铁血军事训练。当时国民党黄埔军校的集训方式是很残酷的，一切都是按照人能承受的极限强度来要求的。

铁血与艰苦使我舅舅和金某的感情深入骨髓。

他们每天五点起床，晚上十点睡觉，整天基本都是对肉体的磨炼。唯一的休息，就是洗澡。我舅舅很爱洗澡，在这一点上，他自始至终都是一个准贵族。在瑞安，从小就有仆人给他烧好热水，倒在大木盆里。他浸泡的时候，还有仆人专门给他搓背。而在军校里洗澡就全是冷水浴，从头到脚一冲，只求干净。

1941年，他们毕业了。我舅舅任第十九补充兵训练团少尉。他想着一定要尽快奋斗成为将军，然后回瑞安，向卓如求婚。

这一切谈何容易呢？1945年之后，他的人生又一次改变了。

有一天卓如在当街，躲藏进一个墙洞里，等待空袭警报过去再钻出来。飞机飞走后不久，瑞安大街的另一边，忽然出现了一个背着枪的叫花子兵，衣衫褴褛，浑身都是泥土，头发长得到了背上。那叫花子兵看见卓如从墙洞里出来，突然站住了，接着泪如雨下，轻声喊她。

开始卓如没有认出面前这个叫花子兵。她诧异地看着他，好半天才认出来，是金某。

金某告诉她，他和我舅舅被分到不同的部队，我舅舅被派到陕西去了。仗打得实在太苦了，他就沿着中印公路一路要饭走回来了。

望着从一个富家子弟变成了一个乞丐、又瘦又脏的金某，卓如很难过。她立刻随着金某回家。家人见他回来，不禁大喜。仆人立刻给他里外更衣、沐浴、剪头修脸……卓如就站在院子里等，她一边摆弄着天井里的盆花，一边想着好多要问金某的话。过了不一会儿，帅气的金家公子再次出现在堂屋里了。除了消瘦以外，重新打扮后的金某身上几乎没有什么战争的痕迹。

卓如静静地看着他，有时微笑一下，有时又显得很忧郁。这时，金某再也无法控制自己的感情，他冲到院子里，将卓如紧紧地抱在怀里。我想大概这就是卓如最后嫁给金某的原因。

那时候，我舅舅还在陕西。当他听说金某与卓如要结婚时，已经晚了。但是他们结婚那天，我舅舅还是出现在了金家的大门前。他穿着高档的灰色西服，系着一条优雅的黑色暗花领带，头发梳理得齐如密林，皮鞋、怀表、手绢……用的都是最好的，而且非常干净。他带着几根金条，并让一个仆人抱着一箱礼物。最重要的是，他还在笑。

酒席间，我舅舅突然对金某说："卓如是我让给你的。我只有一个要求，我要吻新娘。"

金某说："好，但只能吻一次。卓如，你同意吗？"

卓如这时低下了头，抑制着自己，不哭出声来。

"不说话就是默认了。"我舅舅说。忽然，他冲到卓如面前，将她抱在怀里，深深地亲吻下去。

这是一个令人吃惊的吻，卓如没有回避。所有人都惊呆了。

金某说只能吻一次，但是并没有说吻多久。于是，我舅舅几乎将整个心灵都融化在这个长吻之中。他尽量拖延亲吻的时间。这个吻实在太长了，据说将近三分钟。所有的人，包括金某，都在旁边干看着，没有说话。他们就这样长吻着。我舅舅也为这个吻付出了一生的代价。骨子里，他几乎就依靠着对这个吻的记忆生活了一辈子。他总是在我们面前絮叨这件事。卓如的影子像是战争中的弹片一样，嵌进了他的生命中，无法溶解，一直到他烧成灰时，她都是完美的。

几年后，他们三个人天各一方。金某在大混乱中，不得不随国民党部队渡海去了台湾，而新婚不久的卓如则被永远遗弃在大陆。

舅舅晚年大部分时间在重庆度过。20世纪80年代以后，我常住北京。偶尔回重庆，仍然住在舅舅家。那时的舅舅老了，耳朵基本失聪，关节炎也日益严重，枯瘦如柴。他每天坐在桌子边抽叶子烟，什么话也不说。他觉得一旦说话，别人就得回答他，而他又听不见，徒增烦恼，不如沉默算了。他的桌子上总放着一沓纸。他会指着纸对来的人讲："要说什么，写下来吧。"他的屋子里光线越来越暗，东西越来越旧。咳嗽声、吐痰声和叶子烟味到处弥漫。所有的柜子、镜子与抽屉都好像是来自一个陌生的旧时代，腐朽而阴郁。他在不断地写信，给浙江老家的亲戚或给卓如，但给卓如的信他从来不敢寄。唯一不变的是舅舅的习惯：每天早晨必梳头，屋子里窗明几净。

1993年，两岸的关系更加密切了。夏天，我因拍纪录片到重庆，其中有一集的主角就是我舅舅。不久之后，该片在台湾播出，产生了一些影响。有一天，我舅舅忽然接到在台湾的金某的来信，信上说："我在电视上看到你了，我们都看见了！没想到四十多年后，我们居然还能见面。"

金某这时已是台湾的退休高官。他们约好秋天在浙江聚会。

1993年秋天的浙江之行，是我舅舅一生最后的快乐时光。他去的时候专门订做了一身白色西服，以至于家乡人以为他才是从台湾回来的。

当然，我舅舅最想回去看的一个人是卓如。

大家都四十多年没见了。金某在台湾也再婚多年，卓如也再婚了。只有我舅舅一生独身。而卓如呢，她竟然一直居住在洪家的花信楼里。20世纪50年代以后，她嫁给了一个当地的工人，过起了普通家庭妇女的生活。谁也不知道这个大家闺秀内心的苦楚。

大家很想见面，而真见面了，却忽然又不知该说什么了。那一年，故乡的人看见我舅舅和金某忽然都回来了，好像看见了两个过去的幽灵，两个外星人，或两团岁月的旧火。

卓如早已人老珠黄，大家变得陌生了。

金某回台湾后，又过了两年，我舅舅说要回浙江等死。

他最后生活的屋子几乎像一个寒风中显得阴森凄冷的山洞。一生的失败与寂寞此时全部变成了对肉体的折磨，噬咬着他的骨、肉、筋、血。只有偶尔晚霞的光辉，会从那窗口的破洞照射进去，温暖一下他冰冷的身心。

我母亲到的时候，他的情绪已经极其低落，大小便都已经失禁了。他整天坐在一张破旧的榻椅上，奄奄一息，沉默寡言。若说话，则讽刺所有人，包括正在服侍他的我母亲，直到最后他离开。舅舅死之前，让我母亲把所有关于卓如的照片、信件和纪念物品等，都给卓如还回去。当卓如看到我舅舅过了几十年又还回来自己年轻时的照片，不禁大恸。她说："这些东西连我自己都没能留下。我太对不起他了。"

舅舅在回浙江之前，把自己抗战以前的照片全拿出来撕掉、烧掉，但是有一两张照片，我舅舅死活就没烧，那就是卓如的照片。

他不但没烧照片，还继续给卓如写信。有时到了中秋，他就干脆把写信的纸剪成一个圆，贴在窗玻璃上，代替月亮。

据记载，洪炳文曾写过一篇科幻小说《月球游》。

他可能是第一个幻想登月飞船的中国文人。他期待的似乎是赛先生式的月亮家园。

如果说，卓如的祖父洪炳文，作为一个中国旧式文人，在科幻小说中对月亮这一传统中国诗文的典型意象，做出了脱离古诗与戏剧而走向新时代的西方科学理想的创举，那么我舅舅贴在窗户上的纸月亮，则是一个中国人对家族与爱人必将团圆的情感理想。他们来自同一个故乡，同一个祠堂边上，甚至说着同一种方言。所不同的是，洪炳文把漫游月亮的幻想写在了纸上，而我舅舅则直接把写字的纸贴在了窗户上、天上。他们都拥有各自的"纸月亮"。而那被淹没在历史中，几乎完全不为人知的卓如，则夹在这两种秘密的"纸月亮"之间，犹如飞过民国记忆的嫦娥。

你一定想象过最美爱情的样子,你可能也有过一段值得珍藏的青春回忆。某一时刻,当爱情盛放,这世间的一切,都是满满的甜蜜和柔情。

繁星

✿都 德

在吕贝龙山上看守羊群的那些日子里,我常常一连好几个星期看不到一个人影,孤单单地和我的狗拉布里以及那些羔羊待在牧场里。

有时,于尔山上那个隐士为了采集药草从这里经过,有时,我可以看到几张皮埃蒙山区煤矿工人黝黑的面孔;但是,他们都是一些淳朴的人,由于孤独的生活而沉默寡言,不再有兴趣和人交谈,何况他们对山下村子里、城镇里流传的消息也一无所知。

因此,每隔十五天,当我们田庄上的驴子给我驮来半个月的粮食的时候,只要我听到在山路上响起了那牲口的铃铛声,看见在山坡上慢慢露出田庄上那个小伙计活泼的脑袋,或者是诺拉德老婶那顶赭红色的小帽,我简直就快活到了极点。

我总要他们给我讲山下的消息,洗礼啦,婚礼啦,等等;而我最关心的就是斯苔法奈特最近怎么样了,她是我们田庄主人的女儿,是方圆十里最漂亮的姑娘。

我并不显出对她特别感兴趣,装作不在意的样子打听她是不是经常参加节庆和晚会,是不是又新来了一些追求者;而如果有人要问我,像我这样一个山沟里的牧童打听这些事情有什么用,那我就会回答说,我已经二十岁了,斯苔法奈特是我一生中所见过的最美的姑娘。

可是,有一次碰上礼拜日,那一天粮食来得特别迟。

当天早晨,我就想:"今天望弥撒,一定会耽误给我送粮来。"接着,将近中午的时候,下了一场暴雨,我猜测,路不好走,驴子一定还没有出发。

最后,大约在下午三点钟的光景,天空洗涤得透净,满山的水珠映照着阳光闪闪发亮,在叶丛的滴水声和小溪的涨溢声之中,我突然听见驴子的铃铛在响,它响得那么欢腾,就像复活节的钟群齐鸣一样。

但骑驴来的不是那个小伙计,也不是诺拉德老婶。而是……

瞧清楚是谁!我的孩子们哟!是我们的姑娘!她亲自来了,她端端正正地坐在柳条筐之间,山上的空气和暴风雨后的清凉,使她脸色透红,就像一朵玫瑰。

小伙计病了,诺拉德婶婶到孩子家度假去了。漂亮的斯苔法奈特一边从驴背上跳下来,一边告诉我,还说,她来迟了,是因为在途中迷了路。但是,瞧她那一身节日打扮,花丝带、鲜艳的裙子和花边,哪里像刚在荆棘丛里迷过路,倒像是从舞会上回来得迟了。

啊,这个娇小可爱的姑娘!我一双眼睛怎么也看她不厌。我从来没有离这么近地看过她。在冬天,有那么几回,当羊群下到了平原,我回田庄吃晚饭的时候,她很快地穿过厅堂,从不和下人说话,总是打扮得漂漂亮亮,显得有一点骄傲……

而现在,她就在我的面前,完全为我而来,这怎

么不叫我有些飘飘然?

她从篮筐里把粮食拿出来后,马上就好奇地观察她的周围,又轻轻地把漂亮的裙子往上提了提,免得把它弄脏,她走进栏圈,要看我睡觉的那个角落,稻草床、铺在上面的羊皮、挂在墙上的大斗篷、牧杖与火石枪,她看着这一切很开心。

"那么,你就住在这里啰,我可怜的牧童? 你老是一个人待在这里该多烦呀! 你干些什么? 你想些什么?"

我真想回答说:"想你,女主人。"而我又编不出别的谎话来;我窘得那么厉害,不知说什么好。我相信她一定是看出来了,而且这坏家伙还因此很开心,用她那股狡猾劲使我窘得更厉害:

"你的女朋友呢,牧童,她有时也上山来看你吗? ……她一定就是金山羊,要不然就是只在山巅上飞来飞去的仙女埃丝泰蕾尔……"

而她自己,她在跟我说话的时候,仰着头,带着可爱的笑容和急于要走的神气,那才真像是埃丝泰蕾尔下了凡,仙姿一现哩。

"再见,牧童。"

"女主人,祝你一路平安。"

于是,她走了,带着她的空篮子。

当她在山坡的小路上消失的时候,我似乎觉得驴子蹄下滚动的小石子,正一颗一颗掉在我的心上。我好久好久听着它们的响声;直到太阳西沉,我还像在做梦一样待在那里,一动也不敢动,唯恐打破我的幻梦。

傍晚时分,当山谷深处开始变成蓝色,羊群咩咩叫着回到栏圈的时候,我听见有人在山坡下叫我,接着就看见我们的姑娘又出现了,这回她可不像刚才那样欢欢喜喜,而是因为又冷又怕、身上又湿,正在打寒战。

显然她在山下碰上了索尔格河暴雨之后涨水,在强渡的时候差一点被淹没了。可怕的是,这么晚了,她根本不可能回田庄了,因为抄近的小路,我们的姑娘是怎么也找不到的,而我,我又不能离开羊群。要在山上过夜这个念头使她非常懊恼,我尽量使她安心:

"在七月份,夜晚很短,女主人……这只是一小段不好的时光。"

我马上燃起了一大堆火,好让她烤干她的脚和她被索尔格河水湿透了的外衣。接着,我又把牛奶和羊奶酪端到她的面前;但是这个可怜的小姑娘既不想暖一暖,也不想吃东西,看着她流出了大颗大颗的泪珠,我自己也想哭了。

夜幕已经降临。只有一丝夕阳还残留在山巅之上。

我请姑娘进到"栏圈"去休息。我把一张崭新漂亮的羊皮铺在新鲜的稻草上,向她道了晚安之后,就走了出来坐在门口……上天可以作证,虽然爱情的烈火把我身上的血都烧沸腾了,可我并没有起半点邪念。我想着:东家的女儿就躺在这个"栏圈"的一角,靠近那些好奇地瞧着她熟睡的羊群,就像一只比它们更洁白更高贵的绵羊,而她睡在那里完全信赖我的守护,这么想着,我只感到无比的骄傲。

我这时觉得,天空从来没有这么深沉,群星也从来没有这么明亮……突然，“栏圈”的栅门打开了，美丽的斯苔法奈特出来了。她睡不着。羊儿动来动去，使稻草沙沙作响，它们在梦里还发出叫声。她宁愿出来烤烤火。

看她来了，我赶快把自己身上的羊皮披在她肩上，又把火拨得更旺些，我俩就这样靠在一起坐着，什么话也不讲。

如果你有在迷人的星空下过夜的经验，你当然知道，正当人们熟睡的时候，在夜的一片寂静之中，一个神秘的世界就开始活动了。这时，溪流歌唱得更清脆，池塘也闪闪发出微光。山间的精灵来来往往，自由自在；微风轻轻，传来种种难以察觉的声音，似乎可以听见枝叶在吐芽，小草在生长。白天，是生物的天地，夜晚，就是无生物的天地了。

要是一个人不经常在星空下过夜，夜就会使他感到害怕……所以，我们的姑娘一听见轻微的声响，便战栗起来，紧紧靠在我身上。

有一次，从下方闪闪发亮的池塘方向发出了一声凄凉的长啸，余音缭绕，直向我们传来。这时，一颗美丽的流星越过我们的头顶坠往啸声的方向，似乎我们刚才听见的那声音还携带着一道亮光。

“这是什么？”斯苔法奈特轻声问我。

“女主人，这是一个灵魂进入了天国。”我回答她。

她抬着头，凝神片刻，对我说：“这是真的吗？牧童，你懂巫术吗？你们这些人都懂吗？”

“没有的事！我的小姐。不过，我们住在这里，离星星比较近，所以对天上发生的事比山下的人知道得更清楚。”

她一直望着天空，用手支着脑袋，身上裹着羊皮，就像天国里的一个小牧童。

“瞧！那么美！我从来没有见过这么多星星……牧童，你知道这些星星的名字吗？”

“知道，小姐……你瞧，在我们头顶上的是‘圣雅各之路’（银河）。它从法国直通西班牙。这是加里斯的圣雅各在正直的查理大帝与阿拉伯人打仗的时候，为了给他指路而标出来的。再远一点，你可以看见‘灵魂之车’（大熊星座）和它四个明亮的车轴。走在前面的三颗星是三头牲口，对着第三颗的那一颗很小的星星，就是车夫。你看见周围那一大片散落的小星吗？那都是仁慈的神明不愿意接纳进天国的灵魂……稍微低一点，那是‘耙子’或者叫‘三王’，这个星座可以给我们牧人们当时钟，我现在只要朝它一望，就知道已经过了午夜时分。再稍微低一点，老是朝着南方的是‘米兰的约翰’（天狼星），它闪闪发亮，是群星的火炬。我给你讲讲我们牧人关于它的传说。有一天夜里，‘米兰的约翰’和‘三王’以及‘北极星’（昴星），被邀请去参加它们朋友的婚礼。‘北极星’急急忙忙从上面那条路先出发了。‘三王’从下面那条路抄近赶上了它；但‘米兰的约翰’这个懒家伙，它睡得很迟才起来，一直落在后头，它很恼火，为了阻拦它的同伴，就把自己的拐杖向它们扔去。所以，‘三王’又叫作‘米兰的约翰的拐杖’……不过，所有这些星星中最美的一颗，是我们自己的星，那就是‘牧童的星’。每天清晨，当我们赶出羊群的时候，它照着我们，而到晚上，当我们驱回羊群的时候，它也照着我们。我们还把它叫作‘玛格洛娜’，美丽的玛格洛娜追在‘普罗旺斯的皮埃尔’（土星）的后面，每隔七年就跟它结一次婚。”

“怎么！牧童，星星之间也有结婚的事？”

“有的，小姐。”

正当我想向她解释星星结婚是怎么一回事的时候，我感到有件清凉而柔细的东西轻轻地压在我的肩上。原来是她的头因为瞌睡而垂了下来，那头上的丝带、花边和波浪似的头发还轻柔可爱地紧挨着我。

她就这样一动也不动，直到天上的群星发白，在初升的阳光中消失。而我，我瞧着她睡着了，心里的确有点激动，但是，这个皎洁的夜晚只使我产生美好的念头，我得到了它圣洁的守护。

在我们周围，群星静静地继续它们的行程，柔顺得像羊群一样；我时而这样想象：星星中那最秀丽最灿烂的一颗，因为迷了路，而停落在我的肩上睡觉……

（柳鸣九/译）

惊梦

JINGMENG

岑桑

一

方博声站在新光影院的门前，软呢礼帽沾了薄薄的雨珠，像长了层细亮的绒毛。1936年的春天，《摩登时代》占据了上海大小影院的海报。今天他和校长扯了谎，出来约白仪看电影。可是开场的铃声已经响了，也不见白仪人影。

“先生，你等的人没来吧？”

说话的，是个十五六岁的女孩，身后坠着虚笼笼的辫子。明亮眸子，有股鬼精的神气。她看着方博声手里被雨水浸得软塌塌的票子说：“能不能请我看？”

方博声失落地瞥了眼空落的街道，说：“算了，就请你吧。别糟蹋了电影票。”

方博声是圣玛利亚女子中学的英文老师，为人方正规矩。去年从英国留洋回来。一口牛津腔，颇得校长赏识。白仪是他在英国念大学时的女朋友，一同回国后，原本就该谈婚论嫁了，可白仪却像换了个人似的，反与他越走越远。

从影院出来，方博声几乎记不起都看了些什么。他身边的女孩却喋喋不休地复述着滑稽的剧情。

“站住！”

方博声突然听到一声厉喝，一个满脸花白胡子的男子径直走过来，有股说不出的戏腔痞气：“锦倌，我让你买二两小笼包子，你死哪去了！”

方博声身边的女孩闻声手脚一颤，显然“锦倌”就是她了。她一把扯起方博声的衣袖，说：“这位先生找不着新光影院，我带他去看看呢。”

方博声不动声色地扫了眼锦倌，配合着说：“看来，我是要和你说声谢谢了。”

锦倌便掩口笑了，眼角溢出一丝少女狡黠的媚态。

二

白府夜宴。这幢毗邻梅府的大宅子，在马斯南路上也算精雅富贵。从美国请来的爵士队，在大厅的一角，奏着《Moon》。小号流丽婉转的音色，感染着宾客蠢蠢欲动的情致。方博声一个人坐在沙发上，饮一杯酒。

他是凭着白仪男友的身份，才坐到这里的。白家上下，没人给过他一个正眼。方博声忍着，守着心里那点清高自傲，不与人攀谈。他远远地看着白仪，宝蓝旗袍，滚着黑丝绒的边，波鬈长发垂在肩上，漫不经心，又一丝不苟。

在伦敦念书的时候，白仪一身素雅清爽看不出半点浮夸，如今举手投足，都透着世故媚俗。方博声想起当年一位朋友的告诫——长在白家这样的豪商世族，白仪眼前的朴素，不过是脱开铜臭后的安逸。回了上海，她还是名利场上的交际花。

现在看来，这更像是一句判词。一语定了酒光灯影中的白仪，浮世缭乱的后半生。

宅子的花园里，忽然传进一串散漫的锣鼓。白府的老夫人，领着宾客进了园子。就在假山错落的间隙里，搭了《游园惊梦》的戏台。此时，屋子里的爵士乐停了，台上一句"梦回莺啭"，赚足了彩头。方博声也循声望去，台上的杜丽娘不过是十五六岁的光景，可是身段做派，却是十分老辣，一双水袖舞得旖旎轻盈。白仪此时才肯过来，陪他静静地站一会儿。

方博声打趣说："白小姐和白同学真是大有不同啊。"

"看不惯了？"白仪垂着眼，语锋却犀利异常。方博声已经隐隐品出潜伏的那层深意。可是于爱情，人不引颈挨一刀，便死不了那念头。

方博声说："看来做白小姐的男朋友，我还要多学习了。"

白仪却翩然笑了："有些事是学不来的。勉强没意思，咱们是时候分开了。"

方博声只觉得台上那几分错落鼓点都细碎地敲进了心里，把许多年的自以为是敲碎了。杜丽娘咿咿呀呀地唱着心事，剪不断，理还乱，闷无端，已吩咐催花莺燕借春看。她拧身，一指兰花虚虚点来，眼角飞起一抹狡黠，让方博声恍然想起影院门前的锦倌。只是，一分错愕走神，白仪便已走了。方博声的心，转瞬成了一壶隔夜的凉白开，多少沸腾的热力，都化作了往事，只剩下一把寒气，透着股馊味儿。

三

"这是昆曲，不是京戏，看你这留过洋的先生，也分不出这些。"

方博声原是要等戏散了，和白仪再说些话。可是白仪却早早地走了，只留下个老妈子挡驾。方博声没等到白仪，却等来了锦倌。她卸了妆，一身细花蓝袄，显得格外清秀。大抵还是年少，看不出个神色，尽管围着方博声絮聒。

"这戏可高贵着呢，师傅说，以前也只有士大夫才品得出味儿来。"

方博声随口应着："现在会唱的不多了。"

"可不是，全上海也就是仙霓社和我们能唱了，这年景，逃荒的逃荒，奔命的奔命，没人有心思听了。听说白家老太太以前是在宫里做过事的才好这口呢。"

锦倌的师傅看见她又在偷懒，一个巴掌扇过来："小蹄子，在这寻死呢！"

方博声忙伸手挡开了："还是个孩子，下手别太重了。"

师傅也不争辩，抱了抱拳说："这位爷，喜欢我们家锦倌，别在这儿护着，这丫头在凤鸣楼挂牌呢，有心就去捧个场。"

锦倌绕到师傅身后，对方博声吐了吐舌头，跑走了。方博声抱拳回礼，却说不出什么江湖上的场面话来。

从白府出来已是深夜，凉薄的夜雾，轻轻蜷在巷子里。四下无人，方博声强撑着走过马斯南路，眼泪就下来了。为白仪，也为自己。他不想做个死缠烂打的男人，可是数年的感情，寥寥几句就断了，也确是心有不甘。他靠在墙角，燃了支烟。迷暗薄雾里，隐隐传来委婉的唱腔。

拣名门一例一例里神仙眷，甚良缘，把青春抛得远……

是锦倌吧。小小年纪已把几世情爱唱得透彻传神。方博声在自己吞吐的烟雾里，安静地听着。只是他分不出，那些温雅细腻的唱词，说的究竟是谁家心愁，谁人忧。

四

方博声再见到白仪，只在报刊上了。和某家公子剪了彩，或是和名媛们参加慈善晚宴……最近她是霍家小开新任的女友。她成了真正的花边，在豆腐块大的照片里，点缀了一片黑白的影。

转眼已近圣诞，圣玛丽亚女校本是教会学校，这个日子显得格外隆重。方博声的一个朋友从英国回来了，他抽空去探望。朋友住在乍浦路的一条老弄堂里。言谈间朋友尽是避开白仪，方博声想，自己的事大抵已是无人不知了，话题也就变得索然无味起来。

从朋友的住处出来，起了风。方博声缩在淡薄的夜色里，听见一阵锣鼓。他看见一方“凤鸣楼”的横额，分外眼熟，忍不住多瞥了一眼，发现那个相熟的名字，竟已挂了头牌。他转进去，拣了个靠舞台的座。台上舞袖清唱的，正是锦倌，拂墙摇影，步软熏风，每个亮相，都能讨个满堂彩。

连一个小戏子，也混出这般名堂。方博声心里忍不住悲凉。

这一晚，他喝了点酒，扯散领带，像跑马场上脱缰的马，没了半分规矩。他点个花篮送去后台，大红名帖上，给四百年的老戏写了句无人能懂的洋文贺词。他觉得自己终于做了回肆无忌惮的看客，可以无所谓之地胡言评说。只是他一迈出大门，就听见身后有人叫他：“还真是你，我当你早把我给忘了呢。”

说话的，正是锦倌，妆卸了一半就追出来。女孩子长得真快，转眼间已生出风情。她扯着方博声懒散的领带说：“你等我。”

方博声陪着锦倌坐在圣玛丽亚中学的小钟楼上。晨曦薄薄的亮光，弥漫在天际。锦倌说：“谢谢你，带我来这儿。我早想来看看了。在这里学习，一年要两百多块吧？真让人羡慕，听说这里的女孩子们都会做文章的是吗？看来她们都是做太太的命了……”

方博声发现自己很喜欢默不作声地看锦倌聒噪如雀。锦倌忽而来了兴致，拈指花，拿身段，钟楼晨光宛若荒古戏台。只是没想到，那一句“没乱里春情难遣”，惹来假戏真情。

方博声借着未散的酒劲，突然放肆地揽住她，头脑里仿佛所有东西都烧成了热气，从头发丝里袅袅地蒸了出去。

锦倌垂着眼，低低念了句戏文：“那生素昧平生，因何到此？”

方博声便俯身吻了她。他想，这可能是一场梦，醒来的那天不会太远。所以他要梦得尽兴、彻底、一丝不留。

五

锦倌成了方博声的小情人。她是一个十六岁的戏子，从年龄到身份，都是见不得光的。不过，锦倌从不介意。不是她伏低惯了，而是她更清楚，那只是一场梦。八抬大轿，迎进方博声二楼的小公寓，仿佛是卓别林的默片一样古怪离奇。或许，也因为年轻，未来还有太多转身的余地，就像她在台上抖一圈水袖，轻而易举。

这一日，方博声的门被敲得山响。方博声只道是锦倌来了，穿着邋遢的衬衫就拉开了门。可是门外站着的，却是白仪。他呆立片刻，才忙乱地往裤子里掖衣襟。白仪却一把搂住他的脖子说：“我们结婚吧。”

门就那样大敞着，楼道里是暗的，窗外灰色的水门汀墙壁，映着路灯微弱的光。方博声隐约听到些脚步，轻悄地停到了楼梯口。白仪嘭的一下关上了门。

白仪温软地靠在他怀里，说：“怎么不说话？”

方博声像惊醒一般，说：“好。”

其实，方博声也不清楚自己为什么会说好。也许，他顺从白仪，已经成为习惯。之后，他去找了锦倌。锦倌坐在后台的椅子上，白色的脸颊沁着汗。她毫无掩饰地问：“我今天都看见了，你准备怎么办？”

方博声低着头说：“我答应她了。”

锦倌描眉的手，一瞬停住了。她叹了口气说：“还好你什么都没答应我。你这就走吧。”

锦倌的师傅挑开帘，送方博声出去，锦倌连身子都没动。她只是在方博声的背上重重地推了一把，那力道，像推走一艘离岸的船，看着它缓慢地，流远了。

六

1937年，战火燃进上海。方博声和白仪草草结婚，随着白家搬去了香港。这场婚姻他觉得自己倒像是嫁的那一个。白仪帮他在家族企业的香港分公司里安插了个不大不小的职位。这样看起来，他也开始像个成功人士了。至少，他已经有了成功人士的小肚腩。来年春天，白仪生下了儿子，白嫩粉圆，全家欣喜。方博声就是从那年起，有些微微的谢顶了。白仪笑他，愈发像个糟老头子。他也只是笑笑，听着。这个家，没有风浪的，人人性子温腻可敬。有时，白仪想和女伴参加舞会，方博声也不拦着。老妈子哄着孩子睡了，他一个人坐在阳台上听广播，其实，他也不是想听什么，只是任凭收音机嗞嗞啦啦的杂音，把空气糅杂进一丝沉闷。

1941年，香港沦陷。方博声跟着白家，又逃回了上海。马斯南路的房子还算完好，听说也是沾了梅府的光。这一年，白家的老太太，终于经不住折腾，离世了。不过，三岁的儿子，倒是长得虎气。方博声在租界里，依然和万国客商谈他的生意，此时的他，已经很像个生意人了，夜里也会陪客人去百乐门逍遥。他不觉得这有什么不妥，只是偶尔遇见圣玛丽亚女校的旧同事，有些启不了齿，到底是有些羞愧心的。

这一天，百乐门里刚起了《花好月圆》的调子，方博声便看见一个熟人，驼着背，在舞客里拉皮条。他该是锦倌的师傅，只剩下 把花白虬髯，还有股子从前的英气。方博声上前一把抓住他问："锦倌呢？"

那师傅定了半晌，才龇开一口黄牙谄媚地笑了："这不是方爷吗？找锦倌，你可找对人了。"

方博声的心一下就沉了。

七

这晚，方博声在沉暗的石库门里，见到了锦倌。她坐在天井的马扎上，和几个粗拉女人磕嘴磨牙，孩子就睡在肩头，依稀有些她的模样。方博声远远地站着，有点不敢认了。锦倌当年那副妖娆身段，裹在旧红的衣服里，松松地垂出股懈怠。也只有那把声音，倒还在的，清丽悦耳地数念着油米茶糖。她大抵是看见人影在门前晃着，眼风不经意地漫过来。方博声慌忙闪进暗处，脸上尽是夹竹桃的碎乱影子。他揪着师傅问："锦倌……怎么就嫁了？"

"不嫁她又能怎样？"师傅老了，但手上的功夫还在。他抖抖膀子，方博声就跌在一旁，"当年锦倌要不是看见你和那个女人抱在一起，也不会失心疯地从台上跌下去。知道让你走的那天锦倌为什么连站都不站吗？因为她的腿折了！我教她唱念做打十二年，生生毁在你身上。没有你，锦倌今天就是个角！"

方博声乱了，这么多年修炼的定性，毁于一旦。他看见天井里，一跛一跛地印出个身影。他怕了，像一窝子照见光的老鼠，夺路逃窜。他见到黄包车，连价都没杀就跳了上去，只嚷着，快走，快走。

白仪这会儿该在家里吧，孩子也该睡了。这些年，他该是为了爱这个家，忙得天翻地覆吧。只是，从那孩子早产两个月开始，他不就知道那不是自己亲生的吗？上海这个圈子能有多大？霍家公子的风流韵事，又能藏住多少？他想，他还是爱白仪的，才会帮这沪上名媛收拾烂摊子。这些年，他忍辱负重，也都是为了爱，应该没有别的意思了。其实，就算有些别的意思，也没什么大不了的。锦倌不是说过吗？这年景，逃荒的逃荒，奔命的奔命，他哪还有心思管什么爱与不爱。

石库门的巷子远了，只有一缕戏腔悠悠遥送，困春心，游赏倦，也不索香熏绣被眠。这是《游园惊梦》的最后一啼吧。方博声一腔眼泪，却冻硬了心。他回家，客厅里水晶灯照得通明。白仪坐在四方桌旁，和几位太太打麻将，无名指上的火油钻，琉璃璨亮。一位太太推了推发卷吊声说："方先生，也来玩两圈吧。"

方博声走过去，"哗"的一下掀翻了桌子，说："滚！"这已是1945年的春天，日本人即将战败投降，方博声忽然来了底气，学会发脾气了。

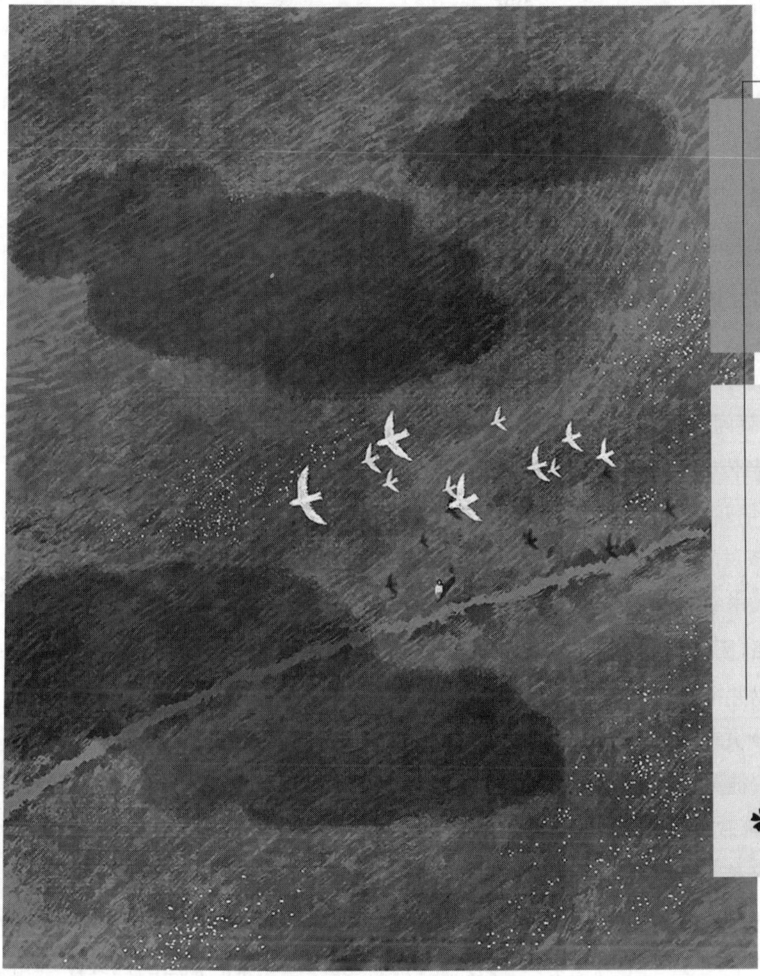

从前的日色变得慢，
车，马，邮件都慢，
一生只够爱一个人。
——木心

远山有灯

✽ 刘墨闻

四月时，北方的春天才到，乍暖还寒，满天的白色开始融化，雪水灌溉远山。每当这时爸爸便会沿着水流淌的方向迈进郊区的山里，给爷爷奶奶扫墓。去年扫墓回来的爸爸对我说，他在山上遇见了当年教我练拳的师父。爸爸上前和师父聊天，师父却早已不认识他，爸爸想和师父多攀谈几句，询问一下近况也不行了。他远远看着师父在山上留了一会，就回来了。师父却一直逗留在山脚，半卧在一张破木椅上，好像在等着什么。

跟师父学拳时我还很小，那时老家的山还没变成坟场，远远地落在市区边上，山脚下住着一些种地和养殖的农民，我儿时体弱，打架老是躲在三哥后面，爸爸看着犯急。后来他给郊区农民送化肥时，偶然看见师父在那里教娃娃练拳，便萌生了让我去学的想法，就当是锻炼身体，也好过我总是窝在家里。

我记得跟父亲去学拳的路上，会路过一条铺满白杨树叶的砖路，下了车，沿着凹凸不平的土道，深一脚浅一脚地往前走，有试探的感觉。师父喜饮酒，从山西寄回的汾酒，爸爸左手提着颠簸，一下一下，右手牵着满心好奇的我。我抑制着害羞，小心翼翼地跟着父亲走。

师父教的是北方八极拳，刚猛强劲，贴身短打，爆发力强，属于国术里比较适合实战的拳种，在北方很流行，除了拳术，还有棍棒长枪，也和他家套路不同，独树一帜。

我拜师的时候，师父已经年过半百，但精气十足，走拳步步生风。小时候练基本功不肯吃苦，经常偷懒，被师父打手板，有时打得轻了，自己还猴精似的鬼笑，气得师父又加罚打一下，这次若是手重了，我就会微微地喘些哭腔，师父马上就心疼得不行，一边哄一边给我揉手，这时小师叔就会站出来说：“严点出真活儿。”可师父边揉边说：“都是家里的宝，打坏了可了不得。”

平日里师父不在，我们就跟小师叔学拳，有嘴碎的年龄稍微大点的学生，就问小师叔为啥师父既不结婚也没孩子，还不收亲传。每当问到这，小师叔都要叹气摇头，后来我们知道的关于师父的事，都是在练拳间歇听小师叔讲的。

早年师父是跟随他父亲学拳的，也就是我们师爷。那时候师爷授拳严格，因为八极拳是挨捞挤靠，硬开硬打的功夫，所以并不适合女孩练，但师爷有一至交好友，把自己女儿交托给了师爷，这样师爷就收了这个女孩为二徒弟，也就是我们霞师叔。后来，师爷又收了小师叔，算上师父，霞师叔，自此师爷一共收了三个亲传，若干入室弟子。

那时候师爷家境殷实，良田十亩，瓦房三间，清河淌着小溪水顺着稻田往下，不远的地方还有一个备用的直升机场，有时候会呼啸着一阵风来，练拳的孩子们便知道有直升机过来了，他们也会呼啸着往风来的方向跑，任师爷怎么叫也不回头，只为在禁区外面遥遥地望上飞机那么一眼。等到飞机走了，他们又穿过稻田，沿着小河一路跑回来，嬉皮笑脸地接受师爷的惩罚。

那时候每次跑出去看飞机，都是师父最慢，有时他还没来得及跑出院子，就被师爷的目光钉在了原地。他太怕师爷了，师爷的一举一动都会被师父过分地揣测，他越怕，师爷就越恨，越觉得师父没有半点习武之人的样子。

但每当飞机来时，师父若是真的跑了出去，那一定是霞师叔帮了忙，一路拉着他往外奔，在人群最后的两个少年，他们手牵着手惶恐又兴奋地往前跑，又频频回头，直到看见飞机变成一只鸟，他们再悻悻地回巢。

霞师叔聪明伶俐，身形架子都极好，性格又酷似男孩，深得师爷宠爱，有时霞师叔带着师父犯了事，师爷也不会过分追究，只让他们同众人一起受罚。后来师父遇事，总要霞师叔帮忙拿主意，他们关系也较他人更亲近。

每到酷暑晌午刚过，太阳烤得蝉鸣不止，做完功课的师兄弟们就跑到小河边，争先恐后地尖叫着投进去，连衣服也不脱，霞师叔有时在河边看着他们玩，师父也在河岸边陪着她，看河里的人把水打到河沿上来，师兄弟们喊着让他们俩下来，师父每次都拽着霞师叔，不让她下水，还说水太脏，太凉，下去容易生病，他们也就真的没下去过。

有一次他们又去河边野浴，师兄弟们已经下水，见师父和霞师叔又是在远处乘凉，他们便又从水里爬到岸上，硬是把霞师叔拉进了水里。那天师父和师兄弟们打了一架，尴尬收场，当天师爷罚他们扎桩一晚上。

后来每到再去河边的时候师父便不去了，有一次霞师叔又跟着师兄弟们去河边玩，回来后师父就跟霞师叔大吵了一架。事后的几天，师父都不和霞师叔说话，大家也都瞧得出来，他们刻意避免接触对方，有时直升机来了又去，师兄弟们奔袭出去，师父只留在院子里远远地看他们。

直到年下的冬天快要过去，春天还没来时的某一天，一架架直升机呼啸着落到山的附近，又匆忙地离开。附近的村民奔走相告，出事了，辽宁出事了，营口出事了。

七五年二月，海城地震，因为提前发布了预警消息，当地不少人出去避了难，但还是有很多人遇险，东北各地组织救援，直升机一架架地去，物资一批批地运。当晚，霞师叔所在的防疫站也被调进救援队，前往灾区参与防治传染病工作。

霞师叔前脚刚登上救灾的火车，就从窗口看见师父也跟着闯进车站来，他挨个车窗翻找着霞师叔，直到他们的距离足够呼喊对方时，才看见彼此。师父听人说后续可能还有余震，他想把霞师叔劝下来，先不要去。但霞师叔坚持要参加救援，他们在火车内外又大吵了一架。最后没办法，在火车就要开动时，师父硬是挤开人群爬上了车，陪着霞师叔去了海城。

一夜火车到了海城后，他们一下车就长了见识。当地的灾民像末日一般杀猪宰羊，到处哄抢，来的物资还没到站点，便散落一地，黄鼠狼满地跑，抓小鸡崽，鸡都上了树，耳边轰鸣，分不清是人声还是兽语。

后边靠着山东运来的木头塑料布，前倚着鞍山的钢和哈尔滨的药，救援队顶着物资前进，注定被人群冲散，师父挡在霞师叔前面，拽着她的手，两个人拼命地往外逃，那一晚队伍已经不再是队伍，分散的人们各自寻找着救助点。

师父和霞师叔没找到救助点，只找到了一个柴火垛子。晚上风硬，两个人便一起钻了进去，互相依偎着取暖，透过玉米秆稀松的缝隙，瞧着外面的情况。

月光缓缓落下来，星星点点钻进柴火垛子，借着月光，师父瞧着霞师叔的侧脸，怀抱着霞师叔的后背。师父从未将自己置身于这样的险境，但那一晚，他却并不觉得害怕。

第二天他们回到了救助站，救援工作陆续展开，人们得到安抚，地方渐渐有了秩序。霞师叔在发放药品时还结识了一对做木工活的父子，一时间不知道哪里来的兴致，也开始学习木匠手艺，跟着这对父子学做了大外桌，小内桌，小长椅。

等到救援队分批撤离时，霞师叔却迟迟不肯走，师父就陪着她留在那儿。又过了段日子，最后一批队伍要走的前几天，霞师叔偷偷和师父说，她已经和木匠儿子好了，他们打算就在这儿结婚。

师父当时很惊讶，也很难过，但他什么都没有说，还是想劝霞师叔和他一起回去。霞师叔没有再理师父，而是和木匠儿子一起去找老木匠摊牌。

结果老木匠气得差点昏过去，他早在几年前就为儿子定好了婚事，这让霞师叔和心上人的境遇一下尴尬起来，媒妁之言父母之命硬生生地夹在他们之间。师父以为事情有了转机，就想带着霞师叔连夜离开，结果霞师叔告诉师父，她要和木匠儿子一起逃走，而且明天一早就走，如果师父也和他们一起离开，那就明早在村口的咽道上等。

咽道上有两条岔路，一条是奔着营口的方向，一条则是救援队撤退的路。师父说他会在救援队撤退的路上等，不会和他们一起走，如果霞师叔想通了，就到他这边来，如果第二天没有等到霞师叔，师父就自己回老家去。

第二天一早，天刚有些蒙蒙亮，师父就站在路口等着了，有救援队的人分批往外走，去到城镇的火车站离开，过了没多久，师父看见霞师叔和木匠儿子跟在一批进城人群的最后面，他们紧张兮兮地走到路口，忽然方向一转，丢下人群朝着营口方向一路狂奔，师父隔着几十米的距离眼看着他们跑掉，连一句再见都没来得及说。

就在师父不知所措时，老木匠带着乡亲从村子里冲了过来，他们为了追赶孩子沿着村道一路喊着跑下去，快跑到咽道时，忽然有人拦住了去路。只见师父提着一根长棍，立在咽道上，不让人过去。村民们绕开师父往前走，却被师父一棍扫回来，人群一拥而上，双方打在一起，最后谁也没有占到便宜，师父单凭一根木棍，守着这条路不知多少个时辰。

后来镇上来人把师父抓走了，拘了些时日，又教育一番，便放回了老家。回来后师爷气得生了场大病，很久没能下地，也不再教拳。师兄弟们便作鸟兽散，只剩下为数不多的几人。

时间往前赶，又过了段日子，师父收到霞师叔来信："落脚营口，一切都好，勿念。"

师父回信："速择日归家，等你。"

这一等，便遥遥无期。几年过去了，师爷大限将至，临走时仍然挂念着霞师叔，末了还在问师父："霞儿回来了吗？"

师爷走后，师父给霞师叔发了电报告知，希望她能回来吊唁。哪知数日后收到回信："家中贫瘠，已无米下锅。"当晚师父便带了钱和粮食，从四平老家出发，坐了一夜的火车，到了营口又搭车走路，总算是把钱和粮食送到了霞师叔那里。

一别数年，两个人却没有时间多待一会，隔日师父便要回来料理丧事，又是分别路口，师父问霞师叔何时归家。

霞师叔说："我丈夫孩子都在这，离不开。"

师父不语。

霞师叔又问："你可成家了？"

师父说："没有。"

"赶快成个家，把本事传下去。"

"我会等你回来。"

"别等我，我不会回去了。"

说到这，师父忽然哭了，像个孩子一样仰面朝天地哭着，他边走边哭，边哭边喊："我等你，我就等你，我会一直等你。"

师父这一等，又是二十几年，直到我们这辈不争气的孩子们上山。好好的本事，让我们学成了花架子，也还是没有等到师父成家。好好的师父，熬成了年过半百的老头，也没有等到霞师叔回来。

我上山快半年的时候，忽然有一天小师叔从外面疯跑进院子，跪在师父耳边说了些什么，师父便呆住了。他晃晃悠悠地站起来，怒喝了一声，随手抄起手边的圈枪，抬手便在院子里画出一个圈，然后提枪转身一挥，带起一阵尘土，横绝大漠般挥扫过去卷起一阵风后，却支着枪立在原地不动了。

师父双手扣紧枪身，脑袋又埋在手背上，枪头深深扎进土里。就这样安安静静地立了一会后，竟颤抖着悲恸地哭出声来，那根同样年迈的长枪被师父哭得不停摇晃，像是告别时的拥抱一样。

后来小师叔告诉我们，那天霞师叔病故了，他们没来得及看彼此最后一眼。

尽管如此，师父还是去参加了葬礼，他自己带着包裹，又坐了一夜的火车，风尘仆仆地去了，灵堂里亲属们互相抚慰，故友奔走寒暄，只有这个老人，他坐在宾客的最后一排，远远地看着摆在正中央照片里的人。没有谁在葬礼上问一问这个老人，他到底是谁，是已故之人的朋友还是亲人。他只是来这里送她最后一段路，就像当年在村口咽道那次一样。

从那以后，师父便不再教拳，他说教不动了，就安安心心种地养老了。我们下了山，偶尔有人回去看他，只见师父拿着一张破椅子，卧坐在村口，却也不知道他在等谁。

去年我回家过春节，爸爸又告诉我，他后来又去山上寻过几次师父，最后一次去时，邻居告诉他师父已经住进了疗养院，那时的师父已经谁都不认识了，自己也忘了自己是谁，老是走错院门，还总是弄坏别人家园子。

我打听了疗养院的位置，带了些油茶水果，寻着地方去探望师父，一路上都想着小时候学拳总是跟师父撒娇，举着手累了就悄悄放下来，被师父看见了就一个戒尺打在手心上。

疗养院人不多，但是杂乱得很，哭声喊声交织在一起，让人避之不及。我绕了几个地方，还是找到了师父，他衰老得非常明显，弯曲着身子，头发稀疏，蜷缩在床边，像一个做错事的孩子。我上前去叫了一声师父，他好似没听见，抬起头瞟了我一眼，又低了下去，像不认识我一样。

我就在他前面找了个板凳，陪着他静坐了一会，后来他注意到我，我就往前蹭了蹭，喊了一声："师父。"老头表情一怔，眼睛开始缓缓地聚焦，有了星星点点的碎光。

我把手放在他的膝盖上，又叫了一声："师父。"

一丝温柔在师父的脸上缓缓地展开，他拾起我的手放在自己怀里，问我："疼吗？"

我泪眼蒙眬地从凳子上起身，蹲跪在地上，喘着粗气说："不疼。师父，一点也不疼。"

一个少女

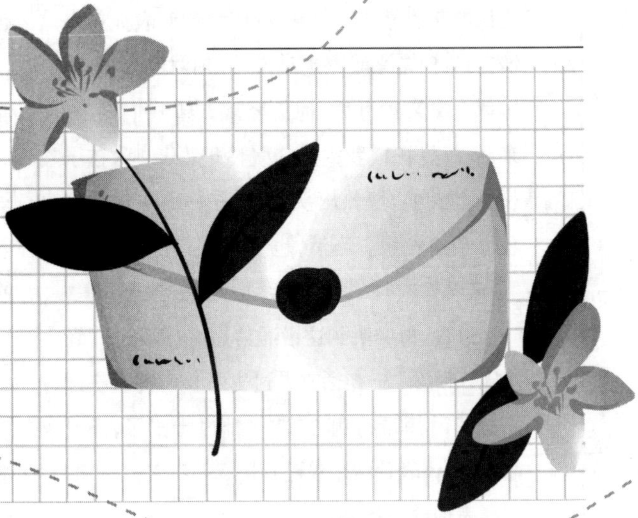

✽程树榛

1

少年时代，我曾被月老强行和一个少女拴在一起，但后来，那根红线被我自己剪断了。

我们家本是宋朝理学家“二程”的后裔，祖上曾做过大官，也曾煊赫一时；后因受天灾之苦、兵燹之害，终至家道中落。不过，到我祖父那辈，仍以大清国末代秀才为骄傲，号称“书香门第”。因此，我前辈的婚姻还大讲门当户对，要反复挑选，方才成婚；而且根据当地习俗，皆在很小的时候就订下娃娃婚约。

可是，我时乖命蹇，不满三岁，便慈父见背，只有孤儿寡母相依为命，因此，我的婚事也搁浅了——家庭条件好的，嫌我们家江河日下，不肯俯就；家庭条件差的，我母亲又觉得门户不相当，有损程家门楣，也不愿轻易答应。虽然提亲者不断，皆未能成功。我那时正在童年，对此浑然不觉，漠不关心，任凭命运安排。

“书香门第”给予我最明显的“烙印”，是较一般孩子更早地获得书本知识。我虽系孤儿，但叔伯兄弟姐妹却很多，在大排行中属我最小，因而从小备受兄姊们的宠爱，从牙牙学语时，他们便教我读书习字。

幼年时，我已能阅读诸如《红楼梦》《西厢记》《隋唐演义》《罗成招亲》《穆桂英挂帅》等小说和戏剧了，书中的才子佳人对美满婚姻的追求，开始给我启迪。在懵懂中我逐渐构想出未来妻子的形象：一个容貌端庄、知书明理、三从四德的大家闺秀。

我母亲亦属名门之后，目光所及，和我大体相同，故也多有挑剔。因此，直到十岁过了，我的婚姻仍尚无着落。这在我们家乡“有身份”的人家中是少见的。我母亲也有了危机感，每见亲朋好友，总要提及此事，希望帮助我找到一个“合适人家”的女儿做媳妇。

2

合该我的红鸾星动，不久便有一位“有身份”的媒人来说亲了。

此人系我那位正在私塾里教书的表伯，我祖母娘家的侄儿。父亲在世时，这对表兄弟友情甚笃，他常来我家走动，二人相对而酌，一醉方休。父亲过世后，他仍经常看望我们母子，来后，总是抚摸我的脑袋爱怜地说："呵，孩子长这么大啦，快熬出头了。"——后一句是对我母亲的安慰。当然，也总是顺口问上一句："说亲没有？"

过去，母亲听到这话通常是这样回答："还小呢，不忙。"一句话支吾过去了。然而现在却不然了，立即恳切地答道："都过十岁了，还没着落呢，请表伯帮个忙吧！"

表伯欣然答允。

过不几天，便来了好消息：找到了一家"合适人家"。这家人乃表伯的远房亲戚，就住在离我们村不远的刘家庄，家有良田数十亩，镇上有茶食店一间，为一般实小康之家。主人膝下只有一女，生得娇美端丽，老两口视为掌上明珠，今已芳龄十二，因攀门户，尚未找到婆家。

日前表伯去他家做客，主人恰好也提出为女儿说媒的要求，表伯一听，正中下怀，当即把我们家的情况说了，除了宣扬我们如何家世久远和我母亲如何贤惠外，又特别把我美化一番，什么"年纪虽小，但天资过人，识书明理，将来必成大器"云云。主人对我们家族内情也略知一二，又听到表伯对我的溢美之词，当时便动了心，遂正式委托表伯从中作伐，使两家能够结为秦晋之好。

不过，从表伯的叙述中，我母亲也听出一点美中不足来：这位"美若天仙"的姑娘没有上学，目不识丁。这与我们程家的"书香门第"可不大相称。我母亲有点犹豫了。但话还没有完全说出口，却遭到我表伯的严厉批评："古人云，'女子无才便是德'，姑娘家认识几个字有多大用处？再说，凭你们这样孤寡人家，还能挑出个啥样的？过了这个村没有那个店，此等人家你们打着灯笼也没处寻哩！"

我母亲无话可说，点头应允。在表伯热心催促下，很快向对方下了聘礼。

说来很惭愧，聘礼太简单了：一匹大红缎子，两盒点心，外加一张书写生辰八字的帖子。一对少年的终身大事就这样被决定了。此时的我完全被蒙在鼓里。

3

过了很久，我才从别人嘴里听到这件事。对于将和我的命运紧密结合起来的那位少女，我心里一下子充满了神秘的向往，特别是听到有关她生得如何美丽的传闻后，想亲眼见她一面的愿望更加强烈了。

可惜我一直找不到这样的机会，因为刘家家教甚严，对女儿管束很紧；女儿也恪守家训，大门不出，二门不迈。有几次，我偕同二三学友出外野游，就故意绕道从刘家庄经过，希望有幸与我的未婚妻邂逅，可是每次都落了空。

左等右盼，终于找到一个机会：一位堂嫂的姐姐和我未婚妻住在同一个村子，这位姐姐有一天来我们家看望妹妹，闲谈中偶尔说到刘家小姐的情况，说她最近身体欠佳，正拟到猫窝镇医院就诊。

猫窝镇背靠京杭大运河，又有通向县城的公路，也算个小小的"水陆码头"，在当时是我们那一带的商业中心。它两天逢一集，周围几十里的乡亲都到这儿来赶集，有的郎中也看中这个地方，在此开业行医，为周围乡民治病疗伤。

得知刘小姐要去猫窝镇瞧病的消息后，我便央求堂嫂帮助我打听她去医院的准确时间，"情报"很快便获取了：刘小姐将于某月某日由父亲陪同，去镇上医院诊病。说来也巧，这一天正好是学校放春假的日子，我也有时间从容地进行这次特殊的“侦察”活动。

阳春三月，桃红柳绿，莺飞草长。我怀着一颗忐忑而好奇的心，走向通往猫窝镇的路上。四面八方赶集的人都在向镇子聚集，摩肩接踵，络绎不绝。由于是仲春天气，风和日丽，人们都穿上了崭新的春装，特别是那些少女、少妇们更是花枝招展，艳丽夺目，每条路都像一道色彩斑斓的小河在流淌。

来到镇上，更是万头攒动，人声鼎沸，我茫然四顾，不知所从。我努力地定了定神，然后打听去医院的方向。可是，到达医院门口以后，我更加茫然了：我和未婚妻从未见过面，到哪儿去找她，又怎么能猜出哪位是她呢？面前是出出进进的人流，男女老少，工农商学，啥样人都有。我怔怔地站在那儿，两眼瞪得溜圆。

从日出三竿到夕阳西斜，我的眼前闪过数不清的身影：脚步蹒跚的老人，步履艰难的孕妇，嗷嗷哭叫的孩童，满面痛苦的病夫……可就是没有我想象中的那个莲步轻移、窈窕多姿的美丽少女。有几次，远远看去，似乎来人就是“伊人”，但一到跟前，我自己便首先否定了：“她”怎么能是这个样呢？一连数次，都觉得无法对上号，最后，不得不失望而归。

此事就这样在我的心中萦绕好几年，让我一直疑虑重重：一来我不满意这种封建包办的婚姻，同时也不希望一个目不识丁的妻子伴我终生。但母命难违，我又感到无能为力。

4

直到我初中毕业那年，新中国成立，不久，政府颁布了第一部法律：《婚姻法》，婚姻自由成为青年人理直气壮的追求并受到法律保护，这让我下了决心，要彻底解决这个问题。

经过一番认真的琢磨，我于学校中写了一封措辞严谨的信，直接发向未婚妻的家。信中有这么一段我至今仍未忘却的话：

这是一桩属于家庭包办的不自主婚姻，肯定不会为我们两人带来幸福。我希望早日解除这个婚约。此后，男婚女嫁，各不相干。愿以此信为凭。

据说，收到这封信后，我未婚妻的一家便“炸营”了。那位可怜的姑娘，哭得死去活来，痛不欲生。让她悲伤的不仅是失去我这个早已闻名乡里的“如意郎君”，更是害怕那封短信会给她的名声带来难以挽回的损失，就像她的父亲愤怒中所说的：“我女儿究竟犯了哪条‘七出’之罪，值得他写此一纸‘休书’？”

一向墨守成规的表伯闻讯更是暴跳如雷，他一方面慨叹“人心不古”“世风日下”，又抱怨提倡婚姻自由“成何体统”“是何世道”，还专门去我家大兴问罪之师，当面斥责我母亲教子不严，居然有此无礼之举，同时又骂我“忘恩负义”，竟然做此荒唐之事。他声色俱厉地说：“这孩子的书算白念了，竟有此等不忠不孝不仁不义之举，真是有辱程家门风！今后我和你们家一刀两断，再不来往！”

那年暑假回家，母亲狠狠地埋怨了我一通，但事已至此，她也无可奈何，只是慨叹说：“这是命中注定的！”

就我而言，解除婚约真是如释重负，但也暗自歉疚：那位始终未谋一面、未交一言的“未婚妻”，心灵受到不应有的挫伤，耽误了数年青春时光，也许还影响了对乘龙快婿的选择……

当时，我只能暗暗向她祝福：姑娘，在未来的岁月中，愿你找到一个与你心心相印的丈夫，建立一个幸福美满的小家庭。

半个多世纪过去了，我已年入耄耋，儿孙绕膝，依然记得此事。

逃走

郁达夫

圆通庵在东山的半腰。前后左右参差掩映着的竹林老树，岩石苍苔等，都像中国古画里的花青赭石，点缀得虽很凌乱，但也很美丽。

山脚下是一条曲折的石砌小道，向西是城河，虽然已经枯了，但秋天的一点芦花浅水，却比什么都来得有味儿。城河上架着一座石桥，经过此桥，一直往西，可以到热闹的F市的中心。

半山的落叶，传达了秋的消息，几日间的凉意，把这小小的F市也从暑热的昏乱里唤醒了，又是市民举行盂兰盆会的时节了。

这一年圆通庵里的盂兰盆会，特别盛大，因为正和新塑的一尊韦陀佛像开光合并在一道。

新秋七月初旬的那个晴朗的早晨，交错在F市外的几条桑麻野道之上，便有不少的善男信女，提着香篮，套着黄袋，赴圆通庵去参与胜会，其中尤以六十左右的老妇人为最多。

在这一群虔诚的信者中间，有一位体貌清癯，头发全白，穿着一件青竹布衫蓝夏布裙，手里支着一根龙头木杖的老妇人。在她的前面，有一位十二三岁的清秀的孩子，穿了一件竹布长衫，提着香篮，在做她的先导。她似乎是出自本地的缙绅人家，一路上来往的行人，见了她和她招呼问答的很多很多。她立住了脚，在和人应酬的中间，前面的那小孩子，每要一个人远跑开去，这时候她总放高了柔和可爱的喉音叫着："澄儿啊！走得那么快干什么？"

于是被叫作澄儿者，总红着脸，马上就立下来静站在道旁等她慢慢地到来。

太阳已经很高了，野路上摇映着桑树枝的碎影。净碧的长空里，时时飞过一块白云，野景就立刻会变一变光线，高地和水田中间的许多绿色的生物，就会明一层暗一层地移动一回。树枝上的秋蝉也会一时噤住不响，等一会儿再一齐放出声来。

这一次澄儿又被叫了，他就又静站在道旁的野草中间等她。可是等她慢慢地走到了他面前的时候，他脸上却露着一脸不耐烦的神气，睁着他黑晶晶的两只大眼对她说："奶奶！你走得快一点吧，少和人家说几句话，我的两只手提香篮已经提得很酸痛了。”

说着他就把左手提着的香篮换到了右手。他的奶奶听了他这怨声，心里也似乎感到了疼惜他的意思，所以就做了满脸慈和的笑容安抚他说：“乖宝，今天可难为你了。”

走到将近石桥旁边的三岔路口的时候，澄儿偶然举起头来，在南面的那条沿山的小道上，远远看见了一位额上披着黑发，皮肤洁白，衣服很整洁的小姑娘也在向着到圆通庵去的大道上走。在这小姑娘前面走着的，他一眼看了就晓得是她家里的使唤丫头，后面慢慢跟着的，当然是她的母亲。澄儿的心跳跃起来了，脸上也立时涨满了血潮。他伏倒了头，加紧了脚步，拼命地往石桥上赶，意思是想追过她们的头，不被她们看见这一种窘状。跑了十几步路，果然后面他的祖母又叫起他来了，这一回他却不再和从前一样柔顺，不再静站在道旁等她了，因为他心里明明知道，祖母又在和陶家的寡妇谈天了，而这寡妇的女儿小莲英哩，却是他感到窘迫的正因。

他急急地走着，在他昏乱的脑里，却在温寻他和莲英见面的前后几回的情景。第一次看到莲英，他很清晰地记着的，是在两年前的一个春天的午后。他刚从小学校放学出来，和几位同学，跑上了轮船码头，想打那里经过之后，就上东山前的雷祖殿去闲耍的，可是汽笛叫了两声，轮船正巧到了码头了，几位朋友就和他一起上轮船公司的码头岸上去看了一回热闹。在这热闹的旅客丛中，他突然看见了这一位年纪和他相仿，皮肤细白得同水磨粉一样的莲英。他看得疯魔了，同学们在边上催他走，他也没有听到。一直到旅客走尽，莲英不知走向了什么地方去的时候，他的同学中间的一个，拉着他的手取笑他说：“喂！树澄！你是不是看中了那个小姑娘了？她是住在我们间壁的陶寡妇的女儿小莲英，新从上海她叔父那里回来的。你想她吗？你想她，我就替你做媒。”

听到了这位淘气同学的嘲笑，他才同梦醒了似的恢复了常态，涨红了脸，和那位同学打了起来。结果弄得雷祖殿也没有去成，他一个人就和他们分了手跑回到家里来了。

自从这一回之后，他想见莲英的心思，一天浓似一天，可是实际上他的行动，却总和这一个心思相反。莲英的住宅的近旁，他绝对不敢去走，就是平时常常进出的那位淘气同学的家里，他也不敢去了。有时候到了忍无可忍的时候，他就在昏黑的夜里，偷偷摸摸地从家里出来，心里头一个人想了许多口实，路线绕之又绕，捏了几把冷汗，鼓着勇气，费许多顾虑，才敢从她的门口走过一次。这时候他的偷视的眼里所看到的，只是一道灰白的围墙，和几口关闭上的门窗而已。可是关于她的消息，和她家里的动静行止，他却知道得十分详细。他晓得她家里除她母亲外，只有一个老佣妇和一个使唤的丫头。他晓得她常要到上海她叔父那里去住的。他晓得她在F市住着的时候，和她常在一道玩的，是哪几个女孩。他更晓得一位他的日日见面，再熟也没有的珍珠，是她最要好的朋友。而实际上有许多事情，他却也是在装作无意中，从这位珍珠那里听取了来的。不消说对珍珠启口动问的勇气，他是没有的，就是平时由珍珠自动地说到莲英的事情的时候，他也总要装出一脸毫无兴趣绝不相干的神气来；而在心里呢，他却希望珍珠能多说一点陶家家里的家庭琐事。

第二次和她的见面，是在这一年的九月，城隍庙演戏的晚上。他也和今天一样，陪他的祖母看戏。他们的座位恰巧在她们的前面，这一晚弄得他眼昏耳热，和坐在针毡上一样，头也不敢转，话也不敢说。昏昏地过了半夜，等她们回去了之后，他又同失了什么珍宝似的心里只想哭出来。当然看的是什么戏，和那一晚是什么时候回来的那些事情，他是茫然想不起来了。

第三次的相见，是去年的正月里，元宵节的那一天早晨，他偶一不慎，竟跟了许多小孩，和一群龙灯乐队，经过了她的门口。他虽则在热闹杂乱之中瞥见了她一眼，但当他经过她面前的时候，却把双眼朝向了别处，装作了全没有看见她的样子。

“今天是第四次了！”他一边急急地走着，一边在昏乱的脑里想这些过去的情节。想到了今天逃不过的这一回公然的相见，他心里又起了一种难以名状的苦闷。“逃走吧！”他想，“好在圆通庵里今天人多得很，我就从后门逃出，逃上东山顶上去吧！”想定了这一个逃走的计策之后，他的脚步愈加走得快了。

赶过了几个同方向走去的香客，跑上山路，将近庵门的台阶的时候，门前站着的接客老道，早就看见了他了。

“澄官！奶奶呢？你跑那么快干什么？”听到了这认识的老道的语声，他就同得了救的遇难者一样，脸上也自然而然露了笑容。抢上了几步，将香篮交给了老道，他就喘着气，匆促地回答说：“奶奶后面就到了，香篮交给你，我要上山去玩去。”

这几句话还没有说完，他就挤进了庵门，穿过了大殿，从后面一扇朝山开着的小门走出了庵院，打算爬上山去，躲避去了。

树澄逃出了庵门，从一条斜侧的小道，慢慢爬上山去。爬到了山的半峰，他听见脚下庵里的钟磬声响了。渐爬渐高，爬到山脊的一块岩石上立住的时候，太阳光已在几棵老树的枝头，同金粉似的洒了下来。这时候他胸中的跳跃，已经平稳下去了。额上的汗珠，用长衫袖子来擦了一擦，他回头来向西望了许多时候。脚下圆通庵里的钟磬之声，愈来愈响了，在庵院的瓦上，更有几缕香烟，在空中飞扬缭绕，虽然是很细，但却也很浓。更向西直望，是一块有草树长着的空地，再西便是F市的万千烟户了。太阳光平晒在这些草地屋瓦和大道之上，野路上还有络绎不绝的许多行人，小动物似的拖了影子在向圆通庵里走来。仰起头来从树枝里看了苍苍无底的青空，不知怎么的一种莫名其妙的淡淡的哀思，忽然涌上了他的心头。他想哭，但觉得这哀思又没有这样剧烈；他想笑，但又觉得今天的遭遇，并不是快乐的事情。他一个人呆呆地在大树下的岩石上，立了半天，在这一种似哀非哀，似乐非乐的情怀里惝恍了半天，忽儿听见山下半峰中他刚才走过的小径上又有人语响了。他才梦醒了似的急急跑进了山顶一座古庙的壁后去躲藏。

这里本来是崎岖的山路，并且又径仄难行，所以除樵夫牧子外，到这山顶上来的人原是很少。又因为几月来夏雨的浇灌，道旁的柴木，也已经长得很高了。他听见了山下小径上的人语，原看不出是怎样的人，也在和他一样爬山望远的，可是进到了古庙壁后去躲了半天，也并没有听出什么动静来。他正在笑自己的心虚，疑耳朵的听觉的时候，却忽然在他所躲藏的窗下，有一种极清晰的女人说话的声音：“阿香！这里多么高啊，你瞧，连那奎星阁的屋顶，都在脚下了。”

听到了这声音，他全身的血液马上就凝住了，脸色也马上变成了青色。他屏住气息，更把身子放低了一段，可以不使窗外的人看见听见，但耳朵里他却只听见自己的心脏鼓动得特别响。咬紧牙齿把这死也似的苦闷忍抑了一下，他听见阿香的脚步，走往南去了，心里倒宽了宽。又静默挨忍了几分如年的时刻，他觉得她们已经走远了，才把身体挺直了起来，从瓦楞窗的最低一格里，向外望了出去。

他的预算大错了，离窗外不远，在一棵松树的根头，莲英的那个同希腊石刻似的侧面，还静静地在那里。她身体的全部，他看不到，从他那窗眼里望去，他只看见了一头黑云似的短发和一只又大又黑的眼睛。眼睛边上，又是一条雪白雪白高而且狭的鼻梁。她似乎是在看西面市内的人家，眼光是迷离浮散在远处的，嘴唇的一角，也包得非常紧，这明明是带忧愁的天使的面容。

他凝视着她的这一个侧面，不晓有多少时候，身体也忘了再低伏下去了，气息也吐不出来了，苦闷，惊异，怕惧，懊恼，一切的感情，都似乎离开了他的躯体，一切的知觉，也似乎失掉了。他只同在梦里似的听到了一声阿香在远处叫她的声音，他又只觉得在他那窗眼的世界里，那个侧面忽儿消失了。不知她去了多少时候，他的睁开的两只大眼，还是呆呆地睁着在那里，在看山顶上的空处。直到一阵山下庵里的单敲皮鼓的声音，隐隐传到了他的耳朵里的时候，他的神思才恢复了。他撇下了他的祖母，撇下了他祖母的香篮，撇下了中午圆通庵里飨客的丰盛的素斋果实，一出那古庙的门，就同患热病的人似的一直一直地往后山一条小道上飞跑走了，头也不敢回一回，脚也不敢息一息地飞跑走了。

纵然没有伴奏的琴笛，没有水袖与宽衣，借着这出折子戏，这场游园梦，他们也可以逆着光阴溯流而上，重返那如花美眷，似水流年的日子。

你侧着宜春髻子恰凭栏

奚无声

01

“陆乙乙，你跟傅月瓯同龄同乡同校同行，现在又是同事，怎么跟她差这么多。”八年前，团长大致就是这么说的。然后他就下了命令，叫月瓯立刻带乙乙去美发厅把头发染回黑色。

回去的路上，乙乙顶着一头短期内二次染烫因而干枯无比且散发着浓郁氨味的头发，不禁满腹牢骚：“他自己整天把上衣塞到裤腰带里，土得掉渣，也见不得别人时髦。现在我这鬼样还登什么台，登台也只能演梅超风。”

月瓯让她少说几句，毕竟团长也是为她好。乙乙冷笑：“你哪一天要是胳膊肘不往外拐，说不定我真的可以叫你一声姐姐。”

月瓯懒得和她理论，大步向前走。春风飘荡，剧团外的小路充斥着明亮的日光，因此它具备了一种回忆般的质地。逆着光，月瓯隐约看到对面走来一个人，身姿很挺拔，像一棵劲竹。他穿了一件挺括的白衬衫，外面套着一件麦色的线衣，合宜地践行着复古那一类的风尚。

擦肩而过的时候，月瓯控制自己的眼光尽量不要投向他，但她分明感觉到他看了自己一眼。她低下头，走得更快。走到路的尽头，她才发现乙乙没有跟在身后。月瓯左顾右盼了很久，乙乙才鬼鬼祟祟地从路边的一家小店冒出头来。

“干什么去了？”月瓯没好气地说。

“我现在这破德行可千万不能被他看见。”乙乙拼命捋着头发。

“他是谁？”

“团里临时从省院借来的巾生，中午刚到。浙江人，才二十二岁就已经去国外演过两次《桃花扇》了。现在住文联老家属区的单身公寓里。”

“他叫什么名字？”

乙乙的眼睛在她身上从头到脚地溜了一圈：“想知道啊？我不告诉你。”

月瓯摇摇头：“我就随口一问。”说完，还像刚才一样快步往前走。

隔天早晨的剧团工作会议上，那个名叫谭以朗的巾生正式亮相了。团长一面对他可圈可点的演艺履历大加赞赏，一面通达了团里最新的工作重点——拍摄《牡丹亭》戏曲片。会上宣布了演员名单，柳梦梅自然是谭以朗，杜丽娘也毫无悬念地交给了当家花旦楚眉。

台下的乙乙"这龙套跑到哪一天是个头啊"的嘀咕言犹在耳，一周后，月颐就被叫到团长办公室谈话，说是楚眉怀孕了，妊娠反应很重。"那么，我们在小字辈里选来选去，就决定由你来唱杜丽娘。"

02

团里在城郊造景的这段时间，月颐基本每天都和谭以朗在练功房排演。这一天黄昏，吹着东南风，落地窗畔，原本低垂安静的帘帷涨满如帆，窗外一树皎洁杏花零落成雨。

他们已经排到了《惊梦》一折，谭以朗深情款款地念着韵白："小姐，和你那答儿讲话去。"暮色中，浅金色的霞光勾勒出谭以朗深沉的眉眼。月颐有些怔住，忘了词，也忘了手上的动作，就那么呆滞地望着他。谭以朗说："怎么了？"

月颐睫毛一闪，收了水袖，走开去："今天就到这儿吧，唱了一下午了，有点累。"眼波一转，月颐瞥见了花树下站着的乙乙，她背上包，跟谭以朗道别，说室友在外面等着。

谭以朗请她等一等，又掏出一个MP4递给她，说里面有他下载的几个前人的唱段，供她参考。月颐内心惊喜，但面不改色，郑重地收下。

乙乙见她出来了，问她怎么不多唱一会儿："我在那边刚排完就赶过来看你排练了。"月颐说："看他就说看他，不要拿我当幌子。"乙乙撇了撇嘴，又死缠烂打地把谭以朗借给月颐的MP4要过去听了半天。

晚上，明亮的月光移到了枕头上，一向聒噪话多的乙乙难得寡言起来。月颐睡不着，打开MP4，一段一段地听，从《皂罗袍》听到《莺啼序》。笛声似断似续，闺中女子轻歌曼叹，幽咽如泉。她想，这是他戴过的耳机，有他的温度和气味；这是他听过的戏，也许他曾怀着与她相似的心情在听。

月颐翻了个身，面朝里。寂静中，乙乙在上铺冷不丁问道："你们俩不会假戏真做吧。"

心里虽"咯噔"一下，月颐还是冷静地驳道："你瞎说什么。"

"流水无情，难保落花有意。"

"谁是流水，谁是落花！"

"这还用问？人家是省院派过来增援的，片子录完就回去了。你最好别自作多情想因戏结缘，回头叫人家小瞧了我们团，以为团里的女孩都像你一样老脸皮厚的。"

第二天，她看到谭以朗就不像以前那么松弛了，整个人从眼神到举止都端了起来。搭戏时，有肢体触碰的桥段，她都尽力往后缩，往后挪。

谭以朗很敏感地发现了她刻意的矜持和闪躲，飘过来的眼神里就有了一丝丝的诧异。月颐回赠给他的目光很清凉，像凋零的叶，像古井里的水。好像在一夜之间，那个幽闺自怜、渴慕情爱的杜丽娘就脱胎换骨长大成人了，而那庭院里风光无限的春天也星移斗转，成了肃杀萧条的深秋时节。

月颐把MP4还给了谭以朗，又客套地谢了一番。

谭以朗看起来精神不佳，眼周有些青，像是没睡好。他的语气像是很落寞，问她是不是都听完了。月颐说是，谭以朗又问她听完了有没有什么想法。

月颐说："和那些名家比起来，我的感情还不够充沛，远不能达到人戏合一的境界。"谭以朗若有所思地点点头，讪讪一笑，缓缓走远了。

03

外景搭好后，戏也排练得差不多了，人员就陆续进场。亭台水榭，楼阁翠轩，举目一望，到处洋洋洒洒，蝶飞花舞，一派粉面珠光。

早几场没有谭以朗的戏份，他就独自在房中练习书法。乙乙也是中间才要出场扮花神，也得了空四处闲逛。逛到他这里，她隔着窗子笑问："谭先生临的是什么帖子啊？"谭以朗抬起头，说是虞世南的字。他的面庞被深深的柳荫映绿，像他笔下的书法，有种脱俗的意趣。

见搭讪成功，乙乙索性到他房中坐下。但谭以朗并没有接待她的意思，在砚台上点了点笔尖，又继续写了起来。乙乙看着窗外姹紫嫣红的拍摄场，不禁自言自语地感慨起来："我和她自小一起长大，一起学戏，一起到团里，可命运简直一个天一个地。"谭以朗礼貌性地搭了个腔，问"她"是谁。乙乙说："新晋花旦，你的搭档，傅月颐小姐啊。"

谭以朗搁下笔，抬起头："你们很熟吗？"

"熟，太熟了。再熟就要烂了。"

谭以朗开始旁敲侧击地打听月颐的事。乙乙说："她啊？她就是个绣花枕头，要不是遗传了她妈妈的一副好嗓子，她连唱戏这一技之长都没有。"

空气微凉，两人正面面相觑，场务跑过来："郑老师年纪大了，要休息一下，现在要先拍后面几场，谭老师你准备上吧。"

谭以朗走到镜前正衣冠，乙乙识趣地退下，只是走了两步又折回来，对他说："谭先生，你善良又有才，表里如一，怪不得那么多同行和戏迷都喜欢你。"

04

漫天春光正好，闺中的女子也是韶华始盛。在后花园中看尽风光，唱罢一句"想幽梦谁边，和春光暗流转"，便沉沉睡去，入梦与情郎邂逅。一对璧人在花神的簇拥下消失在葳蕤深处，得以高唐相会。

这一出《惊梦》是重头戏，月颐和谭以朗排练过无数次。只是等到真的盛妆满面，锦衣加身，步入美轮美奂的实景。二人四目勾留，长袖交缠，电光石火之下难免带来不同凡响的悸动。

戏里的杜丽娘分不清那场浮云骤雨是梦还是真，月颐也一样。她不知眼前的人是戏中人还是梦中人。她只是若即若离地感受到谭以朗的鼻息似五月的风在她脸上荡漾。与此同时，有池塘边摇曳的柳丝和乱颤的花枝。

扮演花神之一的乙乙迈着碎步轮场的过程中几次靠近二人身旁，却发现他们眼中只有对方而看不见别人，俨然已入痴境。

结束后，在化妆间卸完妆，趁着无人时，乙乙走到月颐身后，盯着镜子里的她问："怎么样？唱得很尽趣吧。"

月颐摘下满头珠翠，淡淡地回道："用'尽兴'来形容会不会好一点儿？"

杜丽娘的戏服挂在樟木衣架上，乙乙走过去抚摩着那上面精致的刺绣和绲边，叹了口气："我这辈子，什么时候才能演一回杜丽娘啊。"

"时来运转，会有那一天的。"

05

拍《冥判》这天，化妆师把小号勾脸笔落在了团里，偏生《冥判》一折中，胡判官的形象是个大花脸，必须要用笔。团长狠狠地批评了他："吃饭的家伙都能忘？你上战场不带枪试试？"回团里拿已经来不及，场务说谭老师那里有一套毛笔，不妨先拿来一用。

后来在化妆间，原本正在贴头的月颐一转眼，见化妆师持着一支斑竹细毫在给胡判官勾脸，不由得就忆起多年前，她曾经也送过一支这样的笔给一个唱花脸的男生。

那是在全国梨园推新人大赛的后台，好几个武行的男生持刀动棍地撵着一个小胖子，骂他，笑他，说："你这么胖，不怕把舞台压垮了吗？"小胖子抱着头坐在地上，人家围着他，推搡他。最后，还是他们的带队老师来了，呵斥了一顿，才把他们揪了回去。月颐那一次的参赛段子是《南西厢》里的"拷红"。她的妆已经成了，上身是樱花紫的坎肩，下身是水白的襦裙，腰间系着绣花巾，手里持着桃花团扇。她走到小胖子身边，轻轻"喂"了一声，他却还是抱首而坐。月颐拍拍他的后背："起来吧，他们都走了。"小胖子抬起头，满脸都是泪，画了一半的脸妆早已花了。

小胖子没有指导老师，他是自学，且是自己报名参赛的。回到化妆间，月颐就找来了油彩，从包里翻出一支斑竹细毫，迎着光，细细地帮他把妆补好："我妈妈就是唱花脸的，比刀马旦还稀有的女花脸。所谓'千生万旦，一净难求'，就是说花脸很难得。这支笔是她给我的，我一直拿它点唇。现在我把它送给你。你得好好唱，唱好了，整个舞台都是你的，所有观众都是你的，看他们还敢取笑你。"

不多一会儿，前台来了人通知月颐准备上场。月颐匆匆走了，留下小胖子一个人在空荡荡的化妆间里望着自己威武华彩的扮相出了神。

伴着少年时的记忆，月颐敷粉画眉，一一扮上。

06

回到宿舍后，乙乙听见她开门，腾的一下从上铺坐起来，也不顺着梯子往下爬了，直接跳下来，走到月颐面前，神情很严肃："我能跟你商量件事吗？"

乙乙魂不附体了好一阵子，月颐一直以为她是身上不舒服，看到如今这个阵仗更是吓了一跳，只能轻声问："怎么了？你说。"

"你……能不能下来，让我唱一次杜丽娘？"

月颐惊讶极了："你是在说笑话吗？这是我能说了算的事？谁演什么，那是团长才能决定的。"

乙乙应当是早就准备好了全部的说辞，这时候一气呵成："你就说你生病了，没法演了。或者家里有事，要请假。再或者，你就说你和楚眉一样，你怀孕了。"

"你疯了。"月颐推开她，走到床边坐下。让月颐始料不及的是，乙乙锲而不舍地追了过来，扑通一声跪下："从小到大我都没求过你什么，这件事算我求你了。"

07

从小到大，乙乙确实没有求过月颐。毕竟她的一切，不需要她开口，月颐母女二人就已经替她打点妥当。月颐有的，她都有。月颐做什么，她就做什么。

月颐始终记得六岁那年的那个夏夜，外面打着雷，刮着台风，街道上的积水几乎可撑船。母亲出去三四个小时后回来了，手里牵着月颐未来的妹妹陆乙乙。乙乙仍然在哭，母亲的眼睛也还红着。

乙乙的父亲和母亲在车祸中罹难，唯有她得以幸免。她的父亲也是月颐的父亲。不过月颐对父亲没有一点记忆，甚至没有概念。等到长大后懂事了，才听母亲说起过一些零星的往事："他起初最欣赏女花脸了，但在这之后恰恰成了他最讨厌的。他觉得我太没有女人味，在我怀着你最辛苦也最需要他的时候，他背叛了我。但乙乙还小，怎么都怪不到她头上。月颐，你要拿她当亲妹妹看待。"

月颐自认尽到了姐妹情分，但乙乙的内心有没有把她当姐姐就另当别论。她扶乙乙起来："别的事，你不求我，我都会想办法帮你办成。可这件事，你求我，我也是无能为力。"

乙乙顿了顿，森森地笑起来："算了吧，楚眉怀孕是天赐良机，给了你一个跟他在台上弄假成真的机会。"说罢拂袖而去。

一日过后，月颐正在下铺午憩，一张中药方从上面掉了下来。字体龙飞凤舞，难以辨认，唯独"半夏"两个字她看得很清楚。她把它放回到乙乙的床上。黄昏时分，她到阳台上收衣服，回到寝室，见乙乙正在往自己的咖啡杯里倒些什么。

"这是什么？"月颐问。

"你不是说咖啡太苦吗？帮你买了新的咖啡伴侣。"说着，乙乙就把杯子端了过来。

姐妹二人意味深长地相视片刻，月颐接过杯子，啜了一口，点点头："味道很好，谢谢。"乙乙笑了笑，让月颐先忙着，她要出去和朋友喝酒去了。

乙乙前脚出门，月颐后脚就把咖啡倒进了下水道。

一夜过后，月颐失声了。在团里一片手忙脚乱的情况下，月颐从人群中拉过满面煞白的乙乙，在团长的本子上写下——乙乙妆后与我很像，不如让她替我上场。

08

三易女主的《牡丹亭》历经坎坷终于拍完了。乙乙圆了与谭以朗同台献艺的梦，谭以朗外援结束后也即将回归省院。而月颐婉拒了团长的好意，毅然辞职离开了这个刚刚让她崭露头角的平台。临行前夜，谭以朗请她吃了顿饭，为她饯行。

"能吃辣吗？这个菜是剁椒做的浇头。"谭以朗翻开菜单指给月颐看。

月颐点点头。

谭以朗又征求她的意思，问："要不要来点酒？少喝一点。"

月颐笑笑，摇摇头。

窗外的月亮很满，但月下两个离人的心情都很黯淡。谭以朗的眉眼间有掩不住的愁色："以后的路你要怎么走呢？拿什么来自立呢？你要是相信我，就跟我走吧。你不要误会，我没有别的意思，只是想着，最起码能有个照应。"

月颐望了望月亮，拿手比了比敲键盘的动作，意思是可以找一份只要动手的工作来糊口。谭以朗借势握住了她的手，急切地问："一定是有人在背后动手脚害的你，你为什么不说出真相，把这种人绳之以法呢？"

月颐轻轻抽出双手，又无奈地摇摇头。她要怎么告诉别人，她只是装哑，好让那个意欲用半夏害她失声的妹妹和心仪的搭档演一场戏呢。

那晚，谭以朗自斟自饮，喝到酩酊，最后还是月颐把他送回了住处。一开门，月颐就被满墙自己的照片惊呆了。从《桃花扇》到《长生殿》，从剧照到生活照，应有尽有。

她想不到他心里是真的有她。以前在台上，那种种出神入化的瞬间，她以为都是自己的一厢情愿。他若是早点袒露这份心迹，事情就会是另一种面目。到了这样的地步，一切早已来不及。

《牡丹亭》让乙乙进入了许多制片人和导演的视野，她顺势而为，摇身一变成了一名影视演员。也许是戏曲给了她寻常演员没有的表演功底，又也许她的手腕足够在波谲云诡的影视圈过关斩将平步青云，总之，她迅速走红，声名鹊起。

此后，有越来越多的人说："傅老师，你和陆乙乙长得好像啊。"月颐往往一笑置之。但在这个风雪夜，当学生们又说起同样的话，月颐却有些恍然——原来不经意间已是八年时光。和乙乙一起成长的情景如戏般一幕一幕在眼前划过，划着划着，那个倜傥的小生也浮现在她的脑海，像戏中的柳梦梅一样生生闯进她的世界。

八年，几千个昼夜，乙乙的风生水起她看在眼里。那么他呢？他还好吗？

09

几乎所有网站的娱乐版面都同时在头条位置登出了女星陆乙乙罹患脑癌倒在片场的消息。月颐想都没想，立即订了机票飞往北京。

月颐轻轻旋动门把手，推开一条缝往床头看去，狠狠吃了一惊——短短几日间，乙乙就已和荧屏上风采万千的形象判若两人，消瘦蜡黄如一截枯木。

乙乙听到动静，缓缓睁开眼。一见是月颐，她又惊又喜，挣扎着要坐起来。月颐赶忙上来拦住。乙乙勉力一笑，气若游丝："你来了。这些年，你过得怎么样？"

月颐说："还不坏。"

乙乙难以置信似的："你又能说话了吗？这真是太好了。"

月颐让她不要太激动，保养身体为重，又取来床头柜上的苹果，静静地削了皮。乙乙说："到了这步田地，有些话不说，大概也没机会说了。"

她说，真的陆乙乙早在六岁那年家破人亡的时候就跟着父母去了。此后的陆乙乙不过是一具行尸走肉，仅有的那一点点感情，全被她拿来妒忌自己的姐姐了。妒忌她有母亲的宠爱，妒忌她夜莺般的嗓音和美丽的容貌，妒忌她总是更易俘获爱慕者的心。但是，她以德报怨的姐姐总是会春风化雨，让她措手不及。她一面生出无限悔意，一面又变本加厉。她也不知道自己为什么会这样，她只是恨，凭什么自己就是“乙”，凭什么一生都要做个次人一等的配角。

“你知道吗？那张配有半夏的药方是我故意放在床里边，好掉下去让你看见的。在你杯子里撒粉末，我也是掐准了你会在那个时候推门进来。那其实就是普通的咖啡伴侣，我只是想看一看，你会不会喝我给你配的咖啡。”乙乙泪盈于睫，“你喝了，你相信我不会害你，只有姐姐才会相信自己的妹妹不会害她。我在那一瞬间，好像放下了一切。我说我要出去和朋友喝酒，其实是找了个没人的地方大哭了一场。”

“这辈子，我是第一次叫你姐姐，我现在快要死了，以后大概也没有机会再叫了。除此之外，还有一件憾事让我感到很对不起你。”乙乙颤抖着从抽屉里翻出一个早已被时代淘汰的MP4，“这里面有一段录音，本来是谭以朗想给你听的，被我删除了。现在，你一定要好好听一听，否则我会良心不安，死不瞑目。”

10

“你得好好唱，唱好了，整个舞台都是你的，所有观众都是你的，他们还敢取笑你吗——月颐，这是很多年前，你对我说的话。你一定想不到吧，那个胖胖的小花脸后来改了行当，重新走到了你面前……你说‘千生万旦，一净难求’，但花脸没有搭档，在台上往往是很孤单的。失去虞姬的楚霸王，甚至可以算得上是悲壮。所以我从头学起，只为有朝一日可以找到你，合演一出戏……月颐，你在听吗？如果你在听，我想告诉你，我喜欢你，从我遇见你的那一天起……”

乙乙病逝多日后，月颐还是常常把这段录音拿出来听。每次听完，她都感到周身环绕着一种凄惶。红尘千万丈，人在其间，只是一滴卑微的墨点。弄人的命运山重水复了太久，等到柳暗花明，已经难以重新来过。

这年冬天，月颐故地重游，去当初拍《牡丹亭》的地方走了走。市政府虽然把它改造成了一个小型的景区对外开放，但地处偏远，游人罕至。建在它边上的一个酒家向月颐抱怨：“当时以为靠着景区生意一定好，谁知竟这样冷清。”

月颐点了两三个菜，找了二楼一个靠窗的位置坐下。见天边彤云低垂，显然有一场雪要下。吃到一半，雪就飘飘然落了下来。楼下好像也来了客人，不一会儿，店家踢踢踏踏上楼来，一脸歉疚地说：“店里的固体酒精用完了，您这只炉子里的酒精能借楼下客人用一下吗？”月颐正要协助店家灭了炉中火，那楼下的客人就上来了，说：“没事，不用了，我再换个别的菜。”

耳熟能详的音色让月颐本能地一抬头，只见谭以朗修长笔直地立在楼道上，毛呢风衣的肩头还泊着几朵雪花。

“好久不见。”他们都这么说。

“哟，二位认识，那正好凑一桌吃吧。”店家重新点燃酒精，下去张罗别的菜品了。

就着酒菜，陈年往事里那些说不清道不明的点滴被他们一一细数。情到深处，谭以朗从怀中内袋掏出一张温热的照片——是月颐的剧照。“我最喜欢你《惊梦》的这一张，就像唱词里说的那样——你侧着宜春髻子恰凭栏。”

月颐接过来一看，是啊，侧着宜春髻子恰凭栏，当初最好的时光，成了今时最深的惆怅。谭以朗借着微醺发出真挚的邀请：“月颐，我们下楼再一起唱一次《惊梦》吧。”

月颐点点头，眼中蓄满的热泪流淌而下。

飞雪如舞，楼台洁白。虽不是戏里的春天，他们在一声一唱中却分明感受到了春天临近的脚步。他们都不愿停下来，只顾一段接一段地唱着。

他们庆幸的是，逾越沧桑，彼此虽已不再是昔日春光里嫣然的小儿女，好在戏与梦一直都在。纵然没有伴奏的琴笛，没有水袖与霓衣，借着这出折子戏，这场游园梦，他们也可以逆着光阴溯流而上，重返那如花美眷，似水流年的日子。

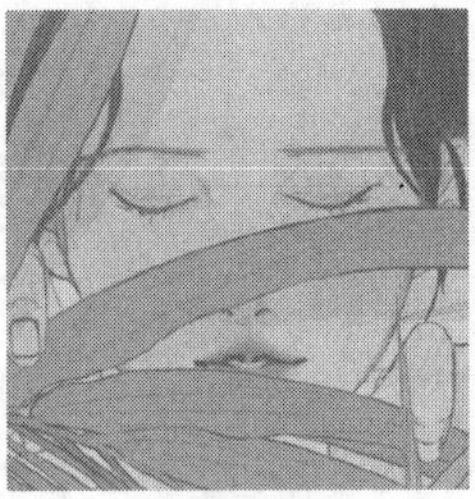

邮风

刚刚好，
看见你幸福的样子，
于是幸福着你的幸福。

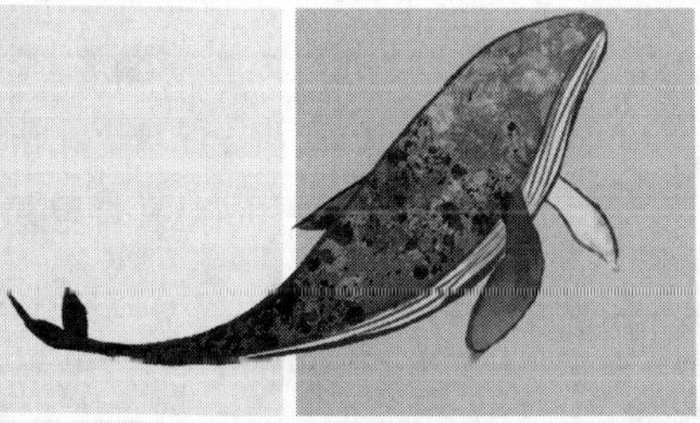

长干行

张曼娟

1

她是他二十几年回忆中唯一的温柔。

她的名字叫意婕。

她第一次出现在他眼前，只有五岁，穿着短裙，浑圆粉藕似的手臂上，套着一只鲜红的、晶莹的玛瑙镯子，稀疏柔软的发丝束在头顶，系着一条天蓝色的发带。微风吹过，裙上的荷叶边儿飘飘的，灿亮的发带飘飘的。她的小手握在她母亲手中，她母亲正和他母亲说话："你们能搬来真是太好了！这地方环境不错，就是偏僻了点，我们咪咪最可怜，连个玩伴也没有，附近都是野孩子！咪咪！去！跟小哥哥玩！"意婕被她母亲推到他身边，他下意识地退后一步，她母亲开怀地笑起来："小男生还怕羞啊？你们儿子真乖，一副斯斯文文的样子！"

"哲生！"他母亲有些愠怒，拍着他的背脊，"带咪咪去玩儿啊！你弹钢琴给咪咪听！"

两个小孩儿坐上钢琴椅，哲生有板有眼地弹完《河畔明月》《平安夜》，意婕的眼睛又圆又亮，眨呀眨的，小巧的嘴唇忘情地启着，他的双手平放在琴键上，转头看她："好不好听？"

意婕用力点头，她的童音又甜又软："好棒哦！小哥哥！你好棒！"他微笑着，牵起她的食指，轻轻敲在琴键上，发出清脆的声响，意婕小小的身子一震，又紧张又兴奋，她扬声笑起来，双眼更晶亮了。他也笑，握着她的手指去敲其他的琴键，一连串杂乱刺耳的声响此起彼落，她又叫又笑，他满心都被奇异的兴奋充满了，于是，他也一直地、歇斯底里地大笑。

她很快地与他熟悉起来，他牵着她的手上学、放学，假日里，两家大人正好凑一桌麻将，他带她爬山、上树、捉蝌蚪。天晴的时候，他们爬到树上，可以看见家，看见爸爸办公的大园子，还有学校的操场，追逐奔跑的小朋友。下雨的时候，他采下野山芋的大圆叶，做成一把绿色的大伞，两个人躲在伞下，还是湿淋淋的。“你不要叫我咪咪嘛！”她常有些小小的抗议，“好像小猫咪的名字一样！”

他后来再没有叫过她“咪咪”，一直都叫她“意婕”。她说的话，他全放在心上。他宠她、纵容她，原先有些孤僻的性格，也为了适应她，渐渐改变了。

有一回，他也对她生了一次气，只因为她对人说哲生是她哥哥。

“谁是你哥哥呀！”他满心不高兴，也说不上是为什么，就是那样犯别扭。

“好嘛！好嘛！不要生气了，小哥哥……”她走在荷花池的边缘，低声求饶。

“叫你不要再叫我哥哥了！”他第一次对她吼叫。她一惊愕，“扑通”一声滑进池塘。

不过是转瞬的事，哲生用力抓住她，然而她的半截身子已陷进了泥塘，他抓住她的手，却抓不住她继续下陷的身子，她愈喊叫挣扎，陷得愈快。

“小哥哥——”她惊恐地望着他，怎么也脱不出这个可怕的泥坑。

“不要怕！”他的声音凄厉，“我拉你！拉你出来——”哲生拼命拽住她，他是个细瘦的九岁男孩。拗不过整个神秘的黑窟，拉着扯着，他开始哭起来。

“小哥哥！我好怕！有人拉住我的脚啦！”意婕微弱而费力地嚷叫。他拉不动她，也无法向人求援，他知道自己一旦放手，她就会被整个泥塘吞没了。“真的，有……有人拉我的脚啦……”意婕再度呻吟。他再也无法按捺心中的恐惧与愤怒，声嘶力竭，乱七八糟地狂喊：“走开！走——走开！不要拉她！不要拉她！放开她！放开她！”

他恐惧她将离开他，愤怒有人将她抢走。他只有拼命，拼命地拉着他的意婕。她的身子活动了，多么神奇！他渐渐拖出她了，她在他的协助下，爬出池塘，瘫软地坐在草地上，除了雪白的小脸，浑身都是污泥，她低头从足踝上解下一段水草，对他说：“这个……拉我的脚……”

说着，眼圈一红，掉下泪来，由哽咽变为号啕，他也跟着哭泣。

他带着她找到一个水龙头，冲去身上的污泥，两人坐在午后的阳光下，晒晒湿衣服。树上的鸟鸣聒噪，知了正卖力地嘶喊，卖枝仔冰和冰淇淋的小贩来了又去，他们只是坐着，没有说话，像在刚才的一瞬间，成长了许多，不只是六岁和九岁的小孩了。她的一只鞋子，在方才的“劫难”中遗失了，要回家的时候，他替她脱下仅存的那只鞋，对她说：“我背你回去！”

他背着她，提着她的鞋，往回家的路上走，那片荷花池塘在夕阳下分外美丽，却令他的心一阵阵惊悸。能够感受到意婕的心跳与呼吸，是多么美好，倘若……他想着，心底一阵酸楚，落下泪来。

她回家后还是生了场病，差点转成肺炎。大人们事后也追问发生了什么事，她轻描淡写地说：“我掉到池塘里面，哲生救我起来的……”那次以后，她再也不叫他“哥哥”了。

“喝了水没有啊？”大人问。

意婕摇摇头，她父亲一把抱住她，宠爱地说：“好啊！蛤蟆不吃水，太平年——”

一屋子的人都笑起来，她带笑的眼眸在他脸上一闪，垂下头去。他的心紧紧一缩，缓缓舒开来，第一次切切感动，因她是个女孩。

2

上了中学，他们仍是形影相随。他高一，她初一，放学之后，在一起做功课，他的母亲最擅长烘焙小点心，他们边吃边谈，直到她母亲在隔壁唤她回家吃晚饭。

他一直没有放弃钢琴，并且自己练习谱曲，把他们共同喜爱的诗词谱成曲。初三那年，她抄了一首李白的诗，送给他，那是李白的《长干行》：

妾发初覆额，折花门前剧。郎骑竹马来，绕床弄青梅。同居长干里，两小无嫌猜。十四为君妇，羞颜未尝开。低头向暗壁，千唤不一回。十五始展眉，愿同尘与灰。常存抱柱信，岂上望夫台。十六君远行，瞿塘滟滪堆。五月不可触，猿声天上哀。门前迟行迹，一一生绿苔。苔深不能扫，落叶秋风早。八月蝴蝶黄，双飞西园草。感此伤妾心，坐愁红颜老。早晚下三巴，预将书报家。相迎不道远，直至长风沙。

他拿着那首诗，心头一阵酸涩，一阵激动，她那年正是十四岁呵！天！多好的一首诗。

他在当天夜里谱成了曲，重新抄写一遍，投进她家信箱。那天晚上，事情爆发了。

意婕被她母亲拖着冲进他家，他父亲不在，他母亲连忙迎出来，他开了大门，直视着她苍白的脸，她垂着头，短发凌乱地披在脸上。她母亲朝他母亲咆哮起来：“你们家的人太厉害了！你先生会做人，是主任面前的红人，凭什么欺负我们？哦！好事轮不到我们，却要调我们到那么远的鬼地方去！是什么意思？”

“事情不是这样的，你们要调走，我们也难过……”他母亲低声分辩。

“少来这一套！冯太太，别在这儿猫哭耗子假慈悲！今天大家把话说清楚，我们哪里得罪你们？逼得你们借刀杀人？”

“这是什么话？”他母亲转向他，“哲生！带咪咪到你房里去……”

“干什么？干什么？”她母亲一下子暴跳起来。

“原来是你这个做娘的教唆你的儿子勾引我的女儿啊！当着我的面，你也敢？”

他母亲的脸一下子沉下来，当她生气的时候，总是格外冷静：“楚太太！我实在无法想象，你会说出这种可怕的话！你侮辱的不光是我和我儿子，还有你一手调养的女儿。”

意婕抖瑟地张开嘴，发不出一点声音。她母亲扬起手中的纸，走向他的母亲：“我的女儿我管教不严，你的儿子也不见得是什么好东西……你看看！这算什么？”

他母亲接过那张纸，将冰冷愤怒的目光从纸上移开，望向他，清清楚楚地问：“哲生！这是怎么回事？”

他心中十分明白，明白母亲要的答案，他只要说出事实，他没有“勾引”她，这是她送给他的……他的眼光转向意婕，他已算不清这是今晚第几次的凝望，但，她总不看他，总不抬头，窄小的肩膀抽搐着，不知是哭泣或是恐惧。那份无助的凄楚，令他想起陷在荷塘中的她，挣扎而不断沉落……

“是我！”他猛地一喝，三个人都吓了一跳，意婕终于抬头看他了，她眼眶蓄泪，对他摇头。但，她已不可能阻止他了，他说：“是我送给她的！因为我们是从小一起长大的，我喜欢这首诗，以为她也会喜欢，所以，就送给她了！我们并没有别的意思，为什么……”

“够了！”他母亲阻止他说下去，“明年夏天就要考大学的人，哪里还有这个闲工夫？真是不像话！”

她母亲撇嘴笑了笑，酸溜溜的：“反正我们就要搬走了！我只是要跟你们讲明白，我的咪咪可是个规规矩矩的好女孩，以前是小孩子，在一起玩玩也就罢了。现在半大不小的时候，我可不希望哲生再来找她，万一……”

“你放心！不会有万一，我的儿子我知道。”

他凄惶地注视她，她也正盯着他，默默地，像在点头，又像摇头，咬紧了下唇。

她或许是放弃了，上学或放学，总要找个同学做伴。他决不肯放弃，就为了那首诗，就为了父母之间的恩怨纠葛，将一切都毁灭，让一切都烟消云散，他不甘心！她怎么能甘心呢？

他终于找到机会，那天放学，她终于一个人了，他一直跟在她后面，直到远离所有的人，他走近她，低声呼唤："意婕。"

她握着书包的手臂缩紧了，脚步也加速了。他跟上去，再一次唤她："意婕。"

她拔足而奔，他跑得更快，一下子拦住她。她停下来，微喘地瞅着他，他深呼吸，也盯着她看。他们对望了一阵，她把眼光调开，望向天空。他下意识地随她仰望天空，秋天的天空中，澄净得一片云也没有。当他收回目光，才发现她哭了。

"不要哭……"他心慌，鼻子也酸起来，"我知道你妈妈不准我跟你说话，也不准你理我！可是我们没做错事啊！为什么要让他们影响我们呢？"

她把小手绢拧成一团，擦拭滚落的泪珠。

"记不记得小时候，我们多快乐？我现在宁愿自己还是个孩子，长大了为什么这么多烦恼呢？"他问她，也是问自己。她不说话，抬起头，向他点点头，唇边似有一点隐隐的笑意。他松了一口气，微笑地问她："我们恢复邦交了？"

她点点头，他开心地笑起来："我们明天——老地方见？"

她悄悄一颤，望着他，迟疑地点点头。他张开嘴，忍不住想欢呼，向上一跃，他说："你先回去吧！免得让你妈看见……"

她点头，向前走了几步，忽然回头看他，他站在原地，双手插在裤袋中，向她说："明天见！"

她勉强现出微笑，困难地说："再见。"

一转身，她掩面飞奔而去，他诧异地跟了两步，她哭泣着跑远了，他不明白，她为什么这样悲伤……

第二天，放学之后，走过她家，矮墙内的花草树木有些零乱，他伫立在那儿，蓦地有些神经紧张，一阵风吹开了大门，他奔跑过去，穿过她家小小的庭院，站在一片空旷的客厅中，她搬走了！无声无息地走了！

一切都是静止的，如一场梦魇……

3

他如愿考上音乐系，离家去过住校生活，这是一个转折点，从群体生活中感受到乐趣，学习调适自己的人际关系。大学以前的生活逐渐淡去，像云烟。然而，总有一丝薄云，柔柔地、软软地、淡淡地缠绕在心头……那个小女孩，他再没有见过她，也没有听过她的消息，有时候，连她的面貌也模糊了。只有初见的浑圆可爱始终明晰，最后一次见面，她只对他说"再见"……一个自童年开始的朋友，到底是怎么样的感情？他也迷惑。刚升上大四的那年秋天，餐桌上，他父亲不经意地告诉他们，她的父亲患肝癌过世了。他一惊，搁下碗筷，浮起她父亲那双爱笑的眼睛，拥着意婕唱："蛤蟆不吃水，太平年……"

他悄悄找到他父亲的同事高伯伯，请他带他到公祭的灵堂。站在灵堂外，望着披麻戴孝委顿灵前的意婕，他感觉像隔了一个世纪的久远。看不见她的脸，只见她一次又一次地叩头答礼，这女孩就是意婕吗？他远远地望向她。

高伯伯先走了，他仍站着，等着人们将她父亲的灵柩抬去火化，等着人们扶起意婕，将灵位和一些其他的东西交给她捧着，她几乎站不住，却勉强地迈着步子，低垂着头，向外走来了。他紧张得听见自己的心脏狂跳，盯着她走向他，终于到他面前了！她突然抬起头，望向他——瞬间，这张面孔，所有的记忆，全部鲜活起来。她瘦了，圆脸成了尖脸，眼睛更大了，盛满哀伤与沉静。他张大嘴，几乎就要喊出她的名字，但，她似乎是视而不见地收回视线，再度垂下头。他怔了，费力地闭上嘴，不可置信地望着她被人拥簇而去的背影。怎么可能？她不认得他了？她没理由认不出他的，如果她是意婕！为了来见她，他费尽心机，他放下即将来临的期中考试！他变了吗？他迫切地找寻一面镜子，直到找着一片可见人影的玻璃，他看见自己，没有改变啊！他始终是这样的。强烈的不甘包围住他，在浓浓的秋天里，他渐渐明白了，这是一种怎样的情感。

二十九岁，他从欧洲回国，带着创新的中国音乐，震撼乐坛。他将诗词合乐，用现代人的眼光去诠释，带起歌坛“寻根”的热潮。

这年春天，他忙坏了，周旋在音乐会、唱片界及各种新闻媒体中。直到医生警告他情绪紧张将影响他的肠胃时，他决定暂时离开人群，给自己一段休闲的日子。

他“隐居”在淡水，一位教授的家中。看淡水河的日落，看渡船，看海上的日出，看淡水站上火车的去来。他喜欢坐在充满人声笑语的地方，毫不戒备地放松自己，有时候感觉自己像个游魂，而且是个高大的游魂，走来走去，都不引人注意。他真喜欢这种淡淡的日子，什么都不必思考，自然就有些新鲜的东西涌进心灵，塞得满满的。那天，他不由自主地逛进一家唱片行，唱机正声嘶力竭地吼着时下最流行的歌曲，他本来已经走过去了，却没什么道理地又走回来。唱片行有个年轻女子背对着他，正向站在高处的老板喊叫：“是新出的唱片，不是旧的！”

因为音响声太大，老板也必须扯着嗓子：“没有啊！是唱的？还是音乐？”

“是音乐。”那女子费力地嚷，“我昨天还看见的！冯哲生的《梦回古中国》专辑……”

她说着抬手指向唱片柜，一只鲜红晶莹的玛瑙镯子闪在他眼前，他猛地一窒，冒了一身汗——不会！不会是她！怎么可能，那截手臂细瘦得仿佛不经意就要折断了……那女子颓丧地转过身，他们面对面地凝望。她所有的表情在一瞬间凝在脸上，而他，拼命稳住自己的呼吸心跳，凝视着这个一眼就能认出的女孩，久久地，才从喉头深处流泻出那声呼唤：“意婕。”

“怎么……”她像梦呓般呢喃，“怎么可能？”她的神情始终像在梦幻中，当他们走在石板道上，海风掀翻她的裙摆和宽袖，恣意地将长发散在她面颊上，他终于忍不住问：“好吗？”“嗯？”她的双眼迷迷蒙蒙，忙着扯裙角，理长发，慌乱而不自然地，“还好。”

他点头，竟想不出什么话，好不容易开口，竟是两个人一道说：“你……”

两人一道刹住，笑起来。

“你先说吧。”他含笑让她。

“我是说……常听见收音机里播你作的曲子，实在很好听啊！”她说话的时候不看他，好像他根本不在她身边似的，他不禁揣想，她或许常是这样对他说话，只是，他一直没能听见。

“你喜欢，我可以送你两张唱片。”

“不用了！”她急切地摆手，“不用！谢谢！我自己可以买……”他微愕，觉得有些不对劲，却说不上是哪儿，他谨慎地闭上嘴。又走了一段沉默的路，他小心翼翼地问：“你现在在哪儿做事？”

“我在这里一家小公司当会计……”她讪讪地笑着，“也没什么大出息——”

“别这么说。”他急忙打断她的话，“行行出状元！”

他们在海边坐下，他问：“什么时候搬到淡水来的？”

“那年，我爸爸去世了，妈就带我到淡水来了。这儿是她的娘家。”

“哦。你在哪儿念的大学？”

“大学？”这两个字像蝎子，突然蜇疼了她，她的脸上仍挂着笑，眼中却流露一股陌生的冷冽，“大学不是每个人都有能力念的！我当年也想！想得快要疯了，可是……”她凄怆地摇头，“算了！我没有这个命！”“为什么不来找我？”他一下子问出口，要收，已经来不及了，“我一定会帮助你的……”

她睁大了眼睛看他，眼中渐渐浮起温馨的光彩。那些甜蜜的回忆，同时轻叩她的心房了。

“那年，伯父公祭，我去了……”他娓娓诉说，

“看见你了，我一直守在外面，可是你……”他踌躇了一会儿，“你没看见我！”

她突地仰头望天，这个动作，是他熟悉的。他密切注意，怕她掉下泪来，她没有落泪，只是晶亮了双眼，有些颤声：“我看见你了！可是，我不敢相信，我以为……是幻觉！不可能是你……我那时候感觉自己快死了，跟爸爸一起死了，我以为，人死以前，都会看到自己想看到的人……”她停住，用手捂住脸，“我搞不清……怎么回事。”她的玛瑙镯子，又露出来，她幼年时戴的，现在竟然还戴着，可见手臂有多细瘦，不仅是手臂，她全身都纤瘦。他的心，隐隐作痛：“你没有好好照顾自己，这么瘦……”

她一凛，抬头看他，脸上的感动和迷惘迅速退去，她挺直背脊说：“要结婚的人，没有不瘦的。”

他盯着她，思绪全被抽空了，茫茫然地问：“谁结婚？”

“我啊！”她看着他，紧张地握住裙摆。“你？”他傻傻地笑起来，“你要结婚？”

“很好笑吗？”她问，有些咄咄逼人。

“不！不是！”他连忙收敛，却管不住牵动的嘴角，“是意外！那年，见到你，你才这么一点大……”他手忙脚乱地比画。

“胖嘟嘟的，扎一个蝴蝶结，最爱弹我的钢琴……”他的手停在半空中，望着面无表情的她，“你忘了？”

“没有。那年我还不到六岁，现在已经二十六了……”

“是啊！”他迷乱地接口，“时间过得真快！叫人……”

叫人不敢相信的，又岂止是飞快的时间呢？

“你呢？”她问，“应该有很好的对象了吧？不要为事业耽误了终身大事啊！”“我不行！”他再度笑起来，笑得疲惫，“我流浪惯了，根本定不下来。”

他说着看她，她正咬住下唇，默默看着他，像是点头，又像摇头。一股暖意自心底泛开来，他觉得她依然是懂得他的。

“我明天晚上结婚，所以今天才能有自己的时间出来逛逛。”她对他说。他无法接腔，她在结婚前一天，逛进唱片行，买他的唱片。而他偏也走进那家唱片行，在同样的时刻里……世上许多事，原是一开始就注定了的，他渐渐明白。

“明天晚上，你能来吗？”她问。眼中有些闪烁的东西，分不清是期盼，还是担忧。曾经，她是颗星子，浑身都发亮；如今，她是个娇弱的淡水新娘，夕阳为她镀上一层层柔和的金黄。她在他眼中既是熟悉的，又是遥远而模糊的。她见他不回答，自顾自地笑起来：“其实，两人结婚，也没什么好看。你现在是名人，一定抽不出时间……”

“真的，太不巧了……”他说，带着歉意的微笑，“我今天晚上就回台北了。”这是两秒钟前做的决定，而无改变的余地了。

“那……好吧！”她站起身，长发和裙摆又在风中狂舞起来。

“不知道什么时候能再见了……”她说着，望向他，他的眼光掠过她，投注在海面上，耸了耸肩，轻轻笑起来。

“在这儿遇到你，是最大的收获！真的。”他们像一对普通的朋友，握手告别，然后，各奔前程。有一些东西结束了，有一些正在开始……

他到淡水来，本就是有些许期待的。当天夜里走向淡水车站的时候，他仿佛寻到答案了——《长干行》，无论怎样绮丽、动人，毕竟只是古老湮没了的故事。

她最后一次出现在他眼前，在海边，她用两只手压住裙摆，按住长发，无法向他挥别，只凝视着他，点头又摇头。海风太强，他几乎站不稳身子，她却稳稳地伫立，仿佛她一直就生长在这里，一个完全成长的女子。

她的名字叫意婕。

她仍是他二十几年回忆中唯一的温柔。

来生

亦 舒

那样相爱也没有到老。

陈成祖记得云生喜欢凝视他，不论他在读报纸，或是闭目养神，甚至是喝咖啡，她都在一旁笑吟吟专注地看着他，一次云生忽然说："有一天还是不得不离开你。"语气充满惋惜。

"怎么会？"陈成祖也看着爱妻，"你要去何处？"

"人总有辞世之日。"云生黯然。

"届时我们已经是老公公老婆婆了，那么远的事想来作甚。"

云生看着他说："不要紧，我死后照样回来看你。"

成祖"咦"一声跳起来："你说什么？"

云生笑嘻嘻："你怕？"

"当然不怕，但是，喂，我们别再讨论这个问题好不好？"

云生以后果然没有再与成祖说起这件事。

那日她出门上班，像往日一般取过外套与公事包，临走时说："记得晚上要到端木家吃饭。"

成祖抬起头："是乘谭华锦的顺风车吗？"

"是。"云生关上门走了。

成祖在报馆上班，可以晚一点出去。

成祖记得很清楚那天是八月一日，上午十时，他正在书房改一篇特稿，电话铃响了。

不知怎的，他似有预兆，觉得铃声异常空洞悲怆，不想去接，终于拿起听筒，那边却是警局，告诉他，谢云生遇到车祸，情况危殆，请他即时赶去医院。

事发突然，成祖居然不觉太大伤痛，非常冷静地即时出门叫车到医院去。

云生已在弥留状态，成祖轻轻握住她的手。

他问医生："她痛苦吗？"

医生摇摇头："她已毫无知觉。"

成祖抬起头，云生蓦然离去，甚至没有说再见。

"我们在她手袋内找到愿意捐赠器官证书。"

"是，她同我说过，万一有机会，她愿意把所有完好的器官捐出。"

"她一定是个极善良慷慨的人。"

是，云生确是那样的人。

她在当天晚上十时许离开这个世界。

算一算，结婚还不到一年。

小公寓里到处都有她清脆笑声的回音，真没想到，她走得那样早。

成祖不久搬了家，换了工作，最后，随着家人移民。

转瞬数年过去，他始终没有再找到对象。

这时候最痛苦的阶段已经克服，他说话渐渐有一点幽默感，嘴角肌肉可以微微蠕动，做出微笑表情，换句话说，他已有能力恢复社会活动。

但是无论什么时候，他抬起头，都仿佛看到云生在笑吟吟凝视他："成祖，我会回来看你。"

他知道他永远不会忘记爱妻谢云生。

一次，在朋友的生日会中，他负责司琴，一曲既毕，大家鼓掌起哄，忽然之间，成祖看到有一个可人儿远远地看着他笑。

成祖心念一动，这是谁，面孔却是陌生的呢。他走近她，一晃眼，不见了她的影子，不禁有点惆怅，可是一转身，又在另一角落看到了她，又有了意外的惊喜。

成祖过去打招呼，冒昧地说："你的眼神有点熟悉。"

"我叫娄家敏，是主人家表妹。"

成祖侧着头："我们从前可有见过？"

那位娄小姐笑："肯定没有。"

他们自那天开始约会。

成祖简单地把过去告诉家敏，他在六年前结婚，妻子因车祸去世。

家敏懂事而沉着，一个问题也没有，何须问，从成祖双目中已可看到他对亡妻深切的怀念。

接着一段日子里，成祖处处表现他已有能力从头投入感情。

他十分喜欢家敏，说也奇怪，她与云生有许多相似之处，两个人都爱笑，都不拘小节，像云生一样，家敏也喜欢凝视他。

成祖暗暗感喟：先是被云生热烈的目光宠坏了，接着又是家敏，陈成祖何其幸运。

深夜，他在家中默祷，抬起头，看到一轮明月。"云生，"他说，"是你派家敏前来陪我的吧。"

第二天，他静静对家敏说："我俩从此以后在一起生活你说如何？"

家敏笑了，迫切而爱怜地看着他："我一时间分不清你是想同居还是想结婚。"

成祖看着她的眼睛："我想余生与这双眸子一起度过。"

"呵，那肯定只有结婚一途。"

"大概这算是答应了。"

"感情这回事，要猜来猜去才有意思，一旦落实，就没有味道了。"

话是这么说，家敏可是从来没有作弄过成祖。

婚礼非常简单，婚后生活十分愉快。

某星期六下午，成祖在书房整理私人文件，家敏捧着茶点进来，他顺口同她说："护照，结婚证书，大学文凭全在这里，呵，还有，这是我的器官捐赠卡。"

家敏略觉意外："你愿意捐赠器官？"

成祖笑："届时也许会衰老不堪，器官早已失去功能。"

家敏缓缓走近说："我十六岁那年因意外左目失明，如无善心人捐出角膜移植，至今不能视物。"

成祖怔住。

家敏说："所以我与你志同道合……"

"慢着，那是几时的事？"

"六年前的八月八日，我还请医生破例把那位好心人的名字告诉我，好让我纪念她。"

"她叫什么？"

"她叫谢云生。"

成祖猛地抬起头，正好看到家敏凝视他，成祖刹那泪盈于睫。

大雨后

沈书枝

1

1999年夏，中考结束，我准备去上高中。这之前我在邻乡的一所中学复读，是第二次参加中考，想考的学校，是县城的重点高中。只有考上这所高中，才有上大学的希望。而那时我的估分比它历年的录取分数线高不了多少，因此我非常紧张，在分数出来之前，每天都担忧着。天一直下雨，人出不得门，每天在屋子里坐着，心里越发烦闷。偶尔雨停的时候，我会爬上家里两层楼的平顶上四处看一看。田地里稻禾碧绿，被雨水淋得湿漉漉的，笼罩着一层水雾；沉重的积雨云停留在远处青蓝色的山顶上，呈现巨大的灰蓝。雨不时又下起来，村里人偶尔来串门，讲几句电视新闻里看来的雨水的情况，长江边好些地方在发大水，雨要是再不停，我们这里过几天怕是也要发水了！

我的忧愁还有别的原因，即班上那个我喜欢的男生，自从放假后就再也没有他的音信了。乡下学生住得分散，相距几十里路也很正常，而那时安装了电话的人家还是极少数，一个村子里最多有一两家。我们家因为爸爸好面子，装了一部电话，但那个男生家没有电话。因此在考试前，我们就约好等成绩出来后的第二天，他和班上的另一个同学一起到我家来找我和妹妹玩（我们是双胞胎，在一个班上学）。终于等到成绩出来的那天，一大早班主任给我们打电话，告诉我们，我和妹妹都考上了重点高中，两个人考了一样的分数！我们心里的快乐自不必说。总之，我便开始一心一意等着第二天他们来找我们玩。第二天上午，却未见他们的影子。我在家门外等着，时不时到村口去一趟。是没有来，还是不晓得地方，走过了呢？或者是出了什么事？没有来怎么不到别人家借个电话打给我呢？

我心不在焉地吃了午饭，下午爸爸妈妈出门去，家里只有我和妹妹。这一天小雨断断续续地下着，我又等了一会儿，终于下定决心要到那个男生家里去看一看。他的家在哪个方向，我是知道的。在学校时，每个周末我们都要回家，有时会挤上同一辆公交车，他总是在澄桥的马路边下车，走进一条两边竹林遮蔽的土路。只是那条土路通到什么地方，哪里才是他的家，我就不知道了。翻开毕业纪念册里他写的那页，家庭地址上写着“澄桥村瓦屋组20号”，我暗暗记在心里，却又不好意思直接跟妹妹说要去他家，只模模糊糊地说，想去看看为什么他们没来。

于是我撑着一把伞，独自去找他家。

2

沿着联结田间各村的大路，走过山咀村，走过李家村，穿过一片没有人家的田地，再走完一段长长的土路，终于到了平时他下车的澄桥路口。这条土路所在的地方我们称为“湖南街”，大概是很多年前曾有湖南人迁徙到这里聚居。雨暂时停了，竹林遮盖下的土路暗暗的，高处的竹叶尖上凝着雨水，隔一小会儿，就有一滴轻轻地滴下来。我犹豫不决又有点害怕地往前走着，走了很久之后，不知道自己到了哪里，还是没有碰到一个人。路的两边偶尔有人家，然而都被茂密的竹林隔着，背对着土路。在这样潮湿的雨天，穿过林子，鞋子全沾上了泥巴，衣服也全被打湿，这个样子绕到人家门口去看或者问——实在是太没有面子了。

这时候背后传来走路的声音，我回过头一看，原来是一个中年男人，正从后面朝我走过来。我鼓起勇气，等他走得近了，问道：“伯伯，你晓得澄桥的瓦屋在哪儿吗？”

他停下来，说：“瓦屋？这里就是瓦屋，你要到哪家去？”

“我到我同学家去玩，但不晓得他家到底在哪儿——你晓得秦宝峰家在哪吗？”

“没听讲过，你晓得他爸爸的名字吗？”

“不晓得，只晓得姓秦。”

“那到哪里去找哦，这一大片都是姓秦的人家！”

然后他就恢复了很快的步伐，超过我往前走了。

我只好接着往前走了一段，感觉自己在这条土路上已走了很久很久，不知道是不是已经走过了他的家。竹林间的路却好像还没有尽头，只是一味地朝更幽深的地方延伸。就在我沮丧地准备回头时，忽然听见旁边竹林里有女人喊：

“小姑娘，小姑娘，你是那个找姓秦的人家的吧？他家就在这儿！”

同时传来别的人声。我穿过竹林，绕了一会儿，才走到那栋刷着白色石灰的楼房旁边。原来是先前那个男人经过时帮我问了一下。而这个女人正是同学的婶婶，就住在他家隔壁，因此在屋边候我经过。这时候她已经把同学的奶奶叫了过来，后者正站在坡下门口的场基上，招呼我下去。于是我穿过坡上的一片菜园，带着两脚厚厚的黄泥跳了下去。

同学却不在家。他奶奶说，他和妹妹一起去他三姑家了。我心里不免失望，原来不是生病了，而是去了自己姑姑家。觉得不好意思，我便要回去。然而眼前的奶奶太客气了，一再要我留下来等一会儿，说他过不了多久就会回来，让我晚上就留在这儿吃晚饭。这原是乡下待客的常礼，我想着见到他就可以问清为什么他没有去找我，犹豫了一下，就答应留下来等一会儿。奶奶把我带到他妹妹的房间，让我到床上躺一会儿歇一下，然后就走出去了。

在床沿端坐了一会儿，到底是走了很久的路，很快我便感觉到疲倦，于是将上半身俯卧到床上，想稍稍闭一闭眼睛。

醒来之后又等了很久，中间我两次说要走，都被他奶奶强留下来。黄昏时候，同学终于和他妹妹一起回来了，看见我在他家里，大吃一惊，转而欢喜，要我留下来吃饭，晚上就住在他家，明天再回。我问他为什么今天没有去我家，他说本来另一个同学应该昨天晚上到他家来住，今天好跟他一起去的，但是人没有来，所以今天他也不好意思一个人到我家去了。

“那怎么不到有电话的人家借一下电话打给我呢？害得我等你们好久，还以为你们是不是走错路了。”

“有电话的那户人家在河对面，这两天发水，过不去了。”

这时候我也知道已经回不去了，天色太晚，我一个人不敢再走二三十里路回家。倘若要他送我，送到家已是夜里，又不能让他在我家留宿，势必还要让他再走二三十里路回来。

“别担心，你妹妹肯定跟你爸妈讲你到我家来玩了！”

于是我留下来吃晚饭。

3

他家里的大人只有爷爷奶奶，他父母到城里打工去了。他用湖南话和爷爷奶奶说话，我听了十分惊讶，因为从未听他说过自己家是从湖南迁移过来的。那时他个子已经很高，性格十分爽快。他的妹妹比他小3岁，个子也很高，微微有一点胖，很可爱。

吃饭时他一边起身去盛了第二碗饭，一边说："唉，今朝没什么胃口，就吃两碗饭。"过了一会儿，他妹妹也起来去盛饭，说："今朝我也没什么胃口，也就吃两碗饭。"我心里觉得好笑，胃口不好还要吃两碗饭，那胃口好的时候要吃几碗啊！

晚上我就和他妹妹睡一块儿。一夜大雨，早上起来雨停了，云压得低低的，空气潮湿。长日无事，我们几个坐在房间里说话。我和他妹妹靠在床上，他坐在我们对面，拿起桌上一张已经没用了的卷子，卷成一个圆筒，贴在眼睛上，一只眼睛睁一只眼睛闭，对着我们看。过了一会儿，又把圆筒拉成一个长长的喇叭形，然后轻轻地用它一下一下打我的手背，说：

"你再在我家多玩一天吧！你好不容易来一趟，我昨晚到家都那么晚了，也没多玩一会儿！明朝吃过中饭我就送你回去！"

我犹豫不决起来。我其实是很想多待一天的，只是怕爸爸妈妈生气，回去要挨骂。这时他的妹妹和奶奶也在一边劝了起来，我想了想说：

"那你下午带我到你们村子里有电话的人家打个电话吧，我要跟我爸爸妈妈讲一下，怕他们着急。"

他答应了下来。到了下午，他却又说昨天就去看过了，河过不去的。

我还是不肯放弃，于是他带我走到河边，指给我看：

"你看，我讲过了吧，河里的水涨满了，人根本过不去。"

这时河水几乎已与岸边齐平，翻滚着向前流去，泛出隐隐的黑蓝。

"是真过不去啊。"

"当然是真过不去，要是能过得去，我肯定会带你过去的。"

"要不我还是下午就回去吧，我出来两天了都没打电话回去，我爸妈会担心的。"

"不要回去——就多玩半天，明天就回去了。我妹妹也喜欢你，想跟你多玩一会儿。你走的时候你妹妹晓得，她肯定跟他们讲你是去同学家玩了，他们不会担心的。"

这一番犹豫到最后又是情感战胜了理智，我于是又留了下来。然而心里终究难安，到最后竟觉得闷闷不乐起来。又过了一晚，到了第二天，我几乎是急着立刻要回去了，却还是被押着吃过了中饭才走。同学送我到澄桥的路口。

4

在路口和他告别后，我一路快走着回去。想到回去挨骂是不可避免的，说不定还要挨打，心里就惴惴不安，然而也只能把步子走得更快一点，好让到家的时间能早一点儿，也许受罚的程度就轻一些。到家时已是下午三四点，妈妈在灶屋里准备烧饭，看见我回来，蓦地又惊又喜地说：

"你总算晓得回来了！你爸爸以为你丢了，出去找你去了！你等他回来收拾你吧！"

妹妹在堂屋里，看见我回来，赶紧把我拉过去。我这才知道，原来第一天晚上我没回来时，爸爸问妹妹我去了哪里，妹妹果不其然说我大概是到同学家去了。爸爸怕我走了河边的路，这样发大水的日子，会被河水冲走的，第二天便去找我。然而妹妹只知道村名，并不清楚具体的大队，因此他没找到就回来了。这天一早又去找我，到现在还没有回来。

妹妹说："你还是赶紧到楼上房间里躲一会儿吧！我觉得爸爸回来肯定要打你！"

于是我赶紧上楼去。过了一会儿，妹妹拿一个苹果上来给我，说："我觉得晚上爸爸肯定会罚你不许吃饭，你还是先吃个苹果垫一下肚子吧！"

没有过多久，爸爸回来了。我从楼上的窗户边往下看，他手上捏着一把长柄雨伞，很疲惫地走着，夕阳照在他身上，把他照得黄黄的。妈妈也看见了他，远远地喊："家来着！家来着！没事了！"他顿时振奋起来，大步走到门前，问："啊？回来啦？在哪儿？"妈妈说："在楼上躲着哩。"

我以为他要上来打我，或是喝令我下去，然而都没有，只是静静的。那天晚上，爸爸终究没有打我，也没有不许我吃晚饭，甚至都没有问一声我到底去了哪儿——就像什么事也没有发生过，只有我提心吊胆地在愧疚中勉强吃了晚饭。

上岸

陈麒凌

郑阿雯十九岁的时候，住的是一条船。

岭南多水，江湖河海上常见这样的水上居民，以舟为家，视水为陆，旧时被唤作疍民，有轻视的意思。

那时郑阿雯还很瘦，留着齐眉的短发，皮肤虽黑，却质地如缎，夏天里穿件无袖的白棉T恤，脚踏一双人字拖，人群里不怎么出声，喜欢或者不喜欢都能从眼睛里看到，她的眼睛实在是美，不过大笑起来像个汉子，无遮无拦，惊天动地。

郑阿雯和同学欧小慧骑车去水库玩，看到一帮人热热闹闹地焗番薯，里面有个叫牛成峰的，恰好是欧小慧的远房表哥。于是大家一起玩，一起吃。牛成峰见郑阿雯不怎么过来吃东西，就捧了一堆焗好的红皮番薯给她，顺口介绍自己："大家都叫我峰哥。"旁边的大家马上拆台：才不是，我叫他牛口水，我叫他牛魔王，我叫他小疯牛，我叫他老牛氓。郑阿雯大笑起来，完全不是刚才的文静模样，牛成峰吓了一跳。

那天回家，牛成峰骑车载着她，说是顺路。

到了江边，郑阿雯沿着青石阶梯一路跑下去，轻捷地跳上小舢板，回头笑着摇摇手，荡开短桨自往水深处去。她家的船泊在百米开外，船头有只黑狗远远就摇尾巴，不知从哪忽然游来一群白鸭子，集在小舢板周围嘎嘎嘎乱叫，郑阿雯一桨打出些水花，鸭子们又嘎嘎嘎地跑了。正是日落时分，半边天云霞绯红，一直烧到水里，红彤彤满江都是。

牛成峰是供电局的一名安装电工，二十年前这份工作是颇为人艳羡的。牛成峰穿衣打扮却像个知识分子，尖领衬衫扎在烫线西裤里，三十八度也穿袜子皮鞋，这让他和那些穿灰蓝工作服的电工师傅有了区别，还有一样，他热爱文学。

那阵子牛成峰正读沈从文的《边城》，满脑子都是湘西的渡船和山头黄鹿一样天真的翠翠，而眼前的江水云霞，小舟黑狗白鸭，让这个回头一笑的少女忽然有了文学意境的美，于是他的心里着了火。

郑阿雯和牛成峰拍起拖来。女孩子的初恋，新奇、喜悦，还有着小小的虚荣，她的男朋友单位好，有技术，人又体面。临近住家船的婶姨们都叹她命好，有本事，阿妈只是笑笑，依旧埋头上网整网，转身把船篷上晒的小鱼干哗啦啦翻一遍。郑阿雯跪在舱里擦船板，厚桐油船板被擦得光光亮，她却把耳朵侧着，想听阿妈怎么说。后舱炉上的黑瓦煲煮开了粥，盖子突突地响。阿妈喊："阿雯你还不关火？"她赶忙手脚快快爬着去。

有一天牛成峰送礼物给她，彩纸包装着长方形的盒子，里面是一双皮鞋，奶白色的半高跟皮鞋。她说："我不穿这种鞋的。"其实连人字拖她都不大爱穿，尽管牛成峰赞美她穿得俏丽潇洒。水上人自幼赤足亲水，脚丫子也有性情，要呼吸，要见光，自由惯了，受不得一点拘束。牛成峰把盒子再推过去，笑着说："星期六我带你回家吃饭，家族里老人家多，他们挑理。"

月亮圆好的夜晚，船头雪白一片。郑阿雯悄悄爬起来，一双脚试起了新鞋，脚尖有些挤痛，但是看起来多漂亮啊。她小心地走了两步，赶紧止住。一切都静悄悄的，只有月下大江闪闪地流，天无边，水也无边，人在船上，顺着江流走，天大地大随处走。而这双美丽的奶白色皮鞋，将要把她带到哪里去呢？

牛成峰家里经济条件好，盖了栋三层的小楼，郑阿雯第一次在这样的人家里吃饭。饭桌上她很乖，不多嘴，少夹菜，吃完一口就擦擦嘴。牛成峰让她坐在二伯母旁边，因为这位伯母的娘家从前也是水上人，多少有点话说。果然二伯母一直在说话，她问："你家里有几条船啊？有没有做货运啊？货运才有钱赚啊！你爸妈怎么不上岸买房啊？买个这样的小楼住不比睡船板好？疍家佬很苦的，餐餐白粥咸鱼，这个菜你们吃不到的，来呀多吃点多吃点。"

那是她和牛成峰吃的最后一顿饭，接下来就分手了。

后来欧小慧告诉她，听说最反对他们的人是二伯母，她说疍家妹生的小孩读书笨，疍家佬的命不好，一世穷。常常就是这样，最痛恨弱者的人，是他们的同类。

夜里，郑阿雯把那双皮鞋丢进江里，咕咚一声沉下去，从此再无痕迹。

第二年郑阿雯和有才哥结了婚。有才哥是邻近曾家的二儿子，因为天生晕船不能远航，便上岸做起卖猪肉的行当。郑阿雯还记得三四岁时，两家的船常泊在一处，阿妈把她放到曾家船上，小孩子用吊背带系住，续一条粗索绳绑在船柱，绳长刚够在舱里爬。那时他俩最喜欢趴在窗口望风景，你打我一捶我踢你一脚，谁能想到以后的事。

有才哥最大的好处是，总把她的话当一回事。

她说："欧小慧戴了条金项链，男朋友送的。"有才哥笑眯眯地说："你也有。"隔天带回一条金项链，新的，卖了嘉陵摩托车买的，那是他全副身家。卖了车怎么拿货啊，郑阿雯只好把金项链卖掉，再把车买回来，还好无赚无蚀。当然啦，项链也美美地戴了几天。

她说："我要把这个档口拿下来。"有才哥笑眯眯地说："没问题。"当时没人看好这档口，南瓜小区刚开发，黄泥路坑洼不平，到处都是荒草尘沙。谁想到十年后三条主路开通，小公园建好了，六幢商住楼开盘，就连独门独栋的自建小楼也增至七八百户。而郑阿雯的猪肉档独此一家，生意无比兴隆。

她说："曾有才我告诉你，有一天我要买下那栋楼。"有才哥仰头望了望，还是笑眯眯地说："好，有手有脚有力气，买它。"那栋小楼就在猪肉档对面，隔着二十米宽的大路，天天都能看见。三层半，有阳台，朱红色琉璃瓦，外墙镶着浅杏色的瓷砖。那时他们还住在棚屋，欠着债，女儿青青刚出生，在小竹床上蹬着脚哭。

南瓜小区长大的孩子们给郑阿雯起了个花名——猪肉美少女战士。

永远的齐眉短发，冷酷的无袖紧身黑T恤，系着条军绿色牛津布围裙，人字拖，叉着腿站在猪肉案板后面，上方的黑铁钩子挂着红红白白的五花肉，她手里握着的斩骨钢刀寒光凛凛，这是郑阿雯二十年不变的经典造型。

日日抡刀劈骨，郑阿雯的手臂练得结实紧致，隐隐见到三角肌，手腕也鼓出了小筋包，可是她的刀法却不怎么样。买的是前胛瘦肉，她割的一定连着条肥肉，人若不满意，她还声大大地说："你身上哪块瘦肉不连点肥肉？"买一斤尾龙骨，她斫下那段肯定有一斤三两，人若嘀咕两声，她就抓着刀喊："你以为刀有眼的啊。"就近买菜的住户多为便利省时间，一般就默默认了。

偶尔会有个较真的，譬如小关阿姨。小关阿姨说："我买六块钱的中梅肉，你给我切了八块二，太离谱，多一钱你都给我切掉。"郑阿雯拿眼瞪瞪她，黑着脸割走一条边，剩下的肉掷在案板，塑料袋都不给。"又贵、态度又差。"小关阿姨一路向街坊投诉，"以后都不跟她买。"哪知过了两天，小关阿姨又来了，排在后面弱弱地问："有靓排骨吗，阿雯？"没办法，儿子只爱吃她家的猪肉，谁让有才哥货源好呢！他每天半夜三点半起床，骑着摩托车往返两个多小时，风雨寒暑无阻，只为拿到最好的土猪肉，据说那个养殖基地的猪是放养的，吃玉米大豆杂鱼，整天在山坡上跑着玩，抢手极了，没关系还拿不到货。郑阿雯耳朵聋了，百呼不应。旁人对小关阿姨附耳道："你得罪她了，过几天再来吧，过几天她就不记得了。"约莫挨过了一段日子，小关阿姨厚着脸皮再来，堆了笑问："阿雯，有靓排骨吗？"果然郑阿雯已经没事了："有，靓爆镜。"话说着，已从黑铁挂钩上摘下两条排骨，咔咔咔斩成几段。小关阿姨心有不甘："我问问，你就这么快。"郑阿雯眼睛一瞪："不买你问什么？"小关阿姨总算学乖了："买买，当然买啦。"

郑阿雯不总是那么蛮的，熟客或者她喜欢的人来了："阿雯有靓排骨吗？"她便绵绵地递个眼色，意思是等等。待到档口前的人稀少了，这才左右看看，从案板底下摸出两条上好的排骨，扔在电子秤上，带着邀功的喜色："够不够靓？"同样是熟客或者她喜欢的人来了，她会宴请般热络地把一副猪肚子或猪脷摔在案板上："今天的货好靓，吃不？"来客婉拒道："今天没带够钱。"她便豪迈地说："拿去吃，钱随便几时给，记得就给，不记得就算。"

司徒阿婆也算是她的VIP吧，十多年的老主顾，且十多年来每次只买一块钱瘦肉。司徒阿婆常年独居，除了买菜从不出屋，也不和街坊来往，几乎与世隔绝。这天早上阿婆很生气，她敲着拐杖骂郑阿雯黑心，一块钱猪肉就给这么少。郑阿雯忙哄小孩般说："好啦好啦，我给你补上啦。"寻了块最嫩的里脊尖瘦肉给她，那司徒阿婆才愤愤离去。旁人不解："这阿婆有毛病吧，现在去哪里买一块钱的瘦肉，我看你最少给了她四两。"郑阿雯挥挥刀："算了，七八十岁的阿婆气她做什么。"

阿菲是郑阿雯喜欢的人。阿菲三十多岁的样子，慢声细语，白皙优雅，总是穿着一步裙和高跟鞋，办公室白领的打扮。郑阿雯和她说话，被这慢声细语引诱着，也会短暂地文雅两句："承蒙惠顾，十二块两毛，两毛就不收你的了，慢走啊。"傍晚收档的时候，郑阿雯一身汗酸疲惫，躬着腰在案板底下忙活。阿菲饭后出来散步，轻轻打了个招呼，裙子飘啊飘地在公园里走，郑阿雯的眼光就黏着那个背影走。

生意好，银钱往来愈密，可惜郑阿雯数学太差，每一笔都要用刀尖在油垢重重的案板上列算式，不止，还要再列一遍验算。所以作为她的女儿，青青必须具备最强大脑的心算能力，不然怎么拯救美少女战士。南瓜小区的人们是看着青青长大的，爸妈忙着做生意，她一个小孩坐在地上玩泥沙，再大些，搬张小凳当桌子，看书背单词做作业。不知青青什么时候练出来的本事，能一边背课文一边算账。郑阿雯回手给她一张百元大钞，猪颈肉八两，猪大骨一斤三。青青嘴里念念有词，黄河远上白云间，一片孤城万仞山，一边手接过百元钞，老练地捻捻，验明真伪，再从乌黑油腻的大木头钱箱里找几张零钱找赎，羌笛何须怨杨柳，春风不度玉门关，诗背着，从没出过一毛钱的差错。

青青不是天生的学霸，哪有小孩生来就刻苦学习的，老师告状说她不做作业，郑阿雯抓起青青的小手心就打，用文件夹上的塑胶抽杆打，疼，不留痕，也打不坏。那边有才哥听到女儿哭心疼坏了，又不敢拦，只跳着脚叫："打我吧，哎，打我吧。"

郑阿雯对女儿说："你阿妈没文化，所以要你教我呀，你教我学英文，要是有个美国佬来买猪肉，阿妈就能听懂他说什么了。"青青也把这话当回事，每天晚上都给爸爸妈妈上课，数学课语文课英语课，老师教了什么，她就回来讲什么，墙上挂着个小黑板，还提问，还布置作业。两夫妻坐在下面听，眼皮子困得直打架，表情却不敢不认真。放假了小老师也追在屁股后面教，阿雯一边铿铿剁猪骨，一边跟着女儿念apple、apple、banana，还挺有节奏。青青教累了，蹲在地上捧着腮，怎么美国佬还不来呢。

青青十五岁参加中考，总分全市第七名。报喜的电话打来，郑阿雯正帮客人刮猪脚毛。放下手机，她随手从案板下捞出两条小排骨。客人小心说："阿雯我家有猪脚就够了，排骨吃不完。"郑阿雯说："送你的。"客人问："为什么啊？"郑阿雯大声说："高兴！"

也是那年，中秋节前，郑阿雯买下对面那栋楼，一百三十万，比市价低了二十万。因那楼主是个特别迷信的人，家人常有小恙，就从风水上找原因，坚信是对门的猪肉档犯冲，那女人天天拿刀望着他家，煞气太大，住不得了。

中午人少，郑阿雯总要打个盹儿。三叶小吊扇垂下一根驱蝇玻璃绳，曲曲折折地转着，她趴在油污污的案板上，睡得很沉。对面就是那栋楼，不一样的，从前睡醒，睁开眼看到的是别人家，现在那是自己家，千真万确，钥匙在口袋里叮当响。

这小区的公园也属于她了，她也可以像阿菲一样，吹着晚风，穿着裙子和高跟鞋在里面散步，还可以混在广场舞的队伍里蹦跶几下。不过裙子高跟鞋她只穿过一次，第二晚还是恢复了T恤短裤人字拖，舒服。

她把小楼的一层租给了甜品店，二层租给了咖啡屋，客厅厨房卧室都在三楼。邻居说："多挤啊！"她说："够住就行，贪那么多地方做什么。"有人含酸道："疍家佬惯住白鸽窝，悭吝。"旁边的接口："不悭吝买得起楼？块块砖都是从咱们身上赚来的。"郑阿雯才不管别人说什么，反正说完还得买她的猪肉，还得心甘情愿给她钱。

有天欧小慧找上门来，张罗同学聚会的事。好久不见，自然近况说了半天，不知怎的说到牛成峰。欧小慧说："他坐了办公室，日日上网贪空调，不爱运动，饭局应酬又多，现在大家都叫他肥峰，人肥得不像话，简直就是一头猪。"

郑阿雯斜着刀拍拍案上半扇厚厚的肥板肉，雪花膘颤悠着："像不像这头？"

欧小慧撇撇嘴："颜色还没这么好。"

郑阿雯哈哈大笑，还那样，像个汉子，无遮无拦，惊天动地。

人说冤家路窄，可他俩的路竟是太宽，一直没再遇见过，城市那么小，不是真心想见的人，一辈子也见不到。

也曾想过狭路相逢，也许有一天他刚好来买猪肉，她该怎么办？要不要收钱，还是按批发价给他，说什么好呢，要不要挤出点笑容？可是他怎么会来买猪肉呢，穿尖领衬衫烫线西裤热爱文学的人怎么会来买猪肉呢？哎，好笑。

后来就没空乱想了。总是记着一个人、一段往事还真不容易，要多没事干才有这份工夫，她真的没法记那么久。当然，也因为现在过得好。

有天她用一只无纺布环保袋，那袋子五年前买的，能装三十斤糯米，可如今轻轻一碰就碎成了片片。多少大不了的事也不过如此，年年月月过去，轻轻一碰就没了形状，那些碎片片也只够你笑一笑吧。

欧小慧说："牛成峰被老婆逼着去打羽毛球，老友们组了个风骚队晚晚开打，不如你和有才哥也来吧。"郑阿雯说："我哪会打羽毛球。"欧小慧说："你那两手臂肌肉，一拍就把肥峰打趴下。"郑阿雯大笑。

心里隐隐盼望一场羽毛球，有时候抡起切骨刀做个发球的动作，大家都不敢走得太近。也大手笔地买了粉红色的运动衣和白球鞋，新簇簇地穿了一身，有点羞涩地问："有才哥，是不是很丑怪？"有才哥笑眯眯地说："靓爆镜，靓足一百分——以上。"她向镜子里望一眼："老吗？"有才哥想都不想地说："我老婆几时都十八岁。"

二十年，不老些是不可能的，她丰润了，也就显得不那么怯弱，但整体还是看得的，是好看的。她照了半天镜子，心里确信了。

周末，夫妻俩约好去打羽毛球。换了衣服出来，才八点，有才哥已经靠在沙发上睡着了。这些年，除了每年的大年初一，他天天三点半起床。没有假期，别想休息，怕不开档熟客会跑，怕不拿货关系会疏。

郑阿雯悄悄回房换下衣服，到底还是没去。

有时会想起十九岁那晚，身旁是水，头顶是天。一切都静悄悄的，只有月下大江闪闪地流，天无边，水也无边，人在船上，顺着江流走，天大地大随处走。

其实她从来没觉得那船小。

纸背

张秋寒

1

学写字不是一件容易的事，但我学得很快。

禾子阿姨说："我先自夸一下，因为我是个好老师。我再夸你一下，因为你有天分。"她坦言一开始没打算教我写字，说我连把行李扔进后备箱这样的小事都要假手于她，可见我腕上没力，提不得笔。

事实上，我也没想到我会和她发展出推心置腹的交情。她来学校接我，我以为她总要和别的长辈一样，一惊一乍地说"哎呀，好久不见都长这么高啦"，或者慈眉善目地说"到我家就和自己家一样哦"。但她只是问我东西是不是带齐了，说她家那里出入城区查得越来越严，最好不要发生东西落下了再跑回来拿之类的事。

随后她给我妈打电话，说人已经接到了。手机和车连了蓝牙，我很清楚地听到我妈在那头说："这个孩子就是笨了点，别的都挺好的。"说着说着哭腔上来，竟然说出类似于托孤的话。禾子阿姨当即打断她："神经病啊，要过年了，能不能说点吉利的。"

然而元宵节过完以后，学校发布了网课通知，这意味着我将继续在禾子阿姨家待下去。我并不害怕她，我只害怕我越来越多的秘密被她知道，害怕她会告诉我妈。

"你化学和物理都不及格？"

"带这么多言情小说你的行李箱当然重了！"

"微信背景谁啊，最好不要是男朋友哦。"

我说："不是，我喜欢他，但他不喜欢我。"

禾子阿姨不信："男生都喜欢你这样的吧，和你妈一样，柔弱得像只猫，让他们想抱在怀里。"

我妈哪里柔弱了？她和我爸吵架，上下三层楼的声控灯都会亮。她去菜市场买菜，菜贩子少秤，她找来一个蛇皮袋把人家的菜每样抓一把，一副慢悠悠的架势，却无人敢上前阻拦。那种不能上街买菜的日子里，一个菜篮子从五楼吊下来，肉、土豆、油、盐、酱、醋装得满满的，她一口气提上来，比旁人从井里打桶水还要轻松。

"她是嫁到武汉去才变成这样的，以前她不这样。"

2

以前，很早很早以前，她们住在一个弄堂里。

据禾子阿姨说，在我外公没有病逝以前，郃家的实业经营得很好，家境优渥。我妈郃宝莉因此见过各式各样的上乘货，并且富有教养。有同学炫耀从法国买来的洗发水，她一眼便看出是假货，但没有当众戳穿。晚上她把禾子阿姨叫到家里，两个女孩窝在浴缸里拿从法国买来的正品洗发水互相洗头。禾子阿姨说："我可以没有，但我不想作假。"此话获得了我妈的盛赞："陈禾，我就喜欢你这一点。"

少女郃宝莉和陈禾的友谊与日俱增。外人知道她们感情好，要是想找其中不认识的那一个，往往先托认识的那一个引见。何况情书这种事，即便认得，也还是要托人传信。好像这样才合规矩，才有点才子佳人的意味。

"具体帮你妈递了多少封信我已经记不清了，反正到最后都麻木了，完全不想听她跟我分享那些信的内容。全是些陈词滥调。”

郃宝莉同样对那一拨男生的创造力流露出失望之情。陈禾以为她们俩绝不会谈什么见鬼的恋爱，直到一个月亮很明亮的晚上，都已经睡过一觉了，她起来上厕所，经过窗边时无意间瞄了一眼，就看到郃宝莉和一个男生在角落里接吻。他们躲开了路灯，但是躲不开月光。那个男生个子很高，他需要俯下身，郃宝莉需要抬起头，这样两个人才可以吻到。倘若说那个瞬间对她的爱情观产生了什么影响的话，那应该就是刻板的关于接吻的规矩——男生个子要高，要俯下身，女生要抬起头，这样才可以接吻。

郃宝莉很快坦白。郑永庚，男，二十一岁，高中肄业，随舅舅自天津南下务工，在静安寺附近的一家餐厅做事。陈禾问她为什么没有第一时间告诉自己，郃宝莉说还没有确定关系，陈禾说接吻了就算是确定关系了。“都什么年代了？你怎么比他还老土？”郃宝莉笑着，眼底却泛起一种浅浅的疲倦，像是等谁等了很久似的。这种疲倦从她父亲过世起就一直伴随着她。

不久以后，郃家卖掉洋房搬去了别处。他们本可以就近买个小一些的寓所，像陈禾家那样的。可郃宝莉说家里东西太多，放不下。陈禾心里清楚，郃宝莉的母亲当了半辈子太太，不愿意在邻居面前纡尊降贵。自此，两个人只有在学校才能碰到。加上课业日益繁重，她们也不再像从前那样一有时间就聚在一处闲聊。陈禾在校门口见过郑永庚两次，都是来接郃宝莉下晚自习。过了寒假，来接她的换了个人，郃宝莉还是没跟陈禾说。陈禾不知道他们有没有确定关系，有没有接过吻。

3

除了常见的颜柳，禾子阿姨让我临得最多的是虞世南的字。身为初唐大家，虞世南写字却不择纸笔，更注重坐姿和运腕的方法。

禾子阿姨见过很多没有天分的孩子，别人写一张，用一丝巧劲就能铁画银钩，他们写十张一百张，用上吃奶的力气，字始终还是浮着。“勤能补拙也得有个上限。要你很用力很用力去做的事，往往是失败的。”这是禾子阿姨老早就领悟的道理，而那时，我妈郃宝莉交往过的男生也已经比她一晚上写废了扔掉的纸团子还要多了。

其中的某人再次出现在弄堂口时，陈禾正要出去买晚饭。玫瑰金的黄昏让逆光中的郑永庚像彩纸上剪出来的一个狭长的窟窿，像《桃花源记》里供渔人通行的那个仿佛若有光的入口。他真的很高，影子足够淹没陈禾的影子。他委托陈禾捎封信给郃宝莉，陈禾很想让他知难而退，但她发现自己说不出口。于是她只是说：“要是有回信，三天后你还在这里等我。”郑永庚从次日开始就每天傍晚都来报到。到了第三天，陈禾深表遗憾，叫他不要再来了。郑永庚不听，他说莉莉可能只是忙，没时间回复，他再等等。

久而久之，陈禾习惯了在买饭回来的路上碰到他。有时她假装没看见，有时也会坐在花池边和他聊两句。郑永庚问她怎么每天都吃外面的东西，陈禾说她父母在工厂上班，每天都要忙到九点多钟才能回来。又过了一天，郑永庚把陈禾手里刚买来的饭拿过来扔进垃圾桶。他说他目前是个水产饲料销售员，日常工作是去江浙沪小镇上的养殖户家里宣传公司的产品。此前他是个厨师。“以后我就不来了。今晚我帮你做顿饭，谢谢你帮我送信。”逼仄的厨房在他的操练中应了“螺蛳壳里做道场”这句老话。陈禾第一次见到颠勺颠得起火的画面，吓得直叫唤。郑永庚说：“你好傻啊。”他端出一道道色香味俱全的菜，就像她写出一个个形神韵兼备的字那么轻松。他们面对面在灯下坐着。月亮也在窗棂下低垂着，像是嗅到了美食的芬芳，做个不请自来的陪客。“听说你们都考上了好学校，我挺为你们高兴的。还是上学好，我很后悔没把书念下去。”郑永庚说上海太大了，人也太多了，郃宝莉从他眼前一闪而过，在茫茫人海里就再也找不到了。陈禾给他夹菜，说丢了就丢了，感情的事最忌讳刻舟求剑了。

吃完饭，她要送他。黑漆漆的楼道里，他让她留步。陈禾回到窗边看着他走远的背影，想到他们可能这辈子都不会再见面，有些怅然若失。可是隔日，郑永庚又来了。他说“拳不离手，曲不离口”，烹饪和书法一样，总不练习，技艺就会荒废。她要是愿意，他可以天天来给她做饭。

4

长江沿岸城市尤其炎热的酷暑，陈禾陪着郑永庚去苏北小镇推销饲料。

他显然不适合吃这碗饭，面对养殖户的抵触、怀疑、刁难，毫无招架之力。陈禾没有一丁点这方面的业务知识，但她能摆得平，站出来为他一一化解。洒满刺目日光的路上，他们没有交通工具，沿途搭车从一个镇去往另一个镇。有时候是电动三轮车，有时候是皮卡车。滩涂上碧绿的芦苇像连绵的围屏，白鹭倏忽从头顶飞过。他们坐在车斗里，颠簸摇晃，但有种青春的快乐。陈禾总是趁郑永庚不备，往他的耳朵里徐徐地吹气，等他感觉到了，她立马恢复正常的样子，眼睛望着别处。几次三番，他才识破她的把戏。她永远也忘不了这件事，以及他恍然大悟的那个表情。他才好傻呢。她自己也傻，不然也不会爱上这样一个人。

她问他："我不会生气的。你告诉我，你喜欢宝莉什么地方？"

他想了半天，说是他们第一次见面那天，郜宝莉跑到后厨来找他，问排骨汤的配料和做法。要不是亲口尝过，她绝不信家常菜也可以做得那么好吃。宝莉不仅问，还煞有介事地从包里掏出一个粉色的绒布笔记本认真地记下。她的字圆圆的，一颗一颗的。

陈禾以为他喜欢的是宝莉的大度。得知他们在一起了，宝莉一点也没有不高兴，只是祝福他们。

郑永庚笑了笑，忽然说到鱼和饲料。他说民间都讲吃鱼会聪明，显见是骗人的。鱼一点都不聪明，如果聪明就不会被钓上来，聪明也不会去吃饲料。鱼吃得越肥，就越要被端上餐桌。

回到上海后的第二个星期，郑永庚留下一封信后不告而别。信中，他言明自己无法忘记郜宝莉。试着和陈禾交往的这段日子，他实则如坐针毡。他猜到当初陈禾根本就没有把信交给宝莉，也深知这是为了他好。越想到这里，他就越不能容忍自己一直去蒙骗一个为他好的人。宝莉和他分手时说她大概从来都没有爱过他，他只是在她最失落最无依无靠的时候出现了。"爱情，我可以没有，但我不想作假。"郜宝莉对他说的话也正是他想对陈禾说的。

禾子阿姨的笔停在原地，洇出一个硕大的墨点："很可笑吧。我说出去的话，兜兜转转又回到了我这里。"

"渣男。"我说。

"我就知道你们年轻人会这么说，可我偶尔还是会想到他。你妈大概早就忘了，她一向烂记性。"那个晚上，我们都无心再写字。禾子阿姨在阳台上一支接一支地抽着烟，她背影颀长清瘦。我在角落里静悄悄地发了一条仅自己可见的朋友圈："知道错了，改过来，是写作业。知道错了，就这么错着，是爱。我不想要这样的爱，大概我能这么想，也是因为还没有错得太离谱。"我把微信背景换成了一只独角鲸，聪明的、美貌的，常年在深海用别人听不见的声波自言自语的孤独的鲸。

5

今年我上大学，寒假放得很早，每天睡得很晚，常常在我妈的骂声中起床："你以前只是笨，现在还懒，也邋遢。以后没有男的会要你。"

要不是这个时候南来北往变得危险而麻烦，我还是想去禾子阿姨那里过年的。她不会碰巧在我刚看到那个人晒出和女朋友的合照后说些更让我难过的话。

她会带着我一起写字，会告诉我，自以为力透纸背，其实根本不会有人翻过来看。就像很多人都要做一次别人生命里的"纸背"，才能看透自己是白费力气，徒劳无功。好在时间是一沓叠在一起的纸，凭你如何入木三分，第二张、第三张，再深沉的墨，一张张渗透下去也就渐渐淡了。

"你再抱着手机玩，眼睛迟早会瞎掉。"我妈又开始骂了。昔日如她写出的一颗颗圆圆的小字般甜美的少女郜宝莉，在光阴中变成了暴躁的主妇。要是得知此事，郑永庚多少会有些难过吧。

被雨打湿的杜甫

✿肖复兴

初三那一年的暑假，我们都是十五岁的少年。那一年的暑假，雨下得格外勤。哪儿也去不了，只好窝在家里，望着窗外发呆，看着大雨如注，顺房檐倾泻如瀑；或看着小雨淅沥，在院子的地上溅起像鱼嘴里吐出的细细的水泡。

那时候，我最盼望的就是雨赶紧停下来，我就可以出去找朋友玩。当然，这个朋友，指的是她。那时候，她住在和我一条街的另一座大院里，走不了几步就到，但是，雨阻隔了我们。冒着大雨出现在一个不是自家的大院里，找一个女孩子，总是招人耳目的。尤其是她那个大院，住的全是军人或干部的人家，和住着贫民人家的我们大院相比，是两个阶层。在旁人看来，她和我，像是童话里说的公主与贫儿。

那时候，我真的不如她的胆子大。整个暑假，她常常跑到我们院子里找我。在我家窄小的桌前，一聊聊上半天，海阔天空，什么都聊。那时候，她喜欢物理，她梦想当一个科学家。我爱上文学，梦想当一个作家。我们聊得最多的，是物理和文学，是居里夫人，是契诃夫与冰心。显然，我的文学常会战胜她的物理。我常会对她讲起我刚刚读过的小说，朗读我新看的诗歌，看到她睁大眼睛望着我，专心听我讲话的样子，我特别的自以为是，扬扬自得，常常会在这种时刻舒展一下腰身。

不知什么时候，屋子里光线变暗，父亲或母亲将灯点亮。黄昏到了，她才会离开我家。我起身送她，因为我家住在大院最里面，要走过一条长长的甬道，几乎所有人家的窗前都会有人头的影子，好奇地望着我们两人，那眼光芒刺般落在我们的身上。我和她都会低着头，把脚步加快，可那甬道却显得像是几何题上加长的延长线。我害怕那样的时刻，又渴望那样的时刻。落在身上的目光，既像芒刺，也像花开。

雨下得由大变小的时候，我常常会产生一

种幻想:她撑着一把雨伞,突然走进我们大院,走过那条长长的甬道,走到我家的窗前。那种幻觉,就像刚刚读过的戴望舒的《雨巷》,她就是那个丁香姑娘。少年的心思,是多么的可笑,又是多么的美好。

下雨之前,她刚从我这里拿走一本长篇小说《晋阳秋》。这场一连下了好多天的雨,终于停了。蜗牛和太阳一起出来,爬上我们大院的墙头。她却没有出现在我们大院里。我想,可能还要等一天吧,女孩子矜持。可是,等了两天,她还没有来。我想,可能还要再等几天吧,《晋阳秋》这本书挺厚的,她还没有看完。可是,又等了好几天,她还是没有来。

我有些沉不住气了。倒不仅仅是《晋阳秋》是我借来的,到了该还人家的时候。而是,为什么这么多天过去了,她还没有出现在我们大院里?雨,早停了。

我很想找她,几次走到她家大院的大门前,又止住了脚步。浅薄的自尊心和虚荣心,比雨还要厉害地阻止了我的脚步。我生自己的气,也生她的气,甚至小心眼儿地觉得,我们的友谊可能到这里就结束了。

直到暑假要结束的前一天的下午,她才出现在我的家里。那天,天又下起了雨,不大,却很密,没有一点停的意思。她撑着一把伞,走到我家的门前。那时,我正坐在我家门前的马扎上,就着外面的光亮,往笔记本上抄诗,没有想到会是她,这么多天对她的埋怨,立刻一扫而空。她不好意思地对我说:"真对不起,我把书弄湿了,你还能还给人家吗?这几天,我本想买一本新书的,可是,我到了好几家书店,都没有买到这本书。"

原来是这样,她一直不好意思来找我。是下雨天,她坐在走廊前看这本书,不小心,书掉在地上,正好落在院子里的雨水里。书真的弄得挺狼狈的,书页湿了又干,都打了卷。

我拿过书,对她说:"这你得受罚!"

她望着我问:"怎么个罚法?"

我把手中的笔记本递给她,罚她帮我抄一首诗。

她笑了,坐在马扎上,问我抄什么诗。我回身递给她一本《杜甫诗选》,对她说就抄杜甫的,随便你选。她说了句"我可没有你的字写得好看",就开始在笔记本上抄诗。她抄的是《登高》。抄完之后,她忙着站起来,笔记本掉在门外的地上,幸亏雨不大,只打湿了"无边落木萧萧下,不尽长江滚滚来"那句。她不好意思地对我说:"你看我,在同一个地方摔倒了两次。"

其实,我罚她抄诗,并不是一时兴起。整个暑假,我都惦记着这个事,我很希望她在我的笔记本上抄下一首诗。那时候,我们没有通过信,我想留下她的字迹,留下一份纪念。那时候,小孩子的心思,就是这样的诡计多端。

读高中后,她住校,我和她开始通信,一直通到我们分别都去插队。字的留念,再不是短短的几行诗,而是如长长的流水,流过我们整个的青春岁月。只是,如今那些信已经散佚,一个字都没有保存下来。倒是这个笔记本幸运存活到了现在。那首《登高》被雨打湿的痕迹清晰还在,好像五十多年的时间没有流逝,那个暑假的雨,依然扑打在我们的身上和杜甫的诗上。

停弦渡风雪归人

陆小寒

要过去很多年，还想起一个人，那时的想念，该是很真诚的了。不过岁月也凝霜，这么多年，早已把一颗爱慕的心，冻成了老柿。

心也有鲜活饱满的时候，在2006年的美国纽约。

两个年轻的中国学生，葛原和季苍，同寄居老城区一座破败公寓的地下室。同是漂洋过海，年纪也相仿，却鲜有来往。因为忙，也因为穷：时间都用来多看一页书，多打一份工；手头拮据得吃一顿肉都要下一番狠心，寒暄是需要礼尚往来的，都要用钱。不如做个冷漠的人，看上去拒人千里，无欲则刚。都只有一个念头，书念完，学位拿到，赶紧回国赚钱，火急火燎地赚钱。

谁要这青春。这一无所有，穷得连快乐都没有的沮丧青春。

纽约的冬天又那么漫长，总是大雪覆地，地下室的气窗只和地面齐平，雪大的时候这唯一的一处光亮就被掩盖了。每到那个时候，季苍都有一种感觉，觉得住在这里的人们都像是一只只藏起来的小松鼠，吃着少得可怜的食物，等待春天到来。那么想的时候，心里倒是生出一点温暖来了。趴在气窗边向外看，远远看到葛原走过来，他的步子总是快的，像一只大号的松鼠。松鼠“啪”一下摔了一跤，站起来掸掉雪钻进树洞来。

在一楼的公用厨房遇到他，季苍想起大松鼠的比喻，忍不住看着他笑了一下。葛原觉得这笑来得诧异，却也善意地提醒："外面地上很滑，你待会儿去打工的时候走起来留点神。"

说完，他准备回房间。手里提着一壶开水，季苍知道那就是他的晚饭，一块干得发硬的面包，就着家里带来的辣椒酱，狼吞虎咽地吃完，再灌一大杯热水，面包膨胀起来，就不容易饿了。然而也有坏处，辣椒酱吃得他满脸青春痘，变成了一只一点都不帅的“松鼠”。

他们是很普通的交情，然而那天季苍却挽留了他："我待会儿做好吃的，你要一起吃点吗？草头圈子爱吃不？就是大肠，炒得油汪汪的。"

葛原吞了一下口水。

草头圈子是上海的老式菜，圈子就是大肠，草头在祖国大江南北的田头俯首皆见，草头铺底，红烧的圈子盖在上面，又有肉香，又解油腻。季苍的奶奶是上海人，她耳濡目染也学了几招，而这道菜她最常做，因为在美国，当地人不爱吃大肠这类内脏，所以价格很便宜。那天葛原只觉得那道菜香气太诱人，香得好像连吃了一大碗红烧肉。吃人嘴短，连连说季苍好话。其实哪有那么好吃，草头是超市里不要的，老得都择不动，而白酒则不小心多倒了一点儿，酒味略浓。

大概是太久没有和别人一起吃饭了，两个人都吃出了一点乡愁，又有一些心慌，好像身边的人就是在这个荒凉世界里能抓住的唯一的、温暖的事物。

那一年的圣诞节他们两个人一起过，在超市里买了一瓶极便宜的干白，又狠下心切了一大块火腿，喜气洋洋地举了杯，在季苍的房间里席地而坐，大快朵颐。她是潮汕人，从家里带来的几颗水仙球一直养在瓷盆里，入冬后渐渐就开了，此时室内有淡淡的香气，也给他们的贫寒增加了些微的诗意。

葛原深深嗅了一口这冷香，笑着说："你真是什么都能带到美国来啊。还带了什么好东西，让我瞧瞧。"

还带了茶叶，大质山的凤凰单枞。她们潮汕人嗜茶如命，又生性悠闲，一锅粥能煮一个上午，一壶茶能喝一个下午。多好的日子，偏偏自己要跑出来。微醉的季苍傻傻地问自己："我这么辛辛苦苦跑到地球的另一端，这到底是为什么啊？"

葛原顿了顿，说："为了明天。季苍，为了我们的远大前程。"

他们扬手，又干了一杯。

日子因为多了这样一个人而有了一些暖意。有时深夜葛原会去季苍打工的中国餐馆接她，一起走两个街区，回他们的松鼠洞。每一次都会经过一家甜品店的后门，这个时候季苍会大口大口地吸气，把空气中剩余的烤面包的香气吸进来，因为那里的面包实在太好吃了，但也实在太贵。

这个深夜，甜品店的后门开着，几个工人在搬运面粉、糖霜等原材料。远远看过去，糖霜如雪，连空气都是甜的。两个人就这样停下了脚步，葛原吻了季苍，她的嘴唇上粘着糖霜，异常甜蜜。

因为爱情，也因为生计，两个人就这样住在了一起，省下的房租开销可以用来改善伙食。那个小小的厨房在那一年成为季苍最幸福的小天地。有葛原和她相依为命。

而葛原也从未闻过那么香的饭菜，那香气里包含着盛大的平静而卑微的生活之息，由柴米油盐构成的熨帖，叫人无限安慰。他们被渺小伤害，也被渺小安慰。

从这一年冬天到下一年冬天，季苍躺在葛原怀里，地下室没有暖气，那片窄窄的气窗透着雪光。冬日里阳光都是冷的，泛着白，很吝啬地透过这灰败的窗，短短地照进来。季苍在那稍纵即逝的阳光里向葛原回忆她的家乡，那里有一个渡口叫停弦渡。传说司马相如曾经来过那里，在等候船夫之际，拨弄起琴弦来。船来，弦断，渡去，那么干净利落。

季苍说:“我们快要回去了吧。真好。”

只这么一小会儿,那吝啬的阳光已经消失了。葛原在心里想着别的一些事,季苍说要回家的时候,他没有附和。当季苍的眼睛看向他的眼睛的时候,他捏了捏她的手:“季苍,如果有机会,我想回报你。”

季苍其实很傻,总是察觉不到一些很明显的东西;但这个时候季苍又特别聪明,听得出葛原的弦外之音。

没有同样厚度的爱去回应的时候,才会想到要回报。

2008年祖国繁华如梦,季苍归乡,未衣锦,甚至有些落魄。

葛原向她坦白,他出来以后就没有打算回去。在他的家乡还有一个拿每月工资资助他念书的女朋友,约定等他在美国找到工作就接她过来。为了这渺茫的约定,他们熬过了一年又一年。

他对季苍说对不起。季苍拦下了他的话:“你不用回报我。不会有那样的机会。”

葛原送她去机场,两个人心里都难受,有千言万语,都如鲠在喉。季苍红了眼睛,脱下羽绒外套,把缝在最里面的一个口袋撕了,里面有不多不少的一叠美金。她塞进葛原的手里,头也不回地走了。

在匮乏的年纪,如果感情可以用钱来表达,那么季苍就是倾家荡产。

纽约的冬天总是多雪,行人都裹紧外套埋头匆匆赶路。葛原漫无目的地走在马路上,从未发现纽约也有这么落魄的时候。他茫然的背影,在寒冷的雪景里,走成了一个长镜头。

这长镜头里还有两年,都是各自最苦的时候,却都自觉变成杳无音信的人。季苍在北上广这样的追梦城辗转,女人毫无依靠时若还没有钱,心里该是多么慌。季苍觉得那两年,她好像只为一个目标在奋斗,就是不要让自己心慌。一分一厘,赚得都辛苦。而关于葛原,太长时间过去了,刻意忘记了他的联系方式,也忘记了曾经怎样心急如焚地分开一天就想要见到他。只是到午夜梦回,或是凌晨惊醒,那些人最脆弱的时候,会朦朦胧胧地想起他,某个过去的瞬间,一个眼神,像浪花的手,或者破碎的脸。

而葛原,带着赎罪般的心,拼命存钱,试图实现自己对另一个女人的诺言。他搬到了一个更加简陋的地下室,冬天冷如冰窖,睡觉总是被冻醒;而夏天蚊子又可怕,不通风不能用杀虫剂,所以满墙都是蚊子的血,褐红色一片。有一次蒙蒙眬眬醒来,发现墙角上的洞口有老鼠在探头,很怕被咬,抖着手用报纸搓成球去堵住。惊魂未定,靠在墙角,心如死灰。那个时候想起季苍,觉得季苍一定会懂他的苦。可是季苍明明也没有跟他一起经历这样的苦。回想起他们在一起的岁月,明明动荡落魄,现在想来内心却是格外安宁,甚至觉得浪漫,他记得季苍怕黑,住地下室的时候要到一楼去用卫生间,每次都要他举着蜡烛陪她一起,老房子的木楼梯两个人走在上面嘎吱嘎吱响,烛火昏黄温暖,似不可追的昨日。

一年后他研究生毕业,境遇也没有改变多少。一个毫无背景的华人,想在美国站稳脚跟,难于上青天。女友终于等不及他,在结婚前一晚给他打电话,痛哭流涕。他挂上电话,恍恍惚惚很久。

他不是一个好人,有时优柔,有时长情,有时懦弱,有时又有盲目的决心。他只是一个男人。

要找到季苍。下这个决心的时候心里突然有些胆怯。的确如此,人这样一个血肉之躯,抓住幸福比忍受痛苦更需百倍勇气。

人海苍茫,这一找就是两年,葛原对季苍的了解少得可怜,只记得她说过老家在潮州一个县里,迷糊地去找过,一无所获。时间一天天过去,也是想明白了一些道理。我们喜欢一个人,深爱,那么越过深爱之后呢,也不过是人海里相忘,各自怀着荒谬的旧伤口。

葛原不找了,用精力爱上喝茶,访茶山,搜罗各地好茶,尤爱广东乌龙茶。那时季苍在美国,手里贴着小小一枚茶壶,那茶叶的味道,他记得。白云苍狗,很多事都会改变,心境也平缓了很多。对季苍的牵挂只放在内心的一个小角落里。那个角落里的葛原,像一个固执的老头儿,留着一条晚清的辫子。没有想改变什么,只是想再见故人一面。

有次在杭州的一个山野小饭馆里吃饭喝酒,席间有一个妩媚的女子，醉眼多次看向他，他也心动。她醉了，唱起蔡琴的老歌，“某年某月的某一天，就像一张破碎的脸。难以开口道再见，就让一切走远……”

他的心蓦地静了，偃旗息鼓，什么都听懂了，那歌里唱的，什么是破碎的脸，什么是浪花的手，讲的是人心里的一辈子。

酒后，店主人端来一壶茶，他醉意蒙胧地喝，如梦初醒。季苍的味道，那年美国纽约贫穷的味道。

“茶是一个故友送的。雪片稻花香，是唐宇和他的妻子一起做的，一年就做这一次冬茶。这香味独特吧，明明那么香，闻着却总能让人心里难过起来。”

他们住在大质山的棋盘村，葛原辗转找到的时候，只有唐宇一个人在，季苍外出，正好还有一日就归来。听说葛原是她在美国时的故友，挽留住下。

而那时的季苍，夜宿在青城山的一个道观。临睡前站在走廊上看，偌大的道观里，到处黑沉沉的，只有一个中年道士拎着一盏风灯，前门后门来回巡视，是这巨大黑暗中唯一亮的人影。季苍凄惶地站在那里，突然明白了在爱里，最极致的孤单，也不过如此。

当晚梦见葛原，梦中大雪，也是在这个道观，她提着风灯在梨花般白的月光里走下山，见他在那里等她，却是发不出声音，无法相认。

梦见下雪，是有丧事。季苍醒来，心中难过。这几年，不知葛原过得好不好。

然而世事婉转沉重至不可说，很多重逢是没有意义的，人这心里装着一辈子就够了。

八年后他们的重逢，在这座偏远僻静的茶山，三月的茶山，满山的紫藤和映山红，春色正丰盛。他们却是萎谢了，能说些什么呢？故事早已被岁月掩埋，你还活着就好。

季苍说：“我给你泡壶茶吧。你还没有喝过我泡的茶吧。”两个“吧”语气都很轻，好像怕惊扰了什么。语气也是平静的，那种平静，是告别了一切，再不回头。

送葛原走，出了里屋，在敞亮的天井下站一会儿。两个人一左一右站在门框里，倚靠门檐，安静得像两尊佛。有一束阳光渐渐打在他们身上，季苍眼眶微湿。还能有这样一道光，把这么多年的风尘照得干干净净。还爱葛原吗？爱着，但那爱在岁月里只成了永世的牵挂，却再也没有开始的勇气。

那束阳光转向了别处，葛原也就走了。

那之后他的岁月和季苍再没有关联，像树长年轮一样专心老着自己的年纪。后来漂到了北京，也是冬日，朋友请他吃上海私房菜，觥筹交错间，服务员端出一盘“草头圈子”，他镇定地夹了一筷，却是五味杂陈。旁边的唱机里放着京剧，朋友说那是余叔岩唱的《鱼肠剑》，依稀听得清一句“一事无成两鬓斑”。

那一瞬间，葛原想起前尘往事，想起永无机会报答的季苍，忽然被草头里浓厚的白酒味呛了，咳了几声，抬起头，泪光盈盈。

不过是未过半百的生涯，欲言却已有泪。葛原的手边是扶栏，湖水漆黑幽深，一层一层荡远。他好想纵身一跃，泅入那深深湖底，只因他记挂的、追缅的，都已深深沉没，此生不复重现。

✲ 申赋渔

像追逐太阳那样，我们追逐过爱情

1

清明节回老家，我去镇上姨父的店里买金漆和红漆。爷爷奶奶墓碑上的字已经模糊不清，清明节前要描一下。名字不能湮没，名字湮没了，他们就真正不在了。名字不只是在我们的心里，名字还要刻在碑上。

乡下的桃花已经开了一个月。桃花的花信风是从惊蛰吹起的。而后，桃花就一直在开。一树谢了，另一树又开。姨父店旁边有一棵桃树，花开得迟，正是满树桃花。姨父的孙子坐在桃树下的一把椅子上弹吉他。男孩刚刚十六岁，在县城读书，清明放假才回来。

姨父不高兴。一向节俭的孙子，买了一把三千多元的吉他。整天抱着，叮叮咚咚地拨弄。我的姨娘不在了。她得了白血病，治了几年，欠下一大笔债，人还是走了。男孩想要一把好吉他。他没有钱。父亲母亲也没有。整个寒假他都在县城里给人洗车，年三十、年初一也没有回来。回到家的时候，满手都是冻疮，可是钱还是不够。姨父心疼他，想办法补齐了孙子买吉他的钱。

姨父让这个十六岁的少年给我弹一曲。少年犹豫再三，终于理了理弦，弹奏起来。他的爷爷、爸爸、妈妈，并不认真听，一直在跟我唠着家常。妈妈说他谈了一个女朋友，喜欢弹吉他，他就是跟她在学。爸爸说今年的夏天，他和她要在县城里做一个表演。少年不说话，一直低着头，用心地弹一首曲子。弹完了，一句话不说，站起身，往店里走。

"《平凡之路》。"我说，"好听。"

少年回过头，眼睛里闪过一抹亮光。

我推车离开。少年眼里的光一直闪在我的心里。他上的是技术学校，再过两年，就要进入社会。爷爷老了，父亲身体不好，母亲一天工作十二个小时，已经瘦弱不堪。还有奶奶看病的一笔巨债要还。生活的重担正沉重地等着他。而这两年，也许是他生命中最自由最张扬最浪漫的时光。在这样的时光里，整个世界都是他的背景，他的眼睛里只有爱情。而后呢？

2

从镇上回家，如果稍微绕一下路，就能经过我上高中的学校。学校早就关闭了，现在成了一座面粉厂。原先的大门还在，大门外面的那条路还在。路的一边是一排桃树。这里的桃树开花还要迟，一些开了，一些还含着花苞。路上没有人。路两边是大片的金黄的油菜花。这和三十年前的春天几乎是一样的。那是高三的春天，也是高中的最后一学期。这一学期上完了，我和我的同学们就各奔东西，也许再也不会相见。

我爱着的那个女孩，每天放学都骑着车从这条路上走过。桃花含苞了，桃花慢慢地绽放了。我骑着车，远远地跟在她的后面，远得几乎看不到她，远得只看到桃花的影子里，那个十八岁的女孩，只是轻轻一晃，就不复再见。

桃树下面弯弯曲曲的乡路上，没有一个人，静静的，像是被时光定格在这里。新开的桃花永远是年轻的，永远是美的。可是我再从这里走过，已经过去了三十年。我曾多次回到故乡，从来不曾绕路来这里看一看。那个在桃树下弹吉他的孩子，突然让我想起了这里。就像我的心跟他一样年轻，就像我心里同他一样，也有一个年轻的姑娘。是的，我也有。她骑着车，穿着白衬衫，从这排桃树底下鸟儿一样飞过去。她飞过去，可是她永远飞不远。她就在十八岁，她让我和她一起一直年轻。然后呢？

十八岁之后，我就跌进了生活的泥淖。遥远的爱情像一张干干净净的画布，被生活一笔一笔涂上凌乱的色彩。或者像桃树底下少年弹奏的吉他曲。人在慢慢长大，再也不能专心，调子一跑再跑。然后，我们就都成年了，娶妻生子，成家立业，重走父母的老路。然后，就老了。老得再也记不起曾花极昂贵的代价，买过一把吉他。

3

在我家老屋的门口，井栏的旁边，原先也有一棵桃树。在我外出的那些年里，枯死了。父亲说是虫子蛀的。村子里最老的一棵桃树在我二爷爷家门口。二爷爷早就不在了，就埋在离桃树不远的地方。他的儿子十斤叔刚刚来看我。

问起他家门口的这棵桃树，这么老了，怎么还长得这样好？

"你要跟它亲。一亲，就有感应。有感应，它就长得好。"十斤叔就是这样说话，总是神秘玄乎。他相信一切神秘的东西。他敬神也敬鬼。清明节是大节，他已经忙了两天。

他要清除祖先坟上的杂草，给坟茔添上新土。他要清扫祖先们回家的路径，安排好他们就座的位置。他还要分配好烧给他们的器物和纸钱。

晚上我去看十斤叔。他家窗口的灯光照在外面那棵老桃树上。花早开过了，满树都是细嫩的叶子。我小时候每天都从它下面走过。可是直到离开家乡，我几乎没在意到它开花的美，总是急不可耐地等着桃子成熟。不那么熟也会摘一只下来，用衣角擦一擦，放到嘴里就咬。我们太性急了，果子青涩苦口。现在知道等待了，现在总是吃最成熟的果子。可是再也没有了少年时那种龇牙咧嘴狂笑的快乐。

十斤叔在拉二胡，十斤婶在专心地听。他们都是七十多岁的老人，两人结婚已经五十多年。十斤婶已经上床了。她靠着床头，坐在被子里。被子上绣着大红的牡丹。十斤叔坐在床旁边的木椅上，拉着一把已经相当破旧的二胡。二胡是他自己做的。十斤婶每天晚上都要听。

"拉哪首呢？"十斤叔让十斤婶点。

"拉那个长的。"十斤婶说。她不说曲名。只说"长的""短的""快的""慢的"。

十斤叔不识谱，翻来覆去地拉着年轻时学会的几首曲。十斤叔的琴声嘶哑，拉哪曲都是全心投入。

十斤婶是在参加春节文娱演出时认识十斤叔的。十斤叔正在拉一曲二胡，十斤婶挑着花担子在跳舞。那时他们都还年轻，刚刚成为人民公社的社员。

他们吃了他们那一代人的苦，我们难以想象的苦。然而在十斤婶的眼中，十斤叔永远是那个拉二胡的翩翩少年。她觉得她这辈子活得很好、很真实。对她来说，爱情就是这样。她爱听的二胡，他每天都会拉。这就够了。

从十斤叔家回去的路上，暗黑一片。抬起头，繁星满天。我在想，弹吉他的小镇男孩，尾随着穿白衬衫姑娘的高中男生，还有拉二胡的乡村少年，他们是不是永远都在那个不变的时空里，等着另一个时空里的另一个人？

我回城之前，十斤叔送来一棵小桃树。这是一棵从老桃树旁边长出来的树苗。

"这棵树的种好，结的桃子大。"十斤叔说，"再说，也是老家的树。"

我已经不在乎桃子的大小、饱满或者香甜了。"桃之夭夭，灼灼其华。"我更在意的是春天的桃花。桃花的美是一种自尊的美。它大大方方，开得极有分寸，颜色也是恰到好处。我喜欢这棵小桃树。我相信它很快就能长成一棵大树。父亲仔细地在桃树的根上裹上两层家门口的泥土，用袋子装好。他说这样栽的树，好活。

我把小桃树带到南方我居住的小院，找了一块向阳的地块栽下。十斤叔说已经嫁接过了，过两年就能开花结果。然后呢，年年开花，年年结果。据说桃树是"夸父逐日"时拄的拐杖变的。夸父已经追到了太阳，却被太阳烤得干渴。他在渴死之前，把手里的拐杖一扔，变成了三百里桃花林。夸父逐日，是在追赶一个巨大的星球。他大概也是想从一个空间旅行到另一个空间。他死了。也许他是找到了他要去的空间。他种下的桃花林终于把时间定格下来。年年岁岁，开花结果，青春永驻。也许桃花林就是夸父留下的一个时空转换的舞台。人可以从这里在命运之间跳越，可以从一个星球，走到另一个星球。可以从一个自己，走到另一个自己。可以穿越自己的前世今生，或者未来。只要，我们像追逐太阳那样，追逐过爱情。

扬州在你抱我的时候下雪了

缪晓俊

她的眼神里，有与所念之人永难再见的怅惘。

1

记忆里，扬州很少下雪，一入冬，我便眼巴巴地看着天气预报，南京下雪了，镇江下雪了……可偏偏都绕过扬州。而且，扬州的雪总是伴着雨，很难堆积，又容易脏，让人喜欢不起来。

十六岁那年冬天，扬州下过一场雪，也是这样，泥泞得很。那天，我妈从洗衣店取了大衣回来，急匆匆地叫我出门，说是带我去见一个人。我们沿着护城河走到天宁禅寺的时候，我妈摔了一跤，手肘撑地，大衣袖子全湿了。

"算了，我们回去吧。"我妈将大衣脱下来，挽在手臂上，折身往回走。刚走几步，便听见扑通一声响，我回头看见就在我妈刚刚摔倒的斜坡上，一个戴眼镜的男人四仰八叉地坐在地上，许久爬不起来。

我妈走过去，将他扶起来。他靠着街边的碑亭，摘下眼镜，擦一擦，又戴上。"谢谢。"他说。迟疑了一会儿，他又问，"你是钟月珍吧？"

我妈抬起头，茫然地看着他。他赶紧解释："我是古籍书社的周国栋，陈老师给我看过你的相片。"

"噢，你好。"我妈这才认出他来，陈老师先前也给她看过他的相片。他们都是陈老师的学生，他高我妈几届，不过他看起来颇显老，倒像是陈老师那个年纪的人，穿一件旧呢子大衣，拎着一个装满书的网兜。

"本来，准备去你家坐坐的，不过刚刚我也在这摔了一跤，就不去了。"

他这才看出了我妈的狼狈，想要把大衣脱下来给她穿，但想了想，还是没有，可能觉得自己的大衣也好不了多少吧。"知道你们要来，我正往家赶，刚好一起走吧，就在附近。"

我妈想了想，点点头。他不再说话，兀自在前面引路，我们也不说话，沉默地跟在后面。沿着天宁禅寺往南，穿过一段斑驳的墙垣，便是他家了。那里原来是古籍书社的仓库，暂借与他栖身，也刚好看仓库。其实也没有什么可偷的，满屋子的书，步子都迈不开。

"周言，你出来一下，钟阿姨来了。"他对里屋的人说。

其实也算不得什么里屋，就是将书码在一起，隔出来一个小小的空间。有人自书堆背后探出头来："钟阿姨好。"他又望向我。我妈说："叫哥哥。"

"哥……"我不太好意思，他也挺局促的，随便"嗯"了一声，便坐回书堆里了。那一年他读高三吧，一看就是那个年龄的人，灰头土脸，嘴唇上面有一圈毛茸茸的胡须，看起来格外显老。

2

后来，我妈经常去周国栋家，每次去都带着我。我不是很乐意，我说："妈，你谈恋爱不用带着我，你嫁给谁，我都不反对。"

"你就当陪陪我。"我妈讨好地说。我知道，她不讨厌周国栋，但也不想单独和他相处。于是，每次我都陪着她去。周国栋挺木讷的，待人不热情，但也不冷漠，笑容会比语言多些。他们在一起，就是喝茶。他是仪征捺山人，自幼在茶田里长大。

那年冬天特别冷，所以他在屋里支了两个火盆，一个生着火取暖，一个装满了沙防火。其实仓库里有一台空调，但只有制冷功能。我记得我跟他说的第一句话就是："为什么装沙，而不是装水？"

"古籍怕火，也怕水。"他看我的眼神是温和的，但不是那种讨好的温和，而是那种与生俱来的温暖与平和。"周言，把手里的书放一放，过来带妹妹去玩。"他的声音也很温和，低低哑哑的。

一整个冬天，周言都穿着一件厚厚的军大衣，但看起来并不臃肿，反倒有一种军人般的挺拔与英气。他说："你过来，我教你写字。"他站在窗前研一段松烟墨，盆里的栗炭大概也是松木的，所以整间房子里都弥漫着很好闻的松树的清香。

那个冬天，他在写《九九消寒图》，"亭前垂柳，珍重待春风，今天是冬至，我教你写第一个字，等写到最后一个字，冬天就过去了。"我握着笔，他从背后握着我的手，"手不要抖，落笔要稳……"他在我耳边温柔地说。他比周国栋的话要多一些，让人感觉不那么疏离。

不知道是因为冷，还是因为笔尖太柔软了，我的手一直在抖。他停下来，说："今天就写到这吧，我们出去走走。"他去门口换鞋，系鞋带的时候，突然想起来什么似的，抬起头对我说："我们去梅岭看梅花吧，应该要开了。"

我们沿着彩衣街一直往前走，他走路很快，不时停下来等我。走到一片酱园的时候，他指着长满琼树的一个院子说："我妈离婚之后就住那里。"我顺着他指的方向看过去，明明灰蒙蒙的天，窗口却晾着一件绯色的水袖戏袍，被风吹着，像个踉跄的影子。

"你知道我爸跟我妈为什么离婚吗？"我们一路走，一路小声地说话，"就因为冬天冷，我妈跟一个家里有暖气的男人走了，说起来很好笑对不对？"

"扬州也没有很冷。"我不知道怎么安慰他。好在穿过史公祠之后，我们已经远远地能望见梅岭了。小小的一个土丘，被盛开的朱砂梅烟一般地笼罩着。我们停下脚步，不再往前走，仿佛再多走一步，那烟就拢不住了，就散了。

3

一整个冬天，我妈与周国栋都以茶御寒，慢慢地就熟络了，如一杯茶从苦涩走向顺和。熟络之后的周国栋，其实挺有趣的，他是一个特别真实的人，用我妈的话说，如玉石陈于市肆，瑕瑜不掩。"天下玉，扬州工"，我外公是个老玉雕工人，我妈师承家学，看谁都以玉为标准。

"什么时候，我们一家人去瘦西湖划船吧？"周国栋这样说的时候，连我都听出来了，他的语意重点不是划船，而是"一家人"。我妈没说话，倒是周言先说："好啊，之前我们还商量着要去瘦西湖写生。"他这样说的时候，朝我看了一眼。我也没有说话。

立春之后，扬州却不是春天该有的样子，但周国栋似乎等不及春暖花开了，早早地便买了票。刚好我们也有假期，就一起去了。在租船的地方，也不知道周国栋是因为心疼钱，还是想单独与我妈划一条船。他没有租龙船，而是租了两艘大白鹅船，和周言一人踩着一艘，朝我们招手。

我妈那天穿了一条棉布裙子，上船的时候，步子跨不开，差点掉进湖里，所以她一直有点不开心，扭头看风景，不理人。周国栋只能卖力地踩着船，很快就把我和周言抛开了。我们倒是不着急，将船踩到湖心之后，就不理它了，随它漂着。湖面风很大，云四散着，阳光透亮，晒得人恹恹的。

还没有到旅游旺季，所以白塔、五亭桥、熙春台，少有人迹。树也没有长叶子，就那么光秃秃地杵着，但远远望去，还是觉得很美，有一种莫名的、旷古的远意。周言举起手机拍远处的湖面，也拍我，但更多的还是去拍空寂的湖面，他说：“空镜头最美。”

我也拍湖面，但他总是不经意地出现在我的镜头里，我知道他是故意的。“今年冬天好没意思，都没有下过一场像样的雪。”我收起手机，快快地说。他也收回手机，打开相册给我看：“谁说没有，下雪的那天，我拍的笔架山。”

我侧身去看，错落的空镜头，千山鸟飞绝，万径人踪灭。“你拍的不是扬州，是广陵。”我抱着大白鹅的脖子，疲倦地趴着。他说：“小蝌蚪，我们该去找妈妈了。”他踩起船，朝着暮色深处划去。我们不知道，我妈早就回去了。周国栋也不知道，我妈到底为什么生气，差点掉进湖里，又不是真的掉进湖里。

4

我妈和周国栋分手的那天，挺平静的，平静得不像是分手，又或者说，那根本就不算分手，因为谁也没说过要在一起。周国栋取了一些茶叶，用牛皮纸包着，又用棉绳细细捆扎好，“这些你带着，本来还打算请你喝明前的绿杨春……”他没有再说下去，其实清明很快就到了，路过平山，已经可以看见寺里的僧人在整理茶田了。

“谢谢。”我妈接过茶叶，放在车筐里，又说，“挺抱歉的……”抱歉什么呢？她没有说。周国栋也没有问。已经回春了，周言还穿着冬天的那件大衣，可能是减掉了里面的毛线衣吧，所以看起来瘦了许多，空落落地站在夕阳里。

“走了。”我妈轻声叫我，“跟哥哥说再见。”

“哥……再见。”我对周言说。

周言跟出来，站在周国栋身边，四个人，没有谁再说话。那一刻，所有的语言都失去了意义，唯剩一襟晚照。

从古籍书社回来，我妈又去洗衣店取了大衣，坐在床边默默地叠，叠了一会儿，又喃喃地说：“算了，这件衣服就不带了。”那件大衣是她结婚时穿的，本来说好买红色，喜庆，可她坚持买了灰色，说红色穿不了几年，以后老夫老妻，就不好意思穿了，灰色好，可以穿到老。只可惜，他们闪婚闪离，争吵中生下了我。

“你东西收拾好了吗？”我妈问我，“书包也带上，这一去怕是一时半会儿回不来了，就让你爸教你吧。”我爸是中学老师，西安人，离婚后又回了西安。就在昨天，他托人捎话，说自己病入膏肓，临走前想见我一面。

“想见女儿，还托人捎话？他就是气性大，说一辈子不再与我说话，就真的不再与我说话了。”我妈苦笑，“他的肝病……是气的。”

我们当晚便登上了去西安的火车，走得很仓促，我和我妈的座位没有挨在一起，车上的人也不肯与我们换座，所以我们只能一前一后地坐着。我坐的位置，斜斜地刚好可以看见她的侧脸。她一直闭着眼睛，我忽然觉得她很美，是那种安静的、温和的美。

车到郑州站，停了一小会儿，人群涌动着，那一刻我看见我妈疲倦地睁开了眼睛，也就是那一刻，我看见她眼角的泪水，断了线的珠子一般滑落。

5

我们三月底到西安，四月初，我爸就过世了。本以为料理完丧事，就可以立刻回扬州。不过我爸临终前，托人帮我办了转学，这样我就可以在陕西参加高考了。他当了一辈子中学老师，知道江苏高考竞争激烈，他也知道我功课不太理想，所以未雨绸缪。

我在西安读完高中，参加了高考，又在西安读了大学，参加工作，等一切尘埃落定，已经是十年之后了。这期间，我一直没有回过扬州，我妈工作太忙，扬州也没有什么至亲。直到2014年冬天，因为我妈原单位的一些琐事，我们才回了一次扬州。

扬州变化很大，许多地方我已经不再熟悉，好在老城区变化不大。吃完晚饭，我一个人在街上闲逛，想去梅岭看看梅花开了没有。走到天宁禅寺门前，我遇见了周国栋。他老了许多，扶着一支拖把般的笔在地上写字，那天他写的是“珍”字。天很冷，字很快被冻住了。

周言也在旁边，他没有什么变化，还是少年时的模样，甚至比少年时还明朗些，嘴唇上毛茸茸的胡须变成了淡青色的胡茬儿。

“哥。”我走过去叫他。

他回过头，恍惚了片刻，才认出是我：“你什么时候回来的？”

“今天刚回来。”我仰头看着他，“你怎么变这么高？”

他耸了耸肩膀，不知如何解释，只是笑。他越来越像周国栋了，笑容比语言多。

“这笔这么大，怎么写？”我没话找话。他赶紧接我的话茬：“就是胡乱写写，我爸前年中风了，就当是做复健吧。”周国栋写了一会儿，累了，周言走过去，扶着他在街边的碑亭坐下来。他已经糊涂到认不出我了，眼神呆滞，总是看着一个方向。

“我也来写几笔吧。”我提起旁边的笔，对周言说：“好多年不写字了。”周言安顿好周国栋，走过来，说：“我教你。”我握着笔，他从背后握着我的手：“写点什么呢？就写你的名字吧，钟秋南，刚好每个字都是九笔。”

“我的名字每个字都是九笔吗？我自己都不曾注意过。”我错愕道。周言已经落下第一笔了，“我也是偶然发现，有几年冬天，实在不想写《九九消寒图》了，于是就写你的名字……”他这样说的时候，我的手抖了一下，他握得更紧了。他的身上，有一种特别的味道，是那种和书待得久了的油墨的味道，实实在在的书卷气。

我们在天宁禅寺门前写满了我的名字，还有他的名字，每个人路过的时候，都会默念“钟秋南”“周言”。写着写着，天下起雪来了，是那种很小很小、细细碎碎的雪屑，被风裹着，一点一点覆盖我们的名字。

6

那次重逢之后，我们互加了微信。他话不多，都是我在说。慢慢地我也不怎么说了，不是不想说，而是不知道说什么。又或者，是希望自己矜持一些吧。虽然我知道，他不是个迎难而上的人。

他大学读到大二，便辍学了，他没有说为什么，我也不便多问。辍学之后，他一直在一家婚庆公司上班，表演沙画。他说：“也没有学过，小时候无聊，总是玩家里防火的沙子，不知怎么就会了。”我曾经看过他在别人婚礼上的表演视频，都是漫长的空镜头，但又让人感觉温暖，或许，那就是他对爱情的想象吧。

2018年冬天，周国栋过世了，是从梦里走的，也算是无疾而终。我和我妈请了假回去送他，赶到的时候，人已经送焚落葬，亲朋故友也都已经散去了。

我们去古籍书社的仓库看望周言，黑暗里，他正站在桌子前给钟上弦，钟的旁边是周国栋的遗像。周国栋去世的那天晚上，家里的钟莫名其妙地坏了，永远地停在了他走的那一刻，像一颗小小的、停摆了的心脏。

我妈给周国栋的遗像鞠了个躬，又在那站了好一会儿。周言走过来，递给她一只岫玉笔搁：“我爸之前中风的时候就说了，如果哪天他走了，如果哪天遇见你，一定要把这个交给你。”我妈握着笔搁，只一眼，就什么都明白了。那是扬州工最忌讳的八字刀法，寓意天人永隔。

周言又说：“这些年，我爸常在想，他是不是做了什么不对的事情，说了什么不该说的话，让你失望了。他一直觉得很抱歉，没有表现好。他也曾经想过要回头问个明白，但想想还是算了。我们这样的人，不知道前路，也不用去追。”他说的“我们”，我不知道，除了周国栋，还有谁？

那天晚上，我和我妈住在临近瘦西湖的一间民宿。我们从前住的玉器厂宿舍已经拆迁了，旧迹难寻。民宿有一方古意盎然的院子，我们在院子里坐着，明月当阶，想想觉得感慨，我们于扬州，竟然已成过客。

“妈，这些年，你一直一个人，为什么没有和周国栋在一起，他到底哪里不好……你是嫌他穷吗？”

“没有，他哪里都好。你也知道，我是个掉书袋子，一辈子羞于谈钱……”我妈停顿了一会儿，又说，“当初我是躲周言，他看你的眼神，我看得出。我也看得出，你不讨厌他。我怕……我不怕穷，我怕你穷。”

“妈。”我喊了她一声，眼泪簌簌跌落，“那……你爱过周国栋吗？”

我妈踌躇了一下，终究没有回答。他们那一代人的感情就是这样，淡而弥永，但我也看得出，她的眼神里，有与所念之人永难再见的怅惘。

像是初恋，却又不是初恋那回事，毕竟他们到底连承诺也没有过。

清平调

✽林稚子

1

四月里下清明雨，弥生坐在檐廊下织毛衫，针是16号的特细针，绒线是周师母托人在市里买的恒源祥。线团瘦下去，线衣肥起来，来去之间便记下了日子的长。这长是有记数的，譬如打完一寸宽，不看钟也知道是预备晚饭的辰光了。

她的世界是这江南小城里的一条巷，巷陌深处，青瓦叠覆，也不是高门广户。过了年才不久，梅红春联上秀丽的毛笔字还不曾褪色，记着普通人家的心愿：天增岁月人增寿，春满乾坤福满门。清脆腼腆，是天时地利人和的初相见。弥生坐在这梅红的岁月与乾坤之间，仅有的不过是一把竹针，两只素手，汤汤的毛线活计从手指间流淌而下，弥生的日子也就如流水般逝去了。

那时她才十九岁，尚不知道忧愁的年纪。隔壁周师母来送新做的艾叶糕，一边等着屋里人腾碗，一边低头看她手里的毛线活。看了一时，她笑着说："这么巧的手，再有枚戒指就更好看了。"

弥生笑着摇了摇头。

"哎哟，不喜欢戴戒指啊？那也总归要有人送的。"

她本能地觉得周师母的话里透着一些意思，但具体是什么意思，她也猜不透。说话间，母亲从里间走出来，将碗还给周师母，两人窃窃交谈了一阵，又看了弥生织毛线，转头又是一阵笑。弥生只觉得两个女人有些奇怪，只好低着头，一双眼睛只在绒线上流连。

过了几日，巷子住进了新的年轻人。是周师母的外甥，新从省城念大学回来，比弥生要大三岁，分配在小城的电力所工作。他家里不放心他在外面租房子，因此住在了他姨妈家。

荒僻了很久的巷落，因为有了年轻人的到来，每早晚"丁零零"的自行车铃声如鸟雀一样使人的心飞腾。

他样子干净，脸瘦长，眼睛大而亮，眼皮微微凹进去，有种念书人的颖秀。他上弥生家里来过一次，帮他的姨妈送绒线团。母亲扶着竹箩在院子里筛米，问了他姓名、年纪，老家有什么人——其实都是知根知底的，但年轻人也不腻烦，样样微笑着答了。他一走，弥生就责怪母亲唐突。

"你问那么多作甚？又不是查户口。"她打着手势。

"我关心关心青屏——也奇了怪了，又没有要你听。"母亲笑起来，她竟已很亲切地唤他的小名。

弥生一甩手进门去了。

2

他第二回来她的家，弥生就有意识地冷淡，好像这样就是给母亲证明自己毫不关心的样子。他从乡下修电路回来，一手脏污的油泥，遇上周师母不在家，便上弥生的院子来讨水洗手。弥生也不理他，坐在檐廊下，嘴一努，意思是：树底下有水缸和舀子，你自己洗嘛。

"你看看我的手。"他笑着把一双泥手摊开。

她又起身去找她妈，但她妈磨磨蹭蹭的，老半天也不出来。

“你过来呀，我又不吃人。”青屏微笑。

弥生只得磨磨蹭蹭走过来，一只手还抱着她的毛线活，另一只手拿了竹筒舀子，隔得远远的刚要倒，青屏又说：“我上衣兜里有洗衣粉。”弥生只得放下舀子，探手在他的衣兜里找，左边没有，右边也没有。男孩想了想，一偏头：“哦，可能在工具袋里！”

那里面果然有一小包油纸裹着的洗衣粉。她认真地抻开油纸将洗衣粉倒在他的手上，一点也没有发现自己被捉弄的样子。母亲这时走出来晾衣裳，看见了，就问他电力所的人怎么总是下乡去。青屏答十里八乡难免有停电的地方，等再做几年升上去了，就不用下乡爬电杆了。

“坐办公室多好，像你姨夫，当老师也蛮好的。”母亲说。

青屏微笑着不说话，直到母亲进去了，他才凑近弥生的耳边，很小声地说：“我倒顶喜欢在乡下呢。春天田野上新萌发的草木，是别的季节见不到的绿。我觉得那些绿好像从眼睛上流过去，一直流到心里一样。春天的太阳也不晒人，我做完事，从电杆上下来，经过一处小山坡，就停下来在山坡上躺一躺。最要小心不能睡过去，因为听得见小草小花柔柔软软地在唱摇篮曲的声音……”

他的声音这样暖，弥生听得入了迷，连线团从怀里滚出去了也不知道。

青屏回家去了。他洗过手的水洼在树底下白亮亮地形成一面春镜。隔了很久，她还记得微风从水洼上拂过的粼粼的样子。

青屏是个活泼的年轻人，脸上常常带着笑。他的自行车常常坏，下班时候坐在门口修车，一边修一边数落零部件，都是些孩子气的话。弥生坐在院子里，听着这巷陌深处的小热闹，忍不住笑，就希望这样的傍晚，这样的春天可以无尽地延续下去。

有一回他下班早，他们在院门前遇见了。青屏推着车子，弥生倚门正在把玩一个梨。他笑着同她打了招呼，女孩不搭理。直到他进了院门，她忽然赶上来，手里仍拿着那个梨，也不看他，微笑着把梨抛到他的车筐里。

3

天渐渐热起来，别人都还在穿长衫，隔壁的年轻人已经换上了夏季工作服。蓝灰色短袖制服，衣襟上一排白铜扣子。他很爱惜他的电工服，一共两件，他换洗得勤，每个傍晚，周家院子的晾衣绳上就会飘着蓝灰色的旗帜。弥生在自家桃树下坐着，闻得见蓝灰色小旗上飘过来的清苦的洗涤香气。

周师母的女式线衣织好了，弥生特别花了心思，在领口处钩了木耳边，又把衣钮子做成了一排蒲公英淡紫色的花蕊，她觉得她从没有这么用心地做一件毛线活。

母亲把线衣送到隔壁去时，弥生不自觉地走到矮墙下。已经是上灯时分，薄暮的颜色落到她的衣襟上，弥生觉得自己整个人都化作了矮墙上的青苔，青苔上细碎的苔花，妇人们的说笑在晚风里一一过滤而去，她的耳朵终于捕捉到一点萤火的影子。

“是弥生做的吗？”

“除了她还能有谁？”

“真好看，姨妈明天也给我买毛线去，我也要一件弥生打的毛衣！”

她们笑话他不知羞，漂亮又爱娇的男孩，天生有一种令长辈宠溺的特质。母亲回家来的时候将织毛衣的工钱放到弥生手里，问她最近有什么开心事。弥生照照镜子，这才发现自己脸上的笑意竟漾了这许久。

现在她知道自己可能要为他织一件毛衣了。从前的钩织样子好像一夜之间过了时，不是太花哨就是太土气。她的家里没有纸笔，她就折了桃枝蘸水，在地上涂抹些新的花边织法。

五月初放假，青屏回老家，第七天一早弥生起床来，正在门前扫洒，就看见青屏从巷口走来。

他推着自行车，身上只穿一件棉白的背心，麦色肌肤露在外面，大概是骑得热，皮肤上起了蒙蒙的细汗。他珍爱的电工服被团成一团垫在车筐里，衣服上小心翼翼地摆了一枝桃花。

他将车子停在她的门前，她站在青石的门槛上，比他高出一个头。暮春的晨光里有雾霭的朦胧，她在朦胧里望着他，心里叹了一口气，一种辛酸与微痛席卷上来，像久别重逢。

她竟以为他不会回来了。

“送给你。”青屏擎过来一枝桃花。

“怎么还会有呢？”弥生比着手势。

“莫愁山有啊，也是最后一些了。我带你去看好不好？”他很快乐地望着她。

她听过莫愁山，却从没有去过。她自幼起的活动范围不过是这条深巷。她的毛衣从巷子里流出去，在俗世生活里热烈地存在着。毛衣沾了生鲜市场芹菜的汁水，公交车扬起的灰尘；毛衣走上讲台，进入工厂；毛衣目睹恋爱、生育、哭泣，直至破损变形，而她一如既往地静止在这巷陌里。

她从没有向往过外面，外面没有她的庭院令人安心。但莫愁山开着桃花啊，她的心竟第一次不甘起来。

青屏将自行车掉了个头，拍拍后座，弥生坐了上去。

4

她觉得自己一生里从没有见过这么美的桃花。

自行车停在山下，他们是沿着山间的碎石路爬上来的。越往山里走越清凉，到后来一天一地的绿，有溪流从脚边淙淙而过，红豆杉林密如伞盖。再往上就是竹林，直到踩着密密的松针，他指给她看，说悬崖边的那棵就是。

她顺着他的手指抬头，目力所及，在苍郁的山林之间，唯一的桃树霞光飘泻，悠游自在，随风撒落纤薄的花瓣。他们小心地沿着陡峭的巨岩走到树下，青苔湿滑，她走得不稳，他便紧紧握着她的手，一直到树下。

这个春天最后的桃花，独自在无人的悬崖开落。两个人看得有些着迷，静悄悄的，许久没有说话。鸟鸣声从山谷里传递过来，像风吹动水晶穗子的铃铛。

青屏说：“弥生啊，你就像这棵桃树。”弥生扭过头看他，他仍然仰着头赏花，世界安安静静的样子，她疑心他并没有说什么话，而是她心里幻想来的声音。

回来的路上，他们经过春天的田野，温柔恬淡的春光很珍惜地铺在两个人的肩头。他们看过了这样的景色，心里饱满得说不出话来，反而没有来时路上那样活跃。

青屏回去的那几天，是要办一件事情。现在这件事有了个大致的轮廓，像是素白的稿纸上一个用铅笔勾勒的影，他已经暗示这个影子给他的母亲听。接下来他要一笔一笔去将纸上的人儿画出来。他母亲会答应的，她从来没有拒绝过他——想到这里，他心里就有微微的激动和快乐，可惜这样的快乐还不可以分享给眼前的人听。

他们回城时已经是暮色徐徐，弥生走进院子，把衣襟上快要落尽的桃枝埋在老桃树底下。她扶着树，想着今晚的月亮这样好，它照着她，也照着隔壁院子的那个年轻人。

5

青屏又下了乡，这次去得远，要在乡下住上几天。弥生现在心里放了一个沙漏，她的毛线也不能抚慰她。有时一个下午可以打两寸，好像赶得急些，时间也像线团一样快快流逝了。

她从来不知道他的工作安排，母亲出门买菜，和周师母遇见了，她总希望她们能多谈些他的事情。可是没有，母亲怎么会有那么多不相干的话呢？豆腐涨了价，谁会关心这样的事情呀。

只有一次周师母聊到了他，说青屏明天就回来了，弥生织毛衣的手竟有些发抖。

她不记得这一天过了多久，她做了午饭，又做了晚饭。晚饭她没有心思弄，只将中午吃剩的梅菜毛豆热了热，又蒸了两个咸鸭蛋。剥蛋壳的时候，不知怎么的，锋利的壳将弥生的大拇指划开了一道口子。

她将手放在嘴里吮着，盐的滋味和血的滋味，像冬天走在风口里，鼻子冷得一酸，弥生忽地落下泪来。

当天夜晚，有许多人在隔壁院子里进出。弥生躺在床上，听着熙攘的人声，一整晚都没有睡。

青屏的父母亲都来了，是纯朴老实的工人，从另一座城市连夜赶过来，坐在周师母的檐廊下。女人怎么会有那么多的眼泪呢？弥生望着青屏的母亲，那张脸被泪水泡得发亮。周师母抱着她的姐姐，像抱着一个老掉的婴儿，她姐姐一夜之间头发全白了。

弥生打着手势，问她的母亲是怎么一回事。

“青屏那天不该去的，涨龙舟水，他坐船进闵女川，撑船的喝多了酒，整条船都撞碎在暗滩礁石上了。”

她摇摇头，打着手势，告诉母亲不要骗人。

“还这么年轻，真是苦了他的父母。”

母亲没有看她的手势，只顾着自己说谎。为了装得像，竟还落下泪来。弥生心里知道，他们都是在骗她。

隔壁院子锁上了门，周师母也回老家去了。现在母亲已经不再聊起青屏，弥生在家里等了一天又一天，直到结完一件线衣。

这是一件小孩的粉红色套头衫。她很平静地收完边，这件线衣多么轻软，像她第一次去莫愁山，看见深山里那些纷拂的桃花。她将线衣叠好放在床上，梳了梳头发，拿上零钱。六点钟，太阳还没有照进巷子，天空有清透洁净的蓝光，院子里的一切还沾着夜露的湿气。她走过桃树，走过院子，将手放在铁门环上。母亲还没有起来，要不要告诉她呢？她踌躇了片刻，轻轻地将院门关上了。

她以前从来没有独自走这么远，现在为了寻找一个人，她觉得自己可以走出去试试。世界也不过是复杂些的毛衣针法，只要她耐心地绕着线团，就一定可以找到他回来的。

6

于猛将地上踢翻的碗筷拾起来，他们说不用对她太好，脾气再犟，饿上几天也就听话了。

“如果她还不听话呢？”

“于猛你真是个蠢货，再不听话就揍。”

这是深山岭坳的老屋，从前人建的土坯房，房子的茅草顶很久没有修复，霉得发烂，风一吹就簌簌作响。弥生有时睡过去，在梦里听到这样的响声，还以为是自家院子里桃树枝叶摇曳的声音。

她先前几天还哭，想念母亲，想念青屏。哭累到睡着，在她醒来的一瞬间，又迫使自己再度睡去。醒醒睡睡之间，时日过得糊涂。

她有时梦见自己坐在桃树下，青屏走进来摊着两只手，要她舀水给他洗手。她刚要站起来，就被毛线团绊了一跤，回到了这幽暗潮湿的山中老屋。哭得快要透不过气来，她才发觉自己躺在床上，方才的一切都是梦。

她在枕上听到院子里有微风吹过，听得到桃树新结的青涩的果实，在树梢握着婴儿般粉嫩毛茸的拳头。

一直到完全清醒过来，才意识到自己身在何处。这时的弥生笼罩在巨大的惘然里，分不清哪些是真实，哪些是幻境。于猛走进来放下碗筷。他唤她吃饭，他从没有听见过她应声。他住在深山的岭坳里，哥嫂是从城郊带回的这个白净沉默的女孩。她一直没有吵闹，直到走进这间屋子，她才像疯了一样要往外跑。

她逃跑时如安静的小兽，没有发出一丁点声响，身形又很瘦小，躲藏在灌木丛里，三个人要费很多时间和精力才能将她找回。

最后一次将她从夜晚的山野中寻回，哥发了很大的火，从屋后搬来石头，开始闷声砸着她的脚踝。这么多天来他第一次听到她说话，不成人声。她一直在重复一个字：“痛。”

她开始吃饭，于猛就捡山中坠落的野生栗子，放在灶火中煨熟，扔给女孩吃。他现在喂养她，就像村子里别的人喂养一群鸡，或者羊。

7

“你叫什么名字？”

我死过很多次。

“你不会说话是吗？”

第一次死，是很小的时候，牵着母亲的手上学堂。孩子们很快就发现弥生不会说话，拍掌在她身边唱“狗屎花，小哑巴”。因为不会告状，她成为可以随意欺凌的对象。

弥生总是掩饰得很好，不让母亲看到这样或那样的伤口。孩子们的暴行一直延续了两个月，直到他们恶作剧地将她推进学校后山废弃的公厕。

那厕所多年没有使用，早已经干涸。在深深的粪坑里，六岁的弥生第一次体会到绝望的滋味。她无法爬出，无声呐喊，无人知晓。直到第二天下午母亲找到了这里，幼小的弥生已经吓得发起了高烧。母亲握住她的手，发现她幼嫩的指甲全部磨出鲜血。从那以后，母亲再没有让她上学。

那是她第一次死，心上的死比身体的死更难忍受。

"你会写字吗？"

不，不会。

门被推开，有人进来了。进来的人一直哭，抱住她。

"这是谁，认识吗？"

不认识。

弥生本能地缩起身体，开始发抖。她不认识眼前祖母一样苍老的妇人，尽管妇人抱着她哭泣，说自己是她的母亲。

你怎么会是我的母亲，我母亲不是这样的。我死过很多次：有一次是被吊在井里；有一次是和狼狗关在一起；有一次是去闵女川找一个人，我在街上走迷了路，有人告诉我他可以带我去，他说他认识我要找的人，于是我随他换了很多次车，走了很远的山路，后来才发现他骗了我。

你也是要骗我的。

"弥生啊，妈妈来迟了，妈妈对不起——"

"您不要太激动，她现在受了很大的刺激，所以精神方面出现了失忆症状。您回去以后尽量不要刺激她，给她一点时间。"

她醒过来的时候，有人坐在她的床边。她睁开眼睛，觉得这房间既陌生又熟悉。她从床上滑下来，贴着墙，缩到角落里去。

母亲试过了所有的方法，直到她将竹针和线团放在弥生怀里，这是懦弱无助的母亲最后的希望。

她的女儿不会说话，不会写字，每晚的梦话里都是哭，喊着一个字，痛。她不晓得女儿经历了什么，竟然学会了这样一个字。她宁愿女儿永远不会说话，也不要说出"痛"字。

三个月后，弥生用竹针织出来第一行针脚，歪歪扭扭的，母亲捧着就哭了。

她在织一件毛衣。这毛衣织得很慢，从起针到收尾花了一年时间。她织的是一件男士毛衫，前开襟，衣钮小小的，绣着蒲公英淡紫的花蕊。

毛衣织完的那天是深秋，台阶前荒草萋萋，院子显出落败的颜色，老桃树早已枯死。弥生在檐廊下坐了一会儿，忽然转过头，比着生疏的手势问：妈，怎么不扫一扫院子呢？

母亲点了点头，转头去找竹扫帚，没让弥生看到她的眼泪。她的弥生回来了，虽然慢。她不知道自己曾被拐去了七年，而从救回来到现在，又已过了两年。

8

弥生现在织毛线用的是母亲的线裤，将线细细地拆下来，重新绕成团。母亲说想要一件元宝领的毛衣，弥生就满屋子找旧毛衣拆。绕线团的时候她才想起来，这条毛裤还是春天时用几条大围巾翻织的。

她们现在无事便会翻出一堆旧衣裳，改改缝缝。已经没有人再找弥生织毛衣了，但好在母亲有微薄的退休金。院子里的枯桃树已经叫人来清走了，母亲开了地，自己种一些南瓜、豌豆。她们的开销并不大。

隔壁院子的周师母早年已经搬走，具体地址没有人知道。巷子从前就衰微，经过了十年，慢慢只剩下两三户人家，夜晚只零星地传出一点电视机的声响。

那些声响里有京戏，有小品，有时兴的电视剧，放得极大声，都是些寂寞的老人，想在夜里增添一点热闹的妄想。却不晓得越大声越空寂，寂寞得能听见屋梁上灰尘簌簌掉落的声音。

弥生和母亲都不爱看电视，嫌吵。家里还是旧年那台小长虹，有一次屋顶漏水，电视机正好在漏处下，坏了以后，她们也没有修，干脆将电视机移到檐廊下。老式的机子方方正正，正好可以当搁花盆的脚凳。

夜晚她们在灯下织毛衣，煤炉上炖着小锅的吃食，一些红枣、小米、南瓜，慢慢地，屋子里就有食物甜暖的香气。

有一天夜里风雨大作，弥生已经睡下了，依稀听见有人敲门。她现在和母亲一起睡，于是她推了推母亲，两个人在枕上听了一阵。

“不要紧，大概是屋瓦刮在门上的声音，门檐该修一修了。”

想来也是。

她们安度自己的时日，比从前更静。

唯独有一口箱子母亲从没有翻过，弥生也没有。箱子里空荡荡的，一推推到床底的最里面，压箱底的是一件蓝灰色的男士毛衣，前开襟，绣着蒲公英淡紫的花蕊。

多么温柔的蒲公英，可惜还没有开放就萎谢了。

2008年春天来临的时候，小城里挂满庆祝的标语。母亲牵着弥生走出巷口，在街面上小小地站了一会儿。盛大的阳光铺洒下来，烫得灼人。弥生看见路灯上挂着一个娃娃，往前走一步，又是一个娃娃，五个不同的娃娃挺着圆胖的肚子，笑着、滚着，她高兴地指给母亲看。

“要不要去外面看看？我陪你一起去。”母亲犹豫了半天，试探着对女儿说出这句话。她的女儿弥生的眼角已经有了细细的皱纹，在阳光里一直仰着头数那些福娃，像一个孩子一般天真。

我们去。等了很久，弥生终于转过头，比了个手势。

她紧紧挽着母亲的胳膊，丝毫不在意周围人异样的眼光，如婴孩一般紧紧贴着她的母亲。她的眼睛接受着广大世界里的信息，却又毫不在意地放过去，好像很早以前她就不在乎这浮世了。她的眼神始终没有落到地面，只在天空中那些福娃的灯笼上流连。

9

护城河畔的桃花开了。

这一年，青屏三十三岁。

他将车停在护城河边，迟疑了片刻，将小女儿从车里抱出来。这样好的春光，不看一看真的浪费了，尽管他的女儿还这么小。

他爱慕每一年的春天，他还记得这座城市的小巷里，江南的春天，有一家的桃树下总是坐着一个不会说话的女孩。

他心里爱慕那个女孩很久，可年轻时出过一场事故，掉在险滩里差点死掉。那一次他死里逃生，奇迹般地被水冲到了更远的平滩上。那时候还没有手机，他受了重伤，被人救了送进医院里，直到联系上家人，才知道大家都以为他死了。

他回到了工作岗位，回到了家，一切都像从前一样，可冥冥之中又好像从前的人生真的死了一段似的。

譬如说他再也没有见过那个在桃树下温柔舀水给他洗手的女孩。

他后来回过这条巷子，她的家总是紧锁着，只听说这个女孩被人拐去了。又过了很多年，在一个风雨交加的夜晚，他喝了点酒，走进这条巷子，迷迷糊糊地敲门，却没有人应。

这个女孩就这样走失了，再也没有回来过。他曾无数次敲过这里的门，可他还是抱着这最后一次的勇气，拍了拍门环。这一次他等了很久，清楚地知道这所宅子是真的被废弃了。

青屏站在河边上，远远地，从桥上走过来两个女人，其中一个一瘸一拐的，腿脚很不灵便的样子。青屏急忙扭过头去，怕那女人发现有人在注视她的缺陷。他背着她们立了好一时，直到风吹落桃花的花瓣，他想起了十一年前五月的早上，他在莫愁山崖边看到的那一株。

那还是1998年的春天，很短暂的春天。他曾在树下说：“弥生啊，你就像谷中的桃树一样。”后来桃花落了，听这句话的人也消失了，好像一眨眼，小半生就匆匆过去了。

但薄薄的，总像有一首细微的小调在他心间无尽地飘飞着，刺痛着。像是初恋，却又不是初恋那回事，毕竟他们到底连承诺也没有过。

是这样平凡人世的春天。

生活这样庞大阔折，每个人都是波涛上的浮游小蚁，并没有谁能护得了谁一世周全。

曾经奋力爱过

✽冷　莹

1

命运很奇怪，它常常转折于一些微小的事情。对他来说，改变他命运的，是一个钱包。

小小县城风景绮丽，和全国很多的小县城一样，这里有一点广为人知的当地小特产，也有一些不怎么为外人所知的本土小秘密。那些小秘密就像寄生在小县城身上谈不上痛痒的陈年小疮疤：例如人尽皆知的当地几个地头蛇的名字，每条街巷里都会有的人人心知肚明的那么点风流韵事，常出没在县运司附近的几个惯偷等。而县城的特产是绿茶和樱桃。尤其是当地的樱桃沟，每年5月左右的樱桃节都会吸引大量从外地驱车前来的游客。

他家就在去往景区的路上。他经常站在土砖垒起的矮墙后面，看着门前不停路过的车轮滚起的那些灰尘，做着自己远走高飞的梦。

在他成长的十余年里，他日复一日地渴望着离开这土砖院落背后的贫穷，像只鸟一样扑棱开翅膀去看一看外面的大世界。

在遇见云宵之后，这离开的想法于他就更加强烈了。他觉得他孤单的梦想有了同谋也有了分量，他要和她一同离开。

他不愿意忍受的只是贫穷，对云宵来说，更想逃避的则是继父的打骂。云宵是随母亲一同来到西乡的，母亲再婚后第二年又生了个小弟弟，继父视晚来子为心头肉，云宵六七岁开始给小弟喂饭洗澡洗衣服。动作稍有怠慢，继父的一双拳头就不知道会从哪里落下来。

他起初迷恋这个女孩在学校的文气沉默，后来他在她家门口的巷道里碰见她，两人略有些发愣时，后面一只鞋钝重地飞到云宵的后脑勺上，伴着她继父的怒骂，只因为云宵弟弟说了声渴了，继父迁怒她照顾不周。他感觉心陡然一揪。那天走在回家的路上，他看路边的粉白樱花都觉得它们像是命运的悲伤压满枝头。他第一次有了想要为这世上另外一人擎起一角晴空的渴望。

他和云宵都是学校里老实乖巧不惹事不起眼的孩子，两人却悄悄开始了不为人知的早恋。在几年的中学时光里，他们是彼此青春里最温暖隐秘的甜蜜。

2

高考时他如愿考取了一所北京的大学。云宵成绩不如他，加上高考发挥不好，落了榜。那个暑假她就被继父迫不及待地打发去亲戚开的餐饮小店洗碗打杂。

他让云宵等他，在云宵盈满泪水的双眼里他看到了她的担心，于是他坚定地向她吐出了他人生最初也是最郑重的承诺，他说他一定会回来带她走。他是许诺的生手，那天他弯弯折折说了很多，大意是他要护她一世周全。

他对前方是有信心的。虽然出身别无选择，他此生注定是个从泥地里爬出来的孩子，但从小到大一贯优异的成绩让他在老师和长辈邻里的夸赞声中对自己灿烂的未来确信无疑。如今，他素有的自信里多了一份沉甸的使命感，除却父母家人，他此生亦要照顾好这个与他彼此交付过年少相顾相惜的女孩。

他出发去报到那天，云宵来送他。她隔着人群，遥遥地看向他，微笑里带着一脸不舍。

他的爸妈和小弟那时在他身边左右簇拥地替家里这只即将从鸡窝里起飞的金凤凰拎着行李：一只装满衣服的双肩包，一只装了几双鞋和一罐红腐乳的帆布包，以及他路上的吃食——满满一袋的苹果、梨和他妈一大早起来给他煮熟的鸡蛋红薯。三张质朴的农村脸上面难得蕴满了一种叫作骄傲的神情。

为了省钱，家里没人能送他到学校，他要自己到西安后坐火车去北京。班车发车后，他从车窗里久久望着那四张脸，心绪难平。那时的他并不知道自己会在十几分钟后失声痛哭。

3

这是一辆开往省城西安的班车。按照那年头小地方班车的惯例，车上除了长途旅客，司机还会捎带一些短途客人，赚取零星车票钱。他们大多是当地沿途村庄的人，一般没有座位，即使偶尔有也常常懒得落座，闹哄哄地挤在车的过道中，生怕错过自己的目的地。司机则在驶离车站后像给鸡群撒米一样陆续把他们撒落在各自村庄的路口。

发现自己那只钱包不见后，他下意识喊了一嗓子，然后像触电一样站起身，把自己全身都摸了个遍。那是一个他用了好几年的街头减价牛皮钱包，棕色，边角已经磨脱了皮，它第一次装满钱现出鼓囊的模样。他把它放在自己带拉链的左裤兜里，临行前一再小心地确认自己拉好了拉链，并将拉链头用同色线隐蔽地缝在了裤子上，自觉万无一失。

班车在他的喊叫声里停了下来，停在了县道两边绿茵茵的田野中间。大家都围拢来悲悯地看着他急得脸红一阵白一阵地哭诉，都知道了那钱包里是一个大一学生的开学学费和整个学期的生活费，来自一个农民家庭近乎所有的积蓄。他在那些七嘴八舌的悲悯叹息里电光石火般认出了一张脸，那个中年男人的脸曾被一个妈妈在车站当售票员的同学信手指给他看过，那同学告诉他那是经常出没在车站附近的几个小偷之一。

他不管不顾地扑上去拉住了那人的衣袖："你有没有看到我的钱包，你快还给我。"中年男子火急火燎地推开他："我怎么会看到你的钱包，我坐车回家的，前面就快到了，你不要诬赖我。"全车人都帮着他指责中年男子，逼他把钱包拿出来。身量高大的司机在他身后听了半天，也终忍不住拂开人群走过来，气愤不堪地给了那中年男子迎面一拳："你们几个混在这车上也不是一天两天了，这是人家孩子的开学钱，你赶紧给人家拿出来。"中年男子被揍得鼻血狂流，仍是咬死自己没有偷过他的钱包，还主动提出让大家搜身。司机和两个热心人将他上下搜了一番，果然没有收获。

班车不可能因为他一人一直停留，折腾了半小时以后，他也全没了主意，之前急落的眼泪也收了起来，面如死灰地由着车发动再度出发。满车乘客和司机都沉默不语，司机挂挡踩离合都刻意放低声响，一车人神情愧疚，仿佛偷了他钱包的是他们。

后来，是坐在他后排的一位奶奶起身走过来，把一张一百块塞在他手里:“孩子,奶奶没什么钱,这一百块你拿上……”老奶奶坐下来,整个车上陆续有人走向了他,他的腿上很快堆起了一小堆钱。其中包括那个被他指认是贼的中年男人。他在下车前以漫不经心的样子经过他的面前,然后飞快地扔下一小卷钱在他的怀里后,头也不回地下车走了。那卷钱里面额最大的是10块,他数了数,有78块钱。

他整理着怀里那堆钱,理着理着就把头埋进膝盖,又哭了起来。他哭得又温暖又悲怆,只觉得心被一种命运深处不可抵抗的哀伤推搡着。那天他在车上收到了来自那些素不相识的人们682块钱的捐款,他知道对那些人中的绝大多数来说,每一块钱都是不那么容易挣到的。

4

他没有去学校,揣着那682块钱留在了西安。

他运气不错,当天就在城南一处城中村村口的烤肉店找了份串肉小工的事做,一月600,谈妥后他转身进背后的城中村里租了间民房。19岁的他就这样开始了在西安的日子。

家里那时还没装电话,联系父母要打到村里另一户关系较好的人家。他两天后打了个电话去托那家人给家里捎了个口信说已到学校。打完电话,他在围裙上擦擦手,继续回店里蹲在厨房门背后往铁签上串肉串。不过做了两天,他手脚已经很麻利了,老板对他颇为满意。

他没有再同昔日同学联系,只除了同他关系最好的一个。几年里,他打过几次电话给那男生,陆续听他转达着云宵的消息,却没有让他代为联系过云宵。

在那时,在很多个蹲在大盆前串着似乎永远也串不完的肉串的时刻里,他想着在老家的县城街道上,云宵在那间同样不起眼的餐饮小店里择菜刷碗,他们是这世间活得如此卑微不起眼的两个人。这想法让他觉得悲哀,也让他觉得他离云宵越来越遥远。他不要云宵和他一般堕落在这样的生活里,假使云宵命里注定要这样卑微难以翻盘,他也不希望他在她身边一生见证。

西安的冬天真的很冷,尤其对住在没有暖气的城中村简陋民房里的那些年轻人来说。他们除了梦想一无所有,还有些人甚至连梦想也没有。

5

住在他隔壁的是在烤肉店对面一家川菜餐馆当领班的女孩,碰面多了,两人就开始点头微笑。女孩在参加成人自考,没事就抱着书看。两人后来走得近了,他便经常借她的书来看,权当打发时间。在她的鼓励下,他后来也去报了成考。

那天报完名回来,他走在路上,突然感到很愉快。命运在给过他当头一棒之后,似乎又把拿走的光亮不动声色地还了回来。他想,几年后完成成考,他一样拥有大学学历,而这几年里他自己好好打工赚钱也能为家里减轻不少负担,上天的安排未必就是坏的啊。

那天,他从攒了几个月的工钱里拿出了些钱买了个二手手机,电话打到邻居家等到爸妈来接电话,他笑嘻嘻地同父母聊了一会儿,假装起在大学里的生活时心里也没了那么沉重的负担,又托词这个寒假已联系好家教工作到时就不回家了。

第二个电话是打给哥们儿的,他想好了,他要联系云宵,让哥们儿把他的电话号码捎给云宵。电话打过去聊了几句,哥们儿就告诉他,云宵父母给她说了门亲事,是长他们一届的某某某,家里做水泥生意的那个。他说是吗,那挺好的。再说不出一句多余的话,便随便找了个借口草草挂了电话。

西安的冬天好冷,一个人流泪的夜晚更冷。这个冬天的某个寒冷深夜,说不上来谁主动,他和那个领班女孩拥抱在一起取暖了。

在西安的几年里,他先后做过串肉小工、街头发传单的、二手车销售、售楼部客户经理。他挑灯夜读了几年换来的成考本科文凭对他的工作基本没什么作用,但却让他心里踏实很多,也让他在后来回家面对父母时感觉心安。

领班女孩在考试落败几次后最终放弃了成考，他们在那个他生命里最寒冷的冬天相拥，一起住过村中破陋的民房、老旧的居民楼……最后在一间同样是租来的装修不错但面积逼仄的小公寓楼里，他们一起做出了分手的决定。他另找房子搬了出去，从此两人在这座古都之城再未谋面。

6

他做二手车销售时，他老板有个女儿叫小冉。小冉长着一张浓眉大眼的方脸，笑起来声音洪亮。小冉很看得上他，经常缠着他要一起吃饭看电影，他每天一上班就想方设法躲着她。同事们都拿她开他的玩笑。

他后来转行去做了楼盘销售，反而同小冉亲近起来，她的浓眉大眼看久了，也觉得别有一股清新舒爽。

小冉性情很开朗，他带小冉回了几趟老家，他的家人都对小冉喜欢得紧。婚后小冉同他们的关系很亲，小两口回家也回得勤。

或许是受小冉的影响，他和几个高中时关系较好的同学也陆续恢复了联系。

活泼的小冉同他的老家旧友也很快打成一片。他起初也有些诧异，并算不得漂亮的小冉，却得了他老家的那些同学朋友们一致的夸赞，他们都很喜欢这个来自西安、家庭条件不错却全无造作的女孩。而让他备觉温暖的，是看似大大咧咧的小冉内心的聪慧温柔。

他曾同她讲过那个夏天，他怎样在那辆班车上丢失了钱包，从一个重点大学的学生变成一个烤肉店小工，每日蹲在后厨串着肉串深夜回民房看书完成自考的日子。他讲得很简单，但她听懂了他未出口的那些情绪。

7

第一次进到高中同学的QQ群时，他第一时间找出了云宵。他添加，她通过，两人并没有说话。他们都不时会去看对方的QQ空间，他的空间相册里有他和小冉的合影，云宵相册里则都是她儿女的照片。

几年后，微信兴起，云宵注册微信的第一天也来添加了他。两人同样在微信上不说话，只是默默看对方的朋友圈。

在云宵后来的生活里，他一直是个不声不响的旁观者。他知道她婚后几年去学做了婚礼司仪，主持过西乡很多人的婚礼。再后来，她不再做婚礼司仪，整日守在家一心一意照顾儿女。

他和云宵一直是有些刻意躲着对方的，多少年里一直没见面。最终还是碰了面，是在他一个表弟的婚礼上。

新娘与云宵是朋友，因为婚礼赶在高峰期，找不到司仪，便临时请了云宵来帮忙客串。

热闹的婚礼上，他与云宵一个对视，喧嚣都登时如潮退却，十几年的时光都只化成了两人这一个照面，百感交集。

他落座在席间，身旁小冉习惯性伸手来牵他的手，他把小冉的手握在手间，眼神却总想偷偷跟着那女司仪走。那女司仪也是，知道他在场，总忍不住来看他，只是那目光与她青春时已截然不同。

他看着台上那个不再年轻的、妆容艳丽的女司仪，他的心又凉又悲，他知道她被生活欺负了，在他看不见的这些年。

也是在那时候，他又记起那日他站在她面前如何一字一句地说出他生平最初的山盟海誓，说他要护她一世周全。他也是到后来才明白，原来那是多么猖狂的话语。生活这样庞大阔折，每个人都是波涛上的浮游小蚁，并没有谁能护得了谁一世周全。

他眼眶阵阵发酸，便中途找了借口，带着妻子匆匆离场。背后，那台上的女司仪串错词，未及台下宾客反应，便自顾自解嘲地笑了起来。他只觉得背后那笑声短如樱花开谢，任他如何用心捕捉，亦飞快湮落在喜宴喧嚣里消失不见……

微云

人与人的邂逅，
手里都应该有一本诗集，
或者一朵玫瑰花。

我要走了，要不要带信

✿ 毕淑敏

我十七岁的生日，是在藏北高原过的。那天，正好是军邮车上山的日子，这个生日便像美丽的项圈，久久地悬挂在我胸前。

喜马拉雅山、冈底斯山、喀喇昆仑山，像三柄巨大的棱锥，将我所在的部队，托举到了离海平面五千多米的高度。我的生日在十月，这正是平原上麦秸垛金黄而干燥的时光，昆仑山却已万里雪飘。就要封山了，封山是冰雪发出的禁令，我们将与世隔绝到春天。

战友们把水果罐头汁倾倒在茶褐色的刷牙缸里，彼此碰得山响，向我祝贺。对于每月只有一筒半罐头的我们来说，这是一场盛大的庆典。

但心中总有淡淡的悲愁——我想家。

一位白发苍苍的老医生对我说："也许军邮车今天会来的。"

"你骗人！"我大叫。有时候猛烈地指责别人说谎，其实是太渴望那消息真实。

军邮车大约每月从新疆喀什开上昆仑山一次，日子并不准，仿佛一只来去无踪的青鸟。老医生戍边多年，他的话有时像符咒一样灵验。每年封山前上山的最后一辆车，总是军邮车。山下的人都知道我们的心。他晃着满头的白发，像一丛银针。

那天夜里，军邮车像破冰船一样，跋涉五天，英勇地到了，整个军营为之沸腾。我们真想欢呼，但军人只有打了胜仗才允许欢呼，于是我们屏住气盯着一处房舍。房舍门口站着两个威武的士兵。因为曾有一次，迫不及待的边防军人们跑去抢信，从此在军邮车到来的日子，分拣信件的房间便加站双岗。

各单位取信的人站在房外，一取到信就像古代的驿马接到加急文书，拔腿就跑，去把信件送给望眼欲穿的人们。

在高原上奔跑，不是一件轻松的事。这活儿一般都分给腰细腿长的年轻人，但白发苍苍的老医生执拗地要做这件事。知情的人私下里说，他家中有很老的双亲、很弱的妻子、很小的孩儿，想信比别人更甚。

老医生说，有一年封山的时间格外长。半年后军邮车首次上山，信件一直摞到分拣人的胸前。他们在信海中游走，呼吸都很困难。

老医生抱着一大摞信，我们扑上去抢。那时候干部去干校，知青接受再教育，妻离子散的多，信件也格外多。每个人都像蜘蛛一样，吐出思念思索的长丝，织一张自己的情感信息之网。

霎时老医生手中就空了，接下来是唰唰地撕信，信皮的断屑萧萧而下。

我最先看的是父母的信。仿佛有一只温暖而柔软的手，从洁白的笺纸中探出来，抚摸着我额前飘动的乌发，心便不再凄然。

再看同学和朋友的信。我的同桌此刻在遥远的西双版纳，信中夹了一朵花的标本。她说这是景洪最美丽的花，有沁人肺腑的香气。夹花的那页信纸留有大片紫色的液痕，想象得出花盛开时的娇嫩。我低头嗅那被花汁浸染过的地方，哪儿有什么香气，有的只是纯正而凛冽的冰雪气息。

我连夜回信。平常日子，营区是柴油发电机供电，电灯每晚只亮两个小时，然后就像木偶人似的眨几下眼睛，熄灭了。军邮车一来，首长便传令延长发电时间，以利于拣信和回信。首长其实也很盼信到来。

同屋的女兵嘤嘤地哭了起来。她的小侄子病了。我们都放下笔去劝她。然而，女孩子常常是这样：越劝哭得越欢畅。

老医生悠长地叹了一口气，说："告诉离得这么远的一个小姑娘，孩子的病就能好了吗？我家里人是从不这样的。"

不一会儿，女兵停止了哭泣，因为从老医生送来的第二批信中，她得知小侄子的病已经好了。

"要有经验，"老医生说，"把信全拆开，码饼干似的排好，从最后面的看起，前面的只能当参考。"

这自然是至理名言。这么办，时间长了，我们也发现了缺点。好比一本荡气回肠的小说，快刀斩乱麻先看了结尾，再回过头去细细咀嚼，便少了许多悬念和曲折。

那一次军邮车上山，老医生没有收到一封信。

按照他们家的逻辑，没有信来也许就是出事了。他的忧郁持续了整个冬天。

在这海拔五千米的高原营地，每逢有人下山，就会挨门挨户地问："我要走了，要不要带信？"哪怕是平日最自私的人，在这件事上也绝对平和而周到，这是高原的风俗。

有时候突然写好一封信，又不知谁能带走，就在吃饭人多时喊，谁能下山，告知一声。一次，一个素不相识的人对我说："我知道你父亲的名字。""你看过我的档案？"我问。"不是。几年前我为你代发过家信。"我已经完全记不得是托什么人又转到他手中的，于是赶忙表示迟到的谢意。

在我十七岁生日过去半年的时候，我收到了西双版纳同学的回信，那朵花怎么是紫色的呢？它是雪白的呀！而且，绝不可能没有香气！

信是老医生送来的。这是开山后的第一次通邮，他也很快乐，他的家里寄来了平安信。有时候他又突然疑惑，说他家会不会有什么事瞒了不肯告诉他。我们都说不会不会，你是家里的顶梁柱，他们离了你，根本就办不了事，怎么会瞒你！他也觉得很有道理，心宽许多。

终于，轮到他探家了。很早就告诉我们，他下山时专门预备一个提包，为大家装信。我便对着昆仑山皑皑的冰雪，咬着笔杆，从从容容地写了大约三十封信，每一封都竭尽我的才能。

我双手捧着这摞信，郑重地交给老医生。他的白发在雪峰的映衬下，晃动得像一盆水中的粉丝："你放心好了！我到了山下第一件事就是为大家发信。假如回信快的话，下次军邮车上来，你们也许就能收到回信了。"

他走了。军邮车像候鸟，飞来一次又一次，但那三十封信一封也不见回音。原来他下山乘坐的车翻了，这在高原是很平常的事。

熊熊烈火吞噬了他白发苍苍的头颅，那个装满信件的旅行包，顷刻间化为青烟。

那三十封信，只有给父母的那封，我重写了托人发出。给其他人的，便再也提不起兴致重写。只要抓起笔，老医生的白发就在眼前灼目地闪动，眼珠便发酸。大团大团的冰雪，在我胸中凝结。

后来，在老医生的追悼会上，我才知道他的生辰，他远没有我想象中那样老。满头灿然的白发，是昆仑山馈赠他的不能拒绝的礼物。

他死了以后，军邮车还带来过他的家信。我第一次注意了一下地址：是广西一个很偏远的小城。又在地图上仔细寻找，那地方在北回归线以南，属于热带，该是非常炎热的。老医生的家乡，距离昆仑山大约有一万五千里。

那封迟到的信，边缘已经磨损，好像烙熟又蒸了几遭的馅饼，几处裂口的地方，被薄而坚韧的透明纸粘贴过，上面打着蓝色的印章："邮件已破，军邮代封。"

不知这是不是封报平安的家信。

豆腐一声天下白

✻林海音

1

卖豆腐的声音仍像二十年前一样，天刚亮就把我从熟睡中喊醒。我猛地从床上起来，跑到临街的窗前，拉开窗帘向外张望。

“要买豆腐吗？”床上正在看早报的人说。

“不是。”我摇摇头，“我是要看看她到底长得什么样儿。”

二十年来，许多声音从这一排临街的窗子透进来。睡在榻榻米上时，偶然有车子从窗前的巷子经过，那声音就好像车子从你头上轧过去一样。卖豆腐的妇人是最早的一个，她应当是和我家墙头上的牵牛花一样，都是早起的，但是她没有牵牛花清闲。牵牛花拿紫色迎接太阳，她是灰色的——别误会，我不是说她的人生是灰色的，只是她的衣服罢了。一个勤勉的妇人，为了一块钱一块钱的豆腐，把那种悠扬的调子一声声传到你的耳根：“卖豆腐啊！油车糕豆干！”晨起的第一声，听了二十年了，没有光顾过她一次，临去之晨，总要和她相识一下吧！

这排窗，我管它叫“感情的窗”。今早我从窗里看出去，不只是卖豆腐的妇人，也有收酒干的，也有卖粽子的。算卦的瞎子也过来了，仍是手扶在儿子的肩头上。儿子长得很高了，穿着西装，梳着齐耳根的长发，脚下是一双高跟的男皮鞋。谢雷的打扮嘛！可惜他的爸爸看不见，他的妈妈虽然不是瞎子，但也早已弃此人生，弃这一家而走，更看不见了。那个哥哥或者弟弟呢？他在哪儿？怎么没跟来？

曾经有过全家人拥着这位户长出来算卦的一段日子。那时，瞎子还是瞎子，穿着一身极破旧的裤褂，太太很年轻，却未曾有过花开的美日子。她的衣服更破旧，不必写“悦己者容”吧，头发是蓬乱的，脸上因为串大街小巷串得油亮，很瘦弱的样子。这样的她，我却眼见她生了两个儿子。他们全家人出来的时期，该是他们最美好的日子吧！算卦的丈夫，像女人那样背驮着小儿子，大儿子坐在竹车里玩耍，母亲一手推着小竹车，一手携扶着背了小儿子的瞎丈夫。她不美，小嘴瘪瘪的，更造成了她早老的样子。但是她的脸的表情总是和蔼的，这样的日子，看见这样的脸色，你不是同情她，而是敬重她了。对面阿森的妈妈最信服这个算卦的，常常把他们请到门前的石墩子上坐下来，然后开始算卦。不知道他是怎么掐、怎么算的，但见阿森的妈妈，很认真地听着，叫阿森给瞎子倒茶水。这一卦的价值，有时是几碗米，有时是几张小钞票。

孩子们年年长大，瘦弱的妈妈不必跟着携扶了，这职务由儿子来担承。五六岁就跟着爸爸出来了，不，是爸爸跟着儿子了。瞎爸爸一手扶在儿子肩头上，儿子则是一手拿着弹弓橡皮筋什么的在放射。但是他从不离开父亲一步，你看，他从五六岁，七八岁，到九岁、十岁，到今天，像谢雷那样的打扮了，有十六七岁了吧！虽然摆的是青春少年的架势，但仍不离开父亲一步。母亲几时死去的？好几年前就听说死了。这妇人的一生快乐吗？很不甘心地死去吧？一定还舍不得离开瞎了的丈夫、幼小的儿子。

2

收买酒干报纸的，近日成群地过来，搬家的人很多的缘故，但是我总不能忘记最诚实可靠的那个。

许多年来，都是把家里的旧报纸和瓶瓶罐罐的卖给缺了门牙的那个。他每次来，都是很诚恳地用他的秤一边称着一边说：“我的秤头是没有错的，做生意就要老实，一点儿都不能乱来。”

我很高兴，我说：“是的，旧报纸不是值钱的东西，我也不是在乎那一毛两毛的，但是，如果不诚实的秤，真让人生气，我最厌恶不诚实。”

生意做得很顺利，个把月，他来一趟。他喊的声音是深沉的、老练的、稳重的。我家的报纸和旧杂志太多太多了，十几种报纸和三十几种杂志。每次他来，都说：“我的秤头没有错……报纸有很多剪了的，也没关系……”

我也有些歉意，蝇头小利，是多么不容易，我说：“剪了的，就不要算秤，扔在一边好了。但是我的杂志是崭新的。你看，你看，你论斤买了去，到旧书摊就是起码一块一本呢！”

忽然有一年，阿绸心血来潮，把报纸称了称。我家没有秤，她是怎么去称的，我也不清楚。然后，诚实的人来了，他又说：“我的秤头没有错……”阿绸从身后拿出了另一杆秤，揭发了他十年来的不诚实。好可怕的一刹那！最小的事情，最少的利润，变成了最大的骗局。这样的局面，比面对一个抢劫的强盗还令人尴尬吧！那时的心情，感觉到的是受了侮辱，而不是欺骗。

此后，很多日子，那个深沉、老练、稳重的声音，不再从早晨的窗子透过来。我偶然老远地在巷头看见他了，他就绕道而行。一个月一个月地过去了，报纸和杂志堆得把那块地板都压凹下去了。没有勇气再叫另外收买报纸的，觉得彼此诚实是一件困难的事，又觉得一向信任的事突然扭转成这个样子，不知道该怎么处理了。我和阿绸很想把这件事忘记，我们很希望他再敲一敲我们那扇友情之门，如果他再说一次：“我这回秤头没有错。”我们一定会相信他，一定会说：“快拿去称吧，堆得太久了。”但是他自那以后并没有再出现。

哑奴

✽三　毛

1

我第一次被请到镇上一个极有钱的沙哈拉威财主家去吃饭时，并不认识那家的主人。

据这个财主堂兄太太的弟弟阿里告诉我们，这个富翁是不轻易请人去他家里的，我们以及另外三对西籍夫妇，因为是阿里的朋友，所以才能吃到驼峰和驼肝做的烤肉串。

财主只出来应酬了一会儿，就回到他自己的房间去。应酬我们这批食客的事情，他留下来给阿里来做。

我很有礼地问阿里，我可不可以去内房看看财主美丽的太太们。“可以，请你进去，她们也想看你，就是不好意思出来。”我一个人在后房里转来转去，看见了一间间华丽的卧室，落地的大镜子，美丽的女人，席梦思大床，还看见了无数平日在沙漠里少见的夹着金丝银线的包身布。

我很希望荷西能见见这财主四个艳丽而年轻的太太，可惜她们太害羞了，不肯出来会客。等我穿好一个女子水红色的衣服，将脸蒙起来，慢慢走回客厅去时，里面坐着的男人都跳了起来，以为我变成了第五个太太。我觉得我的打扮十分合适这房间的情调，所以决定不脱掉衣服，只将蒙脸的布拉下来，就这么等着吃沙漠的大菜。

过了不一会儿，烧红的炭炉子被一个还不到板凳高的小孩子拎进来，这孩子面上带着十分谦卑的笑容，看上去不会超过八九岁。

他小心地将炉子放在墙角，又出去了，再一会儿，他又捧着一个极大的银托盘摇摇摆摆地走到我们面前，放在大红色编织着五彩图案的地毯上。盘里有银的茶壶，银的糖盒子，碧绿的新鲜薄荷叶，香水，还有一个极小巧的炭炉，上面热着茶。

这个孩子，对我们先轻轻地跪了一下，才站起来，拿着银白色的香水瓶，替每一个人的头发上轻轻地洒香水，这是沙漠里很隆重的礼节。

我低着头让这孩子洒着香水，直到我的头发透湿了，他才罢手。一时间，香气充满了这个阿拉伯似的宫殿，气氛真是感人而庄重。

再过了一会儿，放着生骆驼肉的大碗，也被这孩子静静地捧了进来，炭炉子上架上铁丝网。我们这一群人都在高声地说着话，另外两个西班牙太太正在谈她们生孩子时的情形，只有我，默默地观察着这个孩子的一举一动。

他很有次序地在做事，先串肉，再放在火上烤，同时还照管着另一个炭炉上的茶水，茶滚了，他放进薄荷叶，加进硬块的糖，倒茶叶，他将茶壶举得比自己的头还高，茶水斜斜准准地落在小杯子里，姿势美妙极了。

茶倒好了，他再跪在我们面前，将茶杯双手举起来给我们，那真是美味香浓的好茶。

肉串烤熟了。第一批，这孩子托在一个大盘子里送过来。

驼峰原来全是脂肪，驼肝和驼肉倒也勉强可以入口。男客们和我一人拿了一串吃将起来，那个小孩子注视着我，我对他笑笑，眨眨眼睛，表示好吃。

我移到这孩子旁边去，跟他坐在一起，帮他串肉，自烤自吃。骆驼的味道，多撒一点盐也就不大觉得了。这个孩子，一直低着头默默地做事，嘴角总是浮着一丝微笑，样子伶俐极了。我问他："这样一块肉，一块驼峰，再一块肝，串在一起，再放盐，对不对？"

他低声说："哈克（对的、是的等意思）！"

我很尊重他，扇火、翻肉，都先问他，因为他的确是一个能干的孩子。我看他高兴得脸都红起来了，想来很少有人使他觉得自己那么重要过。火那边坐着的一群人，却很不起劲。阿里请我们吃道地的沙漠菜，两个讨厌的女客还不断地在怪叫。茶不要喝，要汽水；地下不会坐，要讨椅子。这些事情，阿里都大声叱喝着这个小孩子去做。

他又得管火，又不得不飞奔出去买汽水，买了汽水，又去扛椅子，放下椅子，又赶快再来烤肉，忙得满脸惶惑的样子。

"阿里，你自己不做事，那些女人不做事，叫这个最小的忙成这副样子，不太公平吧！"我对阿里大叫过去。

阿里吃下一块肉，用烤肉叉指指那个孩子，说："他要做的还不止这些呢，今天算他运气。"

"他是谁？他为什么要做那么多事？"

荷西马上将话题扯开去。等荷西他们说完了，我又隔着火坚持我的问话。"他是谁？阿里，说嘛！"

"他不是这家里的人。"阿里有点窘。

"他不是家里的人，为什么在这里？他是邻居的小孩？"

"不是。"

室内静了下来，大家都不响，我因为那时方去沙漠不久，自然不明白他们为什么都好似很窘，连荷西都不响。"到底是谁吗？"我也不耐烦了，怎么那么拖泥带水的呢。"三毛，你过来，"荷西招招手叫我，我放下肉串走过去，"他，是奴隶。"荷西轻轻地说，生怕那个孩子听见。我捂住嘴，盯着阿里看，再静静地看看那低着头的孩子，就不再说话了。

"奴隶怎么来的？"我冷着脸问阿里。

"他们世世代代传下来的，生来就是奴隶。"

"难道第一个生下来的黑人脸上写着——我是奴隶？"我望着阿里淡棕色的脸不放过对他的追问。

"当然不是，是捉来的。沙漠里看见有黑人住着，就去捉，打昏了，用绳子绑一个月，就不逃了；全家捉来，更不会逃，这样一代一代传下来就成了财产，现在也可以买卖。”见我面有不平不忍的表情，阿里马上说，“我们对待奴隶也没有不好，像他，这小孩子，晚上就回去跟父母住帐篷，他住在镇外，很幸福的，每天回家。”

“这家主人有几个奴隶？”

“有两百多个，都放出去替西班牙政府筑路，到月初，主人去收工钱，就这么暴富了。”

“奴隶吃什么？”

“西班牙承包工程的机关会给饭吃。”

“所以，你们用奴隶替你们赚钱，而不养他们。”我斜着眼瞄着阿里。

2

告别这家财主时，我脱下了本地衣服还给他美丽的妻子。大财主送出门来，我谢了他，但不要再跟他握手，这种人我不要跟他再见面。

我们这一群人走了一条街，我才看见，小黑奴追出来，躲在墙角看我。伶俐的大眼睛，像小鹿一样温柔。我丢下了众人，轻轻地向他跑去，皮包里找出两百块钱，将他的手拉过来，塞在他掌心里，对他说：“谢谢你！”才又转身走开了。

我很为自己羞耻。金钱能代表什么，我向这孩子表达的，就是用钱这一种方式吗？我想不出其他的方法，但这实在是很低级的亲善形式。

那天的傍晚，有人敲我的门，很有礼貌，轻轻地叩了三下就不再敲了，我很纳闷，哪儿有这么文明的人来看我呢！

开门一看，一个不认识的中年黑人站在我门口。他穿得很破很烂，几乎是破布片挂在身上，裹头巾也没有，满头花白了的头发在风里飘拂着。

他看见我，马上很谦卑地弯下了腰，双手交握在胸前，好似在拜我似的。他的举止，跟沙哈拉威人的无礼，成了很大的对比。

“您是？”我等着他说话。他不会说话，口内发出沙哑的声音，比着一个小孩身形的手势，又指指他自己。

我不能领悟他的意思，只有很和气地对他问：“什么？我不懂，什么？”

他看我不懂，马上掏出了两百块钱来，又指指财主住的房子的方向，又比小孩的样子。啊！我懂了，原来是那小孩子的爸爸来了。

他硬要把钱塞还给我，我一定不肯，我也打手势，说是我送给小孩子的，因为他烤肉给我吃。他很聪明，马上懂了，这个奴隶显然不是先天性的哑巴，因为他口里会发声，只是聋了，所以不会说话。

他看看钱，好似那是天大的数目，他想了一会儿，又要交还我，我们推了好久，他才又好似拜了我一下地弯下了身，合上手，才对我笑了起来，又谢又谢，才离开了。那是我第一次碰见哑奴的情景。

过了不到一星期，我照例清早起床，开门目送荷西在满天的星空下去上早班，总是五点一刻左右。

那天开门，我们发现门外居然放了一棵青翠碧绿的生菜，上面还洒了水。我将这生菜小心地捡起来，等荷西走远了，才关上门，找出一个大口水瓶来，将这棵菜像花一样竖起来插着，才放在客厅里，舍不得吃它。

我知道这是谁给的礼物。

我们在这一带每天借送无数东西给沙哈拉威邻居，但是来回报我的，却是一个穷得连身体都不属于自己的奴隶。

3

我很想再有哑奴的消息，但是他没有再出现过。过了两个月左右，我的后邻要在天台上加盖一间房子，他们的空心砖都运来堆在我的门口，再吊到天台上去。

我的家门口被弄得一塌糊涂，我们粉白的墙也被砖块擦得不成样子。荷西回家来了，我都不敢提，免得他大发脾气，伤了邻居的感情。我只等着他们快快动工，好让我们再有安宁的日子过。

等了好一阵，没有动工的迹象，我去晒衣服时，也会到邻居四方的洞口往下望，问他们怎么还不动工。“快了，我们在租一个奴隶，过几天价钱讲好了，就会来。他主人对这个奴隶，要价好贵，他是全沙漠最好的泥水匠。”

过了几天，一流的泥水匠来了，我上天台去看，居然是那个哑奴正蹲着调水泥。

我惊喜地向他走去，他看见我的影子，抬起头来，看见是我，真诚的笑容，像一朵绽开的花一样在脸上露出来。

这一次，他才弯下腰来，我马上伸手过去，跟他握了一握，又打手势，谢谢他送的生菜。他知道我猜出是他送的，脸都涨红了，又打手势问我：“好吃吗？”

我用力点点头，说荷西与我吃掉了。他再度欢喜地笑了，又说：“你们这种人，不吃生菜，牙龈会流血。”我呆了一下，这种常识，一个沙漠的奴隶怎么可能知道。哑奴打的是简单明了的手势，这种万国语，实在是方便。他又会表达，一看就知道他的意思。

哑奴工作了几天之后，半人高的墙已经砌起来了。

那一阵是火热的八月，到了正午，毒热的太阳像火山的岩浆一样流泻下来。我在房子里，将门窗紧闭，再将窗缝用纸条糊起来，不让热浪冲进房间里，再在室内用水擦席子，再将冰块用毛巾包着放在头上，但是那近五十五度的气温，还是令人发狂。

每到这么疯狂的酷热在煎熬我时，我总是躺在草席上，一分一秒地等候着黄昏的来临，那时候，只有黄昏凉爽的风来了，使我能在门外坐一会儿，就是我所盼望着的最大的幸福了。

那好几日过去了，我才想到在天台上工作的哑奴，我居然忘记了他，在这样酷热的正午，哑奴在做什么？

我马上顶着热跑上了天台，打开天台的门，一阵热浪冲过来，我的头马上剧烈地痛起来，我快步冲出去找哑奴，空旷的天台上没有一片可以藏身的阴影。哑奴，半靠在墙边，身上盖了一块羊栏上捡来的破草席，像一个不会挣扎了的老狗一样，趴在自己的膝盖上。

我拉掉哑奴的草席，用手推他，他可怜的脸，好似哭泣似的慢慢地抬起来，望着我。

我指指我的家，对他说：“下去，快点，我们下去。”他软弱地站了起来，苍白的脸犹豫着，不知如何是好。

我受不了那个热，又用力推他，他才很不好意思地弯下腰，穿过荷西盖上的天棚，慢慢走下石阶来，我关上了天台的门，也快步下来了。

哑奴，站在我厨房外面的天棚下，手里拿着一个硬得好似石头似的干面包。我认出来，那是沙哈拉威人，去军营里要来的旧面包，平日磨碎了给山羊吃的。现在这个租哑奴来做工的邻居，就给他吃这个东西维持生命。

哑奴很紧张，站在那儿动也不敢动。天棚下仍是很热，我叫他进客厅去，他死也不肯，指指自己，又指指自己的肤色，一定不肯跨进去。

我再打手势：“你，我，都是一样的，请进去。”从来没有人当他是人看待，他怎么不吓坏了。

最后我看他拘谨成那个可怜的样子，就不再勉强他了，将他安排在走廊上的阴凉处，替他铺了一块草席。冰箱里我拿出一瓶冰冻的橘子水，一个新鲜的软面包，一块干奶酪，还有早晨荷西来不及吃的白水煮蛋，放在他身旁，请他吃。然后我就走掉了，去客厅关上门，免得哑奴不能坦然地吃饭。

到了下午三点半，岩浆仍是从天上倒下来，室内都是滚烫的，室外更不知如何热了。

我，担心哑奴的主人会骂他，才又出来叫他上去工作。他，在走廊上坐得好似一尊石像，橘子水喝了一点点，自己的干面包吃下了，其他的东西动都不动。我看他不吃，叉着手静静地望着他。

哑奴真懂，他马上站起来，对我打手势："不要生气，我不吃，我想带回去给我的女人和孩子吃。"他比了三个小孩子，两男一女。

我这才明白了，马上找了一个口袋，把东西都替他装进去，又切了一大块奶酪和半只西瓜，还再放了两瓶可乐，我自己存的也不多了，不然可以多给他一点。

他看见我在袋子里放东西，垂着头，脸上又羞愧又高兴的复杂表情，使我看了真是不忍。

我将袋子塞在半空的冰箱里，对他指指太阳，说："太阳下山了，你再来拿，现在先存在这里。"他拼命点头，又向我弯下了腰，脸上喜得都快哭了似的，就快步上去工作了。

我想，哑奴一定很爱他的孩子，他一定有一个快乐的家，不然他不会为了这一点点食物高兴。我犹豫了一下，把荷西最爱吃的太妃糖盒子打开，抓了一大把放在给哑奴的食物口袋里。

其实我们也没有什么食物，我能给他的实在太贫乏了。

4

星期天，哑奴也在工作，荷西上天台去看他。哑奴第一次看见我的丈夫，他丢下了工作，快步跨过砖块，口里呀呀地叫着，还差几步，他就伸长了手，要跟荷西握手，我看他先伸出手来给荷西，而没有弯下腰去，真是替他高兴。在我们面前，他的自卑感一点一点自然地在减少，相对的人与人的情感在他心里一点一点地建立起来。我笑着下天台去，荷西跟他打手语的影子，斜斜地映在天棚上。

到了中午，荷西下来了，哑奴高高兴兴地跟在后面。荷西一头的粉，想来他一定在跟哑奴一起做起泥工来了。

"三毛，我请哑巴吃饭。"

"荷西，不要叫他哑巴！"

"他听不见。"

"他眼睛听得见。"

我拿着锅铲，对哑奴用阿拉伯哈萨尼亚语，慢慢地夸大着口形说："沙——黑——毕（朋友）。"

又指指荷西，再说："沙——黑——毕。"

又指我自己："沙——黑——布——蒂（女朋友）。"再将三个人做一个圈圈，他完全懂了，他不设防的笑容，又一度感动了我。他很兴奋，又有点紧张，荷西推推他，他一步跨进了客厅，又对我指指他很脏的光脚，我对他摇摇手，说不要紧的，就不去睬他了，让两个男人去说话。

过了一会儿，荷西来厨房告诉我："哑奴懂星象。""你怎么知道？"

"他画的，他看见我们那本画上的星，他一画就画出了差不多的位置。"

过一会儿，我进客厅去放刀叉，看见荷西跟哑奴趴在世界地图上。

哑奴找也不找，一手就指在撒哈拉上，我呆了一下，他又一指指在西班牙，又指指荷西，我问他："我呢？"

他看看我，我恶作剧地也指指西班牙，他做出大笑的样子，摇手，开始去亚洲地图那一带找，这一下找不到了，交了白卷。

我指指他的太阳穴，做出一个表情——笨！

他笑得要翻倒了似的开心。

哑奴实在是一个聪明的人。

青椒炒牛肉拌饭，哑奴实在吃不下去，我想，他这一生，也许连骆驼山羊肉都吃不到几次，牛肉的味道一定受不了。我叫他吃白饭，他又不肯动手，拘谨的样子又回来了。

我叫他用手吃，他低着头将饭吃掉了。我决定下次不再叫他一同吃饭，免得他受罪。

消息传得很快，邻居小孩看见哑奴在我们家吃饭，马上去告诉大人，大人再告诉大人，一下四周都知道了。这些人对哑奴及我们产生的敌意，我们很快地觉察到了。"三毛,你不要理他,他是'哈鲁佛'!脏人!"(哈鲁佛是猪的意思)邻居中我最讨厌的一个小女孩第一个又妒又恨地来对我警告。

"你少管闲事,你再叫他'哈鲁佛',荷西把你捉来倒吊在天台上。"

"他就是猪,他太太是疯子,他是替我们做工的猪!"说完她故意过去吐口水在哑奴身上,然后挑战地望着我。

荷西冲过去捉这个小女鬼,她尖叫着逃下天台,躲进自己的家里去。

我很难过,哑奴一声也不响地拾起工具,抬起头来,我发觉我的邻居正阴沉地盯着荷西和我,我们什么都不说,就下了天台去。

5

有一个黄昏,我上去收晾着的衣服,又跟哑奴挥挥手,他已在砌屋顶了,他也对我挥挥手。恰巧荷西也下班了,他进了门也上天台来。

哑奴放下了工具,走过来。

那天没有风沙,我们的电线上停了一串小鸟,我指着鸟叫哑奴看,又做出飞翔的样子,再指指他,做了一个手势:"你——不自由,做工做得半死,一毛钱也没有。"

"三毛,你好啦!何苦去激他。"荷西在骂我。"我就是要激他,他有本事在身,如果自由了,可以养活一家人不成问题。"

哑奴呆呆地望了一会儿天空,比比自己肤色,叹了口气。过一会儿,他又笑了,他对我们指指他的心,再指指小鸟,又做了飞翔的动作。

我知道,他要说的是:"我的身体虽是不自由的,但是我的心是自由的。"

他说出如此有智慧的话来,令我们大吃一惊。

那天黄昏,他坚持要请我们去他家。我赶快下去找了些吃的东西,又装了一瓶奶粉和白糖跟着他一同回去。

他的家,在镇外沙谷的边缘,孤零零的一个很破的帐篷在夕阳下显得如此的寂寞而悲凉。

我们方才走近,帐篷里扑出来两个光身子的小孩,大叫欢笑着冲到哑奴身边,哑奴马上笑呵呵地把他们抱起来。帐篷里又出来了一个女人,她可怜得缠身的包布都没有,只穿了一条两只脚都露在外面的破裙了。

哑奴一再地请我们进去坐,我们弯下了身子进去,才发觉,这个帐篷里只有几个麻布口袋铺在地上,铺不满,有一半都是沙地。帐篷外,有一个汽油桶,里面有半桶水。

哑奴的太太羞得背对着帐篷布,不敢看我们。哑奴马上去打水、生火,用一个很旧的茶壶煮了水,又没有杯子给我们喝,他窘得不得了,急得满头大汗。荷西笑笑,叫他不要急,我们等水凉了一点,就从茶壶里传着喝,他才放心了似的笑了,这已是他最好的招待,我们十分感动。

大孩子显然还在财主家做工,没有回来,小的两个,依在父亲的怀里,吃着手指看我们。我赶快把东西拿出来分给他们,哑奴也马上把面包递给背坐着的太太。

坐了一会儿,我们要走了,哑奴抱着孩子站在帐篷外向我们挥手。荷西紧紧地握住我的手,再回头去看那个苦得没有立锥之地的一家人,我们不知怎的觉得更亲密起来。"起码,哑奴有一个幸福的家,他不是太贫穷的人啊!"我对荷西说。

以后,我们替他的孩子和太太买了一些廉价的布,等哑奴下工了,悄悄地塞给他,叫他快走,免得又要给主人骂。过节时,我们送给他一麻袋的炭,又买了几斤肉给他。我总很羞愧这样施舍他,总是白天去,他不在家,我放在他帐篷外,就跑掉。

哑奴没有东西回报我们,可是,他会悄悄地替我们补山羊踩坏了的天棚;夜间偷了水,来替我们洗车;刮大风了,他马上替我收衣服,再放在一个洗干净的袋子里,才拉起天棚的板,替我丢下来。

荷西跟我一直想替哑奴找获得自由的方法,可是完全不得要领,都说是不可能的事情。其实,我们并没有认真地想到，哑奴的命运会比现况更悲惨，所以也没有积极地设法使他自由了。

6

有一天，沙漠里开始下起大雨来，雨滴重重地敲打在天棚上，我醒了，推着荷西，他也起来了。

“听！在下雨，在下大雨。”我怕得要命。

荷西跳起来，打开门冲到雨里去，邻居都醒了，大家都跑出来看雨，口里叫着：“神水！神水！”

我因为这种沙漠里的异象，吓得心里冰冷，那么久没有看见雨，我怕得缩在门内，不敢出去。大家都拿了水桶来接雨，他们说这是神赐的水，喝了可以治病。豪雨不停地下着，沙漠成了一片泥泞。我们的家漏得不成样子。沙漠的雨，是那么恐怖。

雨下了一天一夜，西班牙的报纸，都刊登了沙漠大雨的消息。

哑奴的工程，在雨后的第二星期，也落成了。

那一天，我在看书，黄昏又来了，而荷西当天加班，要到第二日清晨才能回来。突然我听见门外有小孩子异常吵闹的声音，又有大人在说话的声音。邻居姑卡用力敲我的门，我一开门，他就很激动地告诉我：“快来看，哑巴被卖掉了，正要走了。”

我耳朵里轰的一响，捉住姑卡问：“为什么卖了？怎么突然卖了？是去哪里？”

姑卡说：“下过雨后，‘茅里塔尼亚’长出了很多草，哑巴会管羊，会管接生小骆驼，人家来买他，叫他去。”

“他现在在哪里？”

“在建房子的人家门口，他主人也来了，在里面算钱。”

我匆匆忙忙地跑去，急得气得脸都变了，我拼命地跑到邻居的门外，看见一辆吉普车，驾驶座旁坐了哑奴。

我冲到车子旁去，看见他呆望着前方，好似一尊泥塑的人一样，面上没有表情。我再看他的手，被绳子绑了起来，脚踝上也绑了松松的一段麻绳。

我捂住嘴，望着他，他不看我。我四顾一看，都是小孩子围着。我冲进邻居的家，看见有地位的财主悠然地在跟一群穿着很好的人在喝茶，我知道这生意是成交了，没有希望救他了。我再冲出去，看着哑奴，他的嘴唇在发抖，眼眶干干的。我冲回家去，拿了仅有的现钱，又四周看了一看，我看见自己那块铺在床上的大沙漠彩色毯子，我没有考虑地把它拉下来，抱着这床毯子再往哑奴的吉普车跑去。

“沙黑毕，给你钱，给你毯子。”我把这些东西堆在他怀里，大声叫着。

哑奴这才看见了我，也看见了毯子。他突然抱住了毯子，口里哭也似的叫起来，跳下车子，抱着这床美丽的毯子，没命地往他家的方向奔去，因为他脚上的绳子是松松地挂着，他可以小步地跑，我看着他以不可能的速度往家奔去。

小孩们看见他跑了，马上叫起来：“逃啦！逃啦！”里面的大人追出来，年轻的顺手抓了一条大木板，也开始追去。

“不要打！不要打！”我紧张得要昏了过去，一面叫着一面也跑起来，大家都去追哑奴，我舍命地跑着，忘了自己有车停在门口。

跑到了快到哑奴的帐篷，我们大家都看见，哑奴远远地就迎风打开了那条彩色缤纷的毯子，跌跌撞撞地扑向他的太太和孩子，手上绑的绳子被他扭断了，他一面呵呵不成声地叫着，一面把毛毯用力围在他太太孩子们的身上，又拼命拉着他太太的手，叫她摸摸毯子有多软多好，又把我塞给他的钱给太太。风里面，只有哑巴的声音和那条彩色的毛毯在拍打着我的心。

几个年轻人上去捉住哑奴，远远吉普车也开来了，他茫茫然地上了车，手紧紧地握在车窗上，脸上的表情似悲似喜，白发在风里翻飞着，他看得老远的，眼眶里干干的没有半滴泪水，只有嘴唇，仍然不能控制地抖着。

我的泪，像小河一样地流满了面颊。我慢慢地走回去，关上门，躺在床上，不知何时鸡已叫了。

清水塘

尤里·纳吉宾

1

我们中学时代最后一天的最后 堂课结束了。

虽然前面仍有漫长而艰难的考试，但是中学的课程再也没有了，往后将是讲座、讨论会，或参加关于某一问题的学术研究，在高等院校的阶梯教室和实验室进进出出。中学的小课堂和矮桌椅不会再有了，我们中学时代的几个春秋就在那熟悉的、有点儿沙哑的铃声中悄然逝去了。还记得那铃声从楼下的教师办公室里慢慢悠悠地传上来，传到我们十年级所在的六层楼时，总要迟一小会儿。

我们激动，我们欣喜，同时又不知为什么怀有一种依依不舍的眷恋之情，想到自己在转瞬间由中学生变成了一个有资格结婚成家的大人而感到腼腆，茫然不知所措。我们的心头萦绕着一缕不可言状的情感，犹如在逝去的这些年当中，彼此还有什么话儿未全说完，中学时代的生活尚未过够，身上依然保持着少年的天真稚气。

敞开的窗口映出湛蓝的天空，窗口上的几只鸽子从粗嗓眼里发出咕噜咕噜的热烈的叫唤，苍翠的树木散发的清香和洒过水的柏油路所蒸发出来的气味混杂在一起，充满了整个空间。

热妮娅·鲁勉采娃朝教室里探了探头："谢廖扎，打扰你一会儿行吗？"

我走到走廊里。在这不寻常的日子里，热妮娅也显得与往常不太一样了。

她的衣着像往常一样有些古怪：那条去年就显小了的连衣裙，短得遮不住膝盖，外面套着一件瘦小得扣不拢的毛衣，里面衬着洗旧了的白绸衫，脚穿一双圆头平底童皮鞋——这身打扮像是从她妹妹那儿拿来的。她那头浓密的淡灰色的柔发虽用许多发卡和小梳子勉强别住，但还是散落了下来，遮住了她的前额和面颊，而且有一缕额发时常垂落到她那短小的鼻子上，总惹得她气恼地把它撩开。与往常不同的是，她面颊上泛出一层淡淡的红晕，那双忽而严肃正经、忽而漫不经心的灰色大眼睛里，闪耀着生气勃勃、亲切动人的光芒。

“谢廖扎，我有句话想跟你说：咱们十年以后再见面吧？”

热妮娅从来不开玩笑，所以我也一本正经地问：“为什么？”

“我想知道，你将来能成为一个什么样的人。”热妮娅撩开那缕讨厌的额发，说道，“你知道吗？这几年来，我一直很喜欢你。”

我一直认为热妮娅是不会说出这种话来的，而且根本不可能有这样的感情。她的全部身心都扑在紧张的工作上（她是我们的团小组长），沉浸在对星球世界的幻想之中。即使在百忙之暇，她嘴里所谈的也都是恒星、行星、日珥、运行轨道及宇宙航行之类的东西，除此之外，我从来没有听她说过别的。我们当中只有一小部分同学对自己未来的前途有所考虑，而热妮娅从六年级就立志要当个天文学家。

我和她从未有过亲密的交往。我们俩同级不同班，平时也只是因团的工作才有接触。几年前，我因犯了一个错误，险些被开除出少先队，由于伙伴们的全力保护，我才保住了红领巾。但是，只有刚到我校的热妮娅一直坚持要把我开除。这件事在我对她的看法上投下了一道阴影。后来我才明白，热妮娅当时那么“冷酷无情”，完全是出于她对自己、对别人的要求十分严格的原因，而绝非出于恶意。

她的心如同水晶一样纯洁，她是一个对信念忠贞不渝的坚强姑娘，总希望周围的人都像她自己一样。相比之下，我远不是一个“正直勇敢的骑士”。

此刻她那突如其来的青睐使我不禁又惊诧又尴尬。我回到往事的记忆中，寻找解开这个谜的钥匙。

然而除了我们在清水塘的一次见面之外，别的一无所获……

2

假日的一天，我们相约到希姆基水库划船，集合地点定在清水塘公园的一座高大的凉亭旁边。但是天公不作美，清早就下起了蒙蒙细雨，应约来到集合地点的只有我、帕夫利克、尼娜和热妮娅。尼娜是因为她一到假日就在家待不住才来的，我为尼娜而来，帕夫利克为我而来，可热妮娅为何而来，我们就不清楚了。

以前热妮娅从没有参加过我们的小小聚餐会，也从来不同我们去看电影，逛文化公园。但大家都明白，她这并不是自命清高，而是实在抽不出时间：她参加了莫斯科大学组织的一个天文小组，还参加天文馆的什么活动。我们非常敬佩热妮娅这种为理想而奋斗的精神，不愿去打扰她。

我们四个人在四面透风的大凉亭里见面了。凉亭犹如一把巨大的木伞，伫立在林荫道中。雨，一会儿倾泻如注，像成千条无情的鞭子抽打大地，一会儿飘飘洒洒，如上万根缠绵的丝线，几乎看不到，听不见，然而它却一刻也未曾停止过。

密密层层的灰色阴云飘过房舍的屋顶。希姆基水库看来是去不成了，可是热妮娅还是劝我们上什么地方去玩玩，只不过那次她却破例做了一个小小的让步，而在平时，她对于规定做的事是说到做到的。偏偏那天不走运！她那件毛绒外套的纽扣上挂着一小包夹心面包，这个小小的纸包使我不禁有几分感动。显然，热妮娅没想到可以在小吃店、咖啡馆甚至餐厅里对付一顿早点，那些地方都是我们在外出游玩时经常光顾的。

我出于对这个小纸包的一片怜悯之心，提议道：“咱们就在这湖里划一会儿吧。”

我指了指从湖心亭下露出头来的破旧、干裂的平底木船说道：“咱们就把这儿当希姆基水库。”

“当地中海。”帕夫利克插了一句。

“或者当作印度洋！”热妮娅兴高采烈地接着说，“要不就当作格陵兰岛沿岸！”

“我们不会被淹死吧？”尼娜问道，“要是真出了事儿，那就太遗憾了——我已经接到去莫斯科艺术剧院看首次公演的邀请了。”

船上没有桨，我们就在岸边捡了两块破木板，舀出舱里的水，开始了“环球航行”。在我们当中，除了热妮娅之外，大概没有人觉得这次航行会有什么乐趣。

正当我和帕夫利克没精打采地划着水时，热妮娅却在设想我们的航行路线：穿越博斯普鲁斯海峡，途经苏伊士运河，驶进红海、阿拉伯海，绕过大巽他群岛和菲律宾群岛，而后进入太平洋。

热妮娅过迟的童心是那么可爱动人，却叫人心头油然升起一缕淡淡的怜悯之情。

"你们瞧，"热妮娅指着那被雨水浇淋得光溜溜、亮闪闪的柳枝条及其后面科利泽依电影院的那几根湿漉漉的阴沉的圆柱说，"棕榈，藤萝，大象，咱们到印度啦！"

我们面面相觑。十七岁的年轻人总是故作姿态，以蔑视和嘲讽，摆出肆无忌惮的样子掩饰自己那脆弱易伤的心灵的，但她却用出奇的天真口吻来掩饰自己如此天真的情感。

"我们正驶近所罗门群岛！"热妮娅以一种不祥的声调通知大家。

"可不是嘛！"我们的好心人帕夫利克附和道，"瞧，那儿站着一群土著人！"他用手指着一群在贮水池坝旁对火抽烟的孩子——他们就住在清水塘公园附近。

在雨幕中我们继续进行这次兴味索然的航行。只有热妮娅不知疲倦地发出口令："右满舵！左满舵！升帆！降帆！"她根据星座来判断航向，因为我们的罗盘在风暴中打碎了。她还借此机会，给我们上了一堂天文课。在这堂课上，我只记住了一点：赤道那边的星空总是同我们在这里所见到的相反。后来，我们"遇难"了，热妮娅向我们分发了"最后的干粮"——就是那几块被雨水打湿了的夹心面包。

我们没精打采地嚼着，而热妮娅却向我们津津乐道她是如何喜欢鲁滨孙的生活。

我被雨浇成了个落汤鸡，划船划得精疲力竭，手也被木板扎了不少刺儿，这一切都使我悻悻不快，于是便回了她一句话，没有比《鲁滨孙漂流记》这书更庸俗的了。

"书里通篇尽是什么吃、穿、用之类的生活琐事，无休无止的伙食账，真可以称得上是一首日常生活的颂歌！"

"可是依我看，没有比你所谓'账单'更能激动人心的了！"热妮娅眼含泪花说道，"这部书里展示了多么广阔的世界，多少壮丽的自然景色，蕴含着多少幻想啊。"

我们的争论被尼娜的叫喊声打断了：

"前面就是海岸！"

"在哪儿？在哪儿？"热妮娅惊喜地问。

"那不就是，就在湖心亭旁边，"尼娜平淡地说道，"总算到头了！小伙子们，我已经冻僵了，不喝杯咖啡可不行。"

热妮娅不好意思地望了望我们，两朵绯红的晕彩飞上了面颊。

"那还用说？"她果断地说，"咱们就去喝个酩酊大醉！"

3

我们把船划到木桩下面，刚一上岸，迎面碰上了我的老对头利亚利克。这个小流氓在近几年既蹲过监狱，又进过劳动教养所，现在却生得身强力壮，肩膀也宽阔了。

他皱着眉头盯着我们，摆出一副不可一世的强盗相。擦身而过时他用右肩撞我一下，又用左肩撞帕夫利克一下，嘴里还骂了一句脏话。他蹲过监狱以后，就更肆无忌惮了。我们怕的不是他本人，而是他那狼藉的名声。因此，坏名声反成为他威慑的力量，而我们这些自认为规规矩矩的孩子，在他面前却觉得渺小，像个没能耐的窝囊废。谁敢惹这号亡命之徒呀！

"小流氓，不许你骂人！"热妮娅冲他喊道。她还不知道利亚利克是个什么家伙。

利亚利克一言不发，转身直冲我们走来。热妮娅上前拦住他的去路，把他那顶耷拉着帽檐的旧帽子往他鼻子上一拉，接着，照他胸口用力一推。只见利亚利克连连后退了几步，绊到拦护草坪的铁丝上，随即身子一仰，滚进铁丝后面的草丛里去了。

这一下利亚利克现了原形：他不过是个跟我和帕夫利克一样的小毛孩子罢了，那副唬人的凶相现在根本不值一提。

"你干吗推人呀？"他嘟嘟哝哝地抱怨道，一边摘下那顶遮住了眼睛的破帽子。

后来，我们来到一家咖啡馆，坐在一个湿淋淋的花条帆布凉篷下，喝着冰镇啤酒和滚热的浓咖啡。热妮娅只喝了一杯啤酒，发卡不知怎么一下子从她那浓密的头发里脱落了下来。她满脸绯红，大骂自己是个没用的废物，不可救药的人。当时我们真有点替她害羞，生怕服务员不再给我们添啤酒了。

热妮娅从来没有比今天在咖啡馆里更像一个早熟的姑娘——她披散着头发，短小的连衣裙下裸露出两个滚圆的膝盖。热妮娅还说，在第一次宇宙飞行时她甘愿去牺牲，若想征服宇宙，没有牺牲的代价是根本办不到的，她死了，但能保全一个更有价值的人的生命。

我们知道，她讲的都是肺腑之言，丝毫没有意识到自己心灵的高尚；相比之下，我们是多么渺小，即使啤酒刺激了我们的激情，我们也绝不会像她那样热烈，因为我们只怀有一种苟全的企望……

从那以后，热妮娅再也没和我们一起玩过。我们曾多次请她参加我们的舞会，但她总是推说没工夫。也许，她是真的抽不出时间，她要做的事情太多了！莫非她那唯一的一次是为我而来，又为我才破例第一次做了让步，无可奈何但仍略带傲慢地说一句："那次没能如愿！"

4

"热妮娅，你为什么早不对我说呢？"我问。

"早说有什么用？当时你那么喜欢尼娜！"

我顿时感到，一种莫名的沮丧袭上心头，仿佛失去了什么一般。

"那我们何时何地再见面呢？"我又问。

"十年以后的五月二十九日，晚上八点。在大剧院正中的两根圆柱之间。"

"要是那儿的圆柱配不成双怎么办？"

"那儿只有八根圆柱，谢廖扎……到那时，我就是一个著名的天文学家。"她又郑重、自豪、十分自信地补充了一句，"如果我变化很大，你就凭报上登出的照片来认我吧。"

"那时候，我也会成名。"刚说到这儿，我倏地停住了——我根本没想过，将来我会在哪个领域成名，甚至连报考哪个系我还没决定呢。"不管怎么说，我一定开着自己的小汽车去……"

这个回答实在可笑，然而我却找不出更合适的话来。

"好极了，"热妮娅笑了，"那你就开着车带我去满城兜风……"

5

光阴荏苒，转瞬已过多年。热妮娅在列宁格勒上大学，她的音讯我一无所知。1941年冬，我在打听旧友的生死下落中得知，热妮娅在战争爆发的当天就辍学进了航校。1944年夏，我住在野战医院，从收音机里听到了授予空军少校热妮娅·鲁勉采娃"苏联英雄"称号的命令。我从前线回来后才知道，热妮娅的英雄称号是在她牺牲之后追认的。

生活的道路不断向前伸展。有时我会蓦地想到我们约定的那件事，尤其是在约期临近的几天里，我有一种强烈的忧悒和不安压在心头，仿佛我熬过的所有岁月，都是为了这次约会。

我没有成名，没能兑现向热妮娅许下的诺言，但是还有一点我没有失信：我在一堆缴获的汽车当中，以低价买了一部旧"奥佩尔"。我换上一套簇新的衣服，开着"奥佩尔"向大剧院驶去。

假如那次真的能见到热妮娅，我就会对她这么说：我经过无数次的彷徨，终于找到了自己的道路，我的一本短篇小说集出版了，目前我正在写第二本。虽然我对这些书并不满意，但我相信，我一定会写出满意的书来。

我把汽车停在街心花园旁边，向卖花女人买了一束铃兰，朝大剧院正中央的两根圆柱走去。那儿果真有八根柱子。我在那儿伫立片刻，把铃兰献给了一位脚穿运动鞋、身材纤瘦的灰眼睛姑娘，然后驱车回家去了……

我真想让时光在那一瞬间停止流逝，让我回顾一下那逝去的年华和我自己，让我看一眼那身穿短连衣裙、外套绒衫的少女，那缓缓而行的笨重的木船和浅蓝色的湖面上下着的蒙蒙细雨，倾听一下"咱们到印度啦"那激动的喊声，找回那颗蒙昧无知的少年的心，这颗心曾轻易地错过了决定命运的时刻。

阿小和阿小是两个人。

小学五年级前，我只认识一个阿小。他住在我家前面的那座房子里。

那是个典型的海边渔民家庭。他父亲从小捕鱼，大哥小学毕业后捕鱼，二哥小学毕业后捕鱼。母亲则负责补网，还有到市场叫卖收获的海鲜。他当时还没小学毕业，不过他几次和我宣誓一样地说："我是绝对不会去捕鱼的！"

我喜欢他的母亲乌楼，每次和母亲去见她，就意味着家里会有顿难得的海鲜大餐。但阿小，似乎总躲在一个安静的角落，不参与我们两家的交际。他唯一一次和我聊天，是听我母亲在和乌楼开心地说我又考了年级第一。他招招手傲慢地把我叫过去，说："黑狗达，你要好好读书，离开这个小镇。"

我当时还觉得小镇很大，没有迫切想要离开，但心里对他莫名产生一种佩服：一个能看不上小镇的人内心该是多么宽广。然而他读书却并不好，这让他这种高傲的安静，被理所当然地理解成一种孤僻。

另一个阿小是搭着高级的小汽车抵达我的生活的。

还记得那个下午，一辆只在电视里看得到的小汽车突然出现在巷口那条土路上。巷子太窄了，车子进不来，来回倒腾的车，扬起呛人的烟尘，把围观的人，弄得灰头土脸。

然后这个阿小走下车了，他脚下是电视里小少爷穿的皮鞋，身上穿的是电视里小少爷穿的背带裤，头上梳着电视里小少爷才梳的那种发型，皮肤白得像他身上的白色衬衫。

他是我东边邻居阿月家的侄子。父母到香港承包工程发了家，哥哥已经办好香港移民手续，接下来办他的，这中间需要一两年的时间，这期间他就暂且借住在这里。

香港阿小，街坊觉得这名字特别适合，仿佛香港才是他的姓氏。

从那天开始，他的家里总围着一群偷窥的孩子，这些孩子好奇他的一切。我其实内心已经认定自己不会喜欢这个阿小。在邻居小孩共同组成的“拖鞋军团”里，我最会读书，也是最得长辈和同龄人关注的，阿小虽然也引起我的兴趣，但他夺走了原本属于我的许多目光，让我多少有点失落。

我假装漠视这一切，直到有一天，阿月姨来邀请我去和这个阿小玩。“你读书好，多带带他，别让他被那些野孩子带坏了。”我竟然掩饰不住地激动。

第一次见面，有点狼狈。我手心全是汗，说话有点结巴。

他身上有花露水的香味，穿着雪白雪白的T恤，他笑着露出白白的牙齿，说：“我叫阿小。听说你是这里最会读书的孩子？”

我点头。

“你比我大两岁？”

我点头。

“黑狗哥好！”

回到家发现，“拖鞋军团”的人早在等我，他们像堆苍蝇一样聚拢来，叽叽喳喳地问询。我当时还假装深沉地说这小子很客气，不是简单人物。心里早生出了无比的好感。

担心他一个人孤单，也担心他被小孩子带坏，亲戚给他配了两个保镖——他两个表弟，一高一矮，一瘦一胖。阿小对他们说话都是命令式的：你们给我做什么去……

我不知道阿小喜欢我哪点，第一次认识后，他就不断支使他的两个表弟轮流叫我：“一起玩弹珠？”“一起捉迷藏？”“一起玩飞行棋？”

“拖鞋军团”的人开始意识到可能会失去我，他们看着阿小的表弟拜访我家，也派一个小孩，卡着同样的时间通知我。抉择的时间到了。

我犹犹豫豫，直到那表弟又来了：“我哥问，要不要一起看他从香港带来的漫画书，还有玩任天堂游戏机。”

于是我选择阿小那边了。当天，“拖鞋军团”宣布和我决裂。

或许是不愿意失去“拖鞋军团”的传统友谊，或许是对香港阿小的傲慢感到不舒服，我慢慢地开始寻找平衡。刚认识那几天，我们几乎绑在一起，之后，我决意抽出一半时间和“拖鞋军团”的人玩。

阿小察觉到了，竞争一般，拿出他所有的宝贝——香港来的拼图、香港来的唱片、香港来的遥控飞机。直到他意识到，我们俩之间确实有某种隔阂了，他也淡然了，冷冷地说：“有空来玩，没空我自己玩。”

我知道，他是在自己亲身感觉到自己的失败前，先行切割。

其实我偶尔会同情阿小，特别是熟悉后。我觉得他是个孤单的人。这种孤单我觉得是他父母的错，他活在“去香港前准备”的生活里。他经历的所有一切，都是过渡的，无论生活、友谊还是情感。

在我开始疏远他的时候，他时常拿出他哥哥的照片看。

其实他和哥哥并没有太多相处的机会。母亲疼幼子，小时候夫妇俩去香港打工，不舍得阿小跟着吃苦，就把他留在老家，每月寄来丰厚的钱求得亲戚对他的照顾。而长子他们带在身边，帮忙做点事情。

阿小崇拜这样的哥哥，我觉得他其实是崇拜着香港，正如我们崇拜着黑白电视里游走在高楼大厦里的那些人。

和他保持距离后，我每次和“拖鞋军团”的人疯完回家，就会去看看阿小，他会给我讲他哥哥的故事：“我哥哥很牛的，他像电视里那样，骑着摩托车，带着一个女的飙车。但是到了我爸的公司，又换了一身西装，可帅气了。”

有次他很神秘地和我说：“我哥吸毒的。”然后拿给我一根烟，附在我耳边：“这是毒品。”一脸得意的样子，仿佛他掌握着通往天堂的钥匙。

他给我看完，又把那香烟小心地包在手帕里，然后装到一个铁盒子里，放在床下——我知道那是他认为最宝贵的东西了。

一个晚上，阿小把我叫进他的房间，掏出厚厚一把钱：“你知道哪里能买摩托车吗？电视上那种摩托车，带我去买，我要去飙车。”

但小镇当时没有卖摩托车的地方，要买，必须去到六十公里外的市区。那个晚上，是我陪着他去一家地下游戏厅玩了赌博老虎机才结束的。看着他在老虎机上几百几百地兑换游戏币，然后大把大把地输，我在心里决定，远离这个阿小。

我知道他活在一种幻想中。我担心他的这种热望，也会把我拖进去。

因为我察觉到自己身上也有类似的躁动。

实话说，我不知道，阿小和阿小是怎么熟上的。

香港阿小很久没让表弟来叫我了，我也不怎么主动去。这天阿月姨叫我帮阿小补习——数学成绩下来了，他考了12分。

我拿着他的考卷，笑了半天，连最简单的二分之一加三分之一他都不懂。我准备好好糗他一把。

走进去，看到那个身上还带着海土味道的阿小。

他们俩头凑在一起，正在搭一架木构的恐龙。

我有点错愕。这个阿小，对外人说话都不愿意超过三句。但我看到他在那儿夸张地开着玩笑："哇，这恐龙好酷啊，简直要叫出声了。"

很蹩脚的讨好。我心里说不出的反感，然后对这个老家的阿小有种莫名其妙的悲哀。我知道他为什么喜欢香港阿小——他其实是喜欢这个阿小身上的香港的味道。

那个晚上，我只是简单把题目的正确做法示范了一下，就要走。

香港阿小着急了，追了出来，说要不要一起去打电动。他后面跟着那个老家的阿小。

我看着老家的阿小，躲在香港阿小背后，跟着一脸的赔笑。我说不出的难受，说："算了，我不玩了。"转头就走。

从此，即使阿月姨叫我再去帮忙补习，我都找借口推了。

我害怕看到老家阿小的这个样子，他会卑微到，让我想起自己身上的卑微。

之后断断续续听到消息：老家的阿小又打人了，老家的阿小被学校警告处分了，被留校察看了，后来，老家的阿小退学了。

香港阿小走了。

没有香港阿小带他去理发店剪那样的发型，他试图坚持自己用剪刀剪出那样的形状；没有香港阿小陪他去开发区展现英雄气概，他依然坚持每天晚上去逼迫路过的外来打工仔扮狗叫，然后几次邀约各种人去观摩，都遭到拒绝。

没去读书，这个阿小的命运只有一条：当渔民。他挣扎了几次，甚至和父亲大打出手，离家出走。失踪了一个多月，饿得瘦骨嶙峋的阿小回来了。他答应当渔民了。他的条件是：必须给他买一辆摩托车。为了让儿子走回正途，他父母商量了半天，终于同意了。

我从没想过，会收到香港阿小的来信。那已经是他离开小镇的第三年，我已经进入高考的最后准备时期。

他拙劣地在信封上写着，某某中学，然后我的名字收。还好学校负责的收发阿姨，仔细地核查了全校五千多个学生，才找到了我。当然，也可能是来自香港的邮戳起的作用。

他的字还是那么难看，扭扭捏捏，但已经换成繁体字了：

親愛的黑狗達！

好久不見。

我在香港一切很好。香港很漂亮,高樓大廈很多,有空來找我玩。

衹是我不太會說粵語,朋友不太好交,多和我來信吧,我的手机……

我家換了地址,請把信寄到如下……

我知道他在香港可能一切都很不好。我突然想象,在那个都是白衬衫、白牙齿的教室里,另外一群孩子高傲地看着他,悄悄地在他背后说“乡巴佬”。

我莫名其妙地难过。

拿着信,我去敲了乌楼家的门。这个阿小正在自己玩吉他。当时流行的一部香港电视剧里,主人公总在弹吉他,许多潮流男女都在学。

我拿出香港阿小的信给他看。

他愣住了,没接过去。

“他给你写信?”

我明白了,香港阿小没给他写信。

这个阿小抢过信,往旁边的炉子一扔。香港阿小的信以及回信的地址就这么被烧了。

我才觉得,我太鲁莽太欠考虑了。

我知道,从此这两个阿小都和我离得更远了:一个收不到我的回信,肯定是责骂我扔掉他家的地址;一个从此会因为觉得自己受伤而更加疏远我。

高三的后半学期,整个学校像传销公司。

老师整天说,别想着玩,想想未来住在大城市里,行走在高楼间,那里才好玩。他们偶尔还会举例:某某同学,考上了北京的大学,然后,他就住在北京了……

口气笃定得好似王子和公主从此过上了幸福的生活。

直到高考结束,回到家,母亲才叫我去探望阿小。

阿小骑着摩托车在海边狂飙,一不小心车歪了,他整个人被抛出去,头先着的地。那是两个月前发生的事情。当时一度下了病危通知书,但总算奇迹般抢救过来了。

去到他家,他还躺在床上,受伤的头部已经拆线,但可以看到,前额凹进去一块。他看到我惊恐的表情,开玩笑地说:“我牛吧,摔成这样,竟然没死,而且一点后遗症都没有,就是难看了点,不过这样也好,这样出去,混江湖最容易了……”

两个月后,我被一所外地的大学录取,离开小镇。我去向他告别,他当时已经开始和父兄去捕鱼了,只不过从此不骑摩托车,也蹬上了吭哧吭哧响的自行车。

阿小终于成了小镇上的渔民了。

兜兜转转,大学毕业后的我,来到了北京,偌大的城市,充满焦灼感的生活,每次走在拥挤的人群里,我总会觉得自己要被吞噬,觉得人怎么都这么渺小。而在小镇,每个人都那么复杂而有生趣,觉得人才像人。

这个时候我才偶尔会想起老家的阿小,我竟然有些妒忌。听说他娶了个老婆,很快生了个儿子,然后自己买了块地,建好了房子,也圈上个庭院,里面还养了只狗。

这个晚上,我习惯性地查阅自己博客的评论,意外地看到一条留言:你是黑狗达吗?小镇上的黑狗达吗?我是阿小,我在香港,能电话我吗?我的电话号码是……

是阿小。香港那个阿小。

说不上的犹豫感，我竟然拖了半个月没回电。我竟然有点害怕。我不想知道他活得怎么样，无论好，或者不好，对我都是种莫名其妙的震颤。

半个月后，突然有个事情必须到香港出差。我把电话抄在纸上，没决定是否拨通这个号码。

事情忙完了，一个人瘫在宾馆空荡荡的房间里，突然下了决心拨打出那个电话。

"喂？边个？"

"是阿小吗？"

"啊？"他愣了下，显然有点错愕。

"黑狗达！你在香港？你终于要见我啦！"

他竟然记得我的声音，可见香港的生活让他有多孤单。

我一眼就认出他。他的身体拉长了，五官却没怎么变，他剪着规矩的短发，但耳朵确实有曾经戴过耳环的样子。他依然打扮得很清爽，但背着一个不太搭的帆布包。

他看到我，笑开了那嘴抽烟抽坏的牙齿，张开双臂，迎上来抱住我。

"你当时怎么没回我信？"他问。

我张了张口考虑是否要解释，终于还是放弃。

适当的怀旧后，我终于忍不住问："你现在怎么样啊？"

"我啊，好好工作啊，哪像你，混得这么好！"

"做什么工作？"

他用手摇了摇酒，支支吾吾。仿佛下了很大决心，终于说："我在安装防盗门。"然后马上补充：但我是高级技工，一个月能拿一万二港币。

我不知道如何把话进行下去了。一种找不到话题的恐慌感，在彼此内心滋长。

他很努力，自嘲地讲到了在香港被同学看不起，交不到朋友，对城市生活的厌恶，以及父母生意的失败。

"你知道吗，我竟然觉得，那个我看不起的小镇才是我家。"说完他就自嘲起来了，"显然，那是我一厢情愿。我哪有家？"

我知道这句话背后藏着太多故事：为什么没有家？他父母呢？

但我也意识到，这显然是他不愿意提及的部分。

晚上十点多，他说自己要赶公车回住的地方了。我送他到车站。

车站早已排了长长一队，有打着领带穿着廉价西装的，有穿着带电器行标志的服饰的，有穿着美发屋样式的围裙的……

临上车了，他突然说："要不要到我住的地方继续聊天，我们太久没见了，通宵聊聊天不过分吧？"

我想了想，答应了。

车的站牌上写着通往天水围，我知道天水围于香港的意义。一路不断闪过高楼大厦，他兴奋地和我一个个介绍，也顺便讲述了发生在其间的自己的故事。

车继续往城外开，灯火慢慢稀疏。

"快到家了。"他说。

然后车开上一座长长的斜拉桥。

"这桥叫青衣大桥，是全亚洲最大的铁索桥。我每天坐车都要经过。"

"这样啊。"我礼貌性地点点头。

他望着窗外的桥，像自言自语一样："我来香港第三年，父亲查出来得了癌症，鼻咽癌，建筑公司不得不停了，父亲到处找医院医病，本来还有希望，结果哥哥怕被拖累，卷着家里的钱跑了。我和母亲只好卖掉房子，继续给父亲医病。有一天，他自己开着车来到这里，就从这里冲下去了。我现在要挣口饭吃，还要从这里经过。"

我愣住了，不知道怎么接话。

阿小转过头去，拉开车窗，让风一阵一阵地灌进来。我突然想起远在老家，已经又敢重新开摩托车的那个阿小。

这个时候，他应该已经在海边布好了明天的网线，骑着摩托车沿着堤岸往回赶。家里有房子、妻子和儿子。听说他也养了只黑狗，那黑狗会在他还没到巷口的时候，就欢快地跑出来迎接。

喀布尔人

✿泰戈尔

我5岁的女儿敏妮，整天叽叽咕咕地说个不停，我相信她这一生没有一分钟是在沉默中度过的。

我屋子的窗户是临街的。孩子就在我书桌旁，靠近我脚边坐下来，用手轻轻地敲着自己的膝盖玩。我正在专心地写小说的第十七章。小说中的主人公普拉达·辛格，刚刚把女主人公康昌拉达抱住，正要带着她从城堡的三层楼窗子逃出去……忽然间敏妮不玩了，跑到窗前，喊道："一个喀布尔人！一个喀布尔人！"下面街上果然有一个喀布尔人，正慢慢地走过。他穿着宽大、污秽的喀布尔族服装，裹着高高的头巾，背着一个口袋，手里拿着几盒葡萄干。

我不知道女儿看到这个人有什么感想，但是她开始大声叫他。"哎！"我想，"他要进来了，我这第十七章就永远写不完了！"就在这时候，那个喀布尔人回过身来，抬头看她。她看到这光景，却被吓住，赶紧跑到妈妈那里去躲起来。她糊里糊涂地认为这大个子背着的口袋里也许有两三个和她一样的孩子。这时，那小贩已经走进门里，微笑着和我打招呼。我书里男女主人公的情况是那样紧迫，当时我想既然已经把他叫进来了，就停下来买一点东西。我买了点东西，开始和他谈阿卜都·拉曼（19世纪末叶阿富汗的国王）、俄国人、英国人和边疆政策。

他要走的时候，问道："先生，那个小姑娘在哪儿呢？"

我想到敏妮不应当有这种无谓的恐惧，就叫人把她带出来。

她站在我的椅子旁边，望着这个喀布尔人和他的口袋。他递给她一些干果和葡萄干，但是她没有动心，只是紧紧地抱住我。

没过几天，有一个早晨，我正要出门，出乎意料地发现敏妮坐在门口长凳上，和那个坐在她脚边的大个儿喀布尔人有说有笑。我这小女儿，一生中除了她父亲以外，似乎从来没遇见过一个这么耐心地听她说话的人。她的小纱丽的角上已经塞满了杏仁和葡萄干——她的客人送给她的礼物。"你为什么给她这些东西呢？"我说，一面拿出一个8安那（印度币名，一个卢比的十六分之一）的银角子来，递给了他。这人不在意地接了过去，丢进他的口袋里。

一个钟头以后我回来时，发现喀布尔人把银角子给了敏妮。她母亲看到这亮晶晶的小圆东西，就不住地追问："这个8安那的小角子，你从哪里弄来的？"

"喀布尔人给我的。"敏妮高兴地说。

"喀布尔人给你的！"她母亲吓得叫起来，"啊，敏妮！你怎么能拿他的钱呢？"

正在这时候，我走进了门，把她从危急的灾难中救出来，并对她进行盘问。我发现这两个人会面不止一两次了。喀布尔人用干果和葡萄干这种有力的贿赂，克服了这孩子当初的恐惧，现在这两人已成了很好的朋友。

他们常说些好玩的笑话，这给他们增加了许多乐趣。敏妮满脸含笑地坐在喀布尔人的面前，小大人似的低头看着这大高个儿："呵，喀布尔人！喀布尔人！你口袋里装的是什么？"他就用山民的鼻音回答说："一只象！"也许这并不可笑，但是这两个人多么欣赏这句俏皮话！这喀布尔人也不放过开玩笑的机会，便反问道："那么，小人儿，你什么时候到你公公家去呢？"

孟加拉的小姑娘，多半早就听说过公公家这一回事了。但是我们有点新派作风，没有让孩子知道这些事情，敏妮对于这个问题一定有点莫名其妙，但是她不肯显露出来，却机灵地回答道："你到那里去吗？"

可是在喀布尔人这一阶层中间，谁都知道，"公公家"这几个字有一个双关的意思，那就是"监狱"的雅称，一个不用自己花钱而被照应得很周到的地方。这粗鲁的小贩以为我女儿是指这个。

敏妮的母亲央求我留心那个人，她偏偏是个极胆小的女人，只要一听见街上有什么声音，或是看见有人向我们的房子走来，她就立刻断定他们不外乎是盗贼、醉汉、毒蛇、老虎、疟疾菌、蟑螂、毛虫，或是英国的水手。甚至有了多年的经验，她还不能消除她的恐惧。因此，她对这个喀布尔人充满了疑虑，常常叫我注意他的行动。

我总是笑一笑，想把她的恐惧慢慢去掉，但是她就会很严肃地向我提一些问题：小孩从来没有被拐走过吗？在喀布尔不是真的有奴隶制度吗？这个大汉把一个小娃娃抱走，会是荒唐无稽的事情吗？

我辩解说，这虽然不是不可能，但多半是不会发生的。可是这解释还不够，她的恐惧始终存在着。因为这样的事没有根据，所以不让这个人到我们家里来似乎是不对的，于是他们的亲密友谊就不受约束地继续着。

每年一月中旬，拉曼，这个喀布尔人，总要回国去一趟，快动身的时候，他总是忙着挨家挨户去收欠款。今年，他却匀出时间来看敏妮。旁人也许以为他们两人有什么密约，因为他若是早晨不能来，晚上总要来一趟。有时在黑暗的屋角，忽然发现这个高大的、穿着宽大的衣服、背着大口袋的人，连我也不免吓一跳，但是当敏妮笑着跑过来，叫着"呵，喀布尔人！喀布尔人"的时候，年纪相差得那么远的两个朋友，却沉浸在他们往日的笑声和玩笑里，我也就觉得放心了。

在他决定动身的前几天，有一天早晨，我正在书房里看校样，天气很凉。阳光从窗外射到我的脚上，微微的温暖使人感到非常舒服。差不多8点钟了，早出的小贩都蒙着头回家了。我忽然听见街上有吵嚷的声音，往外一看，我看见拉曼被两个警察架住带走了，后面跟着一群看热闹的孩子。喀布尔人的衣服上有些血迹，一个警察手里拿着一把刀。我赶紧跑出去，拦住他们，问这是怎么回事。众说纷纭之中，我打听到有一个街坊欠了拉曼一条软浦（离德里不远的一个印度城市）围巾的钱，但是这街坊不承认他买过这件东西，在争吵之中，拉曼把他刺伤了。此时，在盛怒之下，拉曼正在乱骂他的仇人。忽然间，在我房子的阳台上，我的小敏妮出现了，照样地喊着："呵，喀布尔人，喀布尔人！"拉曼回头看她的时候，脸上露出了笑容。因为蓄意谋杀，拉曼被判了几年有期徒刑。

时间一天一天地过去，拉曼被人忘却了。说起来真不好意思，连我的快活的敏妮，也把她的老朋友忘了。她的生活里又有了新的伴侣。她长大了，她和女孩子们在一起的时间更多了。

又是一个秋天，我们把敏妮的婚礼筹备好了，婚礼定在杜尔迦大祭节举行。在杜尔迦回到凯拉斯去的时候，我们家里的光明也要到她丈夫家里去，把她父亲的家丢到阴影里。

早晨是晴朗的。雨后的空气给人一种清新的感觉，阳光就像纯金一般灿烂，连加尔各答小巷里肮脏的砖墙，都被照映得发出美丽的光辉。清早，喜事的喇叭就吹奏起来，每一个节拍都使我心跳。拍拉卑（一种印度音乐曲调名）的悲调仿佛在加深着我别离在即的痛苦——我的敏妮今晚就要出嫁了。

从清早起，房子里就充满了嘈杂和忙乱。院子里，要用竹竿把布篷撑起来；每一间屋子和走廊里都要挂上叮叮当当的吊灯。我正坐在书房里查看账目，有一个人进来了，恭敬地行过礼，站在我面前。原来是拉曼，那个喀布尔人。起先我没认出他——他没有带口袋，没有了长头发，也失去了从前的那种生气。但是他微笑着，我又认出他来。

"你什么时候来的，拉曼？"我问他。

"昨天晚上，"他说，"我从监狱里放出来了。"

"这儿正在办喜事，"我说，"我正忙着。你能不能过几天再来呢？"他立刻转身往外走，但是走到门口，他迟疑了一会儿说："我可不可以看看那小人儿呢，先生，只一会儿工夫？"他相信敏妮还是像从前那个样子，他以为她会像往常那样向他跑来，叫着："呵，喀布尔人！喀布尔人！"他又想象他们会和往日一样在一起说笑。事实上，为着纪念过去的日子，他带来了一点杏仁、葡萄干和葡萄，仔细地用纸包着，这些东西是他从一个老乡那里弄来的，因为他自己的一点点本钱已经用光了。

我又说："家里正在办喜事，今天你什么人也见不到。"

拉曼的脸上露出失望的神色。他不满意地看了我一会儿，说了声"再见"，就走出去了。我觉得有一点抱歉，正想叫住他，发现他已自动转身回来了。他走到我跟前，递过他的礼物，说："先生，我带了这点东西来，送给小人儿。您可以替我交给她吗？"我把它接过来，正要给他钱，但是他抓住我的手说："您是很仁慈的，先生！永远记着我。但不要给我钱！在我家里，也有一个像她这么大的小姑娘。我想到我女儿，就带点果子给您的孩子。我不是想赚钱的。"

说到这里，他把手伸进他宽大的长袍里，掏出一张又小又脏的纸来。他很小心地打开这张纸，在我桌上用双手把它抹平了。纸上面有一个小小的手印，不是一张相片，也不是一幅画像。这个墨迹模糊的手印平平地印在纸上。当他到加尔各答街上卖货的时候，女儿的这个印迹总刻在他的心上。

眼泪涌到我的眼眶里。我忘了他是一个穷苦的喀布尔小贩，而我是——但是，不对，我又哪儿比他强呢？他也是一个父亲啊。

在那遥远的山舍里的他的女儿的手印，使我想起了小敏妮。我立刻把敏妮从内室里叫出来。别人多方阻挠，我都不肯听。敏妮出来了，她穿着结婚的红绸衣服，额上点着檀香膏，打扮成一个新娘的样子，害羞地站在我面前。

看着这景象，喀布尔人显出有点惊讶的样子。他不能重温他们过去的友谊了。最后他微笑着说："小人儿，你要到你公公家里去吗？"

敏妮现在懂得"公公"这个词的意思了，她不能像从前那样回答他。听到他这样一问，她脸红了，站在他面前，把头低了下去。

想起这喀布尔人和敏妮第一次会面的那一天，我感到难过。敏妮走了以后，拉曼长长地吁了一口气，在地上坐下来。他突然想到，在这悠长的岁月里，他的女儿一定也长大了，他必须重新和她做朋友。他再看见她的时候，她一定也和从前不一样了。而且，在这八年之中，她怎么可能不发生什么变化呢？

婚礼的喇叭吹起来了，温煦的秋天的阳光倾泻在我们周围。拉曼坐在这加尔各答的小巷里，却冥想着阿富汗光秃秃的群山。

我拿出一张钞票来，给了他，说："回到你的家乡，到你自己的女儿那里去吧，拉曼，愿你们重逢的快乐给我的孩子带来幸运！"

因为送了这份礼，在婚礼的排场上我必须节省一些。我不能用我原来想用的电灯，也不能请军乐队，这让家里的女眷们感到很失望。但是我觉得这婚筵格外有光彩，因为我想到，在遥远的地方，有一个久出不归的父亲和他的女儿重逢了。

好人总会有人疼

✽简 媜

一个我不认识的朋友的友人，据说是个擅长园艺的雅士，年轻时颇有几段浪漫情事，可惜薄缘难以深耕，就这么孑然一身老了。朋友跟他的交情不深不浅，近20年了，比普通朋友黏些但还揉不成知己，往宽里说，算是放在心坎儿上的。

朋友得知他罹患重症，即刻动用人脉打探权威医师并且陪他看病。刀，免不了要开，接着还得承受一连串复杂且艰辛的治疗过程。

她买了一顶时髦的扁帽送他，在帽上签名的不是哪位名人，而是她的法师朋友及几个莫名其妙被抓来签名的比丘、比丘尼。她说她拿着帽子跑去佛寺，虔诚地求了一下午的“祝福”。

“戴着吧。”她对即将动手术的友人说，“不管遇到什么事，永远永远记住，你不是孤独一人，我会陪你走这段路。”

好大的气魄，真是好大的气魄！敢对人说“我会陪你走这段路”。一句话，让人听了觉得这还是个有诺言的社会，是个执手不相忘于江湖的美好时代。

我叹了口气。忽然，没头没脑地勾起一丝念头，觉得他俩之间绝非一张白纸，遂大胆地问：“你恋过他对不对？要不然怎会……”

“年轻时候的事情，不重要了。”朋友说，“他是很好的人，好人应该有人珍惜。人跟人之间有什么、没什么很重要吗？疼一个好朋友需要百千万个理由吗？俗脑袋！”

友人的病情不乐观，两人都知道往下的路不只是泥泞，更是暗无天日的暴风雪。起初，他们互相瞒着对方，用尽虚言浮辞鼓舞对方的心情，倒分不出谁是病人了。后来，两人都词穷，在病房里相拥痛哭。他，近60岁的人，哭得涕泪纵横，哭得忘却过去、遗失未来，哭罢也疲了，沉沉而睡。

她守在床边，看他睡着。那一刻，她知道很快会失去他，心里却不再悲伤。她说，他那张布着霜发乱髭的瘦脸仿佛是暴风雨之后平静的湖面，没有天光云影来打扰。因而她明白，这趟路的目的是陪他走到十丈红尘的边境，那儿亦是众神花园的入口，他得一路蜕去肉身皮囊，才能进入灿烂的园子，重新恢复成婴儿。

朋友的友人终究进了加护病房。她天天去探，比家人还勤。她附在他耳畔，牵着他的手，第一句话说：“老家伙，今天有没有用功做功课？有的话，握拳头。”他一共握了20多个拳头给她，然后，在深夜，猫似的走了。

世界仍然忙碌，死去的人往天上走，诞生的人一一落地。

当友人的家人告知她死讯时，朋友正在繁华商业区的大厦内上班。她只说了一句不深不浅的话：“我知道了。”没问往下的事。后来，她连葬礼都没去，她知道他的灵魂不会乖乖坐那儿让众人鞠躬的。

朋友说，她得知消息时，外头正在打雷，接着下起了大雨。她没别的感觉，只是有点想笑，心里骂他：“一辈子都不会看脸色、看天气的家伙，选这种日子出远门，够你淋的吧。”

她流下泪。雷，响得如痴如醉、死去活来。

剃头师傅

✽徐春林

1

天开始黑了。剃头师傅朝着模模糊糊的村北走去。

他一个人夜行在村庄里，不时和星星说说话，又和月亮说说话。走几步天就更黑了，他想借点月光，或者借点星光。

每次出门他都不会带灯，一声不吭地行走在夜间的村子里。那些杂草和铃铛刺在他的脚下来回地缠着，想把他挽留下来。他熟悉村子里的路，走到哪里心里都有数。村子里没有豺狼虎豹，实在寂寞他就会变着调子唱歌，听见声音四围的狗就会汪汪地叫。

他是个老调的剃头师傅，在他的身上没有任何光鲜的景象。头发蓬松，胡子粗糙，好像永远也不会打理自己。他不会剃头。可他是村子里唯一的剃头师傅，他的手艺是他父亲传教给他的。其实他父亲也没有拜过师，也讨厌这门枯燥的行当，情愿干点别的事情。他的手艺学得不精，剃头也不尽人意。他想甩掉，可怎么也甩不掉。他说，这就是命。

他正犹豫着，是否可以带个学徒，把这门手艺传给其他人，那就自由了。

剃头不是门难学的技术，问题是村里没有感兴趣的人。大多数的孩子都愿意去学做篾做木，甚至贩牛，就是不愿意学剃头，这让他很悲伤。其他的手艺更好混饭，也能多搞几个钱，光靠剃头难以养家糊口。他真的有点担忧了，说不定哪天村里就没有了剃头师傅。

2

我们村子不大，山高路陡。站在稍高点的地方喊叫，声音全村都能听见。真正走起路来，那得费半天工夫。

剃头师傅住在我家对面的半山腰上。用劲喊他的名字，他就会出来回应。他知道又要剃头了，就准备着箱子出门。他来之前是不打招呼的，就像是风一样来得及时。奇怪的是，每次他来的时候都是黄昏过后。

天黑得伸手不见五指，他是摸着黑来的。那时村子里没有电灯，只好在煤油灯下，把头搬来搬去。

“这鬼天气，恐怕年前没有好天了。”外面刮着冰冷的风。他一边在椅靠上挂着的刮刀布上用力来回地刮着刀，一边微笑着和我父亲说着话。他说话很有趣味，总是表现出津津乐道的样子。有时也会聊得肌肉僵硬，像是个孩子在思考问题。

父亲坐在旁边的长凳上抽着旱烟，窗户被报纸糊得密不透风，弄得满屋子烟雾。

“你也不早点来。”父亲一边磕烟灰一边说。

“咳咳。”他呛得连咳几声，看了一眼父亲说，“这算早的啰！”

狗围在他的脚下一圈一圈地转。

剃完了一个。“歇歇，反正晚了，来一口。”父亲终于把叼在嘴里的烟枪取下来，拎起衣角擦了擦枪嘴，装上一筒烟递给剃头师傅。

“下回尽量早点来喽。”剃头师傅接过烟枪，烟兜里咕噜咕噜地响起来。

父亲知道，剃头师傅每次出门都要跑几户人家。村子不大，从东边跑到西边，再从西边跑到南边。一来一回就得一天的路程，到我家时天就黑得看不见了。

冬天的日子短，换成是夏天，还可以多剃几个头。

后来我知道，剃头师傅选择夜晚来还有一个原因。

白天是见不着我父亲的，父亲在村外的学校教书，放学回到家时，已是黄昏过后。

父亲的烟瘾大，自己栽种了几亩烟。剃头师傅喜欢他碾的烟，每次来父亲都让他抽几口。久而久之，他也就和父亲成了好朋友。

可他也害怕父亲揭他的痛：“孩子还是要有一个的，老了怎么办呢？”父亲见着他就唠叨他孩子的事情。他本来还高兴地说笑着，顿时脸上不见了光。父亲真是哪壶不开提哪壶。剃头师傅有过孩子，他婆娘生了两个。一个是七岁时高烧死的，另一个是九岁时掉河里淹死的。有两次削骨之痛，他哪还敢再要孩子。自两个孩子走后，他婆娘就变了一个人，成天在村里晃荡，找不着回家的路。

3

那是一个冬天的晚上，村子里四面起风，吹得田里的稻叶到处飞。人们都关紧了门，不愿再出门了。狗似乎听到了动静，汪汪地叫了起来，但声音很快就被风堵了回来。

剃头师傅是风吹进来的。狗扑上前去，在他的脚下摆着尾巴来回地转圈。

“啊，来了！”父亲惊诧地说。

听见剃头师傅来了，我害怕起来。暗地里不停咒骂，风这么大不怕死。

我小的时候，头上有道疤痕，这是我母亲生我时留下的印记。剃头的时候，父亲总要剃头师傅把我的头发剪得很短。每次父亲说这话的时候，我就瘪着嘴很不开心。

剃头师傅呢？全听大人的，从不观察孩子的脸色。

父亲哪知道，这道疤痕给我的心灵带来了伤害。村子里的伙伴，与我玩得不开心时就会拿疤痕说事，说我头上修着一条“马路”，然后咯咯地笑。

每次剃完头后，我就不愿意出门，不愿意上学，哪儿也不愿意去，总想躲在没有人看见的地方。不知道为什么，我不恨父亲，反而恨剃头师傅。

只要知道剃头师傅要来了，就故意在外面玩得很晚不回来。外面的风特别大，那些狂风不停地摇摆着树木。当我很晚回到家里，谁知剃头师傅还悠悠地等在那里。

那年，大雪把村庄封得严实，连鸟雀也不敢出来，我以为剃头师傅不会来了。况且再过两天就是大年了，正月我还要去外公家拜年呢！

谁料到，他还是来了。这头一剃怎么见人呢？我的心里有一种酸溜溜的味道，眼泪就像雪崩一样流了出来。

我想趁机混进黑夜里，谁也找不出来。当我蹑手蹑脚地蜷缩到墙角里时，外面一片雪白，照得屋内也是一片雪白，分不清白天和晚上。父亲的喊声就像是寒冷的风灌了进来，我又悄悄地爬了出来。

“雪太大了。”剃头师傅把背上的箱子取了下来。然后把梳子、推刀、剪刀，和一把呈半月形的剃头刀放在桌子上，“不能拖到大年三十来嘛。”他好似没有观察到我的生气，依然和父亲有说有笑。

剃头师傅给我戴上围布。嗖嗖嗖，我听见剃头刀在刮布上反复磨，那声音刺得我的耳膜沙沙地跳。

我用力憋着气，满脸憋得通红。好在漆黑的夜里没有人注意我的脸。

我感觉那把可恶的剃头刀在我的头上来回挥舞，再也听不清他们说的话。

“去洗洗，用洋碱洗干净。”我装着没听见，一头扎进被窝蒙着头呼呼大睡。我不仅恨剃头师傅，还开始恨我母亲，感觉这一切都是他们造成的。这种恨在心底愈来愈烈。

我的生活越来越自卑和无趣。于是，我总是一个人，远远地看着孩子们捕捉蜻蜓，看烟尘消散在村庄的上空。总是离人群很远，害怕听见孩子们的声音，听见声音我就躲得远远的。

剃头师傅最后一次给我剃头，是在夜晚来临前。他的手不知道为什么，一直在不停地颤抖，剪刀也不听使唤。我一声不吭，任由他剪着。父亲还在路上没有回来。剃头师傅的嘴里不停地叽咕着："老喽，不能剃头了。”然后，弓着腰，把掉在地上的剪刀捡起来，然后在嘴边吹了吹，装进箱子里。父亲还给他留了口烟，到家时他已经走远了。

从那以后，剃头师傅没有再上门来剃头。我的头发一直留着，长得有点撑脖子了。不知道为什么，我隐隐有些担心，总害怕剃头师傅会被风刮走。

我开始以为只要剃头师傅不来，孩子们就不会嘲笑我。可他们仿佛永远都记住了我头上的疤痕，好像这是村庄留给我永恒的罪证。母亲知道后为此大发脾气："要是哪家的孩子瞎说，我就撕烂他的嘴。”母亲的话没有奏效，背后的嘲笑声依然没断。

我想着逃离村庄。小学毕业后，就到了镇上的中学。上大学期间，基本不愿意回来。

我大学毕业，分在乡镇医院当医生。我会经常回村帮母亲看病，剃头师傅也就成了我抢救的乡村病人。

4

那天夜里，村子里躁动不安，到处都在寻找剃头师傅。母亲说，剃头师傅估计掉下悬崖了。这是我小时候曾诅咒过的。我心头一惊，来不及拿手电筒，就冲进了村庄的茫茫夜色里，沿着剃头师傅可能走过的路，奔跑着，耳畔全是风吹落叶的声响。

“找到了，在这呢！”我赶到时，剃头师傅歪斜着躺在地上，头搁在旁边的枯枝上昏迷不醒。嘴角上流着乌黑色的血水，旁边是一担沉甸甸的稻谷，一只鞋不知去向。从他的症状来看，我判断患脑出血了，我急促地跑回家取来急救药，给他注射进去，发动村民抬着送往山外的医院。救治还算及时，没有生命危险，但术后有些口齿不清，左腿行走不便。

山外传来了移民的风声，全村人都在忙着登记，紧接着一阵风似的搬进了城。移民过后，村里的东西方向各留着几户人家，都是风烛残年的老人。他们就像是掉队的候鸟，还得在村里坚守剩余的时光。

多少年后，我再次回到村子里时，空无一人，漆黑一片。剃头师傅和那几户村民也都埋葬在村庄的地底下，他们安详地度过了余生。

我已不再是当初那个害怕剃头的孩子，但一直保留着剃头师傅给我剪过的发式。

村庄越来越黑了。天上的星星眨着眼睛，月亮也出来了，大地一片光亮。

我站在村庄的高处，似乎听见有人在喊“雨贵”，这是剃头师傅的名字。

“我在这里。”

我隐隐约约看见一个人背着箱子，头仰得高高的，手里拿着一根木棍深一脚浅一脚地朝村里走来。

那时，天还没有完全黑透。我稍不留意，他便不见了，消失在黑夜里。

她有时摸到什么陌生人的手，因为指尖有点像我，便落着泪到城墙上去柔和地抚弄那把小团扇，哪怕是最冷的冬天。

扇面

✿张充和

“小瞎子，师父呢？”

“只在此山中，云深不知处。”她也攀例学那扇子上面的松下童子，指着短墙外的城墙说是山，顽皮又骄傲地引笑了多少香客与施主。

1918年12月，不知是哪一天，祠堂门首，积雪盈尺。她坐在篮子里，篮子底下垫着破棉絮，周围也塞着破棉袄。四周是雪，飘来脸上还是雪，哭一阵嘶一阵后，再沉默一阵。她像是在等待什么。等没有人发现她时，她又是那样哭一阵嘶一阵，两天还不曾死。索性端坐在那儿，也不绝望，也不希望，她真对她自己的命运太茫然，太没有把握了。好心肠的人见她方面大耳，鼻梁端正，听说两天两夜都没有冻死，也没饿死，并且脸上通红，嘴里冒着热气，生来恰似如来模样，可以成佛，成了佛可以救他。他抱着小女孩回家，让火炉烘化她发上的冰雪，让她冻僵的身体回了阳，又饱了一顿她几日来的饥肠，给她穿上一件幸运的衣服。

于是她从此有了生路，一切都叫她安适了，她忽然发觉了这是怜悯，是慈悲，不是她所需要的，她似乎缺少另外一种宝贵的温暖，于是她哭着要妈，睁开眼睛白得可怕。她望不见什么，两手只向空中乱抓，她找不到她生命的太阳，只哭着叫妈，不会讲另外一句话。慈悲者只知道冻饿是最可怜的，他却没想到孩子更需要的，那是妈妈的柔情。他以为哭是孩子的常事，也不去理她，哭得久了，拿块糖去哄哄她。

第二天，她被抱到城墙下的月潭庵里去。

那是不知有几百年历史的古庵。当家师父是个四十多岁的尼姑。她是不曾出嫁就出家了的。也没有徒弟，于是我们这个恰似如来模样的小瞎子就做了她的弟子。

听说如来佛在大千世界中没有芥子大的地方，他没有舍过身，受过折磨。我们的小如来既然希望将来修成正果，当然必得先受过千千万万的折磨与苦难。月潭庵里便是她受灾难的地方了。其实呢，是茫茫的去路与漫漫的黑夜欺骗了她。

自小我们是朋友，朋友并不需要两双眼睛互相对着啊！她穿我的衣服，玩我的玩具。她摸我的手再不会说是别人的，摸到别人的手再不会说是我的。就凭这一点，我们够朋友。

城墙上满是狗尾草，我爱同她爬上去，我引着她，像爬山一样爬上去。我们坐在倒下来的古砖上。她虽然望不见什么，但也总喜欢向城墙外的空阔的原野张望，睁开一双没有光彩的眼睛，像是在想什么。她每次都会轻轻巧巧地告诉我一个梦，又新奇又古怪。她说她常梦见她的妈妈，妈妈坐在七宝莲花上。她要我告诉她许多关于颜色与形体的事给她听。

"唱一个《炉香赞》吧，要不然就是《八仙赞》也成。"这是我们用颜色同声音的贸易。

当我听了"炉香乍热"或"本是汉钟离"后，我便告诉她云彩怎样在天上飞，太阳这时正照在塔尖上，护城河中行过的小船，船上有孩子，孩子赤着脚，正在啃一块西瓜皮。或者渔船泊住了，正在向着夕阳晒着网，网下挂几根鱼草，还在滴着水。我随便拾一点景物向她讲，她依旧高兴万分。

她问我："天是什么颜色？"

我说："是蓝的。"

"云是什么颜色？"

"云是白的。"

"你的衣服是什么颜色？"

"是淡紫色，是紫罗兰色。"她得到回答，全觉得满意。我老是有一个呆想，一个生下来就瞎的人会知道什么颜色吗？

"蓝色你见过吗？"

"没有。"

"白色你见过吗？"

"没有。"

"淡紫色，紫罗兰色你见过吗？"

"没有！没有！告诉你全没有见过！"她有点生气似的。

"那么你为什么要问我呢？又为什么在我告诉你什么颜色以后你又似乎曾见过一样？"

"我本来是没有见过，不过我会把各种颜色都分得一点不错。只要你一提到红的，我再也不会想到紫的。我也时常会发急，譬如你说你的衣服是紫的，我伸手来摸，假如你骗了我，我也摸不出。又像我的引磬，柄是黑紫檀的，磬是黄铜的，谁要把它们各涂上另外的颜色，我也不会知道的。颜色虽同我没有什么大关系，可是我要知道，我希望多晓得两种颜色比多诵两卷经还热切。"

以后我们见到的时候，我一味把许多颜色都形容给她听。现在假如我能描写一点颜色的美丽，也全是出于那时候的一点练习。

一个夏天的早上，天气奇热，祖母带我去月潭庵，那儿很阴凉。祖母撑一把黄油纸伞，我带一把白团扇。照例见到小尼姑时不作声，悄悄给她一只手，她便一下认出是我。每次她总要检查我的玩具和佩戴的东西。当她知道我带一把团扇时，她拿过去，左手拿住把柄，右手沿着边摸一遍后，又在扇面上抚摩一会儿。她在想什么呢？她又不会看到这扇面上画的景物。她知道这绢扇不仅是触觉上使她高兴，一定还有什么新奇的东西。

于是我告诉她："这是一堆浮云。"

我拿住她一个指头指在扇面上告诉她："这是深山与流水。这是一棵老松树，树下是一个童子，旁边立的一个老者是一位客人，他正在同那个童子说话。上面两行题字，是一首诗：'松下问童子，言师采药去。只在此山中，云深不知处。'再有，扇子旁边露出一点庙角来……"

她马上就读熟了这首诗。这把扇子我送给了她。她把它挂在床上，逢到她的小朋友来的时候，便献宝似的拿出来。她把这团扇上的流水、山石、云、童子与客人，能指点得一点也不错。她还叫人猜这扇面上一共有几个人。

别人说是两个，她却偏要说：

"三个，三个！还有一个在云彩里面呢。"

熟人们一问到"师父呢"，她总是敏捷地、滑头地指着短墙外的城墙说："只在此山中，云深不知处。"

那城墙原是我们常爬的高山。听说她现在仍然时常来这么两句，可是她不再情愿爬城墙了。她有时摸到什么陌生人的手，因为指尖有点像我，便落着泪到城墙上去柔和地抚弄那把小团扇，哪怕是最冷的冬天。

文珍

✽林徽因

一

家里在复杂情形下搬到另一个城市去，自己是多出来的一件行李。大约七岁，似乎已长大了，篁姊同家里商量接我到她处住半年，我便被送过去了。

起初一切都是那么模糊，重叠的一堆新印象乱在一处；老大的旧房子，不知有多少老老少少的人，楼，楼上幢幢的人影，嘈杂陌生的声音，假山，绕着假山的水池，很讲究的大盆子花，菜圃，大石井，红红绿绿小孩子，穿着很好看或粗糙的许多妇人围着四方桌打牌的，在空屋里养蚕的，晒干菜的，生活全是那么混乱繁复和新奇。自己却总是孤单，怯生，寂寞。渐渐地在纷乱的周遭中，居然挣扎出一点头绪，认到一个凝固的中心，在寂寞焦心或怯生时便设法寻求这个中心，抓紧它，旋绕着它要求一个孩子所迫切需要的保护，温暖，和慰安。

这凝固的中心便是一个约莫十七岁年龄的女孩子。她有个苗条身材，一根很黑的发辫，扎着大红绒绳。两只灵活真叫人喜欢黑晶似的眼珠，和一双白皙轻柔无所不会的手。她叫文珍。人人都喊她文珍，不管是梳着油光头的妇女，拄着拐杖的老太太，刚会走路的“孙少”，还是老妈子或门房里人！

文珍随着喊她的声音转，一会儿在楼上牌桌前张罗，一会儿下楼穿过廊子不见了，又一会儿是哪个孩子在后池钓鱼，喊她去寻钓竿，或是另一个迫她到园角攀摘隔墙的还未熟透的桑葚。一天之中这扎着红绒绳的发辫到处可以看到，跟着便是那灵活的眼珠。本能地，我知道我寻着我所需要的中心，和骆驼在沙漠中望见绿洲一样。清早寂寞地踱出院子，一边望着银红阳光射在藤萝叶上，一边却盼望着那扎着红绒绳的辫子快点出现。凑巧她过来了。花布衫熨得平平的，就有补的地方，也总是剪成如意或桃子等好玩的式样，雪白的袜子，青布的鞋，轻快地走着路，手里持着一些老太太早上需要的东西，开水，脸盆或是水烟袋，看着我，她就和蔼亲切地笑笑：

“怎么不去吃稀饭？”

难为情的我低下头。

“好吧，我带你去。尽怕生不行的呀！”

感激的我跟着她走。到了正厅后面，两张八仙桌上已有许多人在吃早饭，她把东西放在一旁，携着我的手到了中间桌边，顺便地喊声："五少奶，起得真早。"等五少奶转过身来，便更柔声地说："小客人还在怕生呢，一个人在外边吹着，也不进来吃稀饭！"于是把我放在五少奶旁边方凳上，她自去大锅里盛碗稀饭，从桌心碟子里夹出一把油炸花生，拣了一角有红心的盐鸡蛋放在我面前，笑了一笑走去几步，又回头来，到我耳朵边轻轻地说："好好地吃，吃完了，找阿元玩去，他们早上都在后池边看花匠做事，你也去。"或是："到老太太后廊子找我，你看不看怎样夹燕窝？"

红绒发辫暂时便消失了。

…二…

太阳热起来，有天我在水亭子里睡着了，睁开眼正是文珍过来把我拉起来："不能睡，不能睡，这里又是日头又是风的，快给我进去喝点热茶。"

害怕的我跟着她去到小厨房，看着她拿开水冲茶，听她嘴里哼哼地唱着小调。

篁姊走过看到我们便喊："文珍，天这么热你把她带到小厨房里做什么？"

我当时真怕文珍生气，文珍却笑嘻嘻地："三少奶奶，你这位妹妹真怕生，总是一个人闷着，今天又在水亭里睡着了，你给她想想法子解解闷，这里怪难为她的。"

篁姊看看我说："怎么不找那些孩子玩去？"我没有答应出来，文珍在篁姊背后已对我挤了挤眼，我感激地便不响了。篁姊走去，文珍拉了我的手说："不要紧，不找那些孩子玩时就来找我好了，我替你想想法子。你喜欢不喜欢拆旧衣衫？我给你一把小剪子，我教你。"

于是面对面我们两人有时便坐在树荫下拆旧衣，我不会时她就叫我帮助她拉着布，她一个人剪，一边还同我讲故事。指着大石井，她说："文环比我大两岁长得顶好看了，好看的人没有好命，更可怜！我的命也不好，可是我长得老实样，没有什么人来欺侮我。文环是跳井死的丫头，这事发生在我未来这家以前，我就知道孩子们到了晚上，便互相逗着说文环的魂常常在井边来去。"

"文环的魂真来吗？"我问文珍。

"这事你得问芳少爷去。"

我怔住不懂，文珍笑了："小孩子还信鬼吗？我告诉你，文环的死都是芳少爷不好，要是有鬼她还不来找他算账？我看，就没有鬼，文环白死了！"

我仍然没有懂，文珍也不再往下讲了，自己好像不胜感慨的样子。过一会儿她忽然说："芳少爷讲书倒讲得顶好了，我替你出个主意，等他们早上讲诗的时候，你也去听。背诗挺有意思的，明天我带你去听。"

到了第二天她果然便带了我到东书房去听讲诗。八九个孩子看到文珍进来，都看着芳哥的脸。文珍满不在乎地坐下，芳哥脸上却有点两样，故作镇定地向着我说："小的孩子，要听可不准闹。"我望望文珍，文珍抿紧了嘴不响，打开一个布包，把两本唐诗放在我面前，轻轻地说："我把书都给你带来了。"

芳哥选了一些诗，叫大的背诵，又叫小的跟着念；又讲李太白怎样会喝酒的故事。文珍看我已经很高兴地在听下去，自己便轻脚轻手地走出去了。

此后每天我学了一两首新诗，到晚上就去找文珍背给她听，背错了她必提示我，每背出一首她还替我抄在一个本子里——如此文珍便做了我的老师。

…三…

五月节中文珍裹的粽子好，做的香袋更是特别出色，许多人便托她做，有的送她缎面鞋料，有的给她旧布衣衫，她都一脸笑高兴地接收了。有一天在她屋子里玩，我看到她桌子上有个古怪的纸包，我问她里边是些什么，她也很稀奇地说连她都不知道。我们两人好奇地便一同打开看。原来里边裹着一把精致的折扇，上面画着两三朵菊花，旁边细细地写着两行诗。

"这可怪了，"她喊了起来，接着眼珠子一转，仿佛想起什么了，便轻声地骂着，"鬼送来的！"

听到鬼，我便联想到文环，忽然恍然，有点明白这是谁送来的！我问她可是芳哥？她望着我看看，轻轻拍了我一下，好脾气地说："你这小孩子家好懂事，可是，"她转了一个口吻，"小孩子家太懂事了，不好的。"过了一会儿，看我好像很难过，又笑逗着我："好娇气，一句话都吃不下去！轻轻说你一句就值得掀着嘴这半天！以后怎做人家儿媳妇？"我羞红了脸便和她闹，半懂不懂地大声念扇子上的诗。这下她可真急了，把扇子夺在手里说："你看我稀罕不稀罕爷们儿的东西！死了一个丫头还不够呀？"一边说一边狠狠地把扇子撕个粉碎，伏在床上哭起来了。

我从来没有想到文珍会哭的，这一来我慌了手脚，趴在她背上摇她，一直到自己也哭了，她才回过头来说："好小姐，这是怎么闹的，快别这样了。"替我擦干了眼泪，又哄了我半天。一共做了两个香包才把我送走。

在夏天有一个薄暮里大家都出来到池边乘凉看荷花，小孩子忙着在后园里捉萤火虫，我把文珍也拉去绕着假山竹林子走，一直到了那扇永远锁闭着的小门前边。阿元说那边住的一个人家是革命党，我们都问革命党是什么样子。要爬在假山上面往那边看。文珍第一个上去，阿元接着我推上去。等到我的脚自己能立稳的时候，我才看到隔壁院里一个剪发的年轻人，仰着头望着我们笑。文珍急着要下来，阿元却正挡住她的去路。阿元上到山顶冒冒失失地便向着那人问："喂，喂，我问你，你是不是革命党呀？"那人皱一皱眉又笑了笑，问阿元敢不敢下去玩，文珍生气了说阿元太顽皮，自己便先下去把我也接下去走了。

过了些时候，我发现这革命党邻居已同阿元成了至交，时常请阿元由墙上过去玩，他自己也越墙过来同孩子们玩过一两次。他是个东洋留学生，放暑假回家的，很自然地我注意到他注意文珍，可是一切事在我当时都是一片模糊，不明其所以的。文珍一天事又那么多，有时被孩子们纠缠不过，总躲了起来在楼上挑花做鞋，轻易不见她到花园里来玩的。可是一时间全家里空气突然紧张，大点的孩子被二少奶奶传去问话，我自己也被篁姊询问过两次关于小孩子们爬假山结交革命党的事，但是每次我都咬定了不肯说有文珍在一起。在那种大家庭里厮混了那么久，我也渐渐明白做丫头是怎样与我们不同，虽然我始终没有看到文珍被打过。

四

经过这次事件以后，文珍渐渐变得沉默，没有先前活泼了。多半时候都在正厅耳房一带，老太太的房里或是南楼上，看少奶奶们打牌。仅在篁姊生孩子时，晚上过来陪我剪花样玩，帮我写两封家信。看她样子好像很不高兴。

中秋前几天阿元过来，报告我说家里要把文珍嫁出去，已经说妥了人家，一个做生意的，长街小钱庄里管账的，听说文珍认得字，很愿意娶她，一过中秋便要她过门，我一面心急文珍要嫁走，却一面高兴这事的新鲜和热闹。

"文珍要出嫁了！"这话在小孩子口里相传着。但是见到文珍我却没有勇气问她。下意识地，我也觉到这桩事的不妙，一种黯淡的情绪笼罩在文珍要被嫁走的新闻上面。我记起文珍撕扇子那一天的哭，我记起我初认识她时她所讲的文环的故事，这些记忆牵牵连连地放在一起，都似乎叫我非常不安。到后来我忍不住了，在中秋前两夜大月亮和桂花香中看文珍正到我们天井外石阶上坐着时，上去坐在她旁边，问她："文珍，你真要出嫁了吗？"

文珍抬头看看树枝中间月亮："她们要把我嫁了！"

"你愿意吗？"

"什么愿意不愿意的，谁大了都得嫁不是？"

"我说是你愿意嫁给那么一个人家吗？"

"为什么不？反正这里人家好，于我怎么着？我还不是个丫头，穿得不好，说我不爱体面，穿得整齐点，便说我闲话，说我好打扮，想男子！说我……"

她不说下去，我也默然不知道说什么。

“反正，”她接下去说，“丫头小的时候可怜，好容易大了，又得遭难！不嫁老在那里磨着，嫁了不知又该受些什么罪！活该我自己命苦，生在凶年……亲爹背了出来卖给人家！”

我以为她又哭了，她可不，忽然立了起来，上个小山坡，踮起脚来连连折下许多桂花枝，拿在手里嗅着。“我就嫁！”她笑着说，“她们给我说定了谁，我就嫁给谁！管他呢，命要不好，遇到一个醉汉打死了我，不更干脆？反正，文环死在这井里，我不能再在他们家上吊！这个那个都待我好，可是我可伺候够了，谁的事我不做一堆？不待我好，难道还要打我？”

“文珍，谁打过你？”我问。

“好，文环不跳到井里去了吗，谁现在还打人？”她这样回答，随着把手里桂花丢过一个墙头，想了想，笑起来。

“现在我也大了，闲话该轮到我了，”她说了又笑，“随他们说去，反正是个丫头，我不怕！我要跑就跑，跟卖布的，卖糖糕的，卖馄饨的，担臭豆腐挑子沿街喊的，出了门就走了！谁管得了我？”她放声地大笑起来，两只手拿我的额发辫着玩。

我看她高兴，心里舒服起来。寻常女孩子家自己不能提婚姻的事，她竟说要跟卖臭豆腐的跑了，我暗暗稀罕她说话的胆子，自己也跟着说疯话：“文珍，你跟卖馄饨的跑了，会不会生个小孩子也卖馄饨呀？”

文珍的脸忽然白下来，一声不响。钱庄管账的来拜节，有人一直领他到正院里来，小孩们都看见了。

这人穿着一件蓝长衫，罩一件青布马褂，脸色乌黑，看去真像有了四十多岁，背还有点驼，指甲长长的，两只手老筒在袖里，顽皮的大孩子们眼睛骨碌碌地看着他，嘴上都在轻轻地叫他新郎。

我知道文珍正在房中由窗格子里可以看得见他，我就跑进去找寻，她却转到老太太床后拿东西，我跟着缠住，她总一声不响。忽然她转过头来对我亲热地一笑，轻轻地，附在我耳后说：“我跟卖馄饨的去，生小孩，卖小馄饨给你吃。”说完稍稍大声点笑。我乐极了就跑出去。但所谓“新郎”却已经走了，只听说人还在外客厅旁边喝茶，商谈亲事应用的茶礼，我也没有再出去看。

此后几天，我便常常发现文珍到花园里去，可是几次，我都找不着她，只有一次我看见她从假山后那小路回来。

“文珍你到哪里去？”

她不回答我，仅仅将手里许多杂花放在嘴边嗅，拉着我到池边去说替我打扮个新娘子，我不肯，她就回去了。又过了些日子我家来人接我回去，晚上文珍过来到我房里替篁姊收拾我的东西。看见房里没有人，她把洋油灯放低了一点，走到床边来同我说：“我以为我快要走了，现在倒是你先去，回家后可还记得起来文珍？”我眼泪挂满脸，抽噎着说不出话来。

“不要紧，不要紧。”她说，“我到你家来看你。”

“真的吗？”我伏在她肩上问。

“那谁知道！”

“你是不是要嫁给那钱庄管账的？”

“我不知道。”

“你要嫁给他，一定变成一个有钱的人了，你真能来我家吗？”

“我也不知道。”

我又哭了。文珍摇摇我，说：“哭没有用的，我给你写信好不好？”我点点头，就躺下去睡。

回到家后我时常盼望着文珍的信，但是她没有给我信。真的革命了，许多人都跑上海去住，篁姊来我们家说文珍在中秋节后快要出嫁以前逃跑了，始终没有寻着。这消息听到耳里同雷响一样，我说不出的牵挂、担心她。我鼓起勇气问文珍是不是同一个卖馄饨的跑了，篁姊惊讶地问我：“她时常同卖馄饨的说话吗？”我摇摇头说没有。“我看，”篁姊说，“还是同那个革命党跑的！”

一年以后，我还在每个革命画册里想发现文珍的情人。文珍却从没有给我写过一封信。

生活像一条湍急的河流，
把我带到这里，又带到那里。

哪里去了，放风筝的姑娘

✽张 洁

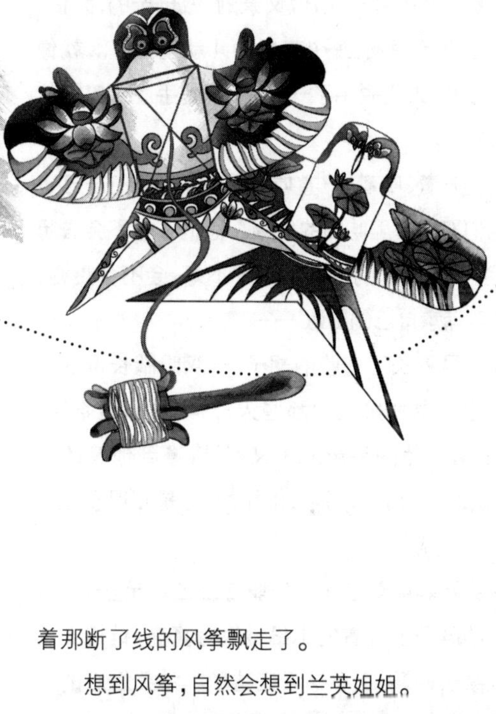

逢到春天，我就格外怀念家乡，这大概是它和我童年时代的许多回忆，交织在一起的缘故。

童年可不是童话，也许还和童话恰恰相反，但它还是让人怀恋。

在那乡野的游戏里，最使我神往的莫过于春天放风筝。

那时，太阳照在黄土岗子上，照在刚刚返青的树枝上，照在长着麦苗的田野上，也照在孩子们黑黝黝的脸蛋上……淡蓝的、几乎透明的天空中，悠悠地飘着孩子们的风筝。那些风筝，牵系着他们的欢乐、苦恼和幻想。偶尔，断了线的风筝，会使那小小的、本是欢乐的心，立刻变得怅惘，仿佛自己的魂儿，也随着那断了线的风筝飘走了。

想到风筝，自然会想到兰英姐姐。

小时候，我是一个十分笨拙的孩子（现在又何尝不是一个笨拙的老太太），对我来说，不论做什么事，都比别的孩子困难得多，自然也就常常成为其他孩子的笑柄。比如我扎的风筝，要么飞不起来，要么刚飞起来就像中了枪弹的鸟儿，一个倒栽葱跌落下来，便立刻引起其他孩子的哄笑。那些笑声，往往伴着我的眼泪。

兰英姐姐不但责备那些讪笑我的孩子，还为我扎我喜爱的、任何一种样式的风筝。我坐在她身旁的小凳子上，一边看她扎风筝，一边听她轻轻地唱着。她轻曼的歌声，像母亲轻柔的手，抚爱着我受了委屈的心。

她扎的风筝，比其他孩子的风筝都好看，也比其他孩子的风筝飞得更高，更平稳……且不说放风筝的游戏有着多么大的乐趣，只看兰英姐姐挺着秀美的身条，在旷野里随着不大的风势，不时抖动着风筝上的绳索，一根长长的辫子，在柔韧的后腰上甩来甩去，就够让我心旷神怡的了。

后来，兰英姐姐出嫁了。

在乡下，嫁姑娘讲究卖了几担麦子。姑娘越好，卖的麦子越多。我记得，没有哪个姑娘超过兰英姐姐的麦价。

等到迎亲的那一天，做父亲的、做母亲的，大伯、二姨这些亲戚朋友，那个高兴劲儿就别提了。就像到了年根儿，人们脱手了一头牲口，到手了一笔好价钱那么知足。

人们吃着、喝着，一直吃到、喝到连他们自己也忘了他们聚到这里吃喝的原因。他们谁也不会去想一想，兰英姐姐嫁的那个男人好不好，会不会疼她，她满意不满意自己的出嫁……

那个男人长了一脸的胡子，一双眼睛长得那么野。他也像参加婚礼的那些人一样，放肆地吃着、喝着、笑着。他的笑声又大又刺耳，逢到他笑的时候，就像放出一阵震耳欲聋的排炮，总是吓得我心惊肉跳。

兰英姐姐就要走了。她骑在那匹小毛驴儿上，毛驴儿的脖子上挂着的小铜铃擦得真亮，铜铃上还抻着红缨子，鞍子上还铺着红毡子。兰英姐姐的发辫梳成了髻子，插着满头的红绒花儿，耳朵上摇曳着长长的银耳环，穿着红袄、绿裤子。脸蛋儿是那么丰腴，嘴唇是那么鲜红，一个多么漂亮、多么新鲜的新媳妇啊。

我却伤心地想到，她再也不是我的兰英姐姐了，她已经变成那个男人的新媳妇了。我好嫉妒、好伤心哪！我巴不得那个男人一个失脚，跌到地狱里才好。

迎亲的唢呐吹起来了，好火热的唢呐啊。兰英姐姐却哀哀地哭了。我明明知道，村子里的姑娘出嫁时都要哭的，但兰英姐姐的啼哭，却让我分外气闷。

她哭的是什么，是惋惜一去不复返的少女时代？是舍不得爹娘兄弟？是害怕以后就要陪着一个陌生的男人，过着漫长的岁月？那日子真长啊，长得让人看不到头。

这以后，我很少看到兰英姐姐了。偶尔她回娘家住上几天，也总是躲在屋子里不肯出来。人们渐渐忘记了，曾经有那么一个愉快而美丽的姑娘，在这里出生、长大、出嫁……更忘记了在那姑娘的婚礼上，吃过、喝过用卖她得到的麦子换来的美酒佳肴……

过了几年，我听说那男人得了一场急病，死了。我暗暗为兰英姐姐松了一口气。

以后，兰英姐姐也就常常回娘家了。

可是，那曾经丰满的脸蛋，像是用刀一边削去了一块，又总是蜡黄蜡黄的。闪亮闪亮的眼睛，变得又黑、又暗、又深，让人联想到村后那孔塌陷的、挂满蛛网、久已无人居住的废窑。她老是紧紧地抿着变得薄薄的嘴唇……那嘴唇曾那样鲜红。

她锄地、她割麦、她碾场、她推磨……逢到冬天农闲有太阳的时候，她就靠着场边的麦秸垛纳鞋底，一双又一双，没完没了。那鞋有西家铁蛋的，鞋面上做个老虎头；有东家黑妞的，鞋面上绣朵红牡丹……

可是，她再也不给我扎风筝了。我呢，也长大了，在镇上的中学念了书，我的生活有了更多的内容，放风筝的游戏也不再像从前那样吸引我了。而且不知道为什么，我有点害怕见她，她的眼神让我看了之后，总是觉得心口堵得慌，喘不上气。

而在那个年龄，我本能地逃避着阴暗。为了这个，我又觉得对不起她，倒好像我把她一个人，扔在那阴暗里了。

生活像一条湍急的河流，把我带到这里，又带到那里。

光阴似箭，日月如梭。三十多年的岁月，已在转眼间过去，我常常想起她，想起那个曾经快乐而美丽的姑娘。

小小

渺小的温柔，
那么动人心魄。

我医好了它的伤口，却把它的心弄得破烂不堪。

李家宝

✽朱天心

李家宝是只白面白腹灰狸背的吊睛小猫，之所以有名有姓，是因为它来自妹妹的好朋友李家，家宝是妹妹给取的名儿，因身份有别于街头流浪到家里的野猫狗，便都连名带姓地叫唤它。

李家宝来时才刚断奶，才见妹妹又抱只猫进门我便痛喊起来，家里已足有半打狗三只兔儿和一打多的猫咪！我早过了天真烂漫的年纪，宁爱清洁有条理的家居而早疏淡了与猫狗的厮混，因此一眼都不看李家宝，哪怕是连爸爸也夸从未见过如此粉妆玉琢的猫儿。

有了姓的猫竟真不比寻常，不知从什么时候开始，它像颗花生米似的时常蜷卧在我手掌上，再大一点年纪，会连爬带跃地蹲在我肩头，不管我读书写稿或行走做事，它皆安居落户似的盘卧在我肩上。天冷的时候，长尾巴还可以绕着我脖子正好一圈，完全就像贵妇大人衣领口镶的整只狐皮。

如此人猫共过了一冬，我还来不及懊恼怎么就不知不觉被它讹上了，只忙不迭逢人介绍家宝的与众不同。家宝短脸尖下巴，两只大眼橄榄青色，眼以下的脸部连同腹部和四肢的毛色一般，是纯白色，家里也有纯白的波斯猫，再白的毛一到家宝面前皆失色，人家的白是粉白，家宝则是几近透明的瓷白。

春天的时候，家中两三只美丽的母猫发情，惹得全家公猫和邻猫皆日夜为之倾狂，只有家宝全不动心，依然与人为伍，为此我很暗以它的未为动物身所役为异。再是夏天的时候，它只要不在我肩头，就高高蹲踞在我们客厅大门上的摇窗窗台上，

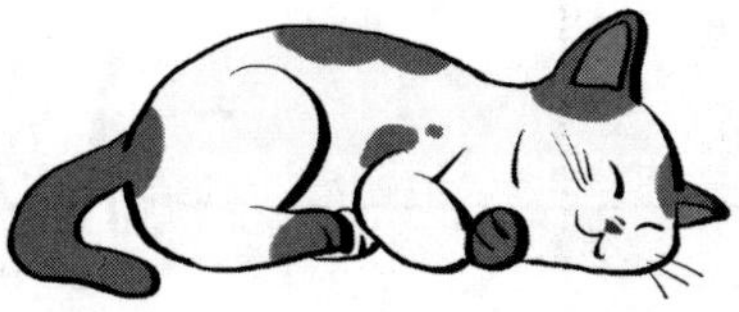

冷眼悠闲地俯视一地的人猫狗，我偶一抬头，四目交接，它便会迅速地拍打一阵尾巴，如同我与知心的朋友屡屡在闹嚷嚷的人群中默契地遥遥一笑。

家宝这些行径果然也引起家中其他人的称叹，有说它像个念佛吃素的小沙弥的，也有说宝玉若投胎成猫就一定是家宝这副俊模样的。我则是不知不觉间把家宝当作我的白猫王子了。

曾经在感情极度失意的一段日子里，愈发变得与家宝相依为命，直到有一天妹妹突然发现，问我怎么近来所写的小说散文乃至剧本里的猫狗小孩皆叫家宝，妹妹且笑说日后若有人无聊起来要研究这时期的作品，定会以此大做文章，以为家宝二字必有若何象征意义。我闻言不禁心中一动，永远不会有人知道，仅仅是一个寂寞的女孩子，满心盼望一觉醒来家宝就似童话故事里般一夜由青蛙变成王子，家宝是男孩子的话，一定待我极好的。

这之后不久，朋友武藏家中突生变故，他是飞F-5E的现役空官，新买的一只俄国狼犬乏人照顾，便转送给我们了。狗送来的前一日，我和妹妹约定谁先看到它谁就可以当它的妈妈。是我先看到的，便做了小狗“托托”的娘。托托刚来时只一个多月，体重五公斤，养到一年后的现在足足有四十公斤，这多出来的三十五公斤几乎正好是我的零食和卖花的零用钱，而耗费的时间心力更难计算。

自然托托的这一来，以前和家宝相处的时间完全被取代。由于家人不止一次发现家宝常背地里打托托耳光，我不得不郑重告诉家宝，托托是娃娃，凡事要先让娃娃的。家宝只高兴我许久没再与它说话了，连忙一跃上我的肩，熟练到我随口问：“家宝尾巴呢？”它便迅速拍打一阵尾巴，我和它已许久没玩这些了，而它居然都还记得，我暗暗觉得难过，但是并没有因此重新对待家宝如前。

家宝仍然独来独往不理其他猫咪，终日独自盘卧在窗台上，我偶尔也随家人斥它一句：“孤僻！”真正想对它说的心里话是：现在是怎样的世情，能让我全心而终相待的人实没几个，何况是猫儿更是妄想奢求，你若真是只聪明的猫儿就该早明白才是。

但是只要客人来的时候，不免应观众要求表演一番。我拍拍肩头，它便一纵身跃上我肩头，从来没有一次不顺从我。众人啧啧称奇声中，我反因此暗生悲凉，李家宝李家宝，你若真是只有骨气的猫儿，就不应再理我再听我使唤的！可是家宝依然一如往昔，只除了有时跟托托玩打一阵，不经意跟它一照面，它两只大眼在那儿不知凝视了我多久，让我隐隐生惧。

家宝渐不像以前那样爱干净勤洗脸了。它的嘴里似乎受了伤，时有痛状，不准人摸它的胡子和下巴一带，因此鼻下生了些黑垢。但就是如此，家宝仍然非常好看，像是有风度修养的绅士唇上蓄须似的，竟博得“小国父”的绰号。而我并没有注意到它的日渐消瘦。

元宵晚上家中宴客，商禽叔叔的小女儿奴奴整晚上皆猫不释手，自然我也表演了和家宝的跳肩绝技，奴奴见了自是抱着家宝喜欢得不知怎么好，妹妹遂建议把家宝送给奴奴，反正家宝是最亲人且尤需人宠惜的，现在遭我冷落，不如给会全心疼它的奴奴好。我想想也有道理，一来奴奴果真是真正爱猫，非如其他小孩的好玩没长性，二来趁此把长久以来的心虚愧疚作一了断，至于家宝要面临的离别——到底是猫啊！此一去有吃有住，断不会如人的重情惜意难割舍吧，便答应了奴奴。

临走时找装猫的纸箱绳子，家宝已经觉得不对，回头一眼便看到躲在人堆最后面的我，匆乱中那样平静无情绪的一眼，我慌忙逃到后院痛哭一场。

忍到第二天我才催妈妈打电话问问家宝情况，说是刚到的头天晚上满屋子走着喵喵叫个不休，现在大概是累了，也会歇在奴奴和姐姐肩上伴读。我强忍听毕又跑到院子大哭一场，解猫语若我，怎么会不知道家宝满屋子在问些什么呢。

一星期后，商禽叔叔和阿姨把家宝带回，说家宝到后几天不肯吃饭。我又惊又喜地把纸箱子打开，家宝已经不再是家宝了，瘦脏得不成形状。我喂它牛奶替它生火取暖擦身子，它只一意地走到屋外去。那时外面下着冷雨，它便坐在湿冷的雨地里，任我怎么唤它它都恍若未闻。我望着它呆坐的背影，知道这几天里它是如何的心如死灰形如槁木了。不错，它只是只不会思不会想的猫，可是我对它做下无可弥补的伤害则是不容置疑的。

由于家宝回到家来仍不饮食且嘴里溢出脓血，我们忙找了相熟的几位台大兽医系的实习小大夫来检查，说家宝以前牙床被鱼刺扎伤一直没有痊愈且隐有发炎，至于这次为什么会突然恶化到整个口腔连食道都溃烂，他们也不明白。

原因，当然只有我一人是清楚的。

此后的一段日子，我天天照医生指示替家宝清洗口腔和灌服药剂牛奶，家宝也曾经有恢复的迹象。但是那天晚上天气太冷，我特别灌了一个热水袋放在它窝里，陪着它，摸了它好一会儿。它瘦垮得像个故障破烂了的玩具，我当下知道它可能过不了今晚，但也不激动伤悲，只替它摆放好一个最平稳舒适的睡姿，轻轻叫唤它各种以前我常叫的绰号昵称。有时我叫得切，它就强撑起头来看看我，眼睛已经睁不圆了。我问它："尾巴呢？"它的尾巴尖微弱地轻晃几下。它病到这个地步仍然不忘掉我们共同的老把戏，我想它体力有一丁点儿可能的话，它一定会再一次跃上我的肩头的。重要的是，它用这个方式告诉我已经不介意我对它的种种伤害了，它是如此有情有义有骨气的猫儿。

次日清晨，我在睡梦中清楚听到妈妈在楼下温和的轻语："家宝最乖，婆婆最喜欢你了噢……"我知道家宝还没死，在撑着想见我最后一面。我不明白为什么不愿下楼，倒头又眯了一阵，才起身下去，家宝已经不在窝里，摸摸热水袋，还好仍暖，家宝这一夜并没受冻。

我寻到后院，见妈妈正在桃树下掘洞。家宝放在廊下的洗衣机上，我过去摸它、端详它，它还暖软的，但姿势是我昨晚替它摆的。家宝眼睛没合上，半露着橄榄青色的眼珠。我没有太多死别的经验，我只想暖暖它，凑在它耳边柔声告诉它："家宝乖，我一直最喜欢家宝，你放心。"便去拨它的眼皮，就合上了，是一副乖猫咪的睡相。它的嘴巴后来已经快被我医好了，很干净洁白，又回到它初来我们家时的俊模样。可是，我医好了它的伤口，却把它的心弄得破烂不堪。

家宝埋在桃树下，那时还未到清明，风一吹，花瓣便随着我眼泪闪闪而落。现在已浓荫遮天，一树的桃儿尖已泛了红，端午过后就可摘几个尝尝鲜了。

我常在树下无事立一立，一方面算计桃儿，一方面伴伴坟上已生满天竺菊的李家宝。

当生命与生命有了牢固的共同记忆，他们的人生也就绑定在了一起。

杏树下的狗

✽连 谏

… 01 …

狗，我们都这么叫它，没人为它取一个名字。

狗是什么时候来我家的，我不记得了，只知道，自从我有记忆时，它就在了。白的皮毛上，蹲着几朵黑色的云，是它的肤色，白是白，黑是黑，分明而干净，我总是捏着一块煮软的红薯站在院子里，喊它：狗。

父亲在草垛上掏了一个洞，就是狗的家。很奇怪，年复一年，那个草垛总是在，母亲在冬天的时候，从草垛的四周均匀地往下扯草，拿去生火做饭、烧热炕头，可是，那草垛为什么不会变小呢？

每当母亲扯草的时候，狗就会从窝里跑出来，像个态度温良的人一样，安静地坐在那儿看着母亲扯草。

在我心里，它不是一条狗，而是一个人，而且是一个很有责任感的人。

平时，狗很安静，只有街上有什么动静时，它才会抬起头，警觉地聆听着声音的去向。那会儿的乡下，民风淳朴，几乎没有盗贼，所以狗都很温顺。狗每年最忙的季节，就是杏子熟了的时候。

父母忙完麦收之后，就会摘下杏子，先是送给周遭邻居们一点，剩下的，全都驮到集市上，换成了灶房里的咸盐、酱油，还有我们身上的衣衫。所以，对我们而言，杏树上结的，不仅仅是杏子，还是一部分生活，断断马虎不得。一到杏子熟了的时候，狗就很忙，它总是恪尽职守地蹲在墙外的杏树底下，样子很是温和。但是，每每有流着哈喇子的小坏蛋在周围转悠，狗就会突地站起来，冲着他们汪汪地大声叫喊，那些坏小子就吓得屁滚尿流地跑开了。

狗很大度，只要他们不接近杏树，它就跟没事一样，安静地蹲在那里，像一个晒太阳的老人。偶尔有熟透了却又没来得及摘的杏子落下来，狗就会站起来，围着那只杏子转来转去，绝对不吃。不，不是狗不吃杏子，而是狗知道，只要我们没让它吃，它就不能吃。

狗是种有品格的动物，有时候，我就想，它的品格比某些人还要高尚。

每当我随父母从麦田回来，第一件事，就是去树下看看有没有落下来的杏子，有的话，我就会兴奋地捡起来，在衣衫上擦擦杏子上的土然后吃掉，再把杏核扔给狗，狗就会兴奋地叼起杏核，不停地嚼啊嚼，像在嚼一块美味的骨头。由此，我知道狗对杏子的热爱，一点也不比我少。

后来，狗就不吃杏核了，大约它是懂了，连杏核都不是它该吃的。狗不知道，我喂它杏核，其实是栽赃给它。

因为熟透了落下来的杏子又甜又软，母亲总要收起来，洗净了，送给邻家的爷爷奶奶们。他们大多牙齿松动或是落了牙齿，这种落树的杏，是最适宜他们的美味，在物质相对贫乏的乡下，几只熟透的杏子，可以让他们干瘪的嘴巴丰润甜美好几天呢。母亲好像总是不曾看见我眼馋似的，兀自把杏子揣出门去，回来后，对着眼泪汪汪的我说，你还小，吃杏子的机会在后头呢。

每逢听母亲这么说，我就恨不能自己一夕忽老，老了，就有吃杏子的资格了。

狗挨了母亲的训斥后，它再也不吃我喂给它的杏核了，为此，它挨了我的打。

… 02 …

后来，因为父亲工作的原因，我们带着狗搬到了镇上，生活也好了很多。

那棵杏树太老了，母亲不想要了它的命，就不移栽了，把它送给了邻居。

镇上离老家6公里，我们回去看过几次老杏树，邻居说，等杏子熟了，就给我们送些过来。

离开老家的时候，狗待在树下不肯走，我怎么拽也拽不动。后来，邻居从树上摘了一只杏子，递给狗，狗叼过来，蹭蹭我的裤管。我一下子哭了，不知道为什么会哭。那会儿的杏子还不熟，是绿的，很硬，酸得要命，可我还是吃了，一咬两半，把一半给了狗，一半我自己吃了。一路上，狗酸得龇牙咧嘴，张着的嘴合也合不上，跟痴呆了似的。

春天尽了，夏天乍始的时候，小镇的街上到处弥漫着成熟的麦子香。那段时间，狗把我送到学校后，就不见了踪影，总是很晚很晚才回家，喂它饭，也不爱吃，好像有什么心事。我跟母亲说狗是不是病了，周末，我和母亲带它去看兽医。

那个粗鲁的兽医说狗可能是得了狂犬病吧，动员我们消灭了狗，要不，等狗伤了人，惹出事来就麻烦了。我当即就哭了，骂兽医是个黑心肝的骗子，兽医很生气，把我们赶了出来。

一路上，狗夹着尾巴，一声不响地跟着我们走。

母亲说，狗听懂兽医的话了，然后摸摸它的脖子："别乱跑了，危险。"

狗舔了一下母亲的手，继续沉默。

可是，从兽医那儿回家不久，狗就不见了。

晚上，我央求父亲陪我去找狗。我们打着手电，在镇上的街道里乱窜，我一边找一边哭，没了狗，谁陪我上学？没了狗，有坏小子欺负我的话，谁给我壮胆？我想着冬天的时候，我在写作业，狗温暖地趴在我脚上的美好时光；还想着我吃带壳的炒花生时，顺手丢给狗一个，狗利落地嗑开花生，吐掉皮，咔吧咔吧地吃花生仁的滑稽样……我哭得如丧考妣。

第二天清晨，突然听见有人在拍门，我奔跑着去开，然后，看见了我的狗。

我该怎么形容我的狗呢？

狗背上搭着两个小布袋子，跟马身上的马鞍子似的，而且，它还很白痴似的咧着嘴笑。

其实，狗是不会笑的，因为它的嘴里叼着两只熟透的杏子，所以一直张着嘴，口水不停地往下流，而它背上的那两只小布袋子里，装满了熟透的杏子。

我大喊着让母亲来看，母亲和父亲从屋里跑出来，看着狗的这副荒诞的、不属于狗的德行，我们在院子里笑得歪歪斜斜，母亲手里的锅铲都掉到了地上。

狗一进门，就把在嘴里叼着的那两只被哈喇子泡透了的杏子放在我脚边，很是热切地看着我。我们突然就明白了一切，原来，这段时间，狗总是疯疯癫癫不知所踪，是因为狗是对气味很敏感的动物，这一阵，镇上弥漫着的成熟麦香提醒了狗：又到了该去守候那棵杏树的时候了。所以，它每天把我送到学校之后，就会屁颠屁颠地跑6公里的路，像往年一样蹲在杏树下守卫着它的阵地，谁赶也不走，直到杏树的新主人——邻居从田里回家，它才会屁颠屁颠地再跑上6公里的路，回到镇上的家里。

前天，我和母亲带它去看兽医，耽误了它执行任务，从兽医那儿出来后，它便悄悄溜走了，害得我们四处找它。

后来，邻居到镇上来卖杏子，顺道又给我们送了一些杏子来，顺嘴说起狗，感慨地说你们家这哪是养了一条狗啊，简直是个全身长毛四脚走路不会说话的人。他说，前天，狗去得有点晚，他们从田里回来后，给它喂了一点食，让它回去，狗不走，在树下转来转去的，还从树下捡了一只落杏叼在嘴里。一开始，他们以为是它要吃，可是，狗只是含着杏，却没嚼，他们忽然明白，或许狗是想带几只杏子给我们吃。于是，他们摘了一些杏子，装在两只小布袋里，给狗绑在背上，又递给狗两只杏子，让它吃，谁知，狗叼着杏子就撒着欢跑了。

从那以后，每年到了麦黄季节，狗就会神出鬼没一段日子，而且回来的夜晚，背上经常会绑着两只装满了杏子的小布袋子。这让它在方圆十几里内，成了一只颇具传奇色彩的狗。

当生命与生命有了牢固的共同记忆，他们的人生也就绑定在了一起。那些回忆会不断重现，温暖着他们共同的人生，并且让他们彼此更信任，能够互相托付以灵魂。

一个人、一条狗、一只狐在一条渔船上生活了几个月。没有离奇的故事发生,没有。

渔船上的红狐

金曾豪

当渔船慢悠悠地穿过石拱桥时,鲁鲁突然激动地叫起来。

鲁鲁是生活在这条渔船上的小狗。它的主人是一个名叫星的青年。

原来,河心有一个毛茸茸的活物在胡乱地挣扎。这个来历不明的小家伙之所以没有沉下去,多半是因为它有一条蓬松的尾巴。

星用“捞海”(一种带竹竿的小网兜)将小家伙打捞到船上。哎呀,这不是一只小狐吗,从河里打捞到狐狸,实在是件千年难遇的怪事。星又惊又喜,简直怀疑自己在梦里。

鲁鲁对这个有异味的、湿淋淋的小怪物有一种出于本能的敌对情绪,吠着,冲上去想咬它一口,一时却又不知从何下口。鲁鲁毕竟年幼,还不懂得如何攻击对手。

星挥臂挡开鲁鲁,命它一旁待着。鲁鲁气呼呼地不服,结果被主人揪住颈皮投进了一只装过煤球的深篓子里。鲁鲁深感委屈,在篓子里尖叫着,冲撞着,黑色的煤屑落了它一头一脸。

星喝道:“鲁鲁,讨打啊!”

鲁鲁是听得懂这句话的,只好忍辱闭嘴。

小狐已被河水呛得晕头转向,陌生的环境又使它恐慌不安。它一声不吭地蜷成一团,浑身打战,不时斜眼偷瞥高大得可怕的人。

星找来几条银鱼放在小狐的面前,说:“吃吧,吃吧。”

小狐看看银鱼，又看看星的手。它见过鱼，可从没见过人的手。在它看来，手是非常奇异的东西。

星用手摸摸小狐的头，说：“吃啊，你怎么不吃？”

小狐听出了声音里的温和，可它还是不敢动。它对有一点腥味的手挺害怕。直到确信手不在附近时，它才试着去舔银鱼。它实在是很饿了。银鱼已经死了，但还没有僵硬。它叼起银鱼嚼了一会儿，又呛着吐了出来。鱼还是完整的。

星知道它太小，就给它泡了一点麦乳精。这一次很对它的胃口，小狐吧唧吧唧地喝起来，喝急了就呛，就咳，还将水盆弄翻了。

星又泡了一点麦乳精，还在里头泡了几片饼干。

小家伙吃饱了，就不顾一切地蜷起尾巴在平基板上睡着了。它累了，很累。

小狐的毛在它睡着时慢慢干了。小家伙原来挺俊俏。

傍晚的阳光在它每一根褐黄的毛尖上点上了一点莹白。这样，它就有了一个迷离的光环。星忍不住用手去触摸小狐的毛。

小狐悚然醒来，圆睁着眼睛盯着星的手。它现在对“手”已经有了好感。

星说：“喂，你得回家了，快走啊！”

小狐竖起耳朵，转动着，精致的小鼻子咻咻地嗅着四周的空气，细声细气地哼哼着，好像在嘀咕：这是什么鬼地方啊？

星催促说：“怎么了？迷路了？”

小狐有点不好意思，尾巴一甩就躲进了一个用木条钉成的“小房子”。它不知道这是鲁鲁的“闺房”。

星知道这个小家伙迷路了，就只能留它吃晚饭了。

解除禁闭的鲁鲁见小狐占了它的“闺房”，再次愤怒起来，激动地叫嚣着逼近了小狐。小狐仓皇地退到笼子的一角。没处可逃了，怎么办呢？

小狐看见给它食物的那只“手”只一下子就控制住了小狗，心想：这手真厉害啊！

鲁鲁被主人揪住颈皮，屁股上还挨了巴掌，真是威风扫地。看来它今晚只好睡到舱顶上去了。

为了小狐，星没再进小镇，就将船泊在镇外过夜，等待小狐的父母来领走小狐。

可是，这个晚上平安无事。

太阳升起来了，是个晴天。

“吱溜溜，吱溜溜……”渔船在好听的橹声中起航了。

鲁鲁急了，汪汪地叫。它是在提醒主人送走不速之客。

“鲁鲁，讨打啊？你不能欺侮它，它是你的朋友丹丹，明白吗？它叫丹丹。”

小狐从此有了红彤彤的名字：丹丹。

鲁鲁和丹丹白天在一个盆子里吃食，晚上在一个笼子里睡觉。起先是被迫的，后来就习惯成自然了。星坚持按照人类的作息来安排这两个小家伙的起居：一日三餐，日出而作，日落而息。

狐属犬科是人类动物学家的观点，狐和狗是不肯认同的，但鲁鲁毕竟年幼无知，稀里糊涂就将丹丹当作了同类。当然，鲁鲁是瞧不起这位瘦骨嶙峋的同伴的，它嫌丹丹的嘴太尖细，尾太蓬松，味太“冲”。

丹丹倒是挺乐意和鲁鲁相处的，睡觉时坚持把尖嘴插进鲁鲁的前腋，弄得鲁鲁挺不好意思的。

渔船又泊在了野外。这一带，两岸都是黑黝黝的树林。

风是从树林里流出来的，带着山林的

气息。这种风对丹丹来说是一种刺激，激得它浑身的毛都在骚动。丹丹觉得很“渴”，就不断地喝水；不断地喝水还是渴，而且越来越渴。这种渴是无法用水解除的。是的，丹丹就是想到树林里去，非常非常想去。

丹丹终于一跃上了岸，飞快地跑进了树林。一进树林，丹丹就不“渴”了。

鲁鲁要去追赶，被主人阻止了。

星说：“鲁鲁，算了，别追了！丹丹不是狗，它是狐。”

鲁鲁听不懂词汇，却能大致明白这话的意思。

过一会儿，星叹了口气，解缆开船了。

丹丹却出现了。它默默地在岸上跟着船跑。

鲁鲁很激动，在船舷上奔来奔去地叫唤。

星试着将船靠近些岸。丹丹一跃就上了船。星用手摸摸丹丹的头：“你怎么又回来啦？”

丹丹伸出粉红色的舌头舔舔星的手。它是因为这手回来的。对星的手，它既感激又钦佩。

鲁鲁低声唔唔着，殷勤地摇着尾巴，做出久别重逢的热情样子，还领着丹丹在船上各处走了走。

这条船下水不久，还很新，是星准备结婚成家用的。渔家子成人之后，他们的父母就会打造一条新船送给他们作为成家立业的基本。

渔船就是渔民的家。船头是劳作的地方，捕鱼捞蚌，逮青虾扒螺蛳，春雨秋风，酷暑严寒，许多的辛苦全堆积在这不足一平方米的地方。船头下有一个隐蔽的小舱，和中舱完全隔绝，却有两个对称的小孔与河水相通，就有了活水。这儿是蓄养活鱼的处所。星还在里头养了一条小鲇鱼。鲇鱼是肉食性的鱼，很凶，使入舱的鱼处于一种紧张的状态，就保持了活力。如果中舱相当于房间，那么艄棚就是起居间了。艄棚的顶比中舱顶要高出一尺左右，装了一排玻璃窗。人在艄棚驾驶作业时，目光可以越过舱顶看到前方的水路。船的每一处都用桐油油过，干干净净，光可鉴人。在这里，最讲究的女人也会忍不住脱了鞋享受自在。艄棚的一面傍着中舱，另外三面毫无保留地向世界敞开着，迎接最新鲜的阳光和空气。说渔船是个小天地是不对的。渔家比陆居的人更信赖大自然，更亲近大自然，拥有更广阔的生活空间，往往也就有了更广阔的胸怀。

舱顶上栽了一盆葱，一盆蒜，一盆很辣的朝天椒，还有几盆花——月季、山茶和仙人掌。船尾贴近水面处挂着一个用板条钉成的鸭埘，里头养着五六只鸭子。白天，鸭子在河里自由自在地觅食。船要走，星就招呼一声，让鸭子跟着船走。有恋食掉队的鸭，鲁鲁就汪汪警告。那鸭展翅踩水跟上，弄出一道浪花，还呷呷地表示对狗的多管闲事的不满。船还拖着一只非常小巧的舢板，称为淌淌船，是布网用的。

丹丹不久就习惯了渔船上的生活，还表现出了出色的模仿能力。当船靠岸，星有上岸的意向时，丹丹就会及时地把鞋子叼到主人面前。这是对鲁鲁的模仿。鲁鲁对此挺有意见的，但也无可奈何。一是它没有申请过专利，二是每到叼鞋时它的动作总没有丹丹的敏捷和准确。所谓“准确”是指叼成对的鞋。星是故意把他的几双鞋胡乱放在一起的。

真使鲁鲁不敢小看丹丹的是丹丹对人的模仿。比如去鸭埘“收蛋”这种活计，鲁鲁是无能为力的。鸭埘是悬在船尾下水面上的，要收蛋，人得下到淌淌船上去才行，挺麻烦的。丹丹收蛋就不必如此麻烦，它轻易就能从船尾下到鸭埘，叼了蛋再攀援而上，直接将蛋送入贮蛋的篓子，埋在砻糠之中。丹丹的这一招很得星的赏识，常能因此得到一点小奖赏，比如一小碗麦乳精或可口可乐。丹丹对可口可乐不怎么欣赏，那气泡太冲鼻子。

丹丹喜欢听橹声。“吱溜溜，吱溜溜……”这种木头和水亲吻出来的声音温婉而悠长，听着耳廓麻酥酥的，听着心里滋润润的。橹声一响，丹丹常常会把下巴搁在叠起的前爪上，眯起眼听老半天。听起来，橹声有时是单调的，有时是复杂的，但总归是宁静平和的情调，制造着一种可以信赖的安全感。有了这种安全感，丹丹常常会迷迷离离地睡去。

船上多的是鱼虾。由于营养充足，丹丹和鲁鲁都很健壮。这一点只要看毛色就知道了。鲁鲁是条白狗，白色的毛泛出瓷质的光泽。丹丹的毛有蜡的质感，褐黄色中隐隐透出些酡红。丹丹是一条红狐。

除了星，丹丹害怕见别人。遇到渔船和别的行船靠近时，丹丹就会悄悄躲进艉舱里。中舱和艉舱有一个小口子相通，丹丹认定艉舱里那个装过录音机的硬纸盒是它的私人领地。

星希望丹丹更大方一点。有时，星上淌淌船去下麦钓，招呼丹丹同去，丹丹总不愿意，把身体藏在什么东西后面，只探出半个脸来朝主人张望。它用这种身体语言向主人表达它的推辞和歉意。

鲁鲁是很高兴出头露面的，唔唔着表示愿意前往。

星说："鲁鲁，你留下，留下看鸭子。"

"鸭子"这个声音，鲁鲁是懂的——不就是那些扁嘴的家伙吗？鲁鲁坐着，懊恼地看主人驾着淌淌船远去了。它想，乘那一颠一簸的小划子一定是很有趣的。

鸭子在浅水里觅食。扁扁的嘴总能在水草间找到吃的。鸭子生性乐观，胃口很好，一边觅食，一边欢语连篇。

鲁鲁不久就打起了瞌睡。狗和狐都是夜行动物，它们在日光强烈的白天总是精神不佳。有一些本性是难于改变的。

一些日子过去了，丹丹和鲁鲁的相处渐趋默契。知道叼鞋是鲁鲁的发明，丹丹也就不再侵犯专利。叼蛋是丹丹的绝招，鲁鲁干不来，就当观众，而且是百看不厌的样子，活像人类的追星族。管理鸭子是它们的协作项目，但鸭子对此不大买账。"白围巾"老母鸭是鸭头，它尤其反感丹丹，常常一惊一乍地警告其他鸭子离这尖头把戏的鬼精灵远点。

丹丹感觉到了这种反感，总是等鸭子下河觅食离船较远时才去完成叼蛋的任务。它一眼开一眼闭的，并不认真去管束鸭子，但到了非管不可时倒也毫不含糊。

有一天，船泊在野外，主人驾淌淌船下麦钓去了。那帮鸭子觉得这是个放纵的好机会，一窝蜂似的上了岸，到刚收过庄稼的农田里去找活食吃。蚱蜢、蚯蚓什么的都是它们的美味小吃。贪嘴的鸭子越走越远，鲁鲁发急了，四处奔走拦截，却顾了这个顾不了那个。鸭子烦它呢。

丹丹出马了。它箭也似的赶上头鸭，不吭声，跳上鸭背，一口含叼了鸭脖子。

头鸭吓得丢了半个魂。鲁鲁也吓了一跳——是不是要开杀啊！

丹丹操纵着方向，用毛茸茸的尾巴拍打着鸭屁股，催着头鸭往前跑，就跑回船边来了。其他鸭子生怕也被骑一下，忙不迭地往回跑。

丹丹出手不凡，鲁鲁很是佩服。其实这一招是狐的祖传绝招，狐是常用这种方法来偷鸡盗鸭的。

空闲的日子，星会把船泊在集镇最热闹的地方，然后去街上逛逛。这是鲁鲁最开心的时候。鲁鲁在小街上大摇大摆地走，堂而皇之地走，一会儿走在主人前头，一会儿走在主人后头，一会儿从人的腿之间挤过去。这里的人和狗大多是认得鲁鲁的。鲁鲁以不同的方式与熟悉的人和同类打招呼。对一般的熟人，它会摇摇尾巴；对很熟的人就会吻吻那人的裤子。对同类，它会去触触鼻子或者打闹一下。鲁鲁在拐弯的时候会跷起后腿撒一点儿尿。这不是做路标，而是向没有遇上的同类通报一下它的消息——瞧，我来过了，没遇上你们，你们好吗？如果星的渔船是鲁鲁的家，那么，这些小镇便是鲁鲁的故乡。是的，每一个生灵不但要有一个家，还是要有一个故乡的。

丹丹是不肯在生人面前露脸的。嘈杂的市声弄得它待在船上也心绪不宁。它在艉舱最深最暗的地方待一会儿，又忍不住跑到中舱，通过舷板上的一个小洞向外张望。它盼着天快黑，盼着星和鲁鲁快回来，盼着快快地离开这个讨厌的地方。

回船上时，星老远就会注意舷板上的那个小洞。他知道丹丹很可能在那里。走近时，星果然看见了一只幽亮的眼睛。舱里暗，看不太清楚，但星还是能感受到丹丹狷介而忧郁的目光。

星喜欢在傍晚时分将船泊在野外吃晚饭。矮桌子上有鱼，有虾，当然还有一杯酒。风里来雨里去，渔人的生活蛮辛苦的。忙碌了一天，星是应该悠闲一下了。

这会儿，鲁鲁就上岸遛去了。它在田野里纵情地奔跑，跳跃，打滚，很痛快地拉屎。船太小，狗是需要有这么广阔的天地来展露它的天性的。星知道这一点，这也是他泊在野外的原因之一。星还希望丹丹也上岸去玩玩，黄昏的旷野里是很少有生人的。

丹丹不肯上岸。丹丹坐在舱顶的花盆那儿遥望着岸上的树林和山丘。这时候，红的或者黄的夕阳正一点一点地向山林那边落下去。星觉得夕阳中的丹丹有点哀伤。星不明白丹丹为什么不上岸到山林里去走走。那儿不是它的故乡吗？星不知道丹丹的身世。

山林在丹丹幼小的心灵里是饥饿，是危险，是死亡。那刻骨铭心的饥饿啊！那父母兄弟惨死的景象啊！它怀念山林，又害怕山林，所以它老是这样忧伤地遥望着山林。

星想，照这么下去，丹丹慢慢就会变成一只猫了。星觉得这样不好，狐就是狐，让狐像猫那样地活着是很残酷的。

这天，星把船靠在荒野的一片树林旁过夜，事先将中舱通向艉舱的通道堵上了。堵洞时，丹丹就在旁边。丹丹惊愕地看着星的手，一声不吭。星离去后，丹丹在洞口嗅了又嗅，恋恋不舍的样子。它已经明白主人的意思了。

星请丹丹吃了一顿鳗鱼，还加了一点麦乳精。鲁鲁似乎也感觉到了异常，客气地坐着看丹丹吃喝。

星将鲁鲁留在船上，把丹丹带上岸，领向树林。

月亮弯弯地俯看着人，狐，树林。稠稠的黑暗正在林子深处聚集。有蚱蜢在草丛间嗒嗒地飞蹿。一只孤独的鸟在树林深处断断续续地啼叫：“滴滴水儿，滴滴水儿……”风从林中、从荒草丛中飘过来，亲切地揉着丹丹的毛。荒野就这样轻轻地呼唤着丹丹心灵深处那被压抑的本性。

丹丹感动了，低声地叫着：“唔唔……”

星说：“丹丹，你长大了，已经能吃生鱼了，你回去吧，走吧。”

丹丹好像听懂了，脸朝着星退了几步，停下，然后又退了几步。

星挥着手说：“回去吧，回去吧……”

丹丹最后看了一眼星的手，掉头而去，无声地消失在林子的黑暗之中。

星默默地站着，心里竟生出一丝一丝的惆怅。

鲁鲁在船上汪汪地呼唤。今天这是怎么啦？

回到船上，星把跳板抽掉。鲁鲁着急起来，冲着岸上汪汪直叫——丹丹，快回来啊！要开船啦！

星说：“鲁鲁，别闹了。丹丹走了，丹丹和你不一样。明白吗？”

鲁鲁不明白，脑袋侧来侧去地想，还是不明白。

船开了，鲁鲁大吠，被星喝止。鲁鲁在船上到处找，看看丹丹是不是藏了起来，在和它开玩笑。船上没有丹丹。

鲁鲁在舱顶上趴着守了一夜。

十多天后的一个凌晨，星在睡梦中被鲁鲁叫醒。他坐了起来，一眼就看见了舱门口的丹丹。丹丹把身体藏起来，只探出一个头，害羞似的。

星说：“丹丹，你回来啦？”

丹丹没吭声。它还是老脾气。

星起来，去船头活水舱中抓出几条鱼放在丹丹面前：“丹丹，来，吃，吃啊。”鱼是活的，在船头上噼噼啪啪地打挺。

丹丹连吃两条鱼。看得出，它很饿了。

星踏上跳板，示意丹丹跟他上岸。

丹丹想了想，向船尾跑去。星跟去时，见丹丹蜷着身子，缩在那个叫“捞海”的小网兜里。当初，星就是用这个网兜把丹丹从水里捞起来的。丹丹以为星不肯留它，是因为它没办上船的签证呢！

星明白了丹丹的意思，忍不住大笑起来。鲁鲁没弄明白，跟着主人胡乱哼了几声。

星点了一支烟抽，有些为难。

丹丹不再跑动，趴在星的脚边，把下巴搁在叠起的前爪上，静静地倾听歌一般的橹声。

这天傍晚，丹丹不辞而别了。原来它只是回来看望一下的。

丹丹从此再没有回来过。每当渔船经过那片林子，星就会想起丹丹，在心里祝丹丹好运。

就这样，一个人、一条狗、一只狐在一条渔船上生活了几个月。没有离奇的故事发生，没有。

星的船还在水上来来往往。

那橹声如悠悠的歌。

在什么地方活着

✽ 小川未明

小猫虽然不知道它出生前母猫的生活，但是从它记事时起，它们就无家可归，被追赶，一直被人欺负。母猫把小猫生在了一家破旧的库房的角落。在那里住了几天之后，小猫的眼睛终于睁开了。母亲一回来晚了，它就会从空箱子里面探出头来，朝着明亮的方向不住地哭叫。母猫一听见它的哭叫声，就会匆匆忙忙地跑回来。

这里也不是一个安全的住地。有一天，库房的主人突然发现了它们，大发雷霆："你们什么时候跑到这里来的？快滚出去！"说着，就拿起扫帚，轰它们走，母猫只好赶紧叼起小猫，逃了出来。

它们穿过空地，向林子那边跑去。那里有一座小祠堂，它想，祠堂的廊下也许会安全些吧！可是，那里充满了湿气，到处都挂满了蜘蛛网。当它发现那里还是野狗的藏身之地时，就毫不犹豫地离开了。母猫没有办法，只好又叼着孩子，返回到镇子里来了。

秋天就快结束了，镇子里格外寂静。那天，没有风，蓝天上的太阳温暖地照射着各家各户的屋顶。母猫发现了一扇开着窗户、晒着被子的两层楼的人家，就大胆地攀过了围墙。因为它想，现在无论多么冒险，为了小猫，都必须要找一个好地方。幸好没有人在家，它马上把小猫带到了屋里。它躺下，给小猫喂奶。如果能这样一直持续下去的话，它们俩该多幸福啊！如果是换了被饲养的猫，这种奢侈根本算不了什么，可是对于这两只猫来说，却是难得。很快女主人顺着梯子爬上来，大吵大闹，跑去拿棍子要打它们。女主人想，要是让无家可归的猫住进来，那可不得了。但等她回来的时候，两只猫已经不见了。

每家每户的屋顶都紧紧地挨着，好像滚滚的波涛。对于不能住在地面上的猫母子来说，这里恐怕是唯一的安身之地了。要是不刮让人瑟瑟发抖的寒风，那就更好了。

"你哪儿也不准去，知道吗？待在这儿别动，等着妈妈回来。"

母猫这样告诫小猫。夹在高房子中间，这座不起眼的平房相对比较避风，但也有的日子，被太阳一晒，马口铁的屋顶会升腾起一阵阵热浪。要是小猫不乱走，这里倒是一个比任何地方都好的地方。不过，因为小猫已经知道每次被人追赶、被人欺负，都是母猫拼命保护着自己，所以小猫从来不会违背母亲的叮嘱。

母猫一边惦记着留在屋顶的小猫，一边到各处的垃圾箱和人家的后门去寻找食物。

一听到爪子翻墙时发出的尖厉的响声，小猫便知道是母猫回来了，于是，就叫唤着从屋檐下探出头来。这时，被夕阳一照，母猫那消瘦的身子在屋顶上拖出一条长长的灰影。它毛色灰暗，肚子两边瘦得不成样子。它看到孩子平安无事，自己就好像忘记了饥饿，眯缝着眼睛，心满意足地看着孩子吃东西。

冬天的夜晚，北风寒冷刺骨，毫不留情地在屋顶上吹过。母猫把孩子推到墙角，用自己的身体挡住风，用自己的体温给它取暖。因为这样，小猫才得以安稳地入睡。这一幕，在小猫的一生中，不知留下了多么深刻的印象！

早晨，太阳一出来，母猫便出门了。屋顶上的霜像白雪一样，白晃晃的，十分刺眼。小猫不禁打了一个寒战。

刚走出去的母猫回过头来，看着它说："今天会是一个好天！我回来再跟你玩。"

不知是什么样的人住在这屋顶下面，但是一早一晚都会听见年轻、朝气蓬勃的说笑声，白天却非常安静。从这点看，年轻人白天似乎到什么地方去上班了，老人留在家里看家。大概只剩一位老人了吧，常常可以听到嘶哑的咳嗽声和水池传来的流水声。没有别的淘气的孩子，实在是万幸。

旁边有一棵高大的树，它的落叶被风吹着，在导水管和屋檐的边上积了起来。那些落叶时不时地会像龙卷风一样漫天飞舞，两只猫一边在屋檐的角落里避风，一边看着。

一天，在阳光照耀的屋檐上，母猫和小猫正在愉快地戏耍着。这时，传来了说话声："只吃瘦成那样的妈妈的奶水，这小猫还真够胖的。"这说话声，是从对面一扇高高的窗户里传来的。一个少女一边望着这边，一边对身后的妹妹说。怕吓着两只猫，两个人躲着不让猫发现。少女把手里的面包掰碎。突然，传来了一个响声，什么东西掉到了猫的身边。母猫吓了一跳，缩起身子，摆好架势，准备应战突如其来的不速之客。保护孩子比自己逃跑更重要！母猫环视了一下四周，可却没有找到敌人的影子，原来掉下来的是一块香喷喷的、涂着奶油的面包。

母猫疑惑了一下，抬头朝高高的窗户看去，只见两姐妹正看着这边笑。母猫知道她们没有恶意，不过还是不敢大意，没有去接近食物。

"是给你们的，吃吧！"小女孩说道。

小猫终于忍不住了，靠近了面包。母猫好像允许了似的，在一边看着。为了让给孩子，母猫没有去吃。少女又掰了一块面包扔了过去："这回是给你的。"

整个冬天，两只猫都住在这一带的屋顶上，一天到晚跑来跑去，寻找阳光。当春天到来的时候，小猫已经长得很大了。

后街有一片街坊邻居种的田。田里的油菜开满了灿烂的黄花。对别人还是很戒备的小猫，开始和喜欢自己的少女亲近起来。

这时候，在飘着白云的天空下，小猫躲在叶子后面，正要去捉一只要落到油菜花上的白蝴蝶。虽然又回到了地面上，但母猫已经不再像以前那样紧跟小猫，而是尽量地远离他，看着他尽情地玩耍。

"马上就要独立生活了，我不会再跟着你了。"母猫嘴上没说，只是眯缝着眼睛，看小猫能不能捉到蝴蝶。

同样在一旁观看的少女，觉得小猫的样子实在是可爱，就不声不响地绕到后面，出其不意地抱住了他，贴到了脸上。母猫目睹了这一切。这时，她就好像已经看穿了小猫今后的命运似的，"喵"，悲伤地叫了一声。这一声之后，它就不知跑到哪里去了。从此，母猫的身影再也没有在这一带出现过。

"妈妈，收养这只小猫吧。"在姐妹俩再三恳求下，这一愿望终于实现了。

从今往后，小猫再也不会挨雨淋，再也不会因为挨饿睡不着觉了。

"你妈妈到哪里去了呢？你能受到大家的宠爱，真幸福啊！你妈妈肯定还在什么地方活着。"少女这样对小猫说。即使这样面对面，人和动物还是有间隔的。想法不一样，不管说什么也无法沟通，这让少女很伤心。

冬天终于要过去了。一个狂风暴雨的夜晚，风吹着屋顶，敲打着窗户。一直在一动不动静听风声的小猫，突然变得焦躁不安起来，在屋子里闹个不停，要到外面去。

"这猫的样子有点反常啊！快把它放出去吧。"连少女的妈妈也这么说。姐姐把木窗打开了一条缝，狂风立刻吹了进来。

"这么大的风，你要到哪儿去呀？"少女说。小猫冲到黑暗中，彷徨着如同在追随一个看不见的影子，不断悲切地叫着。

"啊，一定是想起母猫了。"姐妹俩互相望了望。

在那个屋顶上，母猫那领着小猫走路的消瘦的身影，清晰地浮现在两人的眼前。

小猫好像跑到很远的地方去寻找母亲了。风声中断时，隐约可以听到它的叫声。大概是因为风声，不经意之中勾起了它那些难忘的记忆吧？那些在寒冷、狂风大作的夜晚，在静静地下着霜的黎明中被母猫拥抱着安然入睡的记忆。

鹦鹉大葱

和菜头

我认识一位老哥哥，我们都叫他老爷。老爷家里养了一只鹦鹉和一头猪。猪的名字叫福禄兽，宠物商人说它是那种永远长不大的袖珍宠物猪，即便成年之后也只有两尺多长。鹦鹉来自西双版纳，通身翠绿，尾羽修长，老爷因此给它取名叫大葱。

鹦鹉总的来说是一种神奇的动物。据说有的品种能活到100多岁，可以作为传家宝传好几代。还有的品种极聪明，可以达到人类7岁儿童的智商。

以上特点大葱都没有。

大葱的特点是好色。在绝大多数时间里，大葱都非常深沉内敛，像条真正的云南汉子那样，蹲在架子上思考“鸟生”，或者嗑瓜子。偶尔它会在架子上踱步，轻声慢语，自己对着墙说云南话。遇见我这样的云南大汉，它就转过身去，根本懒得理我。我要是伸手去撩它，它就很不耐烦地一挥翅膀，把我的手指打开：“昆明老倌，死远点！”

但是，每次只要有美女去老爷家做客，大葱老远就发出嘹亮的笑声，扑扇着翅膀，吸引美女走过去看它。当美女朝它走过来的时候，大葱会放下作为云南汉子的所有矜持，疯狂地在架子上站起——蹲下——站起——蹲下，触了电般狂呼：“你真美！”所以，大葱就成了老爷家的美女鉴定专家。凡是大葱看了无动于衷的女生，大家就可以结拜为兄弟了。

有一次，老爷家来了一位非常漂亮的女士。大葱在循例大笑、扇翅、触电、狂呼之后，歪着头看了她好一会儿。当那位女士转身要离开时，大葱突然叫住她。略微沉吟了一下，它扭头用喙啄下自己最长的一根尾羽，转过头来，单腿站立，用另外一只爪子抓住尾羽，伸出来递给那位女士。现场的人都惊呆了！别人泡妞是买包，包算什么？大葱泡妞是拔毛，拔一根少一根，这是何等的手段！

这样的情形一共发生过3次。还有一次，大葱拔下一根较短的尾羽送人。最后一次，对方是个小女孩，大葱想了想，从胸口拔了一根普通羽毛送给她。老爷为此非常忧虑，对大葱说：“葱，这冬天快来了，暖气还没来，咱不拔了成吗？你都快成肉鸡了。”大葱呻吟了一声，婉转缠绵，气息悠长。

前年冬天，大葱突然飞走了。那天晚上，可怜的老爷带着一堆人在周围找了好几个小时，不断呼喊“大葱”，附近的居民听烦了，也不断地回应“蘸酱”。

“大葱蘸酱”之夜过后，老爷终于接受了这个事实：大葱飞走了。他专程找到我，说：“菜头，你是云南人，和我们家大葱是老乡，你能不能帮我分析分析，我们家大葱现在究竟是个什么心理？它究竟去了哪里？”我本想告诉他，大家毕竟人鸟殊途，鸟是西双版纳的鸟，人是昆明的人，我们两地之间本身就不对付。但是眼看着他眼圈也红了，鼻头也皱了，我一下子心软了，就对老爷说出一番我自己都不相信的话来：

“大葱这孩子原先生活在西双版纳的热带雨林里。后来到北京在你家也待了好几年，现在孩子长大了，应该也进入青春期了。这孩子到了青春期满脑子想的都是什么？大葱想找个女朋友啊！你们家有吗？梁园虽好，没有女友。你们家大葱这是在响应丛林的召唤、爱情的召唤。我估计应该是奔往云南寻找它的爱情去了。”

听完这话，老爷突然流露出释然的表情。我打开电脑，找出中国地图，从老爷家到西双版纳画了一条线，用笃定的口气指着这条线对老爷说：“看见了没？你沿着这条线找，去北京的南边和西南边找，大葱应该就在这个方向上！”就这样，老爷的心中又燃起希望的小火苗，直奔北京以南而去，一边走一边感叹：“唉！这孩子啊，好几千里地呢，为什么不跟爸爸说一声呢？唉！”

从这天开始，老爷就在北京南边开始了他的找鸟计划。平常没事在家，他就点开微博，一遍遍搜索“鹦鹉”两个字。皇天不负有心人，老爷还真在北京南边找到了大葱！

大兴有个公园，里面建了一个鸟类保护区，树上挂了许多鸟笼子。公园的园长有一天发现园子里多出来一只鹦鹉，觉得是个新鲜事，就拍了张照片，发了微博。我问老爷：“你怎么知道那就是你家大葱？鹦鹉不都一个模样吗？”老爷不屑地反驳我说：“没看见鸟爪子上还有一截链子吗？那就是我家葱！”

费尽周折，老爷终于联系上了园长，跑到公园，见到一个多月没见的大葱。大葱停在树上，老爷站在树下。老爷对着大葱喊：“葱！爸爸来看你了！”大葱歪头看着老爷，明显是认出了他。但是，和在家里的时候不同，无论老爷怎么逗它，大葱始终保持沉默。每次老爷试图走近一点，大葱就振翅而飞，却又不飞远，一直和老爷保持10米左右的距离——它已经迅速野化了。老爷见状，也就停下了脚步，在树下和园长一行人开起了“家长座谈会”，了解大葱这一段时间的表现。

“家长会”告一段落，人们仰头看去，不知不觉间大葱已经把头埋在翅膀下面，晒着太阳睡着了。老爷说，在那一瞬间他觉得既高兴又心酸。因为大葱的睡姿说明它现在很放松，和当初在家里一样。它现在如此放松，是因为听见了老爷的声音，心里有了安全感。而一只鸟儿在大白天里能站在树上睡着，可以想见过去这段时间它有多么紧张，又多么疲惫。

老爷在树下从中午等到傍晚，等到太阳快下山，终于等到大葱睡醒。老爷大声对大葱喊：“葱！你别害怕！爸爸不是来抓你的，爸爸就是想你了，来看看你。你在外面觉得快活，你要自由，爸爸都能理解！爸爸支持你！”于是，老爷挥手作别。大葱在树上盯着老爷，自始至终一言不发。

后来，老爷又去公园看了大葱好几次。每次都是老爷站在树下抽烟，仰头看着大葱。大葱站在树上，脑袋埋在翅膀下，安然入睡。老爷唯一的念想，就是去掉大葱脚上的链子，担心大葱在林间飞行的时候，链子会缠绕在树枝上。然而，大葱已经野化了，人没有办法接近。有人建议用麻醉枪，被老爷坚决拒绝了。最后，老爷想了一个办法——在北京找一只雌鸟，带到公园里去勾引大葱。一旦大葱接近雌鸟，就用网兜捕捉，去掉脚链之后把它放回云南。可寻找雌鸟需要一段时间，等老爷找到雌鸟带到公园的时候，大葱不知道什么时候已经飞走了。

两年过去了，老爷坚定地相信大葱已经一路飞回云南，飞到西双版纳，找到了它的爱情。所以，如果你家在北京和西双版纳的连线上，如果你看到一只通身翠绿、尾羽修长的鹦鹉，如果它的脚上碰巧有一截闪亮的链子，那么，你多半就遇见了那只寻找爱情的大葱；如果你在西双版纳看到有这么一只鹦鹉，见到漂亮姑娘就兴奋异常，而且会拔下一根尾羽作为礼物，那么，你肯定就是遇见了大葱。麻烦你帮忙转达老爷的问候，告诉它，老爷希望它在西双版纳幸福，不要再被人类抓到。请你别用昆明话，因为它会对你说：“昆明老倌，死远点！”

最后，福禄兽还在，依然在老爷家过着幸福平静的生活。它哪儿都不打算去，也去不了。因为它现在身长近2米，体重300多斤。

微笑老妞

✽甘耀明

1

那天，在村子十公里外，我们遇见爸爸，似乎老远就感到他不负众望，买回了一头强壮的公牛，脚步声穿透浓雾。我与弟弟兴奋地跑去，却惊愕不已。

原来，隔着浓雾看是猛牛，近看却令人不忍直视——是头老母牛，睫毛掉了，眼带油光，尤其是几乎垂到地上的乳房，吓死人！它是"老阿婆牛"，爸爸怎么了，买废物回来干吗？我们一路上对爸爸又是数落又是挖苦，心情坏极了。

"这头牛的主人，是比你们年纪还小的小孩。我看，他真的需要钱，或许是家人生重病，才出来卖牛。"爸爸说。"你没问，怎么知道他家有人生病？"我埋怨。"我是没有问，但闻出来了。"爸爸摊开手，要我们闻牛绳。我闻到一股中药味，淡淡的，还闻到盐味，是海水的味道。这证明了牛来自沿海地区，而且它的主人经常煎中药。

"那也用不着买这么老的牛啊！"我又抱怨。"它不老呀！而且，它还救了我。我买了这头牛后，身上没钱了，只好走路回家。山路曲折，又起大雾，还好，这头牛像'火金姑'（萤火虫）一样能看透浓雾，找到回家的路。我和它连续走了八个小时，爬过好多山，这证明它很强壮。"爸爸说。

"对了，它还有个特点。"爸爸又补充。"它会扛木头，还是下厨煮饭？"我冷冷地说。"它会笑。"爸爸拍了拍老牛，说："笑一个。"老牛笑了，露出焦黄的牙齿，我却只能苦笑。会微笑的老牛能干活？

我们牵着牛走在碎石路上，牛蹄踩过，发出轻微的声响。这时，雾气淡了，夜空无云，星星好浓密。我仰望天际，想起牛郎织女的传说，还有牛郎骑着的老笨牛，此刻想起这故事实在是无奈呢！

2

回到家，老牛休息了两天才上工。老牛像是木灰捏的，走路抖，下田晃，拉起牛犁干脆趴在烂泥上。这下好了，我们当它是老太爷，牵到田埂休息。我们仍用老方法耕田，几个人拉绳，绳子后头拖犁。这个消息很快传了出去，大家都跑来看“人耕田，牛休息”的奇观，还给老牛取了个“老妞”的绰号。

全村唯一喜欢老妞的是我阿婆。她说：“这头牛怎么看，都蛮像我的模样，又老又不中用。”然后，她笑呵呵地抚摸它。

就在这时，爸爸宣布了好消息，他要把老妞卖了，卖给屠宰场杀了。这是农村的惯例，一头牛，不管多么劳苦功高，等到它受伤了、老了，即使爱它，也不会养到终老，得趁它还有呼吸时，卖给屠宰场。老妞的命运成了定局，我们毫不惋惜，想尽快把它送走。

可是，送宰老妞的前两天，我阿婆走失了。阿婆有摘草药的习惯——给自己治痛风。她那天出门，到了晚上还没回家。夜雨下得凶，家人很担心，于是爸爸向村人求救。

村民们穿雨衣拿手电筒到山里找，夜黑雨大，大家的呼喊声发挥不了作用。眼看情况越来越糟，我想起老妞——它的左眼青瞑，右眼却明亮得像萤火虫，它能在夜里穿透浓雾，引领爸爸回家，应该也能够带领大家找到阿婆。

爸爸照我的意思，从牛棚牵出老妞，解开系在鼻环上的绳索，在它的两只角上各挂一盏磺灯，说：“去吧！找到我阿姆，你就自由了。”然后，拍它的屁股驱赶它上路。

我们远远地跟在后头，它走入雨中，大雨落在它身上，形成雾气。要不是有响亮的牛铃与磺灯指引，这场雨可能让老妞也失去踪影。过了好久，老妞走上阿婆惯常走的山道。老妞的身影越来越模糊不清，我们听不到铃声，只看到磺灯在林间明明灭灭。

老妞在山路上兜了一会儿，忽然间，传来哀号——老妞掉落山谷。我们跑到老妞失足的地方往下看去，山谷又黑又深，越看越吓人。我们发现，老牛头上的两盏灯相距有十余米，到底发生什么事了？

我们往下探，下行了数十米，首先看到一截断裂的牛角卡在粗壮的树枝间，灯挂在牛角上，雨水在烧烫的灯壳上蒸出雾气。老妞受伤了，再也无法担任搜寻阿婆的任务。

我们好不容易来到溪谷，却看见动人的一幕。老妞断角的伤口冒着血，雨水使它的头如烂番茄般。老妞另一只牛角上还挂着灯，明晃晃的。那圈小小的灯光照亮我们寻找的人——没错，阿婆躲在横倒的大树下发抖，老妞将硕大的身躯靠向阿婆。

我们带阿婆回家，给她姜汤与干衣服。她说，她跌落山谷后，再也没体力爬上陡坡，眼前暴涨的溪水断了来路。她没辙，躲在树干下，以为熬不过这晚，再睁开眼时却看到一圈灯光，那是老妞。

原来，老妞不是失足跌落山谷，它是为了赶快找回阿婆！当然，它也得到了报偿。爸爸不卖它了，还视老妞为家中一分子，由我负责照顾。

3

老妞救了阿婆，在家中的地位提高了，在外头也是。老妞有哪些优点，让我来说说吧。

第一，老妞是村里唯一的母牛，公牛都对它痴。每当那些公牛经过家门前，总会对老妞激动地狂叫。第二，老妞虽老，却还有奶。第三，老妞一天拉七坨牛粪，牛粪除了能当肥料外，还能当土墙的“黏着剂”。

最重要的是，老妞让我出尽风头。老妞是水牛，下午天气热时，我要带它到河里泡澡降温。一次它落入深潭，当大家都以为它淹死了时，老妞却在潭中游起来，姿态从容优雅。从此，老妞独享了深潭。我有时也会下水，游上它的背，拿起木板当船桨划。围观的人多时，我会站上牛背，往老妞脊骨踩去，它便翻身游起仰式。老妞这招能撑足五秒，够我爬上它的肚子表演诸如躺沙发、跷二郎腿之类的动作。那条河前后三公里的牧童都看过老妞表演，并赞叹不已。

你要是有一头不会耕田，但其他都行的牛，也会遭人嫉妒。在牧童之中，常向我挑衅的就数村口的阿舍牯。他那头牛，脾气大，个性刁钻，被封为“战神”，向来是斗牛赛的大赢家。

有一次，我与阿舍牯在小径相遇，各自牵着牛。

阿舍牯故意令“战神”推挤，我却没辙，白白受辱。离开时，我气得对阿舍牯说：“有什么了不起，我们来斗牛吧！你要是输了，就乖乖吃完老妞的大便。”阿舍牯大笑，接下“战帖”。我对老妞没有信心，摘了土人参给它强身，就怕它战斗时在三招内便输了。

决斗的日子定在两天后。比赛当天，附近的小孩都来观看，还下赌注，没有人赌老妞赢。

比赛进入倒计时了。老妞与“战神”相距五米，等一声令下，便以头冲撞。斗牛的诀窍是“上发条”——主人猛转牛尾巴，牛吃疼，脾气大，斗起来才精彩。“战神”那边三人一组，两人抓牛角，阿舍牯在后头“上发条”。他把“发条”绞到底，牛尾快滴出血了，抓住牛角的两人倾斜身体，用脚抵地，阻挡“战神”往前冲。

老妞这边，不用人抓牛角，我独自作战“上发条”。可是牛尾快被我绞断了，老妞仍没气力，一副“反战派”的气度。有的观众不耐久候，拿石头扔老妞。老妞不叫也不怒，微笑不已。

我急了，忙着找激怒老妞的方法。急中生智，我拿起石头往老妞断角的伤口处戳去。这招有效，老妞哞叫了，一旁的裁判逮到机会大喊：“开始！”两方人马赶紧闪到一边。观众的情绪瞬间达到高潮，却没有人发出声音，大家都在静观一场战斗。

“战神”一如它的封号，五个发旋的头下压，眼睛上吊，逞出牛角，四条强壮的腿把它像箭一样射出去。可是，老妞站在原地，甩动尾巴，扇动耳朵，露出微笑。“砰”的一声，“战神”撞上老妞。老妞往后飞了几米，趴在地上。它挣扎着要起来，可是，停不了的“战神”直冲上去，踩瞎了它的双眼。老妞嘶鸣，从地上撑起身子，往前冲去。我第一次看到老妞跑得这么快，碰到障碍，瞎眼的它猛撞几下，便绕过去。它离开大家视线时，头上的伤口也流出了鲜血。

4

观众陆续散去了，世界恢复安静。我独自坐在河边，心情糟透了，根本不想追回老妞。或许，我无法面对受伤极重的老妞，是我害了它。四周暗下来，我起身离开，真正难的是我得回家面对问题。

爸爸给了我一个耳光，那耳光打得好扎实，连耳背的阿婆都从房里走出来瞧。很快地，阿婆阻止我被打，搡着大家，提灯去找老妞。

我们回到河边，顺着地上的血迹寻去，在几座山外的老茄苳树下找到老妞。它靠着树干喘息，气息快喘光了。

我们这么快找到它不是偶然，而是因为老妞在发光，变得好巨大，从远处便能看见。那光不是老妞身上发出的，是萤火虫飘在四周，静静地围在老妞身旁。

“菩萨保佑，它还活着。”阿婆大喊。“可是，它全身是血呀！”爸爸说。我喊它：“老妞，来，我们回家去。”

它听到我的呼唤后，发出悲鸣，绕着树干走，满是伤口的身躯不断冒血，树干被蹭得鲜红。它绕着树打转而没离开那儿，脚步蹒跚，萤火虫也盘桓在四周，像是在保护它似的。我知道了，它恨我，恨我推它去打斗，听到我的声音便发怒。我一个劲儿地流泪，但再多的懊恼与悔恨也换不回老妞了。

“火金姑，停下来！”阿婆喊着。在阿婆的呼唤下，老妞停止绕树，倚在树干上喘气。阿婆轻巧地走过去，萤火虫形成的光团被推出一道弧度，直到阿婆挤入光里。阿婆脱下手腕上的佛珠，挂在牛角上。之后，她脱下外衣，盖在老妞身上，再脱下另一件上衣，覆盖在老妞下身。

阿婆没有衣服遮蔽的上半身，露出皱褶的皮肤与松弛的乳房——这是养活家族的伟大功臣——阿婆这样做，是将这辈子修来的功德与老妞分享，把它视为家人。

最后，阿婆解下牛鼻环，告诉它：“火金姑，投胎去吧，下辈子你就成了好人家的孩子。”

老妞微笑了，合上眼睡去，整团光也飘起来。其实，它不算飞起，是流动在它四周的萤火虫忽然飘起来，往茄苳树冠飞去，宁静、圣洁又光亮无比。我抬头看，光点往天空散去，仿佛回到满天星斗的所在。那一夜，星星们又亮又白，连银河也有了嘴角微笑的弧度。

大狗丑丑

李娟

总的来说，大狗丑丑的缺点多于优点。样子凶，吃得多，记性差，咬赛虎，追鸡。除此之外，还爱偷鞋子。不，应该是收集鞋子。眼下这片耕地共有上万亩，它把上万亩面积内的鞋子全收集到我家蒙古包后墙的土堆旁。隔三岔五便有人光着脚前来找鞋。在那堆鞋子里翻来翻去，像身处派出所失物招领室。丑丑卧在一边，边晒太阳边摇尾巴，仿佛这一切不关它事。

它不但喜欢把别人家鞋子往自己家搜罗，还热衷于把我家的鞋子往别人家送。真是难以理解的嗜好。

最初发现它这个嗜好那天，我妈早上一起床就发现少了一只鞋。荒野中不可能丢东西，何况是一只又破又脏的旧鞋。当她找得翻天覆地的时候，突然有人上门。是承包隔壁那块地的老板雇的长工，一个十几岁的哈萨克男孩，住在一公里外的地窝子里。

他拎着一只旧鞋问我妈："阿姨，是你的吗？"

我妈一头雾水。他又说："你的狗，拿到，我的房子。"汉语不太灵光。

虽疑惑不解，我妈还是赶紧道谢。但他还了鞋子后仍没有离开的意思，扭捏半天又说："阿姨，我的鞋，你找一找……"

再一看，这孩子光着脚。

对我们来说，这种事情第一次发生。对这个孩子来说却是第二次。

上一次他丢了鞋，和我妈一样纳闷，谁会来到荒野里偷鞋呢？实在找不到，只好把另一只也扔了，光着脚干活。过了几天，他运农药时路过我家蒙古包，一眼看到我家丑丑卧在太阳地里，正抱着他的鞋又咬又啃，玩得不亦乐乎。

他夺回鞋子，又回头去寻找扔掉的另一只。

另一只没找到，却找到我妈的鞋。

我妈又窘又恨，连忙高声骂狗。带着那孩子去屋后找鞋。

那是我妈第一次发现丑丑的鞋类收藏中心，琳琅满目……有男式的有女式的，有单只的有成双的，有新有旧。我妈仿佛看到方圆百里所有承包土地的老板们统统光着脚的情景……

我妈一时头大。委托那男孩把消息传出去。从此，住这附近的，不管是谁，一丢了鞋就往我家跑。另外，只要住这附近的，晚上都把鞋子妥善收进室内。我妈则把鞋高高挂起来。

至于那男孩，到底还是没找到他的鞋。我妈只好赔了他二十块钱。可那又有什么用呢？总不能把钱糊在脚底板吧。在这荒野里，有钱也没处买鞋子。

除了收集鞋子，丑丑这家伙还喜欢逮鸡玩。逮到鸡后，也不吃，也不咬，就像抱娃娃一样把人家抱在怀里，然后用舌头反复舔啊舔啊……把鸡舔得浑身都湿透，瑟瑟发抖。这种把戏共玩过两次。一只鸡给活活吓死了。另一只虽然被我妈及时营救出来，从此也萎靡不振。

还舔过兔子。把人家摁在地上，先顺毛舔，再逆毛舔。把兔子舔得“呆若木兔”，跳都不会跳了。

丑丑唯一的功劳是驱赶鹅喉羚。戈壁滩深处的鹅喉羚有段时间天天来啃葵花苗，丑丑看到就追，令人欣慰。虽然追的过程中，被这家伙践踏毁坏的秧苗并不比被羚羊糟蹋的秧苗少。

受到鼓励后，这家伙得意忘形，从此看到四蹄动物就追，包括人家牧民的羊。春天，此处是游牧的羊群的必经之地。这家伙一看到羊群就兴奋得狗眼炯炯，直往羊群里冲，东奔西突，叫嚣连天。羊群惊得四散而去，牧羊人气得肺炸。他策马狂奔，东边跑了跑西边，好半天才能把羊群重新聚拢到一起。

每到那时，我妈束手无策，干脆装作不认识这条狗。

嗯，丑丑这家伙吧，虽说让人心烦，但若是半天不见踪影，我妈还是很惦记的。

今年大旱，上游泵房的水往往还没流到我们这块地里，就给用完了。眼看着葵花一片一片干掉，我妈日夜焦灼，急得满嘴上火。好容易水来了，这当头丑丑又不见了，一晚上都没回家。第二天她一边浇地，一边东张西望，大声呼喊。直到下午仍不见狗影。我妈不禁胡思乱想、心慌意乱。但地没浇透之前，人没法离开。得一直跟着水流走，一条埂子一条埂子盯着浇，防止水流从田埂薄弱处冲散出去。总之她好几次简直想把水先停掉，等找到丑丑后再安心干活。要知道这可是盼了很久很久的水，一旦关上水阀，立刻会被下游农户抢走。似乎到了那会儿，天大的事情也比不上那只可恶的狗重要。

还有一次，我叔叔骑摩托车来看我妈。叔叔回去时，这只蠢狗怎么赶都赶不回，硬是跟着跑了一百公里，爪子上的蹄心肉全破了，一步一个血印。我妈心疼坏了，只好给丑丑做了四只鞋子。可这家伙不领情，不到半小时就全给踢没了。

我妈骂我叔叔：“为什么不把它抱在摩托车上一起走？”

我叔叔大怒：“你养的狗你还不知道吗？它肯乖乖坐在车上吗？！”原来也不是没试过。

后来实在拿这家伙没辙，他只好减速慢行，车开得比推着车步行快不了多少。

我们为这狗真是操碎了心。

我妈说：“哎，我的丑丑最好了。”我说：“就会惹祸，有什么好的。”我妈说：“它会赶黄羊（即鹅喉羚）。”

我嗤之：“天啦，好大的本领。”

她想了想，又说：“它陪伴了我。”

野兔的路

✽ 刘亮程

上午我沿一条野兔的路向西走了近半小时，我想去看看野兔是怎么生活的。野兔的路窄窄的，勉强能容下我的一只脚。要是迎面走来一只野兔，我只有让到一旁，让它先过去。可是一只野兔也没有。看得出，野兔在这条路上走了许多年，小路陷进地面有一拳深。路上撒满了黑豆般大小的粪蛋。野兔喜欢把自己的粪蛋撒在自己的路上，可能边走边撒，边跑边撒，它不会为排粪蛋这样的小事停下来，像人一样专门找个隐蔽处蹲半天。野兔的事可能不比人的少。它们一出生就跑，为一口草跑，为一条命跑，用四只小爪子跑。结果呢，谁知道跑掉了多少。

一只奔跑中的野兔，看见自己昨天下午撒的粪蛋还在路上新鲜地冒着热气是不是很有意思。

不吃窝边草的野兔，为一口草奔跑一夜回来，看见窝边青草被别的野兔或羊吃得精光又是什么感触。

兔的路小心地绕过一些微小的东西，一棵草、一截断木、一个土块就能让它弯曲。有时兔的路从挨得很近的两棵刺草间穿过，我只好绕过去。其实我无法看见野兔的生活，它们躲这么远，就是害怕被人看见。一旦被人看见或许就没命了。或许我的到来已经惊跑了野兔。反正，一只野兔没碰到，却走到一片密麻麻的铃铛刺旁，打量了半天，根本无法过去，我蹲下身，看见野兔的路伸进刺丛，在那些刺条的根部绕来绕去不见了。

往回走时，看见自己的一行大脚印深嵌在窄窄的兔子的小路上，突然觉得好笑。我不去走自己的大道，跑到这条小动物的路上闲逛什么，把人家的路踩坏。野兔要来来回回走多少年才能把我的一只深脚印踩平。或许野兔生气，不要这条路了。气再生得大点，不要这片草地了，翻过沙梁远远地迁居到另一片草地。你说我这么大的人了，干了件什么事。

过了几天，我专程来看了看这条路，发现上面又有了新鲜的小爪印，看来野兔没放弃它。只是我的深脚印给野兔增添了一路坎坷，这使我好久都觉得不好意思。

红冠家族

✽朱天衣

那天夜半被屋外九芎树上的鸡群给叫醒，怎么呵斥也止不住它们的啼唤。从窗子往外一探，一轮满月正跃过屋顶，在无光的夜空中，完全就似日头高悬。无怪乎这群司晨的公鸡会看走了眼。

唉！我们家的这群鸡真是“无心插柳柳成荫”呀！开始时想养鸡是为了训练家里的狗儿们不抓别人家的鸡，我们家的女王狗“华光”，当初就因为流浪在外，吃了邻人三十多只鸡。听说每当它得手时，会把鸡甩在脖子后，以便纵逃。这行径自是让人恨得牙痒痒的，我们只得用诱捕笼把它逮回来，不然早晚会被人毒死。

把它带回家后，好生驯养，吃食不缺的它就是忘不了打野食的乐趣，只要一放风，便要到邻人处猎食。为此，也不知赔了多少钱和烟酒。之后就只能拴着养，看它在那儿生闷气又有些不忍，便想自个儿养鸡试试，不相信它会连自家的鸡都吃。于是邻人送来三只鸡，一公两母，公的叫“红冠”，它的冠长得真是鲜红欲滴，另两个女生一叫“娥皇”，一叫“女英”，而它们一只黄、一只花，所以也可以是“小黄”“小英”。

我们为它们一家三口准备了一只大笼子。白天任它们在院子里游走，晚上就回笼子安眠。但这红冠是打死也不肯进去，第一天用扫把赶，它老兄便飞到对岸投奔自由去了，第二天早起过河去找，怎么也寻不着，直到正午突然听到它在对岸草丛中“喔喔喔”啼叫，认准方位再次过岸用扫把一轰，它就又飞回来了。自此什么事也不敢勉强它，怕它一火又离家出走。

小黄、小英两妹真是蕙质兰心，才入住两天便一唤就来，且肯就着人的手吃食，不时还让人抱在怀里抚弄。红冠虽心高气傲不肯亲近人，但却疼老婆疼得紧。平日带着两妹在院子闯荡，只要有好奇猫狗靠近，它一定冲向前怒张着羽翼捍卫。此外若觅得美食，必发出奇特的叫声，呼唤老婆来享用。平日小黄、小英睡笼里，它老兄便睡在笼子上守卫，但值寒流来袭，它便甘冒着被囚禁的危险，进笼子陪伴这些在它们面前蹦蹦跳跳的小球，不是美食是什么？真真是难为它们了，至此，倒真的是达到了当初养鸡的目的了。

老婆，且是张开自己的羽翼，一左一右地护拥着它们。真是新好男人典范。

这小黄、小英入住没多久便开始生蛋。当我第一次捧着刚生的还温热的蛋，心底真是感动。从小嗜蛋如命，吃了不知多少的蛋，却第一次亲睹它的生产过程，真是令人惊叹呀！而因为家里猫狗多，每回小黄、小英都要踯躅好久才选定下蛋地点。但往往选了好久，却是最危险之处，有时竟然站在墙垣上就打算生了，且常是屁股朝外打算来个空投，害得我只能在一旁守着，等它们一下蛋便接着，不然全便宜了那些狗儿们。但也因此我在它们眼里成了个偷蛋人，每次生完蛋，它们便会恶狠狠地回头瞪我一眼。

后来邻人劝我们，即便不宰不吃，鸡的汰换率仍高，可能的话，还是该未雨绸缪多繁殖一些当备胎。于是我们便把已收集了的蛋，托人用孵蛋机孵化，没想到成功率特高，一孵孵出了13只，有纯黑的，有米底带褐纹的，却没一只是标准小黄鸡，其中一只特皮，因背上有个阿拉伯数字“7”的花纹，所以取名叫“小七”。这只皮鸡特爱飞踢别的手足，要不就如履平地地从其他兄弟身上踏过。若有小虫飞进它们的箱子，也唯有它会半飞半跳地捍卫自己的领空。

一时之间，家族里添如此多口，真有些让人忙不过来。光是换它们箱底的报纸，一天就要十来回。因为它们是吃得多、喝得多，拉得也多，不时还要放它们在院子里跑跑跳跳，这时便要全程看护，幸而有两三只狗会帮忙守卫。只要有好奇猫靠近，狗儿们便会做驱赶动作，我想那意思应该是：“这是妈咪的宝贝，我不能动，你们也休想！”有时小鸡玩得欢，一下刹不住车，还会跳到守卫狗的脑袋上，只见狗儿动都不敢动，只待我冒着冷汗把小鸡挥赶下来，狗儿才松口气吐起舌头来。我知道这需要多大的克制力，才能压得住狗狗捕猎的天性，这些在它们面前蹦蹦跳跳的小球，不是美食是什么？真真是难为它们了，至此，倒真的是达到了当初养鸡的目的了。

与白马在一起的夏天

✿威廉·萨洛扬

凌晨四点，整个村庄都在沉睡中。突然，一阵轻敲窗户的声音惊醒了我。“阿兰姆。”一个声音在窗外轻轻叫唤道。

是我的堂兄穆拉德！我从床上一跃而起，迅速打开窗户。我简直无法相信我看到的一切。虽然还不是早上，但因为是夏天，黎明前的亮光已足以让我知道我不是在做梦。我的堂兄穆拉德正骑在一匹漂亮的白马上。我把头伸出窗外，揉揉眼睛。“你没看错，”穆拉德用亚美尼亚语说道，“是一匹马。你没有在做梦。如果你想骑的话，就快点出来。”

我知道我的穆拉德是所有同龄人中行为最疯狂的一个，但是我仍然无法相信眼前的事实。

我最早的记忆就是关于马的记忆，我的第一个愿望就是骑马。然而我们很穷，我们整个部落都处于贫困之中。每个家庭的钱都只能勉强维持一日三餐。然而我们很诚实。我们因为我们的诚实而闻名。我们不会利用任何人，更不用说去偷别人的东西。

然而，我知道穆拉德家没有马，他本人更不可能有钱买马。我猜测这匹马一定是他偷来的。然而，我对马太痴迷了，在我看来，偷一匹马来骑跟偷别的东西（比如偷钱）似乎是不一样的，也许这根本不算偷。

我迅速穿好衣服，然后从窗户跳到了院子里。穆拉德轻轻下马，把我扶到了马背上。

几分钟后，我们来到了乡间公路。空气无比清新。骑在马背上奔跑的感觉真是爽极了。

"阿兰姆，坐稳了。"穆拉德提醒我。然后，他双腿用力一夹马的肚子，喊道："驾！"白马后腿站立，前腿扬起，长嘶一声，然后像一支离弦的箭一样蹿了出去，马穿过田野，跨过灌溉沟渠，向乡间公路跑去……我们跑了一圈又一圈，马和人都大汗淋漓。

太阳就要升起来了，"我们得回去了。要不大家都起床了，我们的秘密就藏不住了。"穆拉德说道。

"我们把它藏在哪里？"我问道。

"我知道一个地方。"穆拉德答道。

大约十分钟后，我们悄悄地牵着马走进了一个废弃的谷仓。谷仓的地上有一些燕麦和干草。

那天下午，我正在穆拉德家玩。一个叫约翰·拜伦的农民来穆拉德家做客。约翰·拜伦的家在另外一个村庄，离我们部落有十英里远。"我丢失了一匹马，一个月了也还没见它回来。可是这匹马花了我60美元啊！"约翰·拜伦对穆拉德的父亲说。

他们接下来说了什么，我不知道。我已经跑出去找穆拉德。

穆拉德正在一棵桃树下救治一只受伤的小鸟。"你居然已经收藏了那匹马一个月！"我盯着他说道。

穆拉德没有看我，只是专心地给小鸟受伤的翅膀涂药。

"干脆，我们把马留下来一年时间吧。"说完，我热切地看着穆拉德。

"我知道你需要一年时间才能学会骑马，但我们不能留这么长时间。"穆拉德头也不抬回答我。

"那你打算什么时候把马还回去。"

"最多六个月。"说完，穆拉德站起来，用力把小鸟抛向天空。小鸟努力拍打着翅膀，几乎要掉下来，但最终，它还是飞走了，而且越飞越高，越飞越稳。

接下来的几个星期，穆拉德每天凌晨都来接我出去骑马。我们在田野旁的公路上尽情地驰骋。太阳升起来之前，我们就把马牵回那个废弃的谷仓。那是一段多么快乐的日子啊！

可是这一天还是来临了。那天早上，我们在牵马回去的路上碰到了正赶往镇上的约翰·拜伦。他盯着白马问道："请问，你这匹马叫什么名字？"

"小心肝。"穆拉德答道。

"我可以看看它吗？"约翰·拜伦问。

"当然可以。"穆拉德说道。

在仔细查看了几分钟后，约翰·拜伦说道："如果你们部落不是享有诚实的美誉，我几乎就认为这匹马就是我丢失的那匹马。嗯，也许它跟我的马是双胞胎。"说完，他转身就离开了。

三天后，约翰·拜伦又来到了穆拉德家。

"我的马回来了！而且，它比以前更强壮了！"他高兴地说道。

世界不需要多好，有你就够了。

胖獾瘦了

✿新鲜旧情人

那一年，猎人横行。

一整个秋天，我蜷在灌木丛下的洞穴里。头顶的芦荻花一蓬一蓬地开了，随着风过雪一样地飘远了，而我却寸步难行。

我腿上的枪伤一点点地溃烂，每天深夜，小灰都去湖边含来清水帮我清洗伤口，然后敷上嚼烂的剑茅草。锋利的齿叶划破了小灰的舌头，鲜血凝在唇角——小灰是另一个洞穴里的獾，我被猎人打伤后，他一直在照顾我。

那座湖，是草原上唯一的湖。猎人们隐藏在芦苇、树丛、茅草堆里，所有的枪口都瞄准着这座小小的湖。他们知道，所有的小动物都会在这里出现，因为它们要喝水，要生存。枪声和凄厉的哀号，笼罩了整个草原。

每次小灰出去，我会趴在洞穴里，看着他的身影在无边的暗夜里小心翼翼地躲闪着远去。更远处，是此起彼伏的枪声。我睡不着，总觉得周遭都是猎人细细碎碎的脚步声，我很害怕——脚步声越轻，越令人害怕。

小灰每天都能回来，回来了就一定要再出去，而出去了，就不一定能再回来。所以，我感觉到小灰为我清洗伤口的时候，他的舌头总是微微颤抖。

我说："你害怕吗？"

他说："不怕。"我轻轻地颤抖。"是给你擦摩伤口呢。舒服吗？"

我说："不舒服，我疼。"

他说："那我轻一点。"

我说:"那也不行,是心疼。"

白天的时候,我们就一起蜷在小小的洞穴里。

洞穴是我夏天掘的,很小,两只獾一起钻在里面就满满当当了,小灰就又开始掘。因为一到冬天,所有的獾都要把自己养得胖胖的,肥厚的脂肪能抵御寒冷的侵袭。小灰怕冬天的时候,我变胖就住不下了。

每天晚上,小灰都会出去找水和食物,想在冬天来临之前就把我养得胖胖——他怕有一天出去了,就再也回不来了,没有他抱着取暖,我会冷。

在这个枪声四起的季节,草原上到处都是黑洞洞的枪口。所有的小动物,都没有明天。

小灰出去了,两只獾越冬的洞穴就变得异常空旷。寒风在每个角落里迂回,我就守在暗黑的角落里等天亮。

我知道,也许我的等,除了天亮,什么也等不到。然而,我们就在这样的等待里,简单地相爱,期待着春暖花开,期待着有一窝儿女,然后在冬天来临之前,把他们养得胖胖的。

可冬天来了,小灰却走了。

那天,我守在洞口,远远地看见小灰疯了一样往回跑,矮灌木的叶子在他身后落了一地。可是,就在快到洞口的时候,他突然朝另一个方向跑去。

然后,我就听见了很轻很轻的脚步声,轻得让人害怕,两只大大的黑靴子踩着细碎的叶子,停在我的洞穴口。再然后,枪就响了,我看见小灰踉跄着倒下了。

我的身体不停地颤抖,泪水一下子涌出来。我疼,是心疼,仿佛那冰冷的子弹穿透的不是小灰,而是我的心脏。

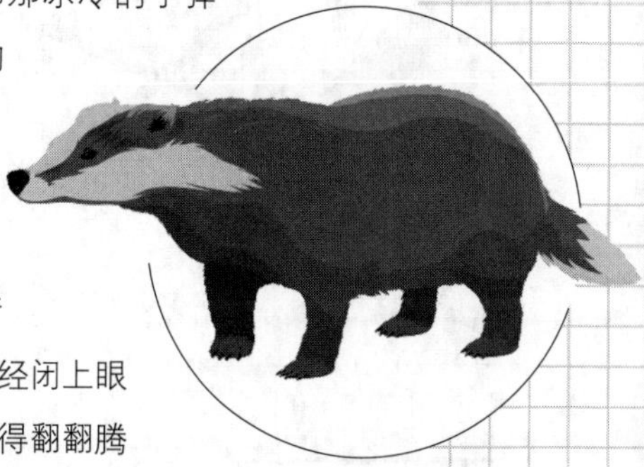

那双大黑靴子停在小灰身边只一会儿,又转身走远了。我拖着枪伤的后腿爬过去,小灰已经闭上眼睛了,风把他黑色的毛毛吹得翻翻腾腾的——冬天来了,他却来不及把自己养胖了。

我轻轻把脸贴在他的脸上:也许暖一暖,他就会醒了。我这才发现,他的牙咬得紧紧的,嘴里鼓鼓的,都是湖水——他含回来为我清洗伤口的。

"啪!"枪声又响了,我一翻身,滚进洞穴里。

那双大黑靴子转一圈又走了,我的伤口旁边,又多了一道伤口。

小灰不在了,原本两只獾越冬的洞穴变得空落落的,就算我把自己养得再胖也填不满了。小灰就躺在不远处的草丛里。风把他头顶的芦荻都吹散了,不断不断地飘落在他的身上,像是下了无边无际的雪。

我拖着身体再一次爬过去,咬着小灰的尾巴一点一点往回拖,想把他拖回他自己掘的洞穴里。冬天来了,我们都没有把自己养胖,洞穴又太空旷,我怕他会冷,也怕我自己会冷,所以我想把他拖回来,可以拥抱着取暖……

冬天很快就过去了,猎人们都走了。

其中有一个猎人,到处夸耀自己有多聪明,说他打死了一只公獾,又用那只獾引诱了一只母獾,只是倒霉得很,不知道为什么,冬天的獾也那么瘦。

那些鸟会认人

✽刘亮程

我们搬走了，那窝老鼠还要生活下去，偷吃冯三的粮食。鸟会落在剩下的几棵树上，更多的鸟会落到别人家树上，也许全挤在我们砍剩的那几棵树上，叽叽喳喳一阵乱叫。鸟不知道院子里发生了啥事。但它们知道那些树不见了。筑着它们鸟窝的那些树枝乱扔在地上，精心搭筑的鸟窝和窝里的全部生活像一碗饭扣翻在地上。

冯三一个人在屋里听鸟叫。我们没有把鸟叫算成钱卖给冯三，我们带不走那些鸟，带不走筑着鸟窝的树枝。那些枝繁叶茂的树砍倒后，我们只拿走主干，其余的全扔在地上。我们经营了多少年才让成群的鸟落到院子，一早一晚，鸟的叫声像绵密细雨洒进粗糙的牛哞驴鸣里。那些鸟是我们家的。我们一家十六只耳朵听鸟叫。冯三这个人眼睛不好使，耳朵也有些背。从此那些鸟将没人听地叫下去，都叫些什么我们再不会知道。

大多是麻雀在叫。麻雀的口音与我们相近，一听就是很近的乡邻。树一房高时它们在树梢上筑窠，好像有点害怕我们，把窠藏在叶子中间，以为我们看不见。后来树一年年长高，鸟窠便被举到高处，都快高过房顶一房高了，可能鸟觉得太高了，下到地上啄食不方便，又往下挪了几个树枝，也不遮遮掩掩了。

夏天经常有身上没毛的小鸟从树上掉下来，像我们小时候从炕上掉下来一样，扯着嗓子直叫。大鸟也在一旁叫，它没办法把小鸟弄到窝里去，眼睁睁看着叫猫吃掉，叫一群蚂

蚁活活拖走。碰巧被我们收工放学回来看见了，赶快捡起来，仰起头瞅准了是哪个窝里掉下来的，爬上树给放回去。

一般来说爬树都是我的事，四弟也很能爬树，上得比我还高。不过我们很少上到树上去惹鸟。鸟跟我们吵过好几架，有点怕惹它们了。一次是我上去送一只小鸟，爬到那个高过房顶的横枝上，窝里有八只鸟蛋的时候我偷偷上来过一次，蛋放在手心玩了好一阵又放进去。这次窝里伸出七八只小头，全对着我叫。头上一大群鸟在尖叫。鸟以为我要毁它的窝伤它的孩子，一会儿扑啦啦落在头顶树枝上，边叫边用雨点般的鸟粪袭击我。一会儿落到院墙上，对着我们家门窗直叫，嗓子都直了，叫出血了。那声音听上去就是在骂人。母亲烦了，出门朝树上喊一声：快下来，再别惹鸟了。

另一次是风把晾在绳上的红被单刮到树梢，正好蒙在一个鸟窠上，四弟拿一根木棍上去取，惹得鸟大叫了一晌午。

还有一次，一只鹞子落在树上，鸟全惊飞到房顶和羊圈棚上乱叫。狗也对着树上叫，鸡和羊也望着树上。我们走出屋子，见一只灰色大鸟站在树杈上。父亲说是鹞子，专吃鸽子和鸟，我捡了块土块扔过去，它飞走了。

除了麻雀，有时房檐会落两只喜鹊，树梢站一只猫头鹰，还有声音清脆的黄雀时时飞来。它们从不在我们家树上筑窠，好像也从不把太平渠当个村子。它们往别处去，飞累了落在树枝上歇会儿脚，对着院子里的人和牲畜叫几声。

那堆苞谷赶紧收进去，要下雨啦。

镰刀用完了就挂到墙上。锨立在墙角。别满院子乱扔。

我觉得它们像一些巡逻官，高高在上地训我们。只是话音像唱歌一样好听。乘人不注意飞下来叨一口食，又远远飞走，飞出院子飞过村子，再几年都见不到。

那些麻雀会认人呢，我对父亲说。昨天我在南梁坡割草，一只麻雀老围着我叫，我以为它想偷吃我背包里的馍馍。我低头割草，它就落在前面的草枝上对着我叫，我捆草时它又落到地上对着我叫。后来我才发现是我们家树上的一只鸟，左爪内侧有一小撮白毛，在院子里胆子特别大，敢走到人脚边觅食吃，所以我认下了。刚才我又看见了它，站在白母羊背上捡草籽吃。

鸟就是认人呢，大哥也说。那天他到野滩打柴，就看见我们家树上几只鸟。也不知道它们跑那么远去干啥。是跟着牛车去的，还是在滩里碰上了。它们一直围着牛转，叽叽喳喳，像对人说话。大哥装好柴后它们落到柴车上，四只并排站在一根柴火上，一直跟着牛车回到家。

蜜蜂

✽李　娟

我妈在很多时候纯粹自来熟，不管认不认识的人，打起招呼来甜美又亲热。

她有一绝招，把人家的职业与称谓挂钩。这样，永远不用费心记人家的姓名，也不怕搞错。

挖煤的，她管人家叫煤老板；烧砖的，叫人家砖老板；养獭兔的，则是獭老板……獭老板无可奈何，只得装没听到。

隔壁那几家种地的，则统统都是“地老板”。至于养蜂的，当然就是蜂老板了。

今年到我们这块地授粉的蜂老板来自南疆。那么远的路，他带着他的蜜蜂千里迢迢而来。他怎么知道北方的乌伦古河边有大片葵花田？他怎么知道这边正缺蜜蜂？

好吧，我真是瞎操心。

但还是觉得这种行为堪称“壮举”——带着数万蜜蜂在大地上流浪。

雇蜜蜂授粉是葵花开花时节的一项重大工作。每年到了这个时候，相邻的土地都会联合起来雇蜂。

若是自家小院里种的几分葵花地，开花时只需把相邻的两只花盘面对面搓几下就行了。可这么广阔的土地，人工授粉的话劳动量过大，且雇工费用昂贵。于是全都得靠小小的蜜蜂了。

我妈说：“你还没看到过蜜蜂大规模采蜜的情景吧？等花盘越来越黄的时候，蜂老板就来了。他把蜂箱在地边一字摆开，一开箱，蜜蜂‘嗡嗡嗡’地一团团涌出。——太好看了！满天都是，满天都是！”

可今年的葵花收成的惨淡已成定局。包括我们在内，南面荒野中的绝大部分葵花地已经被放弃。

地老板们损失惨重，加上前段时间雇工和化肥的价格大涨，病虫害严重，每家每户的农药钱也花了不少。很多地老板一时都拿不出钱来。

虽说雇蜜蜂比人工授粉便宜多了，一亩地才二十块钱。可几百亩下来也不是个小数字。我家就这么一点地，也得花好几千块钱呢。

不知出于什么规矩，化肥农药都可以赊账，但蜜蜂绝不事后给钱。一时间，大家都急上了火。我妈一看到蜂老板上门收账就想溜之大吉。

在这件事上，我妈还曾幻想，到时候悄悄赖过去……她说：“大家的地一块挨着一块连在一起，又没拉网，也没挂牌子，蜜蜂怎么知道哪块地付过钱哪块地没付过？它们给我们隔壁授粉的时候肯定会顺便飞到我家干点活的！”

又说：“我就这点地，还长成这个球样子，他好意思找我要钱？我不管，我没钱。他有本事把蜜蜂的腿都绑住啊？”

虽然觉得她很无赖，但又觉得她说得有理。

后来才知，人家蜂老板才没那么笨呢！授粉之前，这一大片地得统一收齐了钱才开箱放蜂。哪怕只有一家的钱没到位，他都死活不会放蜂。

就算蜂老板不催你，其他种地的邻居也会车轮战蹍死你。花期紧张，如果拖拖拉拉不交钱，错过花期再授粉就来不及了，到时候结出的葵花子全都是空壳。

可随着花期一天天到来，不但地老板们急了，蜂老板也急了。他四处催账，步行走遍这片万亩土地，挨家挨户喝茶、聊天、诉苦。

他可能终于意识到这一次大家是真穷，真的和他赌上了。蜂老板赌的是花期，是万亩向日葵的收成。而地老板赌的是蜜蜂的命。

——就这一点而言，也许蜂老板的焦虑不下于所有的地老板吧？蜂箱已经到了地头，一直关着。蜜蜂们一天天只能靠吃白糖吊命。

可白糖只能管一时的饥，蜜蜂吃多了无异于毒药。

我不知道最后谁先妥协了。总之蜜蜂放出来了。

我妈说的没错——“满天都是”！

万亩的向日葵金光灿烂，万千金色蜜蜂纷起跳跃，亮得灼灼蜇眼。

“嗡嗡”声的浓度略大于空气。再仔细地听，其实“嗡嗡”声是一面网，孔距小于一微毫，铺天盖地。除了光，除了气，除了“嗡嗡嗡”，其他一切都被这张网过滤得干干净净。

天空是第一重锅盖，“嗡嗡”声是第二重。两重锅盖扣在头上，气压都变了，人很快烫了。先是耳膜烫，然后情绪烫。一直烫到天黑，睡眠都是滚烫的……

对此，我妈只能形容到“满天都是”的份上。

但似乎也只有这么说才最最合适：“满天都是”！

满天都是啊……

我妈喜滋滋地说：“等授完粉，我们就可以买到最纯正的蜂蜜了！要知道，直接就在地头买的，那可是现采现酿的纯蜂蜜啊，一公斤才二十块！”

想了想又觉得不对劲，愤愤不平道：“凭什么我们辛辛苦苦地种了地，开了花，花钱雇了蜜蜂，完了还要再花一次钱把我们的花粉变的蜜再买回来？！”

我突然想起我家荒弃在南面荒野腹心的那一小块地，那边不但停了水，这下连蜜蜂也没了，肯定得彻底绝收。

我妈说：“不管它了。唉，也管不了了。”

又神秘地说：“放心，有花的地方自然就有蜜蜂。何况我们种的是油葵，油葵比食葵香。再远的路，蜜蜂也能找到。”

然后她说起了去年的事。去年损失惨重，种子补种了一茬又一茬，然后缺水，接下来又闹“老头斑”——所有有经验的农人都预言这种病治不好……

何止焦头烂额！我妈简直从头焦到尾。

去年几乎所有地老板都种赔了。

才开始我妈以为自己也赔了。好在我家只种了两百亩，还赔得起。可到了最后，却发现赔得不算多。最后那点侥幸成活，又顺利开花的葵花，产量再低，也能留下种子。这样，等到第二年再种地，至少就不用再花钱买种子了。

又过了一段时间，我妈又发现，不但赔不了，哈，居然还能保本！

——由于葵花全面歉收，当年的葵花子供不应求。前来收葵花的老板出价越来越高，比头一年的价格翻了一倍……

葵花价格出来那几天，我妈喜滋滋的。一到吃饭的时候，就端着碗边刨饭边算账。越算越美：一亩能收多少公斤，估价多少，卖多少，成本多少，投入了多少……况且和最开始的估算相比，好像还有一笔重要费用省下了。这一省下，就成了赚到的……可到底是什么费用呢？

她想啊想啊……突然一个激灵跳起来！

——蜜蜂！

忘了雇蜜蜂！

据说每年每块地都有种地大户带头组织这件事，然后陪着蜂老板挨家通知、收钱。可这一年大家赔的赔，撤的撤，再无人想到这件事。

我妈大痛！完了完了，好容易撑到最后，熬得只剩最后一口气，结果还是赔在蜜蜂上了！

她扔了碗就冲向大地……然而又大叫起来。

她说：“我看到了蜜蜂。”

当然，并非“满天都是”，但已经足够了。

——隐约的金色颗粒在花田间挑三拣四地跳跃。“嗡嗡”声的网格孔距大于五十厘米。这样的网自然什么也留不住。

几乎什么也听不到。不烫人，不激动。这网在天空下若隐若现。但已经足够了。

这些金色的精灵，连种地的人都放弃了土地啊，它们却还惦记着丰收。

我妈站在地窝子前转身遥望。仍然四面茫茫，永远四面茫茫。

谁家的蜂？它们从何得知花的消息？它们怎样找到了这里？怎样越过这千里大地，茫茫旷野………

至今是个谜。

只是去年，我妈一直惦记的二十块钱一公斤的好蜂蜜，没有买成。

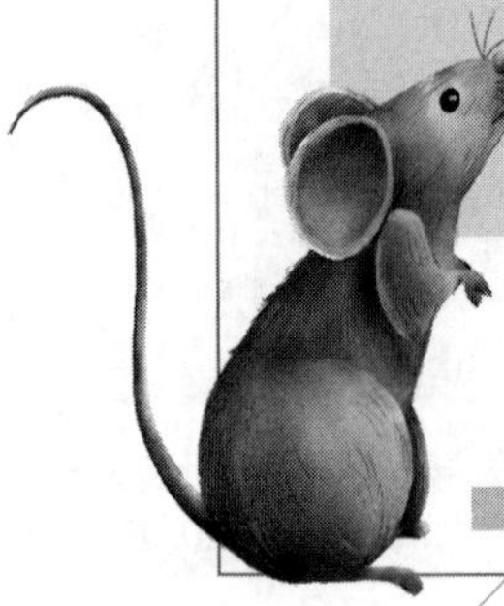

鼠的灵气

✽贾平凹

一

买了13楼的一个单元房做书房，以为街道的尘灰不得上来，蚊子不得上来，却没想到上来了老鼠。老鼠是怎么上来的，或许是从楼梯，一层一层跑上来，或许沿着楼外的那些管道，很危险地爬上来。可以肯定的是这只是一只老鼠，因为我见过一次，那天早上一开门，它正立在客厅，猛地门响，似乎吓了一跳，跌坐在地上，便立即翻起身钻到另一个房间去了。我的朋友来我处借书的时候也见过一次，它站在那个古董架上洗脸，一闪就不见了。

它一拃多长，皮毛淡黄，尖嘴长尾，眼睛漂亮。老鼠之所以叫老鼠，是因为生下来就长胡子，但它仍是个幼年的老鼠。书房里突然有了老鼠，我得赶紧检查房子的漏洞，我是从来不开窗子的，进门也是顺手关门，我发现柜式空调的下水管那儿有个空隙，便把它堵严了。老鼠如同麻雀一样，离不开人，要在屋檐下筑窝，但又不亲近人，人一靠近就飞了。

老鼠和我仅打过一次照面，之后再没有见过，而我不愿意它留在书房。要把老鼠捉住或撵走，到处堆满书籍报刊和收集来的古董玩物，清理起来十分困难，这就无法捉住和撵走它。也买了鼠药放在墙角，它根本不吃，又买了好几块粘鼠板摆在各处，它仍不靠近。反倒是我有一次不经意踩上了一脚，鞋子半天拔不下来。书房唯一出口就是大门，晚上开了门让它走吧。可在城市的公寓楼上，晚上怎敢大门不关呢，何况这还可能导致另外的老鼠进来。那怎么办？既然无法捉它和撵它，它又无法自己出去，毕竟是一条生命，那就养吧。一养便养了四年，我还在养着。

二

养老鼠其实不费劲，给它提供食物就是。我的书房离我居住的家较远，我是每天早上来到书房，晚上了再回到家去。第一次我在晚上离开书房时，将一块馒头放在一块干净的秦砖上，第二天早上再来时，那馒头就不见了。但当天晚上没有了馒头，把剩下的面条放在那儿，早上再来时，面条竟然完好无缺。我以为它是从什么地方出去了，或者是死了，就又在离开时放上馒头，以测试我的猜想。可隔了一夜，却发现馒头又没了。我这才知道它是不吃面条的。

以后的日子，我没有给它留剩饭，常在冰箱里备两三个馒头，数月后，到了秋天，楼下的馒头店搬走了，没有了馒头，我就放了花生，有生花生和油炸过的花生，但它好像仅吃两三粒就不吃了。我以为松鼠是吃松子的，老鼠和松鼠应该是同一类，我在超市里发现了有卖松子的，买了一包，回书房放了，还说："给你过个生日！"可是它也不吃松子。我就有些生气了，什么嘴呀，这么挑食？

朋友请吃饭，剩下的鱼、排骨、油饼、锅盔和饺子拿回来，全给他放了，它只吃锅盔。馒头和锅盔放得干了硬了，它也不吃。有一次我给我买了晚饭，剩下一根火腿肠，晚上放给它了，那么长的一根火腿肠，它竟吃得一点渣屑都不剩。原来它可以吃肉的，不要带骨头的那种。我每次外出吃饭，便给它带些剩肉，它却又不吃了。丸子不吃，糯米团不吃，方便面不吃，核桃仁葡萄干不吃，豆腐吃过一次，再放就再不吃了。那它还吃什么呢？我想到一首歌：《老鼠爱大米》。抓了一把米放在那里，结果它根本不吃。

我看过漫画，老鼠是偷油的，也会拿鸡蛋，我就在碟子里放菜油，它没有吃；放过一颗鸡蛋，它也没有动。而朋友送来的水果，比如梅子、苹果、梨、香蕉、猕猴桃，它只吃香蕉和猕猴桃，但也是在香蕉和猕猴桃上咂出一个小洞，吃了一点就是了。它还是喜欢吃馒头和锅盔，我就笑了，陕西人爱吃这些，它也真是陕西的老鼠。

三

我对老鼠发过两次火。一次我翻检那些汉唐石碑的拓片，发现有三四张被咬破了。我勃然大怒，骂道：“老鼠，你听着，你竟敢咬我拓片？我警告你，如果再敢咬书咬纸，我彻底清理房间也要把你打死。”从此，再没有发现它咬碎过什么。另一次，我在擦拭客房中堂的案桌，案桌上供奉着唐时的一尊铜佛和文殊、普贤两位菩萨的石像，竟然有了老鼠的屎粒和尿渍，我再一次火冒三丈，大声警告：“你去死吧，老鼠！明天我抱一只猫来！”但当我去市场买猫的时候，主意又变了，何必要它的性命呢，返回来给佛上了香，又供了水果和鲜花，我听见什么地方响了一下，我猜想那肯定是老鼠在暗处要我。我没有回头，只说了一句：“你记着！”

朋友们知道我在书房里养着老鼠，都取笑我。我说：“这是一只听话的老鼠。”他们说：“听话？该不会说这是一只有文化的老鼠吧？”我脸上发烧，说：“它进来了，不得出去，我能不养吗？”

世界上有那么多的老鼠，为什么偏就是这一只老鼠进了我的书房？它从地面到13楼，容易吗？它是冲着书籍来的，冲着古董玩物来的？那它真是有文化的老鼠了。如果它没有文化，那四年了，它白天里要看我读书写作，听着我和朋友们说文论艺，晚上又和书籍古玩在一起，它也该有些文化了吧。

所以我觉得我养了老鼠并不丢人，也不是无聊。四年里我没有加害它，也没有让它受饿；我没有奴役它，也没有从它那儿博取什么快活。它好像能知冷知热，我曾见它蜕下的毛，也似乎没生过病。它除了那两次犯错，后来再没有咬噬过什么，也不再到有佛像的条案和架子上去。我们互不见面，我就是每天放食或隔空喊话，它在某一处偷偷要我，偶尔到我梦中。但有一天，我突然担心起来，它是不是太孤单了。我并不知它是公是母，可无论公母它都是单身呀，它得有后代呀。我多么希望它能出了这个房子，到楼下的花园里去寻找它的伙伴，但它就是没有出去。

我终于决定了在一个夏夜把大门打开，我就坐在客厅里，拉灭了灯，连烟都不敢吸，让它出门；还在心里念了《大悲咒》，让它离开。到天明了，我只说它是出去了。当天我离开时又放了馒头，要证实它是真出去了。等我再一次回来，一开门就看秦砖上的馒头还在不在。我那时是又盼望馒头还在又盼望馒头不在，要是馒头还在，那它真的是走了，心里还有些不舍。可一看，馒头竟没有了。天呀，它还在。我就笑了，说：“那好，那好，行走！”我在瞬间里叫它“行走”，因为我的书房名是上书房，而古时候上书房是皇帝读书的地方，能自由出入上书房的官就叫上书房行走，我也把我的老鼠叫作了行走。

四

有天下午，我在书房里写小说，到了黄昏，写累了，摘下眼镜凝视对面的佛像。我的写字台安在大房间的南边，北边是两个木架，全摆放着铜的、铁的、石的、木的佛像。我看着佛像祈祷，祈望神灵赐给我智慧的力量，才一低头却看见了老鼠就在那木架前的地板上。四年了，这是我第二次看到它。它还是那么一拃多长，皮毛淡黄。它在那里背向着我，突然上半身立起来，两个前爪举着，然后俯下身去；再上半身立起举着前爪，又俯下身去。我一下子惊呆了，也感动不已。我没有弄出声响，就看着它做完三次动作，然后便去了另一个房间。等它走了，我吁了一口气，放下正写的小说，就写下了这篇小文。